## 中央编译局文库出版工作领导小组（编委会）

主　　任：贾高建

副 主 任：俞可平　魏海生　陈和平　柴方国　杨金海

委　　员：崔友平　沈红文　杨雪冬　季正聚　陈家刚
　　　　　赖海榕　郗卫东　张文成　刘明清

## 中央编译局文库出版工作领导小组办公室

主　　任：薛晓源

成　　员：徐向梅　苗永姝

## 中央编译出版社文库编辑中心编辑小组

刘明清　薛晓源　谭　洁　董　巍　贾宇琰
冯　章　曲建文　苗永姝　邓　彤　盛菊艳
李媛媛　薛迎春　董　妍

国家"十二五"重点图书

# 国际共产主义运动历史文献

## 第38卷

主　编　王学东
副主编　戴隆斌（常务）童建挺

### 共产国际第五次代表大会文献（2）

本卷主编　戴隆斌

## 《国际共产主义运动历史文献》顾问委员会

贾高建　俞可平　顾锦屏　高　放　张中云　胡文建
宋洪训　顾家庆　洪肇龙　沈志华　杨光远

## 《国际共产主义运动历史文献》编辑委员会

主　　编：王学东
副 主 编：戴隆斌（常务）　童建挺
编　　委：（以姓氏笔画为序）
　　　　　王　瑾　吕瑞林　邢艳琦　许宝友　张文成　张文红
　　　　　陈新明　林德山　胡振良　姚　颖　彭萍萍　薛晓源

**参加本卷译校工作的有**

王尊贤

**参加本卷编辑出版工作的有**

李媛媛　苗永姝　董　巍

**丛书编辑统筹**

苗永姝　李媛媛　董　妍

# 总　序

国际共产主义运动，是由以马克思主义为指导的无产阶级政党领导的国际性的无产阶级革命运动，其宗旨是推翻资产阶级统治和一切剥削制度，建立和发展社会主义制度，进而最终实现人的彻底解放，建立共产主义社会。

国际共产主义运动迄今已有一百六十多年的历史。19世纪40年代，马克思、恩格斯在创立科学社会主义理论的同时，努力把它与当时西欧无产阶级的革命实践相结合，于1847年6月创建了第一个国际性的无产阶级政党——共产主义者同盟，亲自拟定并于1848年2月公开发表了同盟纲领《共产党宣言》。这标志着国际共产主义运动的兴起。

自从共产主义者同盟建立以来，历经第一国际（国际工人协会）、第二国际、第三国际（共产国际），国际共产主义运动由小到大、由弱到强，从西方推进到东方、从欧洲扩展到全球，终于突破资本主义链条上一个又一个薄弱环节，取得了社会主义由一国到多国的胜利。二战后社会主义阵营的建立、民族解放运动的胜利进军、社会主义国家革命与建设的重大成就，为国际共产主义运动史书写了辉煌的篇章。20世纪末，由于东欧剧变、苏联解体，国际共产主义运动遭遇了严重挫折。但是，历史并没有因此而终结。由《共产党宣言》奠基的国际共产主义运动仍在曲折中前进。各资本主义国家中的共产党、工人党仍在不断探索无产阶级取得解放的道路；中国等社会主义国家仍继续高举社会主义伟大旗帜，为完善社会主义、最终实现共产主义而不懈奋斗。

国际共产主义运动一百六十多年跌宕起伏的发展历程，积累了卷帙浩繁的文献档案，留下了丰富的历史遗产。深入发掘和充分利用这些文献档案，对于我们准确地了解和把握国际共产主义运动的发展进程及各个时期的特点，科学地研究和总结国际共产主义运动丰富且宝贵的经验教训，具有极其重要的意义。特别是无产阶级国际组织，作为国际共产主义运动的重要载体，其文献档案对于国际共产主义运动史研究更是具有特殊的重要意义。

早在1984年春，中国国际共产主义运动史学会就发起编辑出版《国际共产主义运动史文献》。当时由中共中央编译局、中国社会科学院马列主义毛泽东思想研究所和近代史研究所、中共中央党校和中国人民大学等单位共同组建了编辑委员会。编委会商定：这套文献主要收编共产主义者同盟、第一国际、第二国际、第三国际、共产党和工人党情报局这五个国际组织已发表的全部文献档案，包括历次代表大会、代表会议和其他重要会议的记录、决议和有关文件；收编材料力求齐全；凡外国有选编完整的版本者，根据外国版本翻译；凡文件散见于外国不同出版物者，尽力搜集完整，组织力量统一编译；文件完全按照原件翻译，译文力求准确，不作修改删节，以便读者根据完整、准确的第一手材料了解这些国际组织的历史。在当时代管全国哲学社会科学基金的中国社会科学院科研局的资助下，经过编辑委员会、编译工作者和中国人民大学出版社的共同努力，这套文献于1986年开始陆续出版，截至1997年共出版了21卷。

到上世纪末，文献的编辑出版工作遇到了巨大困难。首先是编委会发生了重大变故，主编林基洲、副主编王颖和校纪英相继谢世；其次是出版经费难以为继。为继续出版这套文集，中国国际共产主义运动史学会多方努力，组成以会长顾锦屏为主编的新编委会，从全国哲学社会科学规划办公室争取到一笔资助，于1999—2001年又出版了两卷。此后，因缺乏经费，编辑出版工作完全陷于停顿。

2010年，在中共中央编译局和中国国际共产主义运动史学会的鼎力支持下，中央编译出版社以这套文献申报国家出版基金项目，获得立项资助。中共中央编译局对此项目高度重视，在国家出版基金资助的基础上，给予了相应的资金支持，组建了新编委会，成立了专门机构负责文献整理和编辑工作，并将这套文献纳入"中央编译局文库"出版规划。

经新编委会研究决定，这套文献定名为《国际共产主义运动历史文献》，在其前身《国际共产主义运动史文献》的基础上重新编辑出版。通过进一步广泛搜集资料和适当改变编辑方式，新《文献》的资料更详尽、收文更齐全。例如，在原《文献》的某些卷次中，对已出版的马克思主义经典著作中译本只列目录，不收正文，而新《文献》则全部依据最新的中译本收录，以方便读者查阅。此外，《国际共产主义运动历史文献》扩大了文献资料的搜集和选材范围，采用开放式结构，规模暂定60卷，约2500万字。

中共中央编译局和中国国际共产主义运动史学会对这套文献的编辑出版工作给予了强有力的支持，中央编译出版社为这套文献的立项和出版做了大量艰苦细致的工作，文献的前两任编委会和编译工作者在十分困难的条件下为这套文献奠定了良好的基础，中国人民大学出版社为这套文献的重新编辑出版提供了帮助，在此一并表示衷心感谢。

《国际共产主义运动历史文献》
编辑委员会
2011年12月20日

## 编辑说明

共产国际第五次代表大会，于1924年6月17日—7月8日在莫斯科举行。参加大会的有49个国家的60个政党和组织的510名代表。中国李大钊、王荷波、彭述之、刘清扬等出席会议。这次大会是在资本主义摆脱战后危机而出现相对稳定的局面、无产阶级革命转入低潮的情况下召开。

会议主要讨论共产国际执委会的活动和策略的报告；关于苏联经济状况和俄共（布）党内的争论；法西斯主义；工会运动的策略等。季诺维也夫作关于共产国际执委会的活动和策略的报告。大会认为，目前正处于民主—和平主义时期，这一时期是资本主义的一个最后阶段；社会民主党已成为资产阶级的"第三"党，成为法西斯主义的一翼，社会民主党和法西斯主义是资产阶级的左右手。批驳对统一战线策略的各种曲解，强调不能仅在上层采取统一战线策略，下层的统一战线是任何时候任何地方都必需的。认为"工农政府"的口号是用革命的语言和人民群众的语言来表达的"无产阶级专政"的口号。提出现阶段共产国际活动的一项最重要的任务是各党的布尔什维克化，即把俄国布尔什维主义中过去和现在一切具有国际意义、普遍意义的东西，应用到各个支部中去。大会谴责俄共党内托洛茨基反对派及波兰、法国和德国党内某些人支持反对派的行为。认为法西斯主义是大资产阶级用以对付无产阶级的一种战斗武器；社会民主党永远不能成为无产阶级反对法西斯主义斗争中可靠的同盟者。要求所有的共产党坚决抵制退出工会的倾向，并把争取民族和国际的工会统一的斗争摆到中心位置。大会就共产国际纲领、波兰问题、意大利共产党行动纲领、瑞典问题以及苏瓦林事件等问题形成决议。选出新的共产国际执行委员会,季诺维也夫仍当选为共产国际执委会主席。

共产国际第五次代表大会会议文献,是根据苏联国家出版社于1925年出版的《共产国际第五次代表大会会议速记记录》(第1册、第2册)(Пятый Всемирный Конгресс Коммунистического Интернационала 17 июня –7 июля 1924 г. Стенографический Отчет, Часть 1–2, Государственное Издательство, Москва, 1925 г.)译出的。书中除译者加的译者注外,未注明的脚注为原书或者原作者加的注释,本卷主编加的注释标明为编者注。需要着重说明的是,本卷各级标题大多为编者所加。

本卷主编依据中央编译局编译马克思主义经典著作的标准对人名、地名、组织机构名、报刊名等专用名进行了统一,并对书中个别译文进行了重新校订。

# 目 录

**共产国际第五次代表大会会议记录**
 （1924年6月26日—7月7日） ················· 1
第十五次会议（1924年6月26日，星期四）············· 3
 讨论季诺维也夫和瓦尔加的报告（续）············· 3
 季诺维也夫的结束语 ························· 16
第十六次会议（1924年6月27日，星期五）············· 73
 就季诺维也夫总结发言进行的讨论 ··············· 73
 布哈林作有关纲领问题的报告 ··················· 75
第十七次会议（1924年4月27日，星期五，大剧院）····· 101
 李可夫作关于苏联的经济形势和俄共党内辩论的报告 ··· 101
 贺词 ······································· 133
第十八次会议（1924年6月28日，星期六）············· 141
 塔尔海默作有关纲领问题的报告 ················· 141
 关于俄罗斯问题的建议 ······················· 151
 波兰代表团多数派发表声明 ··················· 152
第十九次会议（1924年6月28日，星期六，晚上）······· 154
 列宁格勒工人向代表大会致贺词 ················· 154

瑞典代表团声明 ································· 162
英国代表团拟定并提交大会的决议 ············· 163
美国代表阿姆特的声明 ························· 164
讨论季诺维也夫的报告（续） ··················· 165
通过相关决议草案 ······························ 197
宣读致大会的电报 ······························ 198

## 第二十次会议（1924年6月30日，星期一） ······· 199
共产国际主席团与托洛茨基的通信 ············· 199
曼努伊尔斯基作关于民族问题的报告 ··········· 201

## 第二十一次会议（1924年7月1日，星期二） ····· 218
讨论关于民族问题的报告 ······················ 218

## 第二十二次会议（1924年7月1日，星期二，晚间会议）······ 262
讨论关于民族和殖民地问题 ···················· 262

## 第二十三次会议（1924年6月2日，星期三，早上会议）······ 314
博尔迪加作关于法西斯主义的报告 ············· 314

## 第二十四次会议（1924年6月2日，星期三，晚间会议）······ 359
弗赖穆特作关于法西斯主义的报告 ············· 359

## 第二十五次会议（1924年6月3日，星期四，早上会议）······ 387
莫斯科无产阶级大学生致代表会议的贺词 ······· 387
柯拉罗夫作关于农业问题的报告 ················ 389
特兰以法国代表团的名义发表政治声明 ········· 404
就农业问题进行的讨论 ························ 407

## 第二十六次会议（1924年7月4日，星期五） ····· 430
向代表大会的致敬和代表大会的回敬 ··········· 430
就罗马尼亚的白色恐怖通过抗议决议 ············ 431
柯拉罗夫就农业问题致结束语 ·················· 432

温根作关于青年的报告……………………………………… 438
就大会议事日程进行的讨论……………………………… 453
巴库市一纺织厂工人向法国阿吕安纺织厂授旗及
 法国代表团的答谢……………………………………… 456

## 第二十七次会议（1929年7月5日，星期六）……… 459
洛佐夫斯基作关于共产国际在工会运动中的策略的报告……… 459
通过反对战争和社会叛徒的宣言……………………………… 490
第10步兵师的代表古特曼向大会致贺词以及大会的答谢……… 490
祝贺克拉拉·蔡特金的生日及她本人的答谢…………………… 493
黑克尔特作关于共产国际在工会运动中的策略的报告……… 494

## 第二十八次会议（1929年7月5日，星期六，晚间会议）…… 511
舒马赫同志就工会运动问题的发言………………………… 511

## 第二十九次会议（1924年7月7日，星期一）……… 522
就工会运动问题进行的讨论………………………………… 522

# 共产国际第五次代表大会会议记录

(1924年6月26日—7月7日)

# 第十五次会议

（1924年6月26日，星期四）

主席：怀恩科普

### 讨论季诺维也夫和瓦尔加的报告（续）

**怀恩科普**（主席）：

会议开始。我需要作这样一个通告：我们刚刚得到消息，比利时政府没收了列宁论合作社的小册子。这真是愚蠢到了极点。在合作社具有极大意义的比利时，他们竟然没收列宁为合作社辩护的小册子！比利时政府对列宁的名字恐惧到如此程度，甚至要与这个小册子作斗争。这证明，社会民主党所支持的比利时政府已经开始害怕我们小小的共产党。

此事我们已通知了我们的比利时同志，同时我们当然会以代表大会的名义抗议比利时政府的此种行径。

在转向议事日程之前，先请乌尔默①同志就一个个人问题发言。

**乌尔默**（德国）：

为了消除某些同志所产生的误解，我要声明，我所说的那番话只是代表德国代表团所作的发言，因为代表团认为，瓦尔加同志的提纲中对

---

① 德国代表团成员菲·登格尔的化名。——编者注

革命形势的强调不够突出。德国代表团认为应当更加突显革命的前景。

我的发言对德国代表团这一观点的论证出自我个人。我在简短的辩论性发言中不可能对其进行足够充分的阐述。

**怀恩科普**（主席）：

现在请台尔曼同志发言，对克拉拉·蔡特金同志报告中关于汉堡事件的阐述作一些订正，蔡特金同志断言，汉堡工人未能表现出革命战斗的心理准备，而群众也没有显示出战斗的意愿。

台尔曼同志将就这个问题作详细的说明。

**瓦尔加**（苏联）：

对于世界经济形势报告和执行委员会活动报告的讨论产生了不良后果。代表大会的兴趣集中到了政治问题上，只有少数发言人谈到世界经济形势。关于这个问题的讨论不仅发言的数量少，而且内容也贫乏。总而言之，可以确定的是，就这个报告发表意见的同志更多地谈的是发展倾向和前景，而不是现有的世界经济状况。我认为这在原则上是不正确的，因为只有在考察事实的基础上才可以谈论前景。如果同志们指责我所指出的前景不够革命因而是不正确的，那么他们就应当证明：要么我所引述的实际材料不准确或者不充分，要么我的概括是错误的。只有从这样的观点才可以断言前景勾画得够不够革命，而不能仅仅局限于对趋势或前景提出批评。

就这个报告发表意见的第一位发言人拉狄克同志没有谈及实质，只是讲了几则不错的笑话。他指出，我在自己的小册子里谈论经济形势时过于委婉，像鸽子一样轻声嘀咕，而在发言中却像狮子般怒吼。这个玩笑或者指责是什么意思呢？它有着众所周知的理由。我写小册子是在4月份，序言注明5月5日，而我的报告却是在6月作的。在此期间发生了一些新的事件，迫使人不得不更激烈地预测前景。美国的危机比4月份时预计的要尖锐得多；德国经济状况的改善已达于极点。德国每天都传来裁减工作岗位和破产的消息。在波兰上西里西亚爆发了尖锐的危机。罗马尼亚的经济状况严重恶化。最有意思的是，英国在半年期间失业人数本来逐渐减少，最近一周内却重又增加。尽管夏季的失业人数通常都会下降，现在却增加了将近12000人。这些新的事实使我对最近一个阶段的工业危机的描述比我在小册子中所说的要更为突出一些。

  邓恩同志指责我说，我对美国危机的深重程度估计过分。我认为他说得完全不对。资产阶级的所有会计报告都证实，美国的产品总额和销售量都下降到1907年以来前所未见的低位。我这里只引用一个数字，因为其他的数据阿姆特同志在他的发言中已经列举了。3月底美国正常运行的高炉有270座，4月底为230座，5月底则为184座，也就是说，我们眼看着两个月期间产量减少了整整三分之一。我认为，如此急剧的减产在危机历史上还从来不曾见到过。如果邓恩同志认为我对危机估计过分，那么我觉得这就是原因所在。美国当代的危机自有其特点。通常在工业危机之初都会发生信贷危机，货币需求加剧，贴现率猛升。这种情况目前在美国并不存在。我们所看到的是一种离奇现象：生产领域产生尖锐危机的同时，货币市场的情况却很良好，暂时没有关于资本主义企业破产的任何消息。这就意味着，正在发生的这场危机对美国资本家来说并不可怕。这意味着战前即已存在的那些趋势极度加强，即：资本主义遭受危机无须自己承担代价，其表现形式并不是价格下跌、大批资本家破产。危机的克服靠的是无产阶级，靠的是削减产量，靠的是剥夺千百万无产者的工作。用马克思主义的语言来说，首先，由于价格急剧下跌，投放到市场却找不到销路的大量商品减少到社会必要的数量，而且为此受到惩罚的应当是资本家。如今呢，托拉斯和康采恩人为地维持着高价。至今美国的物价仅仅下跌了微不足道的一点点。结果危机的全部重负都压到了无产阶级身上。既然邓恩同志说我夸大了危机的规模,那他就是以资本家的观点看问题,危机的后果对于他们并不像对于无产阶级那样严重。

怀恩科普同志断言中欧和巴尔干正在变成西欧的殖民地,这种说法不仅粗疏,而且实质上并不正确。西欧这个词语所表示的意思是什么?这是一个地理名词,而不是马克思主义的术语。有帝国主义的英国和法国。它们为了称霸欧洲而相互斗争。战争赔款的问题实质上是德国会不会成为法国、英国或美国的殖民地的问题。这就意味着,现在所说的并不是西欧,而是最大的帝国主义强国争夺中欧统治权的斗争。其次,仅仅谈英国和法国是完全错误的,因为这两个国家内部存在着各种不同的势力,它们力图以不同的方式解决中欧的问题。法国的重工业、银行和军界希望肢解德国,将其某些部分归并到法国,恢复中欧 1870 年之前的状况。英国资产阶级反对这种做法,因为这会导致法国资产阶级称霸欧洲,所以以法国的军事胜利告终的整个鲁尔争端就是英法之间因为德国而进行的一场斗争。但是法国经济太弱,难以消化鲁尔这块肥肉。法郎贬值所引发的危机至 1924 年初已迫使法国资产阶级放弃自己的军事胜利,服从英美的政策。依我之见,这个问题的正确阐释就是如此。

但是,进一步阐述这一前景时不得不说,要是无产阶级革命不能在欧洲取得胜利,则整个欧洲必将落入美国的经济控制之下。

乌尔默同志声称,同意我的论点的只有右派,这是不确切的:须知鲁尔代表团也认真研究了我们的论点并原则上表示同意,所以,说只有右派同意我的看法是不合适的。

不过这只是乌尔默同志的一个小小错误。他的发言的主要缺点在于,他没有提出任何新的东西与我的论点相比较。他未能证明我的实际资料不正确;他未能表明我根据所引用的资料作出的概括是错误的。他只是简单地宣称我所指出的前景不正确。他是这样说的:"瓦尔加同志所提供的前景就是他指出了资本主义内部这样一种发展方向：它应当以现今的革命危机得到消除告终，并且导致现在让其陷入窘境的资本主义矛盾统统消失的局面。"

资本主义得到了巩固吗？当然，认为资本主义内部矛盾可以消失，这还谈不到，因为资本主义社会实质上是对抗性的。我从未表露过这样的想法。

主要的问题在于，目前的危机时期能否结束，所谓正常的资本主义是否重新到来？这个问题的答案我们可以从研究最近5年的事实中得到。战后初期资产阶级全线退却，对无产阶级采取守势。法国大资本家的报纸《时报》有一次表达得很清楚："8小时工作日是我们为了不容许无产阶级革命而不得不支付的保险赔偿金"。清楚而明确。这样持续了将近两年。随后便开始了资产阶级的进攻，攻势在全线上节节胜利。否定这点完全徒劳无益，因为那会意味着否定事实。

经济方面的形势是这样：资本主义内部的矛盾业已尖锐化；发生了一小撮最大的资本家的财富再分配。

其次，全世界都存在着农业危机。由于海外国家和先前的农业国的工业化，西欧存在着特别的危险。**然而在社会和国家层面资本主义却获得了巩固**。我们无法否认，德国、法国，甚而英国的资本主义现在都比2—3年前更为强大，也许甚至比一年之前也更强大，在我看来，**否认克服这个时期的社会危机的可能性**，简直就是制造幻想。

乌尔默同志指责我，说我似乎像考茨基一样预言会有一个资本主义的超帝国主义时代，在这个时代里"资本主义的矛盾会大到整体消失"。这些将要消失的都是什么样的矛盾呢？我看不出这句话的意义，但其思路我能理解。

怎么能设想布哈林称之为国家资本主义托拉斯相互间的亦即帝国主义大国之间的矛盾会消失呢？我认为，这种可能性在理论上不能排除。

意思是这样的：战前有7个帝国主义强国；战争期间其中的3个被消灭了：俄国在革命之后不再是帝国主义国家，奥匈帝国崩溃，德国被解除武装，备受欺压，成了殖民地。剩下4个：英国、法国、美国和日本。

完全有可能（在这方面，没有任何就逻辑而言不可能的、非马克思主义的事情），在最近将来的世界大战中，4个帝国主义大国中的一个或两个将被降至次要的地位。如果容许提出一种全然不现实的假设，说无产阶级不会利用最近将来的世界大战彻底推翻其他国家的资产阶级（如果它仅仅是不会更早地这样做的话），那么这样的假设也就根本无所谓非马克思主义或反马克思主义的了：任何一个帝国主义强国或者英美联合帝国主义都不会主宰资本主义世界，由于自身的力量非常强大，它们让其余的国家高度听命于自己，今后再发生战争也就会成为不可能的事了。如若乌尔默同志正是从这个意义上理解超级帝国主义并对其加以否定，那么我无论如何也不能同意他的看法。不过乌尔默同志的发言中最令我惊奇的还是：他指责我为资本主义发展所下的定义中包含着对共产国际很大的危险。这种说法是完全不能容许的。既然存在着资本主义力量增强的趋势或者根据事实足以证明的另外某种趋势，那么对之闭口不提就是对无产阶级利益的犯罪和背叛。我们不应当根据一部分前景而欺骗自己。如果所指明的前景不对，那也需要加以证明。但是声称这样的前景是危险的，因而我们不应当对其加以了解，我觉得完全不符合无产阶级的利益。我认为，任何时候都必须讲实话，这不能被指斥为机会主义倾向。我在自己的小册子中和提纲中都明确地说，资本主义复苏的前景是例外情况。然而即便如此，对其缄口不言也是一种犯罪行为。

可是，同志们，关于某种前景具有危险性的所有这些想法的出发点在哪里呢？我觉得，乌尔默同志的整个理论都受到了部分德国同志的反列宁主义的卢森堡式的所谓极左思想的影响，尽管他声称反对这种思想。这清楚地表现在他将我指责为"唯意志论"。乌尔默同志说，我对无产阶级的斗争意愿赋予了太大的意义。（呼喊声："恰恰相反！"）他声言，似乎我真的说过这样的话："形势就是如此，事物的发展进程总是导致矛盾的消灭，不过，资本主义时期的这些矛盾还足够将其作为杠杆加以利用，用来发动斗争；共产党人只需加强自身的斗争意愿即可。我们作为马克思主义者，应当拒绝这种理论。问题不单是取决于共产党人的意志，而且取决于整个革命形势。"

我应当说的是：当然，无产阶级的斗争是由客观的形势所决定的，这完全可以理解，但它也取决于无产阶级对斗争的意愿。

一连几天时间，这里都在纷纷指责德国右翼领导人，说尽管形势在客观上是革命的，他们却不想进行战斗。我认为，这是十足矛盾的——一方面，说我们谴责右派是因为他们在革命的形势下不愿意战斗；而另一方面，借我之口喊出唯意志论的口号则仅仅是因为，我强调无产阶级的战斗意愿是无产阶级取得胜利和推翻资本主义必不可少的条件。事情其实并不在于哲学争论，而是在于革命的前提条件的问题。**具备客观的革命形势还不够；为了取得胜利，同时需要无产阶级及其领导人的主观战斗意愿。**我们可能面对最良好的革命形势，然而如果缺乏对斗争的准备或者这种准备未能有组织地加以利用，那么这种形势很可能毫无痕迹地从我们身边消逝。现在抛出唯意志论的口号，完全与此时此刻的任务不相符合。

这种想法与我经常责备的一部分德国同志即所谓"卢森堡分子"的思想发展进程有着极为紧密的联系。其内在的基础是渴望找到一种理论，这种理论将资本主义的崩溃设想成一个纯自动的无可避免的过程，同时几乎不需要进行任何斗争。我在自己的报告中已经谈过这点，现在再说一遍：**并不存在一种能保证我们不经过大规模的战斗或不冒巨大的风险便可获得胜利的理论。**这样的理论是没有的，如果有人将其杜撰出来，那当然纯属谎言。

在有一个问题上，乌尔默同志仅仅有一次试图谈论其实质。在他看来，我陷入了以下的矛盾：一方面大谈某些资本主义大国之间的分歧，而另一方面，又说资本主义的利益在国际范围内交织在一起。这并不是矛盾，而是战前即已开始的一个进程。某些国家的资产阶级力图保持自己在国内市场上的垄断地位。为此他们实行保护性的关税。但这时候外国资本家却将自己的生产转移到这个国家之内。结果，一方面我们有一种隔离的倾向，另一方面，外国资本与本国资本又交织在一起，两种现象相互间并不矛盾，也根本不可能与他们进行斗争。这样的尝试也有人做过。如果我没有弄错的话，在挪威就有以一定的比例限制外国资本参股本土企业的法律。外国资本家找人冒名顶替对此进行回应，结果这项法律全然不具备现实意义。这两种倾向（隔离和交织）并存，相互交集。

鉴于以上所述，我想简要地回复最近期间在德国党的理论机关刊物《国际》上经常反复出现的对我的指责。这些指责的实质何在呢？其实质就在于：我未能建立当前危机时期的一套清晰的理论，像马克思为所谓"正常的资本主义"所创建的那样的理论，足以保障我们在最近的将来的斗争取得胜利的理论。

我必须说，无论是我还是各国共产党内的其他同志，都暂时未能以一种清晰的理论概括当代资本主义的各种现象。在这方面也有一些众所周知的尝试。比如说，我就想起了布哈林的《过渡时期经济学》。我也曾不止一次地试图建立这样的理论，至少描述出最普遍的特征，然而，暂时还是确实没有令人满意的理论。必须回忆回忆，马克思和恩格斯可是在20年期间完全沉下心来观察当时资本主义的发展状况，他们在20年期间一直研究统计和数字材料，只是在那之后才出现了《资本论》。他们只有经过这种长期的工作之后才得以描绘出资本主义的整体面貌。我决不想将自己与马克思相提并论，但是如果马克思都需要20年的话，则我至少得付出40年时间。如果大家要求我现在就立马拿出一套现阶段危机的清晰理论，那对于我个人实属太大的荣耀，因为如今相比于50年之前，资本主义的各种现象错综复杂得多，矛盾和内部对立大得无可比拟，事件发生和变化迅速得多。另一方面，我应当问问你们，那些一直指责我未能掌握可供使用的理论的同志都创造出了什么值得肯定的东西呢？我只得遗憾地说：**他们没有拿出任何值得肯定的东西**，他们总是喋喋不休地称道罗莎·卢森堡的虚假的积累理论，一成不变地反反复复地说：资本主义无力克服自身的危机，因为没有进一步积累的可能性了；要么就相反：危机会很快消除，因为积累的能力还存在。与此同时，上述这些同志甚至并不打算具体地确定，诸如在德国、欧洲、美国等地方是否真的在发生积累的过程。这些同志丝毫没有尝试着做一点实际的分析。我认为，如果他们不仅仅提出要求，而是自己也肯定地证明根据自己的理论观点在分析现阶段资本主义方面能做到一些什么，只有那时候对我所作的指责才会有意义。

我认为，我所提出的提纲可以作为代表大会决议的基础。显而易见，我们的历次代表大会上所提出的提纲还从未采取一成不变的样式。本次代表大会的目的是交换意见，考虑不同的同志的经验，通过共同努力制定出一个正确的远景规划。我希望政治委员会能纠正这些提纲现存的各种缺点，作出最好的表述。

同志们，由于我所掌握的时间只剩几分钟了，现在请允许我谈谈辩论中尚未涉及的一个问题。我认为，如果本次代表大会上我们的辩论中只字不提匈牙利无产阶级，那会是一种疏忽。整整5年之前，除俄罗斯以外，还只有一个国家存在过组织得相当严密的无产阶级专政。匈牙利无产阶级是俄国之外唯一成功建立了专政并掌权4个半月之久的无产阶级。在世界各国代表出席的共产国际第五次代表大会的这个会场里，却没有该国无产阶级的代表团。这一事实正是没有匈牙利共产党的结果。成百上千的同志也曾做过建党的多次尝试，为此身陷囹圄，然而事实上党依旧暂时没有。

我认为，代表大会本来就应当研究关于这一现象的原因的问题。绝不能怪罪寄寓国外的匈牙利同志，因为他们不少人都在这里的代表大会上担任了代表：在俄罗斯、美国、捷克、南斯拉夫等代表团中和青年团中都有。这一事实证明侨居国外的匈牙利同志是很出色的工作人员。我也不能赞同许多同志持有的一种观点，即：侨民中尖锐的派性是其原因。我觉得恰恰相反，**侨民中的一些团体派性尖锐的原因在于匈牙利暂时尚未能形成富有活力的共产主义运动这种状况**。这一事实更加引起我们思索：匈牙利的工人运动非常强大，它是近3年来工会会员一直持续增加的全世界唯一的国家。匈牙利的社会民主党很活跃，它是议会中最强大的反对党之一。该国常常发生大规模的工人罢工。尽管如此，还是没有共产党。

这种现象的原因何在呢？

我认为，**我们在匈牙利遇到的是历史性的状况，这种状况至今阻碍共产党的建立，这为世界上任何地方所未有**。

这是一种什么样的历史状况呢？别的国家里共产党又是如何建立的呢？它们都是扎根于工人群众之中，在资产阶级尚不惧怕共产党的时期产生的。所有国家的共产党都产生于对它们有利的时机，其时资产阶级尚未根据切身的经验知道共产党会以什么威胁他们。因此，共产党便有时间植根于工人群众，在组织上成长壮大，为对付非法时期和在所有的国家或迟或早都必定会到来的迫害准备好坚实的基础。

可是，在匈牙利发生了什么事情呢？那里曾经有过专政，其时并不存在上述组织意义上的共产党。匈牙利共产党是1918年秋成立的，建立专政之后于1919年3月21日与社会民主党合并。这个时期它的确是积极的工人群众的领袖，专政的建立无疑是它的功勋。但是它存在的时间不够长，不足以为在苏维埃专政瓦解之后的白色恐怖时期建立地下党打下组织基础。

不言而喻,接下来,任何国家的资产阶级越是切近地、越是直接地体验到无产阶级专政对于他们意味着什么,反动势力便会越加粗暴、顽固、残忍地反对共产党。

同志们,这样一来,匈牙利共产党便面临着世界历史上前所未有的一项任务:在专政之后几乎白手起家建立共产党,已经是在白色恐怖、非法状态、最猛烈的镇压的时期奠定共产主义组织的初步基础。同志们,我认为应当从这些历史事件中,而不是从寄寓国外的那些同志的派性或者无能为力中,去寻找匈牙利无产阶级未能选派代表参加本次代表大会的原因,那可是除去俄国无产阶级之外唯一能够建立专政并坚持四个半月之久的无产阶级。

我讲这些并不是为我们辩护。但是我认为,现在终于到了可以认真地着手在匈牙利组织共产主义运动的时候了。我还认为,最好是代表大会能就这个问题表示这样一种意见:共产国际执行委员会应当力争克服由于派性斗争所产生的各种阻碍,对匈牙利党给予支持。同志们,我并不是说我们应该重复我们已经做过两三次尝试,即消除派别。**派别只有借助于生命攸关的工人运动才可能消除**。侨民中的派别无论通过许诺或者彼此誓言忠诚都无法消除。但是让这些派别不是作出一些自行取消的虚假许诺,而是在为匈牙利的共产党打下初步组织基础的共同工作中团结起来,这倒会切合时宜。所以我认为,一旦打好了这种初步的组织基础,那么苏维埃专政在匈牙利无产阶级群众中所留下的深刻影响,就会使得匈牙利共产党的快速扩展和强大成为可能,基于其既往的历史,这都是可以指望实现的事情。(赞许声)

**怀恩科普**(主席):

现在请本比亚同志宣读声明。

**本比亚**同志宣读下列声明:

## 声　明

波兰代表团下列署名的团员声明:

1. 我们没有在全体会议上就波兰共产党的问题发言,认为在代表大会的波兰委员会内根据资料和文件对问题进行充分的阐述更为合适。

2. 我们完全赞同季诺维也夫同志作为其报告基础的策略路线,确认这一路线完全符合最近一个时期我们在波兰所执行的路线,这在本年3月波兰中央全会的提纲中已有所表示。

3. 我们认为有义务向整个共产国际和波兰无产阶级声明,最强烈地反对连斯基同志对我们的同志克鲁利科夫斯基和兰楚茨基的攻击,他从代表大会的讲台上蓄意歪曲这些同志的议会发言,力图诋毁他们所进行的斗争。

科斯切娃　普鲁赫尼亚克
瓦列茨基　瓦尔斯基

**怀恩科普**（主席）:

现在请泽姆科同志发言,他将宣读由代表大会授权向波罗的海舰队致敬的委员会的一份报告。

**泽姆科**（苏联）:

同志们,我以接受代表大会委托向波罗的海舰队致敬的代表团的名义,向你们致以红色波罗的海舰队的革命问候。我们足以相信,俄国共产党和共产主义青年在有组织的政治和文化领域完成了何等巨大的工作。由于俄罗斯同志们非凡的努力,短短两三年内一支强大的舰队,便在波罗的海从帝国主义战争和国内战争残留下来的微不足道的余物中崛起。舰艇处于良好状态，随时准备投入战斗。舰上秩序井然。水兵们为共产主义精神所鼓舞。超过75%的水兵都是共产党员和共青团员。他们的精神生活十分丰富。每一艘军舰上都有很好的图书馆和阅览室，其中可以读到所有的俄文报刊。此处，还有许多所谓的"角"。每一艘军舰上都有一个列宁角，那里可以找到他的作品的全集和他的传记。其次，还有其他的各种角，例如，农民角里收集有关于农民问题的剪报、重要法令和图书目录；自由思想角里收集有与宗教作斗争的资料，反对宗教的宣传画和漫画；另外还有各种卫生教育角、青年角、红色舰队角，等等。

政治和文化教育工作集中在各种小组里。有列宁主义学习小组，海军宣传小组，体育、音乐、自然科学、党校、青年运动小组，等等。

政治和文化教育工作由全舰队的政治部和各舰队的政委负责。各艘军舰上每周都举行党的会议。每个月都召开全体舰员大会；此外，每周还为水兵们上两次政治常识课，对时事问题进行讨论。

在列宁格勒的全舰队出版《红色舰队》日报，此外，水兵们自己通力合作，在每艘军舰上出版自己的报纸。水兵与指挥人员之间的关系极为良好。在队伍中有着极为严格的纪律的同时，同志式的交往也十分活跃。在指挥人员中也大力开展宣传。有些军舰上的指挥人员中共产党员超过50%。

水兵们对各国所发生一切事情都很感兴趣。他们深切关心国际运动的各种问题，共产党和青年组织的力量，合法和非法的工作，合法和非法的报刊，各国的政治和经济关系，农民政党和资产阶级政党的力量，等等。

代表们同水兵们在交谈中度过了全部时间。他们深信，水兵是共产主义的优秀宣传员，而波罗的海舰队必将成为世界革命的一支可依靠的力量。**红色阵线万岁！**

## 季诺维也夫的结束语

有些同志认为将执行委员会今后的策略和关于它的活动的报告合并进行讨论是一个错误。也许,这样做的确有一些不方便的地方;在以后的代表大会上可能应该避免这一点。我个人是不会反对的,不过我认为这在实践意义上并不合适,因为执行委员会的策略和它的总路线与预定于最近的将来实施的实际路线常常有着紧密的联系。因此,如果我们的代表大会以这种方式进行讨论,那么这样做完全是为了节省时间,而不是出于别的什么考虑。

我认为,除了关于执行委员会活动的相当详尽的决议之外,我们还务必通过一份关于总的策略问题的提纲。这项工作我们将于讨论结束之后再在政治委员会内进行。

同志们,我们这次所进行的讨论比以往任何时候都要广泛。发言的人达到62人,还不算宣言和声明。许多发言对阐明相关国家的实际状况都提供了大量颇为宝贵的东西。自然,我没有可能着重分析所有的发言,而应当将自己的注意力仅仅集中在最具实质性的事情上。首先,我要尝试着补充说明我觉得在主旨报告中阐述得不够充分的地方,尽管报告持续了相当长的时间。报告篇幅长的原因在类似的情况下并不是偏爱长篇大论,而是因为话题宏大,它要报告人阐述50—60个党的活动并预先确定未来的策略路线。

我想首先略为补充分析一下世界经济。我在主旨报告中已经指出,我总体上同意瓦尔加同志的小册子和提纲中所谈的看法。自然,可以也应该作出许多增补,大概不会有谁反对在专门委员会中对提纲进行某些加工。不过我认为,同志们,我们现在就应当说清,他的基本路线正确还是不正确。

我们兄弟的德国党所出版的《国际》杂志上，我们在K.C.同志的文章中读到诸如这样的话：

> "实际上，第三次代表大会用总的经济纲要代替了世界革命的明确前景，这个纲要无论在细节上还是条理方面都意味着后退了一大步。"

同志们，试问我们究竟需要什么：是纲要还是革命？可能对于某个政论作家而言，纲要是主要的东西。既然可以谈论纲要，那么第三次代表大会做了一个总体勾画就是绝对正确的。各种事件已经表明，第三次代表大会正确地评价了世界经济形势。事件并没有以比大会所预见的更快的速度消逝。这个纲要对我们很有利，而对资产阶级很不利，要是它后来不符合实际，又能给我们带来什么好处呢？在第三次代表大会上炮制一份书面的"提纲"，显示我们在最近的一两年内就能看到资本主义绝对全面崩溃，这倒是一件十分轻而易举的事。然而，如果它并不切合现实，那么这又有什么意义？

这一时期我们学会了许多东西，特别是懂得了，对"资本主义崩溃"这个术语应当慎用。资本主义的崩溃完全是无可避免的，资本主义注定要灭亡，但是必须看清事物的真实面目，对待"时间"的概念要比此前一向的做法更加小心谨慎。

你们都听到了瓦尔加同志的报告是如何评价乌尔默同志的。在我们听取了德国代表团就这一问题所发表的声明之后，这个事实所具有的已经是次要的意义了。不过仍然不会妨碍哪怕与个别同志，特别是像乌尔默这样可贵的同志，就分歧的实质取得一致意见。我要顺带指出的是，完全是另一种政治意味的表达者克赖比希同志对瓦尔加同志的报告的评价，与乌尔默同志完全一模一样。

乌尔默认为拉狄克以及其他几位右派同志（具体是谁，我已经记不清了）似乎与瓦尔加团结一致，这并非偶然。我觉得，乌尔默同志在一定程度上成了拉狄克的"军事计谋"的牺牲品。你们一定都发现了，拉狄克四处寻找左派的弱点，拿手摸，用鼻子嗅，看看有没有空子可钻。他对瓦尔加同志的报告也企图这样做。我能理解革命者特别是德国革命者在现有情况下的感受。乌尔默巴不得我们的理论家、我们的经济学家能准确、明白的指出一条路线：资本主义在一两天之内肯定就要垮台，革命无可避免地会爆发，据说，不是今天就是明天，指日可待。在十月失败之后，在成功地摆脱右派上层领导人的"桎梏"之后，这样的情绪尤其可以理解。真正的斗争愿望已经有了；拳头早就自动紧握——只待我们的理论家们做好自己的工作，拿出一份"纲要"来，让人们确信明天就会爆发革命。

当然，我能理解革命者们尤其是我们的德国同志们的这种感受，他们已落入一种十分特殊的境地。但是，同志们，我们所希望的是取得胜利，而不是仅仅在空中挥舞拳头，为此，就应当看清事情的本来面目。

瓦尔加同志受到委托，向我们阐述世界的经济形势，而不只是德国的形势。德国之于革命是一个非常重要的国家。但是，同志们，这里也已公正地指出，盎格鲁-撒克逊国家，其中首先是英国，对世界革命也具有一定的重要性。要是我没有记错的话，不是别人，正是卡尔·马克思曾经说过：没有英国，革命就只能是杯中风浪。

总之，在给予德国运动以应有的评价的同时，我们仍然应当认真研究世界经济形势，而不仅仅是德国形势。我们必须记住，即便在德国，虽说资本主义的衰落和瓦解征兆繁多，但也仍然有着其团结一致的某些迹象。对此，每一个工人在他们的企业里都可以觉察到。我们何必硬要断言那种实际上并不存在的事情呢。而且通常总有那么一些问题，并不那么容易简单地说明：是或者否。某些文章和发言的思想充斥着一种倾向："是就是，否就否，除此而外都是多余的。"

形势复杂，实际上存在着资本主义团结一心的某些征兆，这并不能怪罪瓦尔加。很遗憾，这是真的。我们不能简单地闭上眼睛，硬说没有看到这种情形。我们的任务是发现事物的本来面目。

这里都说，瓦尔加流露出了"和平主义倾向"。如果从他的外貌出发，也许可以承认他的确有着某些"和平主义"的倾向。（笑声）瓦尔加刚才就证明了这点；我要是处在他的位置上，就不会让自己如此"和平主义"地对待乌尔默。（笑声）我仍然认为瓦尔加科学地向我们提出的纲要是正确的。他向共产国际提交的著作、他的三个月述评都是极为出色的资料。我不知道所有国际经济学文献中还有什么更好的作品。我的看法是，我们大家在这方面都有值得向瓦尔加学习的地方。我个人就准备在这方面向他学习。我认为，不妨向他学习学习某些东西，特别是K. C. 同志。

对国际经济进行分析十分困难而复杂。情况极为纷繁，无法基于主观态度对其做到透彻理解。瓦尔加的分析都得出了一些什么样的结论呢？他说：几乎在全世界都可以看到普遍的农业危机。美国爆发了严重的工业危机。在一些欧洲国家，依靠邻国达到减轻危机的目的。可以看到一种普遍的现象：工人阶级的状况恶化（不仅是相对的、而且是绝对的恶化），阶级矛盾激化。

同志们，可以把这当做和平主义吗？瓦尔加正确地认为，当前的经济形势是这样：主观的因素（无产阶级的组织性、夺取政权的意愿、对斗争的准备、共产党的力量）可能起着决定性的作用，这已经不是和平主义了。客观形势可能变得多么适合革命，但是如果缺乏夺取政权的意愿，如果被压迫群众战斗经验不足，如果没有党，也不会产生任何结果。

现在出现了一则小小的间奏曲，完全不是坏事；尤其好的则是，乌尔默并不坚持他的那些夸张说法，那是他从最好的愿望出发所得出的结论。

然而必须头脑清醒。如果我们在第三次世界代表大会上通过决议说：世界形势是资本主义已处于奄奄一息的状态，而后来的情况却是，召开了第四次代表大会，第五次代表大会，资本主义在许多国家却仍然相当稳固地屹立着，那会造成什么后果呢。自我欺骗未必能提高我们在自己的党员中的威信，更不必说在同情我们的工人之中了。

可能有两种前景。简略地说，一种就是：资本主义在相当长的时期内还会半死不活地勉强维持；另一种前景也很有可能，就是事件的发展更迅速，资本主义在一系列具有决定性意义的国家垮台的时间很快，在其他一些国家它衰落得更快。当然，就历史的角度而言，资本主义存活的时间已经剩下得很短很短了。在一个人的生命中，5年、10年、20年时间算是很长的了。但对世界历史而言，这样的期限只相当于5分钟。我们共产国际担负着组织世界革命的使命，就应当让自身的策略符合这种或者另一种可能性；如果最好的一种可能性能够实现，资本主义的崩溃能以更快的速度发生，我们自然会轻易地以较为有利的一种前景为目标。如果我们把一切都建立在更为顺畅、迅速、良好的发展速度上，情况就会很糟糕。这运用于每一个单独的国家是正确的，运用于整个世界经济形式就更加正确。我知道，德国共产党的左派领导中有一些极具权势的同志，他们对德国而言，被认为有能力将结局拖延10年。我觉得事情并非如此。但是当瓦尔加在评价整个世界经济时表现出小心谨慎时，没有任何理由对他进行猛烈攻击。

我认为原因在于，瓦尔加同志的提纲整个说来是正确的。也可以满足德国代表团的愿望，更充分地仔细分析各种可能的革命前景，特别是对德国而言。提纲应当在委员会中进行修改。总的说来我还是想建议大家，特别是年轻同志们，更认真踏实地对它进行钻研。不应当未掌握任何一个事实，也不引用任何一个数据，便反对瓦尔加的分析，仅仅因为他有一副"和平主义"的外貌，便毫无根据地断言瓦尔加具有"和平主义倾向"。在世界经济领域，我们应当比对其他任何领域都更多地学习、再学习，在得出自己的推断和结论时更为小心谨慎。

现在我想对国际政治局势问题作几点补充。我在自己的报告中指出，法西斯主义和资产阶级反动势力在第四次世界代表大会期间已经在国际范围内达到它们的顶点。代表大会当时即曾预言，这个运动可能被另一个"时代"——民主和平主义时代所取代。

代表大会的这一预言如今已经得到证实；但即便这个新的时期也不会长久持续。在许多国家，局势很快便会重新激化，紧急状态、戒严状态和法西主义等等又会卷土重来。

帝国主义战争期间的局势怎么样呢？异乎寻常地紧张。几乎到处都是实施了戒严。

战争快结束时出现了"民主"的某种繁荣，在许多国家都发生了资产阶级民主革命。然而很快便出现了法西斯主义，取代了这个时期：几乎在所有的具备决定性意义的国家都出现了极为强大的资产阶级反动势力。既然没有足以带领工人阶级投入战斗并从资产阶级手中夺取胜利的共产党，这种情况是无可避免的。此后便又兴起了新的民主和平主义"时代"的浪潮。社会民主党的先生们将这种事情想象得异常简单：戒严过后就是民主，然后重新戒严，然后又是民主，其间似乎什么也没有改变。

但事情并没有这样简单。比如说意大利吧，说那里已经掀起了新的革命浪潮，开始了总罢工，等等（关于因为杀害马泰奥蒂所发生的事情的准确消息尚未见诸报刊），也许有些夸大其词，但是终归无可怀疑的是，意大利已经出现新局势。这即便从下列情况也可以看出：共产党的机关报《团结报》一连两期都在头版上用黑体字刊出口号："打倒杀人犯政府"，而墨索里尼却并没有查封这家报纸。这无疑同样是新"时代"来临的一个征兆。诚然，墨索里尼声称他目前不打算退出政府，但是既然这样的问题已经能提出来，那么其中也有了"时代精神"。意大利法西斯制度已首次出现了巨大而深刻的内部危机。

事实上，如果明天意大利的资产阶级"民主"重新获得胜利，那么它无论如何也不会像1920年那种情形。你们都知道，当时所谓的意大利社会党是一个群众性的大党。工人阶级感到自由，资产阶级民主盛极一时。然而意大利的工人们当时并不明白"民主"的实质。社会党充满民主的幻想，工人们在政治上很天真。如果能推翻法西斯制度，难道就会简简单单地回到以往的局面？绝对不会！工人阶级已完全变了样。他们已经丢掉幻想，他们为这些教训付出了高昂的代价。现在这将是全然另样的政治环境，另样的"民主"。工人阶级已富有崭新的政治经验。我认为，我们不应当忽视这一点。

老实说，不单是社会民主党人，而且还有我们共产党人，有时候对形势的估计都太过简单，总以为：首先是民主，然后才会出现法西斯主义，而法西斯主义之后无可避免地到来的就应该是无产阶级专政了。

事情可能这样发生，但也可能并不这样发生。比如，在意大利取代墨索里尼制度的并不直接就是无产阶级专政，而是与1920年那种民主绝不相像的新的"民主"，已经要在"新"的民主制度下做好无产阶级专政的准备了。

形势并不如此简单。不能说它可以简化为一个公式：民主，以字母D代表，然后是法西斯主义，以字母F代表，再后是革命，以字母R代表。这里的事情并非像马克思的公式那样简单：商品—货币—商品。事情可能会有多多少少不一样的结局。现在同样会产生一个独特的进程，以工人阶级政治经验积累的形式生成"剩余价值"。如果意大利的民主"时代"到来，工人阶级已经是带着经过锻炼和丰富的新的政治经验进入其中了。我们党的作用在这种情况下也会不同，因为形势会发生实质性的变化。

民主和平主义"时代"会持续多久呢？不可能确切地予以预言，但是可以预计的是，它必定为时短暂，即使在法国这个最喜欢玩弄资产阶级民主权术的国家也是如此。该国的左派联盟会比人们通常所推测的更为迅速地过时。它的地位极不可靠。左派联盟仅以 30 万票的优势获胜，因为右派联盟包括其各种流派在内共获得 360 万票，而左派联盟则获得 390 万票。赫里欧政府的活动一开始，便任命 6 名来自原彭加勒内阁的部长，在外交政策中几乎原封不动地保留旧有的路线。左派联盟曾向工人阶级作过大量许诺，如今却无法履行其中的任何一项。因此可以预料，法国的民主和平主义"时代"会消失得相当快。如果工人阶级及其共产党表现软弱，则法国避免不了法西斯主义。赫里欧还能在位多久？多里欧多快就会将他取而代之？（赞同声和笑声）

不好说新"时代"还会持续几个月，资产阶级专政还会持续几年，不过有一点是可以明确地肯定的：发展的趋势是从赫里欧到多里欧。谁也不知道此事会发生得有多快，但是显而易见，左派联盟的瓦解过程会比我们一度预料的要快。左派联盟很快便会丢人现眼。

整个和平民主"时代"对资本主义有何意义？为何它终归到来了？它是资产阶级巩固的相关概念呢，抑或相反，是资本主义瓦解的相关概念？无疑是后者。事件的发展相当迅速，尽管我们对此并不是都能发觉。就拿最近期间的事件来说吧。你们对战前资产阶级所遭受的那场危机记忆犹新。例如，法国就爆发了德雷福斯案件，被人们议论了好几年。这被视为资产阶级制度的巨大危机。再例如普鲁士反对三级选举制的斗争。与最近一个时期相比，所有这一切是怎么回事呢？比如战前在比利时发生要求实行普选制的罢工之时，罗莎·卢森堡曾写过一大批论述这一事件的学术著作。请你们与现在几乎每天都在发生的事情作一作比较吧。例如，马泰奥蒂被谋杀，鲁尔被占领，拉特瑙被杀害，保加利亚、汉堡、克拉科夫的起义，法国的左派联盟，英国的工党政府，罢工浪潮的巨大规模，东方革命运动的发展，等等。如果现在 50 万工人罢工，那么我们在报刊上登出 20 行的消息报道一下此事后，就转向各种当务之急的事情了。这就证明阶级斗争取得了巨大的成绩，我们很快就会接近于最后胜利了。

社会民主党的傻瓜们以为幸福美好的时代来临了，终于可以自由地呼吸并且宣称：资本主义巩固了。他们并不怀疑，**这种民主和平主义的"时代"恰恰是阶级斗争前所未有的发展的表现和征兆。它充分证明了资本主义已经不可能通过老一套的办法进行统治；它具有一种客观意义，即：使得本来已被战争动摇和破坏的资本主义更加摇摇欲坠**。许多社会民主党人都以为事情是这样：反动势力先被民主所取代，民主又被反动势力所取代，然后民主再次取代反动势力，而且美丽的意中人再也不会年老色衰，只会越来越年轻漂亮。社会民主党的先生们对事情就是这样设想的；他们无法理解，每一次这样的更替都会深刻改变广大劳动群众的政治倾向。社会民主党人错误地将这个"时代"看做议会制历史上新的一环。对人民群众而言，它与他们的经济状况、与他们的整个生活方式密切相关。如果资产阶级与社会民主党一道，像钟摆一样不停地摆动，从法西斯主义的右岸向民主的所谓"左"岸来回摇摆，那么，这种摇摆只能越来越让资本主义动摇，导致群众的共产主义意识不断增长。无产阶级革命的思想准备就是这样进行的。

很清楚，民主和平主义"时代"无论如何也不是幸福时代终于到来的证明，并非所有问题都可以在议会内通过"民主"的方式和平地顺利解决。这个时代是资本主义土崩瓦解的一个相关概念。

在政治领域，各种征兆有时候要比在经济领域更早、更敏感和明显。当然，经济是基础，它决定一切。但是在某个进程成熟并完全显现之前，新的转折还刚刚在形成的时候，政治上的征兆有时候要更加典型得多。

我再说一遍，民主和平主义时代恰恰是资本主义瓦解的征兆、衰落及其无可救药的危机的征兆。以墨索里尼和彭加勒为一方，麦克唐纳和赫里欧为另一方，所有这些先生们现在都在做有利于无产阶级革命的工作。他们是走"民主"道路或者毫不掩饰的法西斯主义道路，全都一样。他们正在给无产阶级革命帮大忙。无论哪种制度对于我们都代价高昂。无论哪一种都需要工人阶级付出巨大的牺牲，但无论哪一种也都会加速无产阶级革命的到来。因此我们不应该过于简单地看待事物：在这方面不适宜与马克思的公式进行简单的类比："货币—商品—货币"——"法西斯主义—民主—法西斯主义"。在每一个国家，这都是一个相当复杂和独特的进程。

总的说来，历史的这一章意味着资本主义的瓦解。这个"时代"不可能持续很长时间。社会民主党力图挽救资产阶级；它向它抛出救生圈，但这救生圈毫不管用，那是以不管用的材料做成的，只会更快地将资产阶级拖到水底。

在客观上，麦克唐纳的反革命的"工人"政府就整体而言，还是应该有可能对资产阶级发挥负面的作用。列宁同志完全正确，他在第二次代表大会上说过：英国将会由"工人"政府掌权。对这个"工人"政府共产党人应予支持，但这种支持应像是绞索维系着绞刑犯一样。当世界上最聪明的资产阶级都需要请求英国的孟什维主义支持的时候，事情就变得显而易见了：资产阶级已经不可能用往日的方法进行统治。当然，将孟什维克说成真正的工人政党只能是说谎——这并不是一个革命的工人政党。然而孟什维主义却往往是一个一只眼朝左瞅、另一只眼朝右瞅的家伙。孟什维主义可以促使资产阶级的地位恶化和动摇，虽说这有违该主义的愿望。

所以我们对待事情应当有着十分明确的观点；我们的宣传手法之所以应当时常变换，就是因为我们正好处在新的民主和平主义"时代"。

我们应当向全世界的工人阶级解释清楚，这个时代意味着什么。我们应当让他们明白，这个时代不可能持续，社会民主党人是在欺骗工人们。我们是历史舞台上不受"工人"政府这道"民主"和"和平主义"的幌子所蒙蔽的唯一力量。但正因为我们是世界上唯一的这种历史力量，我们才应当向自己提出一项任务：寻找到并且区分出资产阶级的现代制度不同于以往的全部具体的特征。

我还想就讨论中谈得太少的一个问题发展一点意见。我指的是农民问题。我认为，在这次有62位发言人参与的广泛讨论中农民问题全然未被提及，这是一个不祥的征兆。我很担心，我们在这个问题上千万别又一次说，我们全都同意，我们认为对我们所说的话全都正确，而实际上却一切依然如故。这不仅对农业国，而且对工业国，都会成为最大的危险。

日前我在6月19日的《前进报》上读到一篇文章，题目是《差5分12点》。巴伐利亚人民党的州议会议员施利滕鲍尔博士在州议会发表了如下声明，我原文照录。

"德国的危机尚远未消除。在幽暗而迷茫的远方，悄悄等待着我们的不仅有共产主义的危险，而且有农民的社会革命。如果政府针对德国农民的现行政策即便再延续半年，危险也会变得很严重。事件的无可避免的逻辑就是如此，因为目前的形势令人无法忍受：它正在以可怕的速度吞噬农民的全部财产。当压力变得无法承受、经济状况彻底动摇的时候，事情便会发展到爆炸的程度，以至于触发农民革命；而农民革命是激进的、残忍的、恐怖的。历史教导我们，农民革命便意味着浓烟、烈火、绞刑架上晃悠的人头。必须对此加以防止；最后期限已经到来；再过5分钟，就要敲响12点了。"

这样一来，同志们，如果除了这位资产者所说的话之外我对德国别无所知，那就只有他的这番话可以为我提供证明了：面临的这个问题非常尖锐，在诸如德国这样的国家，不存在大量具有革命精神的农民群众，任务仅仅在于争取农民的某些阶层并中立另外一些。施利滕鲍尔博士说得完全正确，农民革命都是很激进和残酷的，在这种情况下会流大量的血，还会有大火和其他某些东西——我们可以拿俄国革命的事例来证实这一点。鉴于这样的形势，不能对这个问题估计不足。它并非次要的问题，完全取决于无产阶级专政的问题。

我读过一些文章，说法西斯分子为农民制订了一个文笔相当巧妙的蛊惑人心的"行动纲领"。法西斯分子为农民制订"行动纲领"，这意味着什么呢？也许，我们那些"极左派"中有人会说：因为我们拥护无产阶级专政，所以农民问题与我们无关。至多他们会说：我们在中央委员会中设立一个农民委员会，安排几个人到里面去写个提纲——可惜谁也不会读。有时候事情就是这样。在农业国家，情况也并不就好一些。举个例子说吧，罗马尼亚阿韦雷斯库的反革命政党不久前召开代表大会，有1万名农民参加。想必那都是一些富有的农民。不过既然他们能召集起1万名农民，那就有着某种意义。

波兰一些资产阶级政党也纷纷在华沙召开有许多农民参加的代表大会。而巴伐利亚协议会中人们都说：差5分12点，有农民革命的危险。这就意味着，农民问题对我们来说，应该是最为重要的问题之一。这不仅在农业国，而且在诸如德国之类的工业国，都是一种革命的形势。

我认为，现在应当以革命的方式采取行动。纸面上的提纲已经够多的了，似乎我们与农民无关的社会民主党的高论也唠叨得够多了。

是的，同志们，因为我们仍然是一个狭隘的党，农民问题便与我无关。然而既然我们真心希望要达到建立工农政府的目的，要真正掌握无产阶级在革命中的领导权，我们就应当深入农民群众开展宣传鼓动工作。

举两个俄国革命历史上的例证。

共产党人目前在德国工人中大受欢迎。追随我们的有德国的许多大工厂。应当像我们在俄罗斯做过的那样去做：发现有工厂支持我们，我们就召开群众大会并说明：也必须在农民中开展工作。

伙伴们，作为开始，让我们挑选25个小伙子，把他们派到某某省的农民中去。为此便需要钱，而党却没有钱，那就让我们在工人中筹集吧。我们建立一些由5名共产党员和20名非党群众组成的工作队，将其分派到各个村庄去1—2个月。我们会接济他们的家人，直到他们返回。我们就这样做了。在这个过程中，工人们的妻子也发挥了巨大的作用。工人们给农村写信，寄发传单、报纸，派遣代表。无产者在假期里每一次下乡都怀着这样的目的，因为工人们都知道共产党认为农村工作是最为重要的任务之一。

现在你们瞧吧，我们的德国党也即将开始这样去做，它在工人群众中得到巨大的支持，在许多企业中都拥有多数。如果它真的在这方面展开有组织的工作，不仅将共产党员、而且将非党工人都吸引到这件事情上来，在工厂工会委员会的协助下有计划地进行工作——过不了几个月，我们便会获得无可置疑的成果：连工人们的妻子也会帮助我们工作。在农民中的工作有助于我们在军队中开展工作。最好的宣传员就是工人们的妻子，我们的革命表明了这点。不应该保守，必须摸索新的宣传鼓动方式，不应当忘记，军人中50%也都是农民。

如果这位巴伐利亚议员说得对：钟表上显示的是差5分12点，如果农民中充满了这种紧张气氛，那么这也会在军队中产生影响，那里诚然有许多军官出身于贵族之家，但是还有更多的是农民子弟。是什么人一直在镇压革命运动？是什么人在1905年打败了我们？是什么人消灭了巴伐利亚苏维埃共和国并在德国镇压了1918年后的其他许多次起义？最主要的人还是农民子弟。

所以，同志们，这对于共产国际是最重要的问题之一。让我们少深究拉狄克在第三和第四次代表大会上所说的那些话，而是更好地直接着手这个对于准备革命最为重要的问题，让我们用新的精神真正将其解决，将自己的革命意愿集中到其中去。

提纲值得尊敬，但是需要的不仅仅是提纲，与其写提纲，不如去发动工农群众。

同志们，这尤其关系到农业和半农业国家。应当一劳永逸地结束我们的党即便在这些国家都无法接近农民的此类状况。其中一些党甚至不知道他们国家有多少农民以及农民的境况如何。如果想要去旅行并且认真考虑了各种情况，但又忽视"小事"——距离和可能有的阻碍等等，你们会怎么说呢。共产党的情形同样如此，当它说：我希望获得胜利并争取到社会主义，但我只是不知道一些鸡毛蒜皮的小事，即：我国居民的成分如何，农民的作用何在，他们的经济状况怎样以及他们都有些什么愿望。

准备为病人做手术，同时却偏偏忘记了一件琐事——病人的心脏的情况如何，对此你们会说些什么呢？这都很类似。你们想实施这样一切严肃的外科手术，想战胜资产阶级，同时又忘记了"琐事"——熟悉一下农业国家中占据居民大多数的那部分人的状况如何。

因此，我认为更为有益的事情并不是频频深究拉狄克同志的"和平主义倾向"，而是将最基本和最主要的事情提到首位，没有它我们就不是革命的共产党，即便是，那也不是为了取得真正的胜利理所应当的那种状态。

同志们，现在谈谈策略的一些问题。在这里大家都肯定地说（这是拉狄克同志反对我们的最早的言论），我们的代表大会上出现了修正言论，企图取消第四次代表大会所制定的统一战线策略。紧随着拉狄克之后，其他一些同志也重复了这种言论，令我极为遗憾的是，还有我对之抱着最好的期望的蔡特金同志。同志们，第四次代表大会之后我们还需要第五次，第五次之后还要有第六次，诸如此类——这是没有疑义的。

毫无疑义的还有，一次代表大会上所制定的东西，如有需要，应当在下次大会上加以修改和变更，否则我们就没有什么理由召开新的代表大会。

我们也可以开一次会便对一切都作出永久性的决议。如果要提出对某项决议的某个部分作出变更或补充，这绝不意味着对原有的策略提出修正、取消。

同志们，你们都十分清楚，恰恰是现在，需要首次在没有列宁的情况下进行工作的第五次代表大会上，在一些党内经历了一系列危机之后，这种指责具有什么样的独特意味。当你们听说，这里所提出的就是重新考虑第三和第四次代表大会的决议的时候，你们会感觉到一种独特的意味。同志们，我认为我可以断言并且证实，对第三和第四次代表大会的决议进行修正的并不是我们，而是拉狄克以及其他一些右派。整个问题就在于，现在右派不得不显露自己的真面目。原来，他们不能与执行委员会步调一致地前进，因此就竭力将责任从有病的人身上推卸到健康的人身上。

拉狄克同志在这里说，似乎我们曾经承认受到狄拉克"教唆"。他不止一次肯定地说过这话，蔡特金同志也一字不差地予以重复，对此我再次感到遗憾，因为我对他的期望远比简单地复述拉狄克的话更多。

问题在于是谁受到了"教唆"，这具有某种政治意义。蔡特金同志说：为什么四五年期间执行委员会都与拉狄克一道前进，现在却突然开始将他视作右派？她甚至没有想到，关系可能会有所不同，具体地说就是：不是执行委员会在 5 年内与拉狄克一道前进，而是拉狄克与执行委员会一道前进。（赞许声）所以，同志们，情况正是如此了，并非执行委员会跟着拉狄克走，而是拉狄克部分地，至少是在某一段时间内（对他而言这是很值得称赞的）跟着执行委员会走。我觉得，这完全不难理解。

同志们，请允许我举出几个政治履历意义上的事实。这是必要的，因为问题在于，谁真正"受教唆"，谁跟着谁走，这具有政治意义。同志们，通常都是这样，分歧逐步积累，只是最终数量转化成质量的时候，两条全然不同的路线才"突然"被发现。

这并不是一夜之间或者一小时之内发生的，倒是有时候要延续相当长的时间。

约略算起来，在共产国际内共同工作的数年期间，我们与拉狄克之间共计有10项分歧。

我与拉狄克之间的**第一个**相当严重而尖锐的分歧发生**在第二次世界代表大会期间**。同志们，是在什么问题上呢？是关于保尔·莱维的问题，也牵涉对待右派和左派的态度。这已经是在第二次代表大会期间了。也许，有些同志还记得我在执行委员会所发表的讲话，其中我说：是的，我们将无情地为反对右派而斗争。当时说的是克里斯平、迪特曼等人，他们竭力讨好我们，力求为共产国际所接受。我当时即已说过，我们将会像反对阶级敌人一样为反对这些人而斗争。至于左派工团主义者、"极左派"，那时他们还有着相当大的影响。不过在左派中也有一些忠诚的革命工人分子。他们有一些糊涂的认识，但我还是将他们视做我们在斗争中的同志。他们并不是阶级敌人。莱维认为，共产国际只能接受"真正的共产党人"，至于革命的工团主义者则永远不行。当时面临的德国共产主义工人党的问题特别尖锐。我主张将其作为同情党加以接受。这个策略是正确的，但是莱维和当时受到他影响的德共右派中央委员会以及拉狄克却对此表示反对。这是第一个严重的分歧；可见，早在第二次代表大会期间（第一次代表大会人数不多）我们在关于莱维、德国共产主义工人党的问题上，在关于对待右派和"左派"（并且当时甚至不是针对共产党人，而是针对工团主义者）的问题上，已经产生了原则性的分歧。

第二个分歧涉及的仅仅是关于对待**德国共产主义工人党**的问题，对此我早些时候已经谈到过了。我们在这个问题上多次发生冲突。

第三个分歧的产生是**因为拉狄克执笔的德共中央致社会民主党人的第一封公开信**；有些同志（其中包括我和布哈林）反对这封信，因为担心莱维以及受其影响的那些人会将这一策略变作非革命的战略，结果他们也真的这样做了。因此一开始我们就反对那封公开信。

列宁同志的干预才使事情得以平息。而对莱维我们也更加密切地予以关注。事到头来，证明我们在莱维问题上是正确的。列宁同志也认可了这一点。

第四个分歧发生在**关于三个国际的柏林代表会议**的问题上。你们大概都还记得，拉狄克同志的立场受到两篇文章的指责（一篇文章是列宁同志的，另一篇是我的）。拉狄克在统一战线策略方面越过了允许的界限，他犯了与现在同样的机会主义错误。

克拉拉同志，请问当时是执行委员会跟拉狄克走、列宁跟拉狄克走，还是拉狄克跟执行委员会走？拉狄克当时明白了错误，退步了——这对他好一些。

第五个分歧发生在**挪威问题**上。我们派拉狄克前往挪威，他立即与特兰美尔达成"意见一致"的有害的妥协。在这种情况下，由于你们都可以理解的原因，我们不得不公开宣布不同意拉狄克的做法。

第六个分歧是由于**拉狄克对德国左派**的态度而产生的。每个人都清楚地知道，我与拉狄克之间在这个问题上进行过斗争，虽说不是公开的。拉狄克总的说来与布兰德勒行动一致，除少数例外，他总是支持后者针对左派的各种组织上的威胁措施。我并非事事支持左派——我们还不了解新的领导人，心想，也许拉狄克更为熟悉某些同志。

我并非始终都能看清形势，但有一种趋势却让我感到绝对毋庸置疑：我认为，我们无论如何都应当寻求到与左派达成协议的基础。

第七个分歧是："**工人政府**"是不是专政的化名。关于这点，我后面再谈。

第八个分歧牵涉到**莱比锡党代表大会**。争论在于"资产阶级民主范围内的二人政府"这一论点，我和布哈林同时批判这个论点，拉狄克却为之辩护。

第九个分歧涉及**税收纲领**、51% 没收，等等。我们反对这一切并不是因为我们全面拒绝局部性的要求，而是因为我们只是赞成提出那种能够引发群众兴趣的局部要求，而不是虚伪的、具有办公室思维性质的要求。

**第十个分歧非常重要。在** 1923 年德国 9 月和 10 月那些日子里，我们并不是在各方面都意见一致。我已经在报刊上讲述过了，拉狄克反对组织反法西斯日。不过这还不那么重要。重要得多的是他在与德国同志们于莫斯科所举行的九月（1923 年）会议上的立场。我们以这样的方式提出问题：是否已到了德国提出工人代表苏维埃组织的口号的时候了？拉狄克对此表示反对；很遗憾，德国左派的代表们在这个问题上都同意他的意见。（台尔曼从座中说："不是所有的人。"）

当时左派们也说：有工厂工会委员会就足够了，这同样是苏维埃（我们自己相信了这一点），我们还不需要苏维埃，那必须进行大量相应的工作，诸如此类。当我们发现左派退让的时候，我们也应该退让。

如今以回顾的眼光看一看事件的整个过程，我们应当确认，所有这些分歧都属于同一个范围。

代表大会当然不会天真到竟然相信执行委员会在 5 年期间一直追随拉狄克，到现在突然发现他的错误。事情恰恰相反。然而令人遗憾的是，同样的情形不仅发生在拉狄克身上，也发生在蔡特金同志身上。

我非常遗憾，但在这里绝对有必要说出这一点。蔡特金同志背离了执行委员会的立场。她一度曾与我们观点一致，即便在如今对她来说最富争论性的问题上也是如此，这就是关于萨克森"庸俗的议会喜剧"的问题。

拉狄克同志也不喜欢我将萨克森所发生的事情称为庸俗的议会喜剧。我想着重对此作一探讨。与他的论断相反，我要向你们介绍一番我就加入政府之事所写的《德国革命问题》的内容。

"德国共产党人参加萨克森政府只有在这种情况下才有意义，即：如果它能具备可靠的保障，让国家政权机关真正开始为工人阶级服务；着手武装数万工人与巴伐利亚和全德国的法西斯主义作斗争；不是在口头上而是在事实上大量地将部分地从威廉时代就遗留下来的资产阶级官僚驱逐出国家政权机关；立即采取革命性质的经济措施，坚决打击资产阶级。

如果现今的萨克森政府能够把萨克森真正变成红色区域，哪怕在某种程度上成为全国所有的革命无产阶级力量的集中点，那时候革命的德国无产阶级就会理解和支持萨克森尝试。如果不是这样，德国共产党人就只会将整个萨克森事件用来一次次向工人群众直观地展示社会民主党'左派'的意志薄弱和社会民主党领袖们的反革命的低劣秉性。我们拒绝将'统一战线'用来掩盖革命的任务。"（《德国革命问题》第3章第32页）

我在萨克森"实验"的最初时刻是这样写的。没有过去几天我已经明白，德国共产党的右派分子正在将我们的策略变为机会主义的喜剧。

1923年11月5日，我建议给德国党发出一封秘密信函。其中说明萨克森实验业已成为一出议会喜剧。同志们，我们用不着为这封信感到丢脸。这并不是一个坏文件。草稿是我写的；其编辑委员会由柯拉罗夫、蔡特金、季诺维也夫、库西宁等同志组成。克拉拉·蔡特金同志积极参与工作，作了许多政治和修辞方面的修改。最终该信函获得一致通过。当时的情况如何呢？是执行委员会追随蔡特金同志呢，抑或相反，是蔡特金同志追随执行委员会？最后一种情况，而这是很好的事。糟糕就糟糕在如今蔡特金因不愿追随执行委员会了，现在的情况比11月的时候明朗得多。糟糕的是她再也不和我们一道前进了，同时出于友谊和同志间团结一致的感情，她并不想与那些现在已背离共产国际路线的人决裂。很遗憾，她在共产国际第三次代表大会上对待莱维也采取了这样的态度（"不能抛弃他们"）。为了这种友情可以赞赏蔡特金同志，但辩证地看来，她的这一性格优点正在变成政治上的错误。我们大家很喜欢和看重的她身上的诚挚和善良，正在辩证地转化为政治错误。

拉狄克在这里说起话来十分轻松愉快，夹杂着大量玩笑和幽默。我很羡慕他：在他的处境下，这着实堪称一种忘我行为。

然而，同志们，如果严肃对待问题，那么共产国际最近5年来的工作（而这是极其重要的5年）表明，内部发生了一场斗争，而由于拉狄克同志当时服从共产国际和俄共中央委员会，并没有组织"反对派"，这场斗争未能进行到底。我们大家都说：我们了解我们的拉狄克，了解他的长处和弱点。他的长处在于，他是一位优秀的新闻记者。他的弱点在于，他是一个尚未来得及好好考虑之前已将文章完篇的新闻记者。有些人说，否则便无法成为真正反应灵敏的新闻记者。不久前我读过一篇文章，好像是马克西米利安·哈登的，写的是新闻记者的天性：事变尚未来得及平息就立即作出反应的那种人是表现型新闻记者；他总是立即作出反应，文章已经写好之后再开始思考。拉狄克的长处和弱点也正在这里。他常常对我们说：对萨克森的局势你们怎么能作出比我更好的判断呢；我可是每天都要读整整10份萨克森报纸。他甚至不止一次这样谈论过列宁：老头儿当然很有天才，但他并没有读遍所有的报纸和小册子，就能弄清世界政治状况，对此我始终无法理解。当然，我并不反对阅读报纸上的文章和小册子，但是不能仅仅根据这种阅读便轻率地作出最后结论。拉狄克常说：你们怎么能否定呢，这可是报纸上都登了的。仿佛拉狄克不知道资产阶级和社会民主党的报纸是怎么"弄"的似得。(笑声。赞许声)

同志们，现在请允许我转而谈谈关于我们大肆修订第四次代表大会决议的问题。我觉得，我就此所发表的意见可能有点不太恰当，引起了某些误解。我引用过关于各工人政党联合的那句话。克赖比希同志抓住了这点：现在您自己也说："各工人政党的联合"——这就是统一战线和工人政府的策略嘛。我的错误在于，当时没有向你们宣读随后的5行，其中说：

"工人政府最基本的任务应当是武装无产阶级，解除资产阶级革命组织的武装，对生产实行监督，减轻有产阶级的税赋负担，粉碎反革命资产阶级的反抗。"

现在我要更详细地引用这个决议。既然有人企图制造关于我们修正和取消统一战线和工人政府策略的一整套神话，这就很有必要。这会有点枯燥，但很有必要。

第四次代表大会决议中是这样说的：

"采用统一战线策略，就是在广大工人群众为捍卫其切身利益而进行的日常斗争中，共产主义先锋队要走在前面。在这种斗争中，共产党人甚至准备同社会民主党人和阿姆斯特丹分子的叛徒领袖们举行谈判。第二国际企图把统一战线说成是一切'工人政党'在组织上的合并，这当然应该坚决加以驳斥。第二国际企图在统一战线的幌子下吞并较左的工人组织（如德国社会党同独立社会民主党的联合），这实际上无非是使社会民主党领袖们能够把一批又一批工人群众出卖给资产阶级。

独立的共产党的存在以及它们在资产阶级和反革命社会民主党面前的充分的行动自由，乃是无产阶级的最重要的历史成就，共产党人在任何情况下都不应当放弃这种成就。只有共产党是维护整个无产阶级的利益的。

统一战线的策略也绝不意味着追求某种议会目的的所谓上层的'竞选联合'。统一战线的策略就是建议共产党人为了保卫工人阶级的最基本的切身利益，而同属于其他政党或组织的所有工人以及一切无党派工人一起，来进行反对资产阶级的共同斗争。为最微小的日常要求而进行的任何斗争，都是革命教育的源泉，因为这种斗争的经验会使劳动人民相信革命的不可避免和共产主义的意义。

实现统一战线的一项特别重要的任务是，不仅取得宣传的成果，而且要取得**组织**的成果。绝不应错过在工人群众当中建立自己组织基地（工厂委员会，由各党派工人和无党派工人组成的监督委员会，行动委员会，等等）的任何机会。

统一战线策略中的最重要的任务，现在是将来仍然是通过宣传和组织工作把工人群众联合起来。只有从'下层'，从工人群众的底层出发，才能使统一战线策略真正实现。但是与此同时，共产党人也不能放弃在某种情况下同敌对的工人党的领袖们进行谈判。不过，应当经常地使群众充分了解这些谈判的进展情况。在同上层谈判的时候，共产党进行宣传的独立性绝不允许受到限制。

当然，统一战线策略的运用，在各个不同的国家应当根据各自的具体情况而采取不同的形式。但是，在一些最重要的资本主义国家，社会主义革命的客观条件已经成熟，而反革命领袖所领导的社会民主党力图分裂工人阶级，那里的统一战线策略对于一个新的时代来说将具有决定性意义。"[1]

所有这一切，现在仍然是正确的。

而在第四次代表大会关于"工人政府"的决议中，我们则可以读到：

---

[1] 参见《国际共产主义运动历史文献》中央编译出版社 2012 年版第 35 卷第 561—562 页。——编者注

"工人政府（或工农政府）这个口号，作为一般的宣传口号来说，几乎在任何地方都可以应用。但是，在资产阶级的社会状况特别不稳的国家里，在工人政党与资产阶级之间的力量对比已经把政府问题作为一个在实践上必须加以解决的问题提上日程的国家里，工人政府**作为当前的政治口号**就具有最大的意义。在**这些**国家里，工人政府这个口号是统一战线整个策略的必然结论。

第二国际的各个党企图通过宣传和实现社会民主党人和资产者的联合政府，来'拯救'这些国家的局势。不久以前，第二国际的一些党（例如在德国）试图拒绝公开参加这种联合政府，同时又以隐蔽的方式促其实现，这种做法不过是安抚愤怒抗议的群众的一种手腕，不过是对工人群众进行巧妙的欺骗。社会民主党人跟资产阶级实行公开的或隐蔽的联合，而共产党人则针锋相对地主张实现所有工人的统一战线，主张一切工人政党在经济和政治领域联合起来，同资产阶级政权作斗争并最终将其推翻。在全体工人对资产阶级进行的联合斗争中，整个国家机器应该转入工人政府手中，从而加强工人阶级的统治地位。

工人政府最基本的任务应当是武装无产阶级，解除资产阶级反革命组织的武装，监督生产，把赋税的主要负担加在富人肩上，以及粉碎反革命资产阶级的反抗。

只有当工人政府是从群众自身的斗争中诞生，并由处于最底层的受压迫群众所建立的有战斗力的工人组织为后盾，才可能有这样一种工人政府。但是，即使那种在议会活动中产生的工人政府，也就是纯粹源自议会的政府，**也可能提供**使革命的工人运动有所活跃的机会。当然，要建立真正的工人政府，并使这个执行革命政策的工人政府存在下去，就必须同资产阶级进行残酷斗争，也可能是国内战争。只要无产阶级想建立这种工人政府，从一开始起就要遇到资产阶级的最强烈的反抗。所以说，工人政府这个口号对团结无产阶级和发动革命斗争是适合的。

在某种情况下，共产党人应该表示准备同非共产主义的工人党和工人组织一起成立工人政府。但是，只有在能保证使这个工人政府真正进行上述意义上的反对资产阶级的斗争时，他们才能够这样做。同时，共产党人参加这种政府的当然前提是：

1. 只有在共产国际同意之后才能参加工人政府；
2. 参加这种政府的共产党人处于本党的最严格的监督之下；
3. 参加这种工人政府的共产党人必须同革命的群众组织保持最密切的联系；
4. 共产党绝对保持自己本来的面貌和进行宣传鼓动的充分独立性。

工人政府这个口号虽然具有种种巨大的优点，可是，它正如同统一战线的整个策略一样，也包含有自己的危险性。为了避免这些危险，共产党必须看到：任何资产者的政府同时都是资产阶级的政府，但是，并非任何工人政府都是真正的无产阶级的政府，即革命的无产者行使政权的工具。共产国际应当考虑到下述可能：

甲、虚有其表的工人政府

1. **自由党**工人政府。这种政府在澳大利亚存在过；这种政府不久的将来也可能在英国出现。
2. **社会民主党**的工人政府（德国）。

乙、真正的工人政府

3. 工人与贫农政府。在巴尔干半岛、捷克斯洛伐克等地存在着这种可能。
4. 共产党人参加的工人政府。
5. 真正革命的无产阶级工人政府，只有共产党才能够名副其实地体现这种政府。

共产党人还准备同那些尚未认识到无产阶级专政必要性的工人携手并进。因此，共产党人也准备在一定条件下和有一定保证时支持徒有其表的工人政府，当然只有在这种政府代表工人利益的时候。但是，共产党人同样要向工人公开讲清楚：没有反对资产阶级的革命斗争，工人政府既无法建立，也无法存在下去。只有决心至少为实现工人最重要的日常要求而同资产阶级进行严肃斗争的政府，才可以被视为真正的工人政府。共产党人只能参加这种工人政府。

前两种类型的徒有其表的工人政府（自由党的和社会民主党的）都不是革命的政府，但是，它们有可能加速资产阶级权力的瓦解过程。另外两种类型的工人政府（工农政府，社会民主党和共产党的联合政府）也还不是无产阶级专政，甚至也不是达到这种专政的历史上不可避免的过渡阶段，但是，如果它们在什么地方出现，都是争取这种专政的重要起点。只有由共产党人组成的真正的工人政府（第五种类型），才是完善的无产阶级专政。"①

现在我问问你们：除去共产党之外，世界上还有哪个工人政党能够完成这个最基本的任务：解除资产阶级的武装，武装无产阶级，将税赋负担加之于富人身上并粉碎反革命资产阶级的反抗？只有共产党领导的真正的革命政府才能做到所有这一切。以上引文的实质何在呢？我们曾向社会民主党的工人们说过：

你们拥护联合政府，你们仍然相信联合，你们以为共产党人反对团结一致。不，我们并不反对团结，为了和你们结成同盟，我们甚至赞成各工人政党的联合政府，但要具备一个小小的条件：它们得满足一些最基本的要求——解除资产阶级的武装，将工人们武装起来，等等。换句话说：我们反对与社会民主党和那些实际并非工人政党的"工人"党联合。不过由于你们还不理解这一点，由于你们还在责备我们说：因为我们不愿意，所以统一战线不可能实现，那么，我们就给你们提供一个简明扼要的表述，它会让你们擦亮眼睛的。是的，我们拥护能够执行解除资产阶级武装、武装工人之类的纲领的联合政府。

每一个共产党人都明白，这就意味着：我们反对不能执行这一纲领的各"工人"政党的联合政府。

为什么我们以这样的方式表达我们的想法呢？有一些同志批评我，因为我建议将"无产阶级专政"的口号从拉丁语译成大众化的人人都能理解的革命语言，亦即不要成为一个宗派，而要成为一个群众性的党。请你们读一读列宁在《叛徒考茨基》中谈到1918年德国事件时都写了些什么："现在已经不需要再描述这件事了，现在事件本身就表明，

---

① 参见《国际共产主义运动历史文献》中央编译出版社2012年版第35卷第562—565页。——编者注

拉丁词语'无产阶级专政'已翻译成为革命的语言。"①——列宁就是这样说的。

这里所说的不仅仅是一个口号简单的普及问题，而是说我们作为群众性的党，理应将我们的宣传变得有血有肉——这就是将拉丁词语翻译成革命语言的意义。否则我们就是1847年的马克思主义者，《共产党宣言》的马克思主义者，而不是1924年的马克思主义者。

我们现在的处境是，社会民主党人居于多数，大家都在指责我们造成了工人运动的分裂；这时候我们的整个战略就是，力争向社会民主党的工人们清楚地表明问题的实质何在。

我们赞成与你们团结一致，我们甚至准备与社会民主党的领袖们结成各工人政党的同盟——只是要让他们能做你们社会民主党工人也希望做的事情，即：解除资产阶级的武装，将工人们武装起来，等等。他们愿意这样做吗？你们看清了这点没有？这说明并不怪我们，而要怪社会民主党。那就和我们一起走吧，让我们别管社会民主党的领袖们，实现自下而上的团结。换句话说，出于教育的目的，我们不对社会民主党的工人们说：我们反对与其他的"工人"政党结成同盟，因为它们的领导人是反革命的，而是我们向他们说：我们准备联合起来，如果你们的社会民主党领导人接受那么一些基本的条件的话（很明显，对于他们这些先生而言，那是不可接受的）。

今天早上我不得不做一件十分枯燥的工作——翻阅我自己在第四次代表大会上的发言。未必能找到更为乏味的事情了。也许，你们重听我

---

① 这段话实际上是列宁在共产国际第一次代表大会的开幕词中说的，这里引用不完整，原话为："无产阶级专政！——在此以前，它还是一个群众看不懂的拉丁词。由于苏维埃制度在全世界的传播，这个拉丁词已经被译成现代各种语言。"（见《列宁全集》中文第2版第35卷第483—484页）——编者注

当时所说过的话也感到乏味的。但是我仍然需要大量进行引述，目的是澄清关于我们搞修正的凭空臆造。

我曾在第四次代表大会上说：

"工人政府这个口号没有被充分地解释清楚。统一战线策略几乎可以运用在各个方面，我们很难举出一个国家，在那里存在着作用重大的工人阶级，但统一战线策略现在却是不适用的。这个策略在美国，如同在保加利亚、意大利和德国一样都是合适的。这个策略在目前的形势下几乎是普遍适用的。但是对于工人政府这个口号却不能这样说。人们决不能对工人政府这个口号作非常笼统的理解，它是有限定意义的。这个口号只能为这样一些国家所接受，在那里，力量对比关系的确已经发展到如此程度，以致政权问题、政府问题，无论在议会内还是在议会外都提到了首要的地位。当然今天在美国也可以用'工人政府'这个口号进行出色的宣传工作，例如可以向工人说：你们要自己解放自己吗？那就应该把政权掌握到自己手中。但是我们不能说，在美国现有的力量对比形势下，工人政府的口号会引起如此的反响，如同在捷克斯洛伐克已经发生的情况一样，如同在德国可能发生的情况一样，如同在意大利已经和可能发生的情况一样。

工人政府的口号不如统一战线策略那样普遍，这个口号是在一定的情况下对统一战线策略的一定的具体运用。在这个问题上容易发生一些错误。同志们，我认为，我们应该反对有些人有时企图把这个口号理解为万应灵方，认为我们无论如何都是要经历工人政府这个阶段的。我认为，如果可以预言的话，我们可以说，工人政府变为事实只会是例外，工人政府只有在非常特殊的具体情况下，在这个或那个国家成为事实。此外也不能说，我们一定会经历一个半和平阶段，工人政府一定会减轻我们的斗争负担。如果工人政府只建立在议会的基础上，那是没有什么价值的。工人政府仅仅是斗争的一个小插曲，它是不能阻挡内战爆发的。这当然不等于说，工人政府的口号在特定的情况下不能运用。工人阶级应该明白，工人政府只可能是一个过渡阶段，工人政府不可能取消斗争，取消内战。这一点必须说清楚。我们只有看清了这个口号的危险性，才能冷静地运用这个武器。

当然，统一战线策略也是有其危险性的，关于这一点执行委员会在十二月提纲中已经指出了。最大的危险隐藏在工人政府这个形式中。在一些具有议会传统的国家，例如在法国，有人认为这似乎是同无产阶级专政完全不同的东西。我们对这个口号的理解不是别的，就是无产阶级专政的运用。即使出现了工人政府，我们也不能避免内战的发生。在某种情况下，内战可能因工人政府而变得更为激烈。"①

同志们，这似乎很清楚了吧？

下面再引用我的闭幕词中的一段话：

"我不是十分清楚，我们中间在这个问题上是不是真正存在严重分歧，或者是不是这个问题只是没有得到完全清楚的阐述，或者是不是它不仅仅涉及部分术语。这一点将在本次代表大会进程中以及草拟关于我们根据俄国革命问题所讨论的策略问题决议的过程中表现出来。对我来说，这绝对不是这里引用过的'醉翁之意不在酒'的问题。我非常愿意在围绕这句话的争论上让步。但是，这是一个看法问题。同志们，我认为，如果我先把下面的情况讲一讲，这个问题就会非常清楚。任何一个资产阶级政府，同时也是一个资产者的政府，一个资本主义政府。很难设想一个资产阶级政府，一个资产者的政府，同时不是一个资本主义政府。但是可惜不能倒过来说，不是每一个工人政府都是社会主义政府。这个逆命题是很深刻的。它清楚而扼要地说明，在我们的阶级内部资产阶级有它的前哨，但是不能反过来说。在资产阶级阵营里，我们不可能有自己的前哨。"②

"并非任何一个工人政府同时都是无产阶级的政府；不是每一个工人政府都是社会主义政府。这个逆命题是很深刻的。它清楚而扼要地说明，在我们的阶

---

① 参见《国际共产主义运动历史文献》中央编译出版社 2012 年版第 34 卷第 79—80 页。——编者注

② 参见《国际共产主义运动历史文献》中央编译出版社 2012 年版第 34 卷第 225—226 页。——编者注

级内部资产阶级有它的前哨,但是不能反过来说。在资产阶级阵营里,我们不可能有自己的前哨……我担心,我们在追求一个严格的科学的定义时忽略了政治。我觉得这不是一个在科学定义上咬文嚼字的问题,而是不要错过革命形势的问题。我们常常觉得,有些同志把事情想成我们只要跟社会民主党人走到一起,就可以有一个工人政府。他们在这里忘掉了一点,必须首先推翻资产阶级,资产阶级不会自愿地退位,他们将争夺他们的政权。重要的是要预见到世界革命发展和国内战争的各种可能性……"①

"我们不应该忘记,除了工人政党,还存在着一个资产阶级,他们执政已数十年,并尽一切努力维护这一政权。

因此,要建立一个革命意义上的工人政府,必须首先推翻资产阶级,这是最重要的。我们不可忘记,我们必须区别两件事:第一,我们的宣传方法,我们怎样才能够更明白地对普通工人讲话,怎样才能够让他们更好地理解他们的处境。我认为,工人政府的口号很适宜于做到这一点。第二个问题,事情如何历史地发展的问题,革命如何具体进行的问题。

我们不妨稍微揭开一点未来的帷幕。

革命将如何前进?我们可以提出一些设想:通过工人政府、联合政府再加上内战等各个阶段。我们大家都喜欢预言革命的下一步进程,但是我们只能预言,所有我们的预言都不会言中,革命的到来很有可能与我们的设想完全相左,而另辟蹊径。这一点我们在俄国革命中已经看到。五年前,有人设想封锁、饥荒将迫使我们屈服,如此等等。人们考虑到可能出现各种情况,只是没有人预见到可能出现新经济政策和今天的革命道路。

各个国家的形势迥然不同,革命的到来,在德国和在英国很可能完全不一样。这并不是说,我们作为有觉悟的革命者不能揭开未来的帷幕。我们都是有思想的人,我们想走在工人阶级的前面,我们必须尝试着从各个方面阐明事物,但是,要在这里做出某种预言,的确是很困难的。如果我们从这一立场出

---

① 参见《国际共产主义运动历史文献》中央编译出版社2012年版第34卷第226、228页。此处引文与共产国际第四次代表大会的速记记录略有差别。——编者注

发,把工人政府的口号看做无产阶级革命道路的具体问题,那么就有人可能怀疑,是否世界革命一定要通过工人政府的途径才能行得通。昨天,我们的朋友拉狄克说,工人政府是向无产阶级专政过渡的一种可能。要叫我说,这只是一种可能性,或者完全准确地说,这是一种十分例外的可能性。但这并非说,工人政府的口号是不对的。它是正确的。在力量对比适合建立工人政府的地方,这个口号在宣传上会给我们带来巨大成效。但是如果我们考虑道路这一问题,是否革命一定要通过这个途径的问题,那么我说,这是个在这里无法解决的一个问题。这可能是一个最特别的道路。在资产阶级的发达国家里,我们只能在内战中夺取政权,别无他法。如果说我们将在国内战争中消灭资产阶级,那么在一个较长的时期内很难有一个间歇。这是可能的,但不值得为此争论,不过可以提出猜想。我们需要做的唯一的事情,是看清革命道路的一切基本的可能性。可能有一个工人政府,这种政府无非是一个自由主义的工人政府,就像在英国、澳大利亚那样。这种工人政府在客观上对工人阶级有好处。为这种工人政府宣传鼓动是对的,在这种宣传鼓动中我们可以做很多事情。不过在这方面我们不应该忘记的事是革命的前途。"①

捷克外交部长贝奈斯曾经为共产党人说好话,他宣称:"共产党人不应该拒绝发明创造。他们善于用不同的方式向工人们描述同样的事情。例如,共产党人曾一度进行拥护建立苏维埃的宣传。当这种宣传未能产生所预期的结果时,他们便停止宣传,以便半年之后再以宣传拥护建立统一战线委员会的借口加以恢复。"我在第四次代表大会上宣读了他的这番话之后曾说:好哇,贝奈斯!看来您,比捷克斯洛伐克某些机会主义的工人领袖更好地懂得,这里问题的实质何在。

也许,人们是指责我再一次揭穿了丑角的秘密。可是你们都看到

---

① 参见《国际共产主义运动历史文献》中央编译出版社 2012 年版第 34 卷第 228—229 页。——编者注

了,早在 1922 年贝奈斯就已经很好地理解了问题的实质。克赖比希和什麦拉尔同志怎么能忘掉这个早在 1922 年贝奈斯即已知道的"秘密"呢,具体地说就是,这个口号对我们而言,只不过是接近群众的一种简练而准确的表述而已。对此,我在第四次代表大会期间已经讲得十分清楚了:

> "我认为,我们在这次代表大会上,在各个委员会的工作的基础上进行的讨论,将不会导致放弃工人政府这一口号。这个口号作为接近群众的手段仍然是正确的。这一点无可争论。这个口号仍然是正确的。只是我们必须懂得正确地去运用它。它跟统一战线策略一样,本身含有同样的危险。当人们一开始谈到政府,自然会想到瓜分部长职务的议会制联合政府,如此等等。在这种政府中存在的困难比统一战线策略中存在的困难还要大。但是我们不能因此就说,必须放弃这一口号,因为它太难了,就像我们法国同志所提出的借口那样。"①

狄拉克同志,还有什么比这更明白无误的吗?

此外,同志们,在第四次代表大会的闭幕词中我还说过:

> "因此我认为,同志们,我们应该冷静地继续奉行工人政府的口号,唯一的条件是我们要清楚问题之所在。如果我们在宣传中哪怕就是一闪念地想到,一定会出现一个工人政府,这个政府可能和平产生,会有一个稳定的巩固的时期,这个时期可以代替国内战争,如此等等,我们就会遭殃。如果我们中间存在这种看法——也许在某处存在这种看法——那么我们就必须坚决反对这种看法,并教育工人阶级,告诉他们说:是的,朋友们,为了建立一个工人政府,首先必须推翻并战胜资产阶级!

> 这就是这一口号的实质。如果你想要一个工人政府,好吧,那么我们甚至

---

① 参见《国际共产主义运动历史文献》中央编译出版社 2012 年版第 34 卷第 232 页。——编者注

会赞成社会民主党人;当我们同样说他们会出卖你时,我们也的确赞成这种工人政府,只是有一个条件,他们得愿意跟我们肩并肩地同资产阶级作斗争。如果你愿意,我们就开始进行反对资产阶级的斗争,如果在这种斗争中出现一个工人政府,它就会立于稳固的基础之上,并将真正是无产阶级专政的序幕和开端。本来,这跟'醉翁之意不在酒'这句话毫无关系——我非常愿意把这句话赠与迈耶尔同志,而是涉及我们在这个问题上要有一个明确的路线。这绝不是我们可以骗取资产阶级放弃内战的一种权术。国际应该制定一个完善的战略,但是不会有一个可以避免内战并极为顺利地实现一个工人政府的战略。当然不会有这种战略。决定性的问题是斗争,是制服资产阶级,如果我们制服了资产阶级,就会出现各种形式的工人政府。

在英国目前的形势下,一个工人政府可能客观上起到促进革命的作用,我们甚至会支持一个有局限性的孟什维克—自由主义的工人政府。但是,这绝不是回避阶级斗争,这只是阶级斗争的另一种形式。这种工人政府的存在并不意味着我们可以避免使用最有效的方式——内战的方式。绝不!我们懂得,在某种条件下,这种孟什维克—自由主义的工人政府反对起我们来会比资产阶级更加嗜血成性——诺斯克已经证明了这一点。这绝不意味着有可能防止内战。所以,同志们,我认为,如果我们真正懂得从革命的角度来分析这个口号,那么它作为宣传口号是绝对正确的……"①

我们在这个问题上应当直言不讳。我们必须说:同志们,工人政府是个好东西,但是要建立它首先就需要推翻资产阶级,而为此又需要有武器,需要组织起来,需要争取到工人阶级的大多数。而且首先需要清楚地懂得,事情会演变为激烈的战斗,否则胜利是不可能的。我认为,同志们,至此我可以结束我的闭幕词的这一部分了。

我的发言的主要内容就是这样。我当时说过,有些人这样谈论工人

---

① 参见《国际共产主义运动历史文献》中央编译出版社 2012 年版第 34 卷第 230—231 页。——编者注

政府：仿佛权力是无主之物，亦即不属于任何人。为了建立工人政府，首先需要战胜至今掌握着权力的资产阶级。难道你们以为一切都不费吹灰之力，资产阶级会说：好极了，你们现在找到了一种新的说法，因此我们准备将政权拱手让给你们。不，同志们，为了组成工人政府，首先必须战胜资产阶级。不应当忘记这个"细节"。

关于我们的德国党与社会民主党上层组织的谈判，当时我在发言中这样说的：

"我们从旁感觉到，我们的党（德国党）过于奉承别人的组织的上层人士了。在德国，我们并不是穷亲戚，而是必将获胜的独立自主的政党。正当社会民主党人千方百计想要引诱我们的时刻，我们尤其不应该充当穷亲戚。"

请原谅我引用了这么多的自己的发言。不过我看不出有什么更好的办法足以揭穿拉狄克和整个右派的"发明"：似乎我们现在正在取消第四次代表大会的策略。

如果你们读完我的发言，我想你们马上就会说那是正确的。其中明明白白的表述了一种思想：工人政府只不过是一个宣传口号。这仅是通向无产阶级专政的一种途径，借以争取群众、争取他们接受专政思想的一种手段。现在怎么能宣称在搞修正呢？不，同志们，这只不过是狄拉克反对共产国际的一个"宣传口号"，仅此而已。

人们常说，每本书都有自己的命运。而且每个口号也有自己的命运。许多久经考验的革命者在这方面都可能上当。

今天早上我们又做了一件工作：我重读了1923年执行委员会扩大的全体会议上有关"工人政府"的发言和决议。我在自己的发言中这样提出关于统一战线策略的问题（再次不得不引用自己的话）：

"实际上统一战线策略究竟是什么东西呢？它是否只不过是一个策略性的手

法，抑或它表现了争取与社会革命党工人们联合的意图？对于这个问题，我们本身也用下面这个问题进行回答。同志们，我问问你们：在共产国际活动的最初年间，1919—1920 年，我们当中有没有谁不是竭力以最真诚的态度与社会民主党的工人们亲近甚而称兄道弟？我认为，我们之中当时没有这样的人。从共产国际建立的第一天起，我们大家全都赞成与社会民主党的和无党派的工人们亲近。

现在我还要问：那么，1919—1920 年我们是否实行过统一战线策略？不，没有实行。这样一来，要是你们以共产国际建立初期大致到第二次代表大会（包括该次大会）为例，你们就会发现形势是这样：与社会民主党的工人们亲近和友爱——确有其事，统一战线策略——则没有。

这一切说明了什么呢？这说明，这个问题的情况全然不同。问题并不在于我们是否真诚地追求与社会民主党的工人们亲近。对此我们一向都在追求，我们现在希望这样，将来也永远希望这样，原因很简单：我们现在希望、将来也希望整个工人阶级联合起来，团结一致，因为这是我们获得真正胜利唯一重大的先决条件。

那么，统一战线策略是什么呢？我们从 1921 年左右开始准备，1922 年制定、现在——1923 年全速推进的新内容又是什么呢？新补充了一些什么呢？所补充的就是我们将其称为战略手法的那些东西。现在应当着重探讨一番'群众和领袖'的问题。

不过我们应当清楚地了解这一口号（工农政府）与我们旧的表述（无产阶级专政）的相互关系如何。我们之中也许会有一些同志提出种种困惑不解的问题；既然我们提出了'工农政府'的口号，那么我们是否从此放弃我们的表述——无产阶级专政？我们仍然是工人政党呢还是要变成工农政党？

那些对统一战线策略总体上有一定了解的人，那些开始了解什么是无产阶级的阶级政治战略的人，**他们应该能明白，'工农政府'的暗号是通向无产阶级专政的途径，绝不是对无产阶级专政的否定。**

所以，当我们提出工人政府的暗号时，**根本就不能说明我们放弃了无产阶级专政。我们从无产阶级专政一步也不会退让。除了无产阶级专政，没有也不**

可能有人类从资本主义桎梏下解放出来的别的任何一条道路。唯一彻底革命的阶级就是工人阶级。但是这个阶级及其政党的行动可能很聪明，也可能很愚蠢。如果我们的阶级能够巧妙地采取行动，那么我们达到目的的时间就会快得多，牺牲就会小得多。我们能够部分地采取中立，部分地将农民的很大一部分阶层和整个小资产阶级争取到我们一方来。如果我们的行动不聪明，如果我们从小圈子的意义上理解无产阶级伟大的阶级解放任务，那么我们就会自己拖延胜利的时机。

因此我们认为，已经到了全民推广工农政府这一口号的时候了……

与'工农政府'的口号相关的危险在于，我们的某些还不太坚强、马克思主义方面的训练不足的支部，可能将其以左派社会革命党的精神加以解释。你们大家都还记得，俄国社会革命党是个什么党派。这个党总是说，它是工人、农民和知识分子的政党……

上述'工农政府'口号所产生的危险是，我们的一些不够坚强的党可能会开始混淆我们党的阶级性质。现在就应当立即采取预防性措施……

我们必须能够向那些的确不满意资产阶级统治的民众各阶层指出一条从资本主义桎梏下解放出来的道路。

这样，就必须一刻也不能对自己隐瞒与推出'工农政府'有关的危险。然而怕狼就不要进森林。我们已经多少学会了克服实施机动灵活策略的困难……

现在摆在我们面前的还有一个更崇高的任务，就是在我们的各个党内激发夺取政权的意愿，将各个党变成在自己的每一步工作中都意识到明天要战胜资产阶级的党，我们党是工人阶级的先锋队，这个先锋队自身具备夺取政权的意愿之后，还要将这一意愿赋予千百万工人的广阔阶层。当千千万万的无产者都具备夺取政权的意愿之时，赢得胜利已经就不那么困难了。"

拉狄克、蔡特金和克赖比希同志断言，工人政府意味着"所有工人政党"的联盟。在这种情况下，工农政府也就会意味着"所有工农政党"的联盟了吗？

为了明白这是多么错误和不符合马克思主义，以同样的方式提提问题就足够了。既然全世界几乎都还没有一个真正革命的农民政党，怎么可以断言工农政府是以各工农政党的联盟为基础呢？

拉狄克以及其他一些同志，这样提出问题就可以使人毫不怀疑，你们至少是已经走上了错误的道路。请你们哪怕读一读关于工农政府的决议也好，那是我起草并一直加以坚持的。

决议中我们可以读到：

"'工农政府'这一口号像原先的'工人政府'的口号一样，丝毫也不能取代对争取无产阶级专政这一所有的共产主义策略基础之基础的宣传，或将其置于次要地位。相反，'工农政府'的口号可以扩大实行当代条件下唯一正确的统一战线策略的基础，是通向无产阶级专政的途径。正确解释'工农政府'的口号，使得共产党人不仅能够在城市里动员无产阶级群众，而且能够在农村里为自己建立重要的支撑点，在那里准备好夺取政权的基础。

'工农政府'的口号即使在未来——无产阶级夺得政权之后，对共产党也会大有助益。因为这一口号将会提醒无产阶级，必须让自己的向前发展适合该国农民阶级的心愿，在取得胜利的无产阶级与农民阶级之间建立正确的协调关系，在采取无产阶级的经济措施时遵守合理的渐进性，像俄国革命那个时期获得胜利的无产阶级对此所采取的措施一样，那个时期叫做'新经济政策'。

不言而喻，从'工农政府'的口号所进行的宣传必须具体地适应每个国家的情况，比如在美国，就应当涉及劳动农场主。以共产国际第二和第四次世界代表大会决议中所阐述的纲领的精神维护农民阶级的经济利益，应当成为我们争取'工农政府'的整个宣传活动的出发点。"

我认为，这段引文应该对你们具有足够的说服力。在夺取政权之后，"工农政府"的口号应该像它在苏联继续有用那样同样还会有用，也就是说，我们虽然实行无产阶级专政，但那是一种聪明的专政，所执行的是一种农民能够接受的政策。否则整个专政都会完蛋。这一点也要善于向农民讲清楚。为此才提出的"工农政府"的口号。

因此，即便在夺取政权之后，这个口号仍然具有宣传的意义。而在夺权之前，那就更不用说了。它从来不是也不可能是一个"所有工农政党联合"的口号。

请允许我再让你们继续关注同一决议中的几段引文：

"各国共产党将会在国际范围内掌握'工农政府'的口号，并着手对它进行宣传，单是通过这一点就足以奠定一个开端——将农民阶级的中间阶层中立，把小农争取到我们一边来。

共产国际执行委员会确认，共产国际的绝大多数支部都对农村工作表现出空前消极和严重有害于事业的态度。这种消极态度所表现出的第一是第二国际的不良传统，共产国际的一些最重要的党都是从它的队伍中诞生的；第二则是对待农民问题的错误理论态度，总是力图将事情想象成这样：似乎从工人政党'正统的马克思主义'的观点看来，农民的事与己无关；第三是对无产阶级斗争墨守成规的狭隘理解。各国共产党当前时期的任务，就是一劳永逸地与这种小团体的观点决裂。共产党不应当像第二国际全盛时期那样，仅仅将自己视做资产阶级制度内部极端无产阶级的反对党。共产党现在应当锤炼出自身的这种政党的心理：它们在不久的将来会带领劳动群众投入与资产阶级制度本身的战斗，推翻资产阶级，在管理国家的事业上将其取而代之。墨守成规的狭隘心理应当改换为这样一种政党的心理：它具有夺取政权的意志并体现出无产阶级在革命中的领导权。共产党理应做好明天就战胜资产阶级的准备，因此它今天的任务即应是向自己提出全民性的目标，并力争吸引民众各阶层对无产阶级的支持，这些阶层就其社会地位而言，可能在决定性的时刻对无产阶级的政变给予某种支持……

'工农政府'作为一个宣传口号，它为我们提供了用算术公式来表示迄今一直用代数方法表示的东西的可能性，它可以具备普遍的多方面的意义。作为现实政治斗争的口号，'工农政府'这一口令首先在诸如法国、德国、意大利、巴尔干、捷克斯洛伐克、波兰、芬兰之类的国家具有最大的意义。无论如何，无产阶级革命的胜利以及巩固在任何国家都不能离开来自农民阶级的某种支持。就这个意义而言，'工农政府'的口号应当是各国共产党的共同口号。

共产国际执行委员会在大力推出'工农政府'的口号时，提示各国党不要忘记与正确贯彻该口号有关的一些危险。无论统一战线策略还是'工人政府'和'工农政府'的口号，在我们各党不能够以革命马克思主义的精神将其贯彻执行的情况下，无疑孕育着种种危险。与'工农政府'有关的最为明显的危险首先是这样一些：

1. 在那些尚未经历过足够重大的马克思主义考验的党内，会发生以俄国社会革命党人的精神亦即小资产阶级'社会主义'精神解释这个口号的危险，视整个农民阶级为铁板一块，对农民阶级本身之中存在的不同的群体视而不见。

2. 第二个危险在于，政治上不够坚定的共产党人可能试图以与那些所谓农民政党的所谓农民'代表'和领袖的议会联盟，取代在广大的劳动农民阶层中的群众性革命工作，这些所谓农民政党往往是资产阶级最为反动的代表人物。不过，各国党在充分考虑到诸如此类的与运用'工农政府'的口号有关的危险时，不能放弃灵活机动策略的优越性，应当学会将深入劳动者最广泛的阶层的策略，与坚定地毫不妥协地始终不渝地捍卫革命马克思主义的原则结合起来。

显而易见，深入农民阶层以及'工农政府'的口号，根本不能看做是我们党从工人政党变成了'劳动党'或'工农党'。我们的党仍然应当是工人阶级的那个，但这个工人阶级要能吸引劳动人民各阶层追随自己，并将他们投入反对资本主义的斗争。"

我觉得，这些摘录的话够有说服力的了，但是许多不够坚定的共产党人像我们所预料的那样，并不理解问题的实质。甚而出现这样的事情，由于某些情况，连蔡特金同志也不能理解这一点，毫无疑问，她是共产国际最为可靠和先进的战士之一。请允许我引用昨天蔡特金同志发言中的一段话。她说：

"我应当承认，我无论如何也不能同意季诺维也夫同志的说法：工农政府只不过是无产阶级专政的化名、同义词或者其他什么名字。

对俄罗斯来说这也许是对的，但是对于业已达到资本主义更高发展阶段的国家而言，这就不合适了。在这些国家，工农政府是某种具体历史状况的表现形式，反映了这样的一个时期：其时无产阶级还不够团结，无法将全部政权掌握到自己手中。"

同志们，我觉得连拉狄克同志也不会感谢蔡特金同志说出这样的话。这已经太过分了，即便处于在右派的地位也是如此。"对俄罗斯而言这也许是对的，但是对于先进的欧洲国家来说这就是不适用了"，这句话意味着什么呢？

同志们，这不是别的，就是莱维的某些思想在一定程度上的复活。莱维可是构建了一套完全有着连贯性的理论。他说："俄国革命十分荣耀，它战胜了沙皇制度，但它仍然只不过是一个落后的国家里的农民革命。"我们西欧各国必须彻底遵循另外的策略。没有社会民主党的工人，我们将一事无成。我们应当接近社会民主党的工人们。

所有工人政党联盟的理论就来源于此。

我当然不想肯定地说，蔡特金同志就是莱维的拥护者。但她的言谈中终归听得出那些陈旧观点的复活。

如果克拉拉同志想要说的是，欧洲在无产阶级革命胜利之前，无可避免地会有麦克唐纳或谢德曼类型的"工人"政府，那倒是对的。然而这意味着什么呢？难道这就是我们在口号中所要求的工人政府吗？这些工人政府只不过是工人阶级争取无产阶级革命的斗争的衍生物。在客观上，麦克唐纳政府也是一种历史的进步。资本主义与封建主义相比、资产阶级民主与黑暗的君主制相比，都是历史性的进步。然而我们所要争取得到的却是另外一种真正的工人政府。通过"所有的工人政党"联合是得不到这种政府的。

毫无疑问，在高度发达的资本主义国家的做法必须与在俄罗斯略有不同。宣传的方式不应该机械地照搬到别的国家。我稍后还会讲这个问题。但是在关于无产阶级专政的根本问题上，在作为"化名"、作为通向无产阶级专政的途径和手段的工农政府的口号方面，德国与俄国之间甚或美国与德国之间，又能看出什么差别呢？

像在俄罗斯一样，德国也有农民；在德国，就像在俄罗斯一样，也有工人。为了觅得通向群众性政党的这条道路，为了真正影响革命的进程，为了这一切我们才使用了"工农政府"这个术语。

在我们俄罗斯，当孟什维克和社会革命党人在苏维埃中处于多数地位的时候，我们提出了一个战斗口号："一切权力归苏维埃"。当时这个表述具有最大的吸引力。看来在德国推出同样的口号的时刻有一天也会到来。不过，很可能是另外一种表述。在我们所处的这个过渡时期，"工农政府"的表述我们觉得最为合适。我们对社会民主党的工人们说：我们甚至准备加入这样的政府，只要它能够接受我们最基本的条件：解除资产阶级的武装，武装工人阶级。所有斗争中的工人对此都应该能够理解，因为否则他们就会受到被枪决的威胁。可见，正确接近群众的艺术就在于此。

我们如果想要获得胜利，就应当掌握和领导他们。

拉狄克，一定程度上还有克赖比希，都试图将我们说成这样，仿佛我们要为西欧国家制定一种有别于我国的革命策略的新策略。拉狄克这时候认为这个问题对我们十分微妙，他问道："好极了，这么说，你们永远也不肯和社会民主党人在同一个政府中相处了？让季诺维也夫来回答这个问题吧。"拉狄克似乎以为，这是一个如此微妙的问题，根本就无法回答。也许有人会说，何必事情还没办好就想要获利。可是在整体上我们正处在为政权而斗争的时期。因此这些问题毕竟很适合时宜。我觉得，最重要的并不是社会民主党人是否会和我们一起待在政府里，而是这里相互对立的两种政策体系。我认为应该再次提醒各位别忘了我国革命的经验。而且并不是因为我们爱这场革命（我们大家都热爱它），而是因为它是最为丰富的经验的源泉。一旦德国革命取得胜利，它无疑会提供更多的富有教益的东西，眼下在这方面俄国革命暂时还无法超越。布哈林已经提到过了，我国当年曾经有过一个左派社会革命党人参加的政府，那时候他们代表的是一部分工人和农民。同志们，比如在德国，一个共产主义的政府也包括了部分社会民主党人，这样的情况可能发生吗？我觉得可能。左派社会革命党都是些什么人呢？他们是社会革命党的一部分，已脱离其基本核心，在一定时机在革命事变的压力下曾给予过我们一定的支持。顺带说说，他们当时的行为表面上比共产党人自身还要"左"，对工人阶级和农民阶级的一部分具有影响力。我们拉了他们一把，加以考验，后来其中的优秀分子转向我们，接受了革命的教导；另外一些则转入反革命阵营，照例成为"疯狂的小资产者"。

去年 10 月间在德国，有人对我说，社会民主党人中间有一些人遇到有什么事情的时候会跟我们走的。如果我没有记错的话，他们还提到了奥夫豪泽的名字。（德国代表团抗议）我不认识他，因此可能提到这个人不太合适。但是人家对我说，在决定性的时刻他可能离开社会民主党，与我们一道进行斗争。这里的问题并不在于姓名。我所需要的只是一个例子。我再说一遍，我既不认识他，也不认识他的姑妈。但我确实知道，在关键时刻一部分社会民主党的工人会同我们一道斗争，这时候可能有一些反映了社会民主党工人们情绪的领导人会浮出水面。这就出现了一个问题：我们是否应当吸收这一部分与分崩离析的社会民主党划清界限并代表了一部分斗争中的工人的领导人参加政府呢？当然，谁也不会反对这样做。这种情形已经发生过了。

同志们，这是一种政策体系。另外一种体系有如下述。这方面我国革命的历史上也有经验。当克伦斯基政府已经垮台的时候，亦即 1917 年 9 月，孟什维克发现他们的好日子业已完结，便抛出一个口号"单纯社会主义内阁"。这是什么东西呢？实际上他们指的是社会革命党人、孟什维克、劳动派分子以及其他一些知识分子和农民群体并掺杂着布尔什维克所组成的政府。这样的政府根本不是"单纯的"。其中有追求革命的共产党人，反对革命的孟什维克，同样反对革命的社会革命党人。不过孟什维克和社会革命党人是利用"单纯社会主义内阁"的口号维护这个大杂烩。他们把最不单纯的社会主义的东西叫做"单纯社会主义"。

是什么促使他们这样做呢？同志们，我觉得现在可以这么说，我们的敌人也在寻找接近群众的合适的表述方式，为自己的政策寻找"化名"。对孟什维克而言，"单纯社会主义内阁"这个口号就是他们的民主政治亦即资产阶级政治的化名。为什么他们恰恰选中这个口号呢？因为社会主义思想享有极大的声誉，因为此前大家几乎人人都追求社会主义。

我给你们引述的是一个历史先例，现在我们正经历一个这样的时代：这时候需要我们为赢得社会民主党的和一部分无党派的工人寻找一个"化名"。曾经有一个时期，孟什维克也寻找过并且找到了以上述好听的方式进行表述的化名。普通工人准会对自己说："那有什么，单纯社会主义——很好的东西嘛。干吗我们不投它的票呢？"尤其是，如果不打内战就能办到该有多好。

我想起了布尔什维主义最坚强的堡垒彼得格勒普季洛夫工厂的事情，该厂工人派遣了一个由布尔什维克的和非党的工人组成的代表团来见我们，代表团向我们宣称：同志们，和资产阶级组成联合政府当然是不能容许的。我们会为反对这样的政府战斗到流尽最后一滴血。可是单纯社会主义内阁有什么好反对的呢？

当时我们就应当向他们说明，这只不过是资产阶级民主的化名而已。

就这样，同志们，你们都看见了。事情并不那么简单。

存在着两种政策体系。如果拉狄克问我:"这么说,社会民主党人永远也不可能和我们在同一个政府里共事了?"那么我就会回答说:"待在我们的政府里的是左派社会革命党人——已经遭到粉碎的社会革命党这艘船的碎片。遭到粉碎的社会民主党的碎片则是一部分革命的社会民主党工人,他们现在就可以参加我们的政府。不过,拉狄克同志,您所希望的,那可全然是另外一种政策,它让我们想起'单纯'内阁或者'所有工人政党的联合'"。

当然,我知道得很清楚,孟什维克是想欺骗群众,而拉狄克同志希望为群众服务的意愿不比我们大家差,但是这里所说的并不是主观愿望,而是一定的观点的客观后果。

拉狄克同志,为什么您要用地道新闻记者的耸人听闻的习性发问呢:"那么,任何一个社会民主党人都不可能进入共产党的政府了吗?"

您说话常常文不对题。社会民主党人当然可以进入我们的政府。为什么不可以呢?拉狄克同志同时还提到我所说过的关于基督教社会主义者的话。是的,我也曾为这样的观点辩护:需要告诉工人阶级:我们准备同所有的工人、甚至同"基督教社会主义者"团结一致前进,但是只能是在具备一个"小小的"条件的时候:解除资产阶级的武装并武装工人阶级,诸如此类。拉狄克似乎觉得,他引用我关于同意与"基督教社会主义者"达成协议的话是给予我的沉重打击。有句法国俗语用在这里倒是非常合适:谁证明的太多,等于他什么也没有证明。我同意在上述条件下与"基督教社会主义者"工人们团结起来,这并非别的,就是接近群众的一种方式,一个宣传口号,而不是与所有的所谓工人政党联合的制度。拉狄克以此表明,他的那套见解的核心恰恰全都是对共产国际最为危险、最为有害的东西。

同志们,这就是我关于工农政府问题和臆造的修正我们的策略一事想要说的话。

拉狄克说，我错误地描绘一幅情景，仿佛一开始我们仅仅是一些宣传团体，只是后来才开始变为群众性的党。澄清这个问题很有好处。我并不是以历史学家的观点说话。不，这个问题对我们和对我们的策略都具有很大的现实意义。拉狄克说：我们当时不仅仅是一些宣传团体。难道斯巴达克同盟没有经受住巨大的战斗？难道在巴伐利亚、在匈牙利没有过苏维埃共和国？拉狄克如今处在一种可以称之为失败主义的心境之中。他似乎觉得，只要能证明我们正在倒退的一切都是有用的。

布兰德勒的追随者们将过错归咎于现今的左派党中央，说德国社会民主党人在最近这次选举中又获得了600万票。左派已经领导整整6星期了，却仍然没有击败社会民主党。可是，对不起，我们却从未责备过布兰德勒，说他没有取得胜利。不，我们知道，在斗争中有时候不得不遭受失败。我们指责他是因为别的事情。我们并没有说：为什么你没有取得胜利，而是说，你为什么不斗争，为什么你不竭尽全力争取胜利？

我觉得，应当停止抱怨，说某次选举中社会民主党人又获得了优势。因为总而言之您其实提出的是一个问题：为什么你们还没有夺得政权？为什么左派中央委员会还没有战胜资产阶级和社会民主党？请等一等，我们会战胜的。拉狄克以蜜蜂的热心收集着可能收集到的一切，为的是得到他所需要的那幅阴沉的、黑暗的景象。于是在法国一切都很糟糕，在德国我们还没有取得胜利。当然，不能对我们的弱点视而不见。但是拉狄克看待它们的观点是失败主义思想的反映。请看吧，从前我们可是一些实力强大的党。无论在匈牙利和巴伐利亚都掌权——可是现在怎么样呢？不错，战争快结束时群众的自发性倾向非常革命化，时刻期盼着资本主义崩溃。然而无论在德国、匈牙利或巴伐利亚都没有真正的共产党。拉狄克同志，这就是失败的原因。拉狄克看不见这点。这里似乎有一个矛盾：群众自发性的不满很严重，党却很小，只是一些宣传团体。

在这方面，意大利是一个典型的例子。对于战争的不满和憎恨有如怒潮汹涌，与此同时却完全缺少一个相应的党。诚然，在意大利我们有党员达20万之众的社会党。当时的社会党已加入第三国际。尽管群众运动的规模浩大，共产主义实际上只不过是一个宣传小组，庞大的意大利"社会主义"党（社会党）内部的一个小派别。

在与拉狄克同志告别之前，我还想再讲一件事情。拉狄克声称："既然我们是如此恶劣，既然我们是改良主义者，那就请开除我们好了。"

如果这话是别的什么人说的，我们准会认真对待，然而拉狄克有如他有时候在认真思索之前就写文章一样，有时候他也在考虑之前就说话。我们并没有说过他和他的志同道合者是改良主义者，但是他和他们都有着改良主义的"小资产阶级倾向"，那正是俄共和共产国际应当纠正的。

我们希望拉狄克能改过自新。代表大会上无疑表现出了某些改良主义倾向，虽说并不是所有的同志都讲得像德国右派成员那样公开。德国右派的代表们讲得很多。他们发言的时间与他们对工人运动的影响成反比。但是共产国际右翼中有一些同志，看来他们是在按一句谚语行事：开口是银，沉默是金。显然他们在心想：我们再略微等一等，这里暂且依然革命情绪过分高涨。

右翼能正确地理解"工农政府"的口号，像他们都理解"所有的工人政党联合"一样。同志们，你们在这方面做得太过分了。你们必须悬崖勒马。我希望共产国际的决议对右派的同志们也具有决定性的意义。

现在向捷克同志们进一言。他们已宣读了两个宣言，两个都以书面形式写成，表述十分审慎。一个由什麦拉尔同志宣读，另一个由克赖比希同志宣读。什麦拉尔同志声称，代表团实质上同意我们对工人政府的政治观点。克赖比希则声言相反；不过在第四次代表大会的决议中倒是也谈到了与所有的工人政党联合之类的事情。

我宁肯希望什麦拉尔公开发言，开诚布公地讲出自己的想法。我们现在有一个好处，就是再也不像第一次代表大会上那样了，彼此之间都已经十分熟悉。这是一个很大的优点。我得说，什麦拉尔同志是捷克斯洛伐克共产党的至关重要的政治领袖，因为他在党内享有突出的威望。

什麦拉尔说话十分谨慎。他喜欢这样行事，让别的捷克人去猛烈批评共产国际吧，我再出来收拾局面，宣布与共产国际团结一致，诸如此类。

我再说一遍，什麦拉尔作为党的政治领袖，对捷克共产党的机会主义倾向承担着首要的政治责任。因此我们应当在这些问题上同什麦拉尔同志完全开诚布公地解释清楚。什麦拉尔的优点众所周知。在这个需要将大多数无产阶级争取到我们一方、让群众脱离社会民主党的时期，什麦拉尔绝对无可替代。他了解本国的情况，了解本国的无产阶级。在第三和第四次代表大会论述争取大多数的表述中，没有什么可改变的。也许，需要补充的只不过是，我们并不是为了大多数本身而需要大多数，而是为了革命斗争。现在在捷克斯洛伐克提醒这一点再合适不过了。我们根本不想在捷克斯洛伐克共产党内引发危机。我们了解它的长处，这是一个组成人员很优秀的无产阶级政党。我们都知道，它拥有出色的人才，它队伍中的工会都会很好地进行斗争。该党已经建立了巨大的功勋。它成功地从社会民主党手中夺得了多数。但是，现在并不是彼此恭维的时候。捷克斯洛伐克党内有一些事情应该予以纠正。我完全同意鲁特·费舍同志就什麦拉尔的声明所发表的意见。在这个代表大会上有谁需要这样的充满外交辞令的声明呢？我们并不是资产阶级社会，这里应该是有话直说，有时还很尖锐，哪怕反对执行委员会也行。这没有什么不好，这里不应该仅限于一纸声明。我的意见是，捷克党应当纠正那些本应纠正的东西，避免引发严重的动荡和危机。如果党的领导同志愿意的话，那都是可以避免的。

捷克斯洛伐克代表团的少数派在代表大会上发言反对什麦拉尔和克赖比希的机会主义，受到我们的全力支持，让什麦拉尔自己赶快纠正路线去吧，那样就不需要进行内部斗争了。

布哈林同志反驳了克赖比希同志的一篇文章。克赖比希同志认为，共产国际里的结论、推断和见解，都是仅仅根据提纲、文章和引文得来的；据他说，从前他身为左派之时也是这样干的。可是我要说：为什么就不能根据文章、引文和决议进行判断呢？自然，不仅要根据这些东西，但是毫无疑问，提纲、引文和文章能够为判断提供充分的根据。因而我认为，如果克赖比希同志不坚持自己的右倾错误，像从前不坚持左倾的错误那样，那么他的行为就会正确一些。在他的"左倾"最严重之时，他向左的方向摇摆得太过分了，现在为了恢复"平衡"，他向另一个方向摇摆得同样严重。当时他在精神上的导师是列宁，于是列宁便无情地痛斥了他。很遗憾，这在如今已不可能了。我听说，许多同志都声称："是的，列宁有时也训斥过我，不过这更像是一件令人愉快的事，因为能受列宁鞭策实在太好了。"我完全同意这种看法。是的，接受大师鞭笞确属赏心乐事。但是没有列宁了该怎么办？现在应当由执行委员会集体替代列宁。它准备集体地鞭笞克赖比希同志（赞许声），它应当集体地向克赖比希同志提出，让他不要坚持自己的右倾错误，像他先前放弃"左"倾错误一样。

后来克赖比希同志说：列宁当年并没有允许在代表大会的决议中将什麦拉尔同志称为中派分子。他把这个词删掉了。这是对的。不过现在我们在什么决议里将什麦拉尔称为中派分子了？我们同样没有干这种事。问题根本不是要在捷克斯洛伐克党内引发危机。我们热爱捷克党，认为它是一个彻底健全的无产阶级政党。但是我们不能对它的领导人们的弱点不闻不问,我们请求结束这一类议会式的声明,改正那些应当改正的地方。

我也想针对霍格伦同志讲上几句。每一次我同他交谈或者听他在台上发言的时候,我都会对自己说:一个多么聪明的年轻人啊!只要他放弃自己的谬误,他不仅对瑞典这样的小国,而且对整个共产国际都能做许多事情。既然具备各种如此杰出的品质,他何必坚持明显不正确的、从共产主义的观点看来毫无希望的事情呢?正如从前他为利安、特兰美尔等人辩护那样,他现在也由于"威信"问题和自身的机会主义错误问题,与本党队伍中许多出色的共产主义代表人物发生争吵。他不肯承认他一度所犯的错误。我们大家都犯过相当大的错误,如果我们没有足够的勇气承认这些错误,那就很不好。霍伦格同志的发言结构巧妙,包含着许多很好的说法,但是其中缺少本质的东西和我们所最需要的一点:在哪方面犯错误,就在哪方面加以承认。

我们还有一位像甜点一样的博尔迪加同志,我同他应当彼此解释清楚。我们等待了他很长时间,他稍稍迟到,像正餐后的甜点似的,他终于在讨论快结束时到来了。他的发言在某些方面的确让人想到甜点。我准备向他作出最大的让步,因为我们十分了解,博尔迪加同志是一位优秀的革命家,能为意大利共产党和整个共产国际作出巨大的贡献。在那些事情涉及的是过场而不是原则分歧的地方,更不消说在这方面不起任何作用的个人问题上的分歧了,我们准备向博尔迪加作出各种让步。

博尔迪加同志的一部分发言中,他也表现得有如外交家,简直不像他的样子。我觉得,他昨天做出外交家的模样是生平第一次,我们希望是最后一次。就拿派别的问题来说吧,我已经向你们提到过他关于需要在共产国际内组建左的派别的话。博尔迪加同志否认他说过这样的话并且指出,他允诺的组建派别只是在共产国际向右靠拢,几乎要变成改良主义的情况下的事。我愿当众向博尔迪加同志保证,如果我们的共产国

际什么时候变成了右倾的改良主义或者半改良主义，我便亲自组建一个左的派别。（掌声）

博尔迪加同志会问，谁能确保共产国际不会变成改良主义国际呢？问题本身就很荒谬。其根据何在？

博尔迪加同志很清楚，我们在第二国际中组成了左派进行斗争，在齐美尔瓦尔德也组建了布尔什维主义左派并进行斗争，因此，如果注定要发生这样的不幸，他可以镇静自若。然而我认为，这种事绝不会发生。我很高兴地指出，博尔迪加同志否认了他所说过的话。不过今天落入我手中的恰巧有博尔迪加同志5月5日的一篇文章，其中声称："派别的问题只有在这种情况下才会消失：如果我们能采取上面所提到的那些组织形式的话（个别的方式、禁止合并，等等）。如果我们不坚持这点，左倾机会主义派别在共产国际中的存在就会变得必不可少。"

所以，这种事情之所以必要，并不是在我们会变成机会主义者或改良主义者的时候，而是在我们在某个个人小问题上不能同意博尔迪加的观点之时，例如我们不同意他所主张的任何时候都不能与别的党实行联合或者在别的党内组织我们的支部。他要组建派别，单凭这点也就足够了。

我们接受挑战。如果问题成了这样：这边是共产主义，那边是孟什维主义，我们自己便会维护任随什么组织的造反行动。但是，当博尔迪加由于次要的组织方面的分歧而以组建派别威胁共产国际的时候，情况就会截然不同了。我倒要问：真实的博尔迪加究竟何在？是我们在今年5月18日的那篇文章中所看见的那个人呢，还是6月25日我们在这个会场里所听见的那个人？（掌声）

这样，我就要谈谈对博尔迪加同志具有最实质性意义的三个问题。第一，他说他在原则上认为共产党与别的什么党联合是不能允许的；第二，他反对在其他政党内组建支部；第三，他反对将同情党吸收进共产国际。

我们来认真分析一下这三个问题。是什么导致反对共产党与从前不是共产主义的，后来成了共产主义的党（或该党的一部分）进行融合呢？我要提醒的是，斯巴达克同盟在哈雷会议之后与左派独立党人的联合采取的便是融合的形式。这给共产国际和德国党带来了好处吗？是的，带来了。诚然，它是由一系列危机所决定的，但这导致了一个强大的群众性的共产党的建立。其实，早在哈雷时德国社会民主党即已失去了其唯一工人政党的垄断地位。

现在就拿比利时之类的小国来说吧。我们在该国曾有过一个很小的共产党，与社会民主党的左翼联合之后，从而组成了比利时共产党。这件事做得对吗？我认为做得对。

这类现象的原因是什么呢？博尔迪加同志论述得很抽象。任何时候都不应当忘记，我们部分地出身于第二国际内部。第二国际在我们之前30年即已面世，这本身便可以说明，我们是诞生于它的内部。各国共产党是由成长中的年轻一代和来自第二国际内部的优秀部分组成的。这并不是因为像"始终如一"的博尔迪加所认为的那样，要让我们成为中立派。我们干吗要对在哈雷和比利时已经发生的事情、对明天在意大利即将发生的事情（那里原社会党的一部分要加入我们之中）表示反对呢？我认为，在这个重大问题上博尔迪加同志绝对错了。

他的第二个论点宣称：永远不应当在别的党内建立支部。为什么不行呢？我倒要问。就以英国工党这个经典的例子来说吧。我们曾经通过决议，英国共产党员应当加入工党，他们这样做了，也很成功。现在谁也没有要求让他们退出工党。博尔迪加同志，您认为这正确吗？那里的形势独特，英国有第二国际最大的党，而且它的群众容易受到我们宣传的感染。而工党是一个与众不同的组织。我们应当深入这些群众，将他们争取到共产主义一边来。是什么使得博尔迪加同志"在原则上"反对这样做呢？仅仅是他认为在意大利运用这一策略的方式不正确吗？他说：不。但是当时这还不怎么好理解。我们应当感谢我们的同志们留在了英国工党之中并努力建立我们的支部。

第三个问题——同情党。我了解三种情况。德国共产主义工人党、美国和芬兰的工人党一直到现在都作为同情党加入和部分加入我们的共产国际。现在的问题是，要将意大利社会党的一部分也作为同情党接受加入共产国际。我们将同情我们的工团主义分子吸收进共产国际做得对吗？是的，做得对。应当在这些成员中开展教育工作。通过这种途径可以将忠诚的革命分子争取到我们一方来。当时德国共产主义工人党的情况也是如此。那样做了之后，最好的工人都转而投向了我们，领导人则表现出了他们不愿革命。关系发生了破裂，这种破裂再次证明了我们的做法是正确的。

为什么博尔迪加同志会固执己见呢？在所有的三种情况下他都是不正确的。他说，如果我们在这三个问题上不对他让步，他就要组织一个派别。同志们，我并没像有些人所认为的那样在这里说过：或者要博尔迪加，或者要共产国际。我知道，博尔迪加是一位和我们大家一样忠诚的革命战士。我说过：博尔迪加是我们的朋友，但共产国际是我们的更大的朋友。换而言之，博尔迪加应当按照共产国际将要采取的决定那样去做，而不是相反。"当国王的权力能实现我们的意愿之时，这种权力就是绝对的"，博尔迪加同志一向这样论述。（掌声）对共产国际什么都可以顺应，但只能是在它按照博尔迪加的愿望行事的情况下才行。我完全不明白，博尔迪加同志怎么会固执到这样的程度，我们大家都知道他是一位多么优秀的同志，为意大利的运动立下了汗马功劳。意大利是一个阳光灿烂的迷人国度，那里有大量出色的无产者。墨索里尼必将在那里被战胜。但是从世界革命的观点来看，意大利终归只是一个小小角落。你们可能已经从德国、英国和美国等国的事例中确信，我们的融合方法能取得良好的效果。而上述各国对于我们的世界运动具有极其重大的意义，博尔迪加同志，您为什么要坚持自己的错误观点呢？

统一战线的问题具有更大的意义。博尔迪加试图将事情幽默化。他说：好吧，要是问题仅仅在于"工人政府"的字眼上，我们就同意作出这种让步；我们一直都坚持这一观点，即：这只不过是一个"字眼"。博尔迪加与拉狄克异口同声地说：第四次代表大会的策略发生了修正。这种事通常出现在"极左"倾向中："极"左派常常与"极"右派不谋而合。

统一战线的情况如何呢？我不是历史学家，但也应当引证某些历史。博尔迪加提到1922年2月的执行委员会扩大全会。我觉得，恰恰是博尔迪加同志不应当太看重这个日期。为什么呢？这是因为：当时的角色是如何分配的呢？我是"不幸的罪人"、"机会主义者"、不断左右摇摆的折中主义者，等等，而博尔迪加呢，众所周知，一贯反对右派，一贯耿直、倔犟、始终不渝。昨天一位意大利同志和我交谈时说：电报杆同样"耿直"和"始终不渝"。（笑声，掌声）然而，同志们，我们都知道，也有比电报杆更柔韧的东西。共产国际所需要的正是这种柔韧性。

于是博尔迪加同志提到了1922年2月的扩大全会。当时的角色是如何分配的呢？我就工人政府问题发言，我说：这是无产阶级专政的同义语，其他所有的全都是社会民主党倾向。而我们的朋友博尔迪加说了些什么呢？他与丹尼尔·勒努同志、甚至与昔日的同志弗罗萨尔联合起来反对执行委员会，反对统一战线策略。正如你们所知道的那样，法国右派共产党人当时是反对统一战线策略的，并且将自己装扮成左派。当时由博尔迪加同志领导的意大利中央委员会代表团与法国右派结成政治同盟，在统一战线问题上反对执行委员会。博尔迪加同志，我倒想劝您不要老是提起1922年的扩大全会——这是你所能作出的最佳选择。（掌声）

博尔迪加同志说，他从来不曾反对过统一战线策略。可是在共产国际中我们全都知道，意大利同志们一再强调，他们只是在经济领域而不是在政治领域拥护统一战线。人们不禁要问，这是什么观点？可以为这样的观点辩护吗？这是十分独特的"意大利式"的教条主义作风。应该如何理解当前的反对墨索里尼的斗争呢？是作为经济斗争呢还是政治斗争？争取8小时工作日的斗争无疑是经济斗争，但与此同时，在目前的形式下它也是政治斗争。当我们恳请博尔迪加放弃这种对政治斗争和经济斗争进行人为的非共产主义的划分时，他却继续固执己见。他将此视做意大利共产党的荣誉和尊严。这并不是原则，而是一种偶然。

我常常力求弄清楚，博尔迪加这一类意大利人的僵化态度是什么原因造成的？当然，并不是由于某个领导人的个人特性决定的。那是意大利工人运动历史的产物。

其本源应当从旧意大利社会党中去寻找，该党在自己的队伍中不加选择地兼容并蓄屠拉梯、博尔迪加、塞拉蒂——大家同时交错共存。如今产生了一种独特的反应。都希望有一个很小但是真正"坚强"、"纯洁"、卓越的共产党，哪怕没有大量的群众也好。这是可以理解的。然而，同志们，里窝那会议之后已经过去三四年了。事情在按部就班地照常进行，革命在发展。意大利运动已恢复活力，意大利工人阶级很快便会重新发挥巨大作用，他们将带着丰富的大量新经验出现在运动中。这个运动再也不会使人想起1919年和1920年的意大利运动了。在这样的情况下，早就该废除自己的偶像，在共产国际做得正确之时与之步调一致地前进了。问题根本不在于"重新考虑"旧有的策略，不在于划分经济领域和政治领域统一战线的界限，而在于通过经济和政治斗争争取和吸引群众，让其走上共产国际所走的道路。在英国使用的一套手法，在美国略有不同，在意大利则是第三套。这方面不适用僵化的"原则"，而博尔迪加却固守那一套原则。

这些就是我想对他说的话。我深信，代表大会绝大多数人、共产国际真正的左派的意见也是如此，将会竭尽一切可能，与博尔迪加真正达成一致。不过就他自己而言，也应该明白他是不对的。昨天博尔迪加没有谈及争取大多数的问题。看来，这个问题对大家来说都已经很清楚。要是他说，他至今仍然坚持罗马代表大会的提纲，我们会回答他说，这份提纲我们已不止一次地否定过了。昨天博尔迪加没有提到此事。也许，这是一个好兆头，如今这已经不是一个争论的问题了，大家都明白，第三次代表大会关于争取大多数的决议依然有效。博尔迪加现在也应该抛弃自己其他的教条主义错误，真正和我们团结一致地前进。当博尔迪加的问题了结的时候，整个共产国际及其左派都只会高兴。

再就阿姆特同志关于美国的发言说上几句。我应当说，阿姆特同志有时候对美国的运动帮了倒忙。美国的局面很棘手。执行委员会对福斯特和鲁滕贝格领导下的美国中央委员会充分信任，这是美国最优秀的两股力量。两个群体应当围绕着这两位领导人统一起来，不带派性地共同工作。我们知道，那里的形势严重，但是路线已定，它必将被忠实地符合革命要求地加以实现。

应当以同样的美国方式对英国同志们进行帮助。如果说在美国和英国的同志们中间可以看到右的倾向，那么这绝不是德国右派的那种情形。涉及美国和英国同志的问题，可以用他们缺乏经验和力量薄弱来说明。这是两个还很年轻的党。这里宜于进行同志式的帮助，绝不适合搞思潮的斗争、派别的斗争。执行委员会要力求让美国的派别斗争结束。为了让这个年轻的党获得真正重大的支持，我们将打击派别。在这后一种情况下，效果将会很显著。

总结一下以上所述：同志们，我认为，我们自然应当形成某些与第四次代表大会所形成的不同的东西。但是第三和第四次代表大会关于世界经济形势问题方面的路线依然有效；关于工农政府问题的总的路线也同样依然有效。说我们应当加以修改，从理论上加以取消，必要情况下还要采取更为尖锐的取消方式——**这是对共产国际路线的机会主义的歪曲**。

要让全世界的无产阶级和社会民主党的领袖以及我们的所有敌人都知道，我们的战略手法是些什么。什麦拉尔同志，我们对此毫无畏惧！人们通常倾向于对这个词作不好的解释。然而在一定意义上可以说，我们的整个策略总的说来只是一种手法。就是要让我们所有的敌人都知道，必要时我们会随机应变。谁以为我们打算与各个所谓的"工人党"实行政治上的联合，谁就想错了。要让整个国际无产阶级和国际反革命社会民主党都知道，这里以拉狄克为首的一些同志所发表的意见并不是共产国际的意见。共产国际坚持相反的观点，马克思主义、列宁主义的观点。

我这就讲完了。我们交换了意见——有时候还很尖锐。但我们仍然无须生对方的气。当然，共产国际并不是第二国际，也不是各种意见争吵不休的会议。我们当然可以在自己内部坦率地自由地发表看法。但我们的理想并不是混合开水和冷水以期得到一种温吞水。共产国际应当是个磐石般的整体。右派的意见在这次代表大会上只能是微不足道的少数。我们热烈地争论，热烈地坚持自己的意见，但在我们的最高层次上所作出的决议对所有的人都具有决定性的意义。我们不可能成为第二国际那样的争吵不休的会议。如果我们在这里能作出决议，那就表明，连少数派也不能继续我行我素地采取行动。在代表大会上哪怕拼搏到"最后一滴血"也行。但是在这次大会、这一共产党人的最高立法层级（对共产党人而言，我们没有更高的审判机关了）作出自己的决定之后，就必须肩并肩地、团结一致地加以实行。根本谈不到右派继续按老一套行事，作为一个派别抱团。共产国际不能允许这样做。

一位俄罗斯同志，他自己并未直接参与国际性的工作，但密切加以关注，而且耳聪目明，曾对我说："你瞧这次代表大会，我发现它和以往几次都不相像。以前这常常都是前来莫斯科的亲爱的客人，并受到满心喜悦的接待。如今这是一些往往掌握着一个大党命运的共产党人，他们成熟地进行分析，作出成熟的决定，感到自己是权利平等的人，这就是共产国际的主人。"

新的一代领导人出现了，从青年的队伍中走出了许多真正革命的领袖。已经有了诸如德国这样的代表团，其组成人员中有一些曾被监禁5年以上的工人。不仅俄罗斯的，而且国外的同志，都已经是成熟、可靠的人了。本次代表大会的人员就是如此。这已经不是受到俄罗斯人热情接待的亲爱的来宾，而是或强或弱的各国党的代表人物（诚然，其构成还很纷繁），其中一部分党已经成为具有切身经验的群众性的党。

关于各党的布尔什维克化已经谈得很多了。布尔什维克化不应当理解为将俄国的经验机械地照搬到德国和其他党内，这一点列宁同志早就警告过了。我们所说的布尔什维克化，指的是各党要学会布什维主义所具备、列宁在《左派幼稚病》中所指出的那些具有普遍的国际意义的东西。我们所理解的布尔什维克化，就是对资产阶级和社会民主党的叛徒领袖们不可调和的仇恨、在对敌斗争中允许运用任何一种战略性的手法。布尔什维克化就是坚忍不拔的斗争意志、争取无产阶级的领导权，就是对资产阶级、对社会民主党反革命领袖们的炽烈的仇恨，对中派和中派分子、对半中派分子和和平主义者、对资产阶级思想的所有败类们的仇恨。布尔什维克就是像列宁所教导的那样，建立磐石般紧密结合的中央集权的组织，能兄弟般友爱地消除自己队伍中的分歧。布尔什维克化就是行动中的马克思主义，就是忠于无产阶级专政的思想、列宁主义的思想。布尔什维克化的意义就是这样。不是机械地模仿俄国的布尔什维克，而是掌握不朽的布尔什维主义中过去和现在所有的内容。

这里完全不曾提及的许多党都在自身的发展中做出了巨大的成绩。

例如，西班牙党就是这样。该党有数百位同志都经历了牢狱之灾。在这个工团主义和无政府主义的"古典"国家中，布尔什维主义也争得了自己的立足之地。该国已经有了正直、谦逊、革命的无产者的坚强核心，他们决心为无产阶级革命的利益而工作。（鼓掌）法国党也做出了很大的成绩，不久前它还遭到机会主义的严重侵蚀（很长时间都让人觉得，该国无法建成一个严肃认真的党）。保加利亚党也学会了许多东西，我们希望，它会避免机会主义倾向的复发。

我们大家全都坚信，运动必将不断成长壮大。宣传团体已经纷纷变成了强大的组织，而这些组织已经在斗争中得到了锻炼。我们大家都感觉到，在此番第五次代表大会上我们已经有权能够将自己称为世界性的党。大会的各种决议也会充满这种精神。曾经持有不同立场、不同意见的那些同志一定会同意我们的决议，这些决议就是集体经验和集体思考的产物，包含着全世界工人阶级中最优秀、最正直和革命的一切东西。

（暴风雨般经久不息的掌声，转为鼓掌欢呼。代表们高唱《国际歌》。）

（会议休会）

# 第十六次会议

(1924年6月27日,星期五)

主席:格施克

## 就季诺维也夫总结发言进行的讨论

**瓦尔加**(苏联):

我要说的是,匈牙利在实行专政之前并没有一个有组织的共产党,这让某些同志形成一种不正确的认识,似乎我倾向于否定匈牙利共产党在争取专政的斗争事业中的作用。绝非如此。匈牙利共产党形成于1918年,宣布专政之后与社会民主党合并。在此期间,它无疑领导了匈牙利无产阶级最积极的部分:在匈牙利建立专政显然是它的首功。

但是专政失败之后的白色恐怖期间,它未能充当足以构成地下党基础的组织核心,而且它建成的时间太短,也不可能组成这样的核心。

在我说没有一个有组织的党的时候,我的思想中只有这种而没有任何其他的想法。

**博尔迪加**(意大利):

季诺维也夫同志在他的发言中坚持说,我就第三国际左派的问题发言时使用外交辞令,不够坦率。

我想在此声明并希望大家相信我,我一次也不曾改变过我在这个问题上的意见。我只不过确认了我在党代表大会上所说过的话,逐字重复了这里在场的一些同志在那个大会所听到的我的声明。

至于季诺维也夫同志,他在这里所引用的全然是另外的文字,他谈到的是发表于代表大会之前在我们党的辩论期间的文章,其中我似乎提到的正是他指责的那些话,即要么第三国际承认我们意大利党的左派集团正确,要么我们在共产国际中组织一个左的派别。

应当把这当做不准确的解说。那显然是德文翻译的结果,是由一些经验丰富的意大利人提供给季诺维也夫同志的。(笑声)

要是我认为需要在共产国际里组织左的派别,我就会直说,我就会让自己说一些更加冒险的话,而不会使用外交辞令了。

我在那篇文章中说的是与这里同样的话。我是这样写的:实际上,在共产国际所有的党内都有各种派别。历次代表大会上它们都相互斗争,争取获得自己党内的领导作用。我们同意,在共产国际内不应该有派性的地位,共产国际应当成为名副其实的世界共产党,然而整个问题在于,用什么办法可以做到这一点。

对个别党员发出警告,比较温和地,或者相反,很严厉地提醒应注意纪律,都不可能达到目的。

如果把我们所提出的方向作为工作的基础,亦即如果共产国际能走上组织的统一性和连续性的道路,就完全足以办到这点。

如果做到了这一点,派别就会消失。如果不是朝着这个方向采取步骤,而是我们反过来(这个意大利词的意思就是这样)加以理解,那么国家派别不可能因此而得以消失,我们也就会考虑在第三国际内组织派别。

我从未说过别的任何话,请同志们,尤其是季诺维也夫同志明鉴,我在这整个期间都并未改变自己的意见。

**格施克**（主席）：

议事日程的下一项是纲领问题。现在请报告人布哈林同志发言。

## 布哈林作有关纲领问题的报告

执行委员会所指定的纲领问题的发言人是塔尔海默同志和我，我们之间做了分工。塔尔海默同志的报告并不矛盾，他的报告仅仅作为我的报告的补充。

在上次代表大会上，我们曾详细讨论了纲领问题。在我们当时所作的报告中已触及了一些最重要的纲领问题。因此我不再重复当时我的报告和塔尔海默同志的副报告中已经阐述过的那些条款。

当时我们有两个问题引发了分歧。其中第一个纯属理论问题（关于资本的积累，关于罗莎·卢森堡的理论），我们已从代表大会全会今天的讨论中排除。我们将其从全会的讨论中排除并不是因为我们认为它不够重要，而是因为这个问题仅仅具有理论的性质，不适宜在人数如此众多的全体大会上进行讨论。这个纯理论的问题我们将在专门的会议上讨论。

第二个当时曾引起分歧的问题是关于**局部要求和过渡时期口号**的问题，业已在第四次代表大会上获得解决，如果没有来自某些代表团方面的什么反对意见，那么这个问题便可以视做已有定论了。

因此我在今天的报告中仅仅涉及那些与此前的报告相比对于我们比较新颖的问题。我们认为，我们的代表大会应当通过一个明确的纲领草案，但并不是最后的定案。这个草案应当分发给各党，作为这些党内部讨论的材料，不过这个交付讨论的文本必须以代表大会的名义分发。现在我们不会通过最后的纲领。

我们之所以需要一个纲领，首先是为了从思想上严格训练加入共产国际的各个党。我们需要纲领，其次是出于它的政治影响。它能为我们指出目标和通向这一目标的道路。纲领会显示和证明我们的团结。我完全不赞成马斯洛夫同志对待纲领的怀疑论调。针对鲍里斯同志发表在德国共产党理论机关刊物《国际》杂志上的那篇文章，马斯洛夫写了一篇基本上还算不错的文章。不过，在这篇文章中马斯洛夫整体上反对通过纲领。他证明说，这方面的准备还不充分，各种纯理论性的问题尚未解决。因此他建议仅仅通过一个行动纲领，而不是全面的纲领。我认为他的观点是不正确的。在共产国际已经通过的各种决议中，从第一次代表大会的决议开始，基本的纲领性问题已经阐述得足够清楚了。纯理论性的问题，除不多的一些外，我们同样可以认为整个说来我们都已明确。因此我认为，马斯洛夫同志理论上的怀疑是禁不起批评的。

这样，我现在就仅仅针对比较新的或者还解释得不够清楚的问题发表一些意见。

我从我们的世界观问题开始。以前所有的纲领草案中，对共产国际和共产党人的世界观一律只字未提。然而自从第四次代表大会以来，我们根据经验确信，有必要讨论这个问题。在执行委员会扩大全会上我们见证了一场关于宗教问题的热烈辩论，它表明我们应当弄清我们的世界观问题。还有另外一些性质较为微妙的问题，虽然表现形式不像宗教辩论那样尖锐，但同样具有一定的危险性。我们发现，普遍地在各国共产党中，更大程度上在社会民主党中，尤其严重的是在德国社会民主党内，出现了向旧黑格尔哲学倒退的转折，这意味着重又回到了马克思之前的思想观点。在社会民主党内，这一现象在库诺身上可以看出最鲜明的表现，特别是在他论述国家组织、论述这个国家组织的作用和功能的那些作品之中。这与从马克思主义向拉萨尔派的倒退的某些转变有着联系。这里我对此当然无法详谈，但是毫无疑问，类似的现象在社会民主党内是存在的。

很遗憾，这种现象在一部分共产党的队伍中也可以看到，那些地方同样存在着我称之为重返旧黑格尔哲学的观点，不过，当然不是以社会民主党人那样的拙劣方式，而是表现为一种温和的趋势，但也仍然会造成危险的后果。

在意大利党内，我们看到的是另一种也许并不十分自觉的背离革命马克思主义的倾向。这种思想倾向可以称之为唯心主义的唯意志论，而这种唯心主义的唯意志论正在代替马克思主义的能动论。

在俄国党内我们也发现一些倾向，但那是另外一种形式（我认为可以使用一个学术性的词语）亦即不可知论的实证主义的形式，试图取代马克思主义的唯物论。有些同志所根据的是俄国生理学派被错误理解的学说和所谓的反科学。这无论如何也不是革命马克思主义的观点。同志们，他们受了这种倾向的毒害，公开或者隐蔽地视马克思主义的唯物论为陈旧的观点。这一危险具有特别重大的意义是因为，资产阶级科学、资产阶级哲学和思想体系当前正经历着衰落的进程。资产阶级的思想体系现在被赋予神秘主义的色调，原因可能是在整体的衰落时期部分地感染无产阶级的一些阶层。所有这一切都使我相信，有必要在我们的纲领中加入有关世界观的条款。这一条应当表述得简要而确切。我们必须说，我们是唯物主义者，我们坚持革命马克思主义的观点。这种定义富有灵活性，但为了公开宣布我们对革命马克思主义的忠诚和反对我们简要地描述的那些危险，这是完全必要的。

现在谈谈经济问题。资产阶级思想的影响不仅表现在哲学领域，而且表现在我们的经济理论方面。我在这里打算与鲍里斯同志发表在《国际》杂志上的文章作一番争论。我这样做并不是因为我认为鲍里斯同志的论据在某些方面是有实质的意义，反倒恰恰是因为他的观点正是上述危险的最拙劣的形式。他的文章有着代表性。学识渊博的人领导的党的机关刊物发表诸如此类的虚言妄语和社会民主党的胡说八道，这绝非偶然。为了刊登这类文章，需要相应的心理基础。鲍里斯同志的文章令人信服地证明，资产阶级和社会民主党的理论家在我们的队伍中已经觅到了落脚点。他的文章写得很尖锐。其中包含着各式各样的恭维话，也有针对我的。它将我描绘成"狂怒的小资产者"。（笑声）这种说法十分强硬，整篇文章都是以这种语气写成的。鲍里斯同志想让整个资产阶级，其中也包括小资产阶级，统统见鬼去。他不同意在殖民地与其他任何革命党派共同采取行动，因为那都是一些资产阶级的政党。他也不能容许局部的社会化。他声称："让一切不是全面社会化的社会化统统见鬼去吧。"他要将一切都毫无例外地社会化，直至《国际》杂志编辑部的字纸篓。他的文章所提出的论据是：国民经济构成一个整体，因此必须是要么全部社会化，要么什么也不社会化。他比此刻在这里的最激进的同志还要激进得多。

然而在这种激进的外衣下我们却发现了最地道的社会民主党的理论，所以我不明白，《国际》编辑部怎么能办不到这一点。这同时既可笑、滑稽又危险。我要引用鲍里斯同志文章中的一个地方，以说明这里的问题实际上在哪里。

第二国际和第三国际最重要的差别之一在于关于帝国主义的学说，这个学术认为，一系列大国剥削殖民地，从这些殖民地获取超额利润，再借助于这种超额利润让工人阶级的一些阶层腐化堕落。社会民主党在其政策中也依靠的是这些被收买了的工人阶级的阶层。至今我们认为，这种学说构成了我们不同于第二国际的最重要的区别。这一学说为我们提供了反对社会民主党和反对资产阶级的帝国主义政策的强大武器。借助于这种武器，我们正在建立西欧与亚洲、工业无产阶级与其余的殖民地人民之间的联系。在这个学说中我们找到了工业无产阶级的革命与殖民地的起义之间相结合的办法，这些起义在当前的历史情况下不是别的，正是世界革命的组成部分。无论是在理论上还是实践上，社会民主党都在全力以赴地为反对这些论点而斗争。

绝顶聪明的鲍里斯同志向我们提出了些什么呢？他对我的纲领草案进行批评，说：

"资产阶级提交了大陆工人的工资，通过这种办法使其感到与他们的掠夺利害相关，这意味着什么呢？欧洲和美洲的工人遭受剥削。工人们获得自身劳动力的价值，亦即获得他们生存和作为阶级再生产所必需的食物。消费品的数量应当足够让劳动个体可以维持其正常的生活水平并延续其世系。工人们通过斗争达到一定的生活水平。这种水平的先决条件就是生产力的发展。大陆工人们的工资没有被资产阶级提高，资产阶级借助于一些超额利润让工人们腐化堕落。不过，现在并没有任何超额利益。有的只是由生产中的剩余劳动所创造的唯一利润。不能说有来自殖民地的超额利润。"

接下来鲍里斯又声称：

"他们建议我们采用这些调和阶级的胡言乱语作为共产国际纲领的组成部分。"

总之，在鲍里斯同志看来，关于超额利润的整个学说都是反马克思主义的、毫无意义的、鼓吹阶级调和的，等等。我不知道，究竟在什么地方鼓吹阶级调和了。但是首先要提出一个小小的意见。鲍里斯同志声称，这个学说根本不是马克思主义的，其核心是反马克思主义的。不可能有什么超额利润。不可以、不应当谈论一个国家剥削另一个国家，因为这纯属无稽之谈。我只好求助于绝不是狂怒的小资产者的作者，具体地说就是人人尊敬的卡尔·马克思。就以其《剩余价值理论》第2卷第二部分来说吧，马克思在其中指出："瞎眼睛的猪有时也能找到橡实，所以连资产阶级经济学家有时候也能说出真相。"①

---

① 这里的引用不准确，据《马克思恩格斯全集》中文版，只有前一句话，后面的话没有。参见《马克思恩格斯全集》中文第2版第35卷第368页。——编者注

对于大名鼎鼎的那位瞎猪,马克思说道:

"**萨伊**为康斯坦西奥翻译的李嘉图著作所加的注释,只有**一个**关于**对外贸易**的正确意见。通过欺骗行为,由于一个人得到了另一个人失掉的东西,也可能获得利润。在一个国家内,亏损和盈利是平衡的。在不同国家的相互关系中,情况就不是这样。即使从李嘉图理论的角度来看,——这一点是萨伊**没有**注意到的,——一个国家的三个工作日也可能同另一个国家的一个工作日交换。价值规律在这里有了重大的变化。或者说,不同国家的工作日相互间的比例,可能像一个国家内熟练的、复杂的劳动同不熟练的、简单的劳动的比例一样。在这种情况下,比较富有的国家剥削比较贫穷的国家,甚至当后者像约·斯·穆勒在《略论政治经济学的某些有待解决的问题》一书中所指出的那样从交换中得到好处的时候,情况也是这样。"①

鲍里斯同志的观点的水平,比"瞎眼睛的猪"的观点的水平还要低一些。不过,对我们具有关键性的因素当然并不在这里。关键性的因素在于,我们看得十分清楚,这种关于较为富有的国家获取超额利润的学说是地道的马克思主义的学说。马克思对这一点写得清清楚楚,不过马克思当时是从不同国家之间的交换是以完全和平的方式进行的这一假定出发的。马克思并没有谈到这方面真实存在的掠夺,他没有谈到超额利润是国家机关直接施压的结果。如果考虑到这种作用力,我们应该说些什么呢?对每一个孩子来说问题都已十分清楚明白。只有鲍里斯同志一个人认为这一学说是无稽之谈。

我们来看看鲍里斯同志关于工资的论据。显然,资产阶级只有通过提高工资才能腐蚀工人阶级。这是完全正确的。但是问题的核心并不在此。我们要问的是,为什么帝国主义国家工人的工资高于平均水平?对

---

① 见《马克思恩格斯全集》中文第 1 版第 26 卷第 3 册第 11 页。——编者注

这个问题可以这样回答：他们的工资高一些是因为，他们拥有技术更为熟练的劳动力。这种回答也可能是对的，但是这样就会出现下一个问题：这一现象的经济基础何在？是什么使得工人阶级的这些阶层能够将自己的劳动力变为技术更加熟练的劳动力？这个问题也应当加以回答。不过对鲍里斯同志而言，这个关键性的问题当然是不存在的。贵族工人阶层的工资与技术更熟练的劳动力是相称的。但是为什么这种劳动力的技术熟练程度能变得更高呢？为什么它能变成技术熟练工人的劳动力？那是因为资本主义国家工人阶级的贵族阶层与其他所有的工人阶级派别相比，拥有一种特权地位。主要的问题就在这里。对这个问题，我们的学说能够给出答案，这一学说是由马克思奠定了基础，列宁和恩格斯又加以完善的，这一学说甚至在俄国共产党的纲领中也做了明确的阐述。对于鲍里斯同志而言，这个问题却完全不存在。个中所包含的不是别的，正是一种复旧，完完全全回复到第二国际。因为没有这些前提条件，我们便无法与工人贵族、与对工人阶级的腐蚀、与帝国主义的政策进行斗争，便不能从理论上阐明所有这些极端重要的现象。并不特别有学问的马克思主义者都知道，恩格斯甚至还论述过英国的"资产阶级的无产阶级"。从鲍里斯同志的观点看，这也是无稽之谈，因为鲍里斯同志不熟悉马克思主义的著作。这里的问题并不在于鲍里斯同志，但是为什么《国际》编辑部不对文章进行审查？

（科尔施同志从座中说："这篇文章是我让刊登出来供讨论之用的。"）

可是，同志们，绝不能把什么样的胡说八道都刊登出来供讨论用，这是不能容许的。

我转而谈谈第二个问题，这是最重要的问题之一。

战争初期我们曾看到一些神经错乱的资产阶级经济学家，他们竭力为帝国主义战争辩解，建立了一种理论，说从发展生产力的观点来看，战争十分有益。他们将自己的理论建立在由战争引起的生产力向冶金、重工业、军事工业等处转移的基础之上。生产力这种转移的结果，失业减少了。实际上，情况却是这样：一些只是十分肤浅的"学者"并没有发现，所有这些现象实质上都意味着一个进程——大规模地毁坏生产力，毁坏生产中的不变资本，从而导致非生产性的消费大规模地增长。资产阶级经济学家们的这些毫无意义的幻想，战争开始后经过不多一段时间便烟消云散了。

现在，帝国主义战争结束数年之后，勇敢的鲍里斯（当然不能称他为疯狂或者极不明智的人了）写出了如下的一些话：

"他（布哈林）断言，战争导致大量生产资料的毁灭。正确的说法恰恰相反。"

在另一处地方他则说：

"同样不能说由于战争生产力遭到了毁坏。"

这该如何理解呢？既然我们已众所周知，战争期间打死了1000万人，那么，在过分聪明的鲍里斯看来，这是有生产力的增长；既然破坏了如此之多的铁路，那么这就意味着运输工具获得了增长；而法国和比利时的工厂、乡村的破坏则意味着生产力的增长。这简直是十足的愚蠢。没有任何一个有理智的人可以说出这种话来。还可以说的是，战争造成的创伤已经部分地治愈。然而鲍里斯却硬说并非如此。他断言，整个战争期间生产力总的说来并未遭到毁坏。

我只引用几个最鲜明的例证。关于生产性和非生产性消费的问题对于鲍里斯同志而言是不存在的。然而这个问题也许比破坏和死人之类的问题还要重要。关于这点我先前已经说过了。

这种"繁荣理论"所意味着的应该是什么呢？它是在重复资产阶级学者最初所固有并由社会民主党人加以继承的那些观点。我在第四次代表大会上的第一篇报告中曾谈到过这点。当时我讲述了某些社会民主党人关于这个问题的言论。顺便说说，当时我还讲过这样的话：

"例如，这些先生们中有一位硬说，资本主义经过战争之后变得更强大了。你们瞧，这就是'理论上的比例'。普通的自由党人、和平主义者、神职人员、资产阶级经济学家，所有的人全都看到了资本主义经济的衰弱，他们之中谁也无法否定这点。此后出现了一位社民主党人、虚假的马克思主义者，他宣称：战后资本主义变得更强大了。这简直无异于号召新的战争。"然而现在呢？现在出现了一位共产党人，他抛出同样的说法。怎么可以将这类问题提交讨论呢？如果我们把各种各样的资产阶级胡说八道都提出来讨论（而这样的胡说八道还在大量产生），那会是什么结果呢？整个这套所谓的繁荣理论不是别的，无非是为帝国主义战争进行理论上的辩解。既然帝国主义战争能激发生产力的提高，我们还何必放心不下呢？

鲍里斯同志的第三个"理论"是危机理论。

我们大家都还记得我们与社会民主党人之间就危机问题所进行的那场大论战。我们大家都知道，一开始以伯恩斯坦为首的修正主义者试图证明，工业的托拉斯化、某些工业部门垄断的建立，显露一种足以减轻资本主义克服危机的难度的趋势。这套理论存在着各种各样的细微差别。在地道的修正主义者那里则以最拙劣的形式呈现出来。

待到以考茨基为首的激进正统派与以伯恩斯坦为首的极端修正主义之间的分歧消失之时，考茨基在起草格尔利茨纲领之前曾经写道：我们应当公开宣布，在对资本主义制度的发展进行理论分析时，危机理论应当采取"较少的规模"。

这意味着什么呢？这意味着依考茨基之见，最近期间资本主义世界已变得更为和谐了。

我们如何看待这些问题呢？我们曾经不止一次讲述过这一问题，所以我认为已经证明了，由于形成垄断，在某些生产部门里无政府状态确实已部分地消失。不过，托拉斯的建立丝毫也不妨碍危机的出现，相反，这倒会使危机在更高的发展程度上产生。

而这时候却出现了鲍里斯，他预言：

"随着资本主义的发展，与可变资本相比，不变资本在增加；与流动不变资本相比，固定不变资本在增加；特别是与全部资本相比，固定不变资本在增加。同时，生产领导中的计划性也在增加。"

接着，鲍里斯还声称：

"资本在某个生产部门的有机构成越高，这个部门中的领导就越有计划。计划性的增加所导致的自然不是资本主义竞争的削弱，而是加强。有计划地领导生产导致可以部分取代危机的限制生产。"

总之，生产力的提高导致资本的有机构成增加，导致越来越有计划的对生产的领导。取代危机的是计划性的增强。这是什么东西呢？我们能将这一切视做共产主义理论吗？这是十足的修正主义，地道的社会民主党理论。

还有一种社会民主党学说。它讲的是，战争和动荡时期可以创造这样的条件：希望实现革命胜利的革命无产阶级不应当忽略保障生产过程连续性的需要。奥托·鲍威尔、考茨基、希法亭等人都是这样说的。他们反对布尔什维克对革命马克思主义的理解，断言暴力夺取国家机关会导致信用丧失、工厂倒闭，等等，但是据他们说，为此我们并不需要革命的变革。

不言而喻，正像我在上一次代表大会上数度着重强调过的那样，当你们拿电报杆来构筑街垒的时候，你们根本不可能以此促进生产力的提高。但是革命像战争一样，有着自身的生产费用。这些费用就是暂时和部分地毁坏生产力。

然而这时候鲍里斯同志又出面了，他再次提出了关于生产的连续性的整个问题。他举出我的表述并且声称：我要以数字的方法继续进行表述。接着他果然"继续"以数字的方法进行了表述，亦即将生产力的暂时下降变成了绝对的过程。其后他说：这意味着布哈林"郑重其事地坚持他的看法，即在生产和消费资料方面，共产主义经济将完全从零开始"。这真是一个会说俏皮话的小伙子！他"延长"了数字方式的表述，却依旧指责我。如果我们以诸如数字、历史和逻辑的方法将鲍里斯同志的相对的愚蠢变成绝对的愚蠢，那么我们也会得到相应的结果。但是对于我们的目的而言，指出鲍里斯同志的相对愚蠢即已足够。这件事情本身意味着什么呢？它意味着社会民主党学说的复活，而不是别的。因为这正是社会民主党反对革命变革的论据。当他们声言革命只能以生产力的提高为基础时，他们就是在重复考茨基的学说。

现在你们都看到了，我们从策略的观点建立我们的理论是何等正确。我们证明了，革命的过程使得生产力的暂时破坏成为必不可少的事。在马克思的各种作品中都可以找到一些地方，表明这种改变、这种危机状态构成了革命变革的基础。相反，社会民主党的学说证明革命没有可能：比如，战前生产力的发展对实现社会主义而言还不够充分，战争期间不可能发生社会革命，因为生产力部分地遭到了破坏，而战后则必须等待其恢复。那时候又会发生新的战争。如此一来，这个愚蠢的循环还将继续下去。在鲍里斯的学说中，我们发现了这种愚蠢扩大了的复制品。

这样，你们瞧瞧，鲍里斯同志给我们送上了一束多么绚烂的理论鲜花：否定超额利润，否定使工人贵族置身其间的特殊的工资环境，提出军事繁荣理论及其为战争中的社会爱国主义态度所作的辩解，提出修正主义的危机理论和关于生产过程连续性的社会民主党学说。鲍里斯有许多听起来颇为激进的地方,然而在这种激进的词句后面,我们所发现的却是社会民主党陈腐的胡说八道。

聪明过分的鲍里斯利用这种胡说八道在民族和殖民地问题上、在统一战线和社会化等问题上对我们进行攻击。陈述了这一切,已足以证实这里的问题之所在了。

我要再说一遍,我谈论鲍里斯同志这么久并不是因为认为他的论据重要,而是为了表明社会民主党的观点在我们自身的队伍中找到了合适的土壤,我们有责任对此进行最坚决的反对。既然左派的同志都写出了这类文章,那就更为危险,因为如果政治上定位完全正确的左派都容许这样胡说八道,那么他们便是在以此毁坏自身的政治方针的名声。我们不能以好感的准则,而应当以最尖锐的方式反对类似的不成体统之事,揭露这些同志。我之所以对鲍里斯谈论了许多还因为,正是他依靠自己大脑的特殊功能,以最不能容忍的方式向我们阐述了这整个问题。

现在我想转而谈谈先前的讨论中尚未触及的另外一个理论问题,具体地说,就是**危机**的问题;不是作为过渡时期特殊现象的危机,而是一般的危机。你们都知道,关于危机理论在马克思主义界存在着理论分歧。有两种全然不同的表述(一方面是比例失调,另一方面则是消费不足)。需要作出这样一种表述:就是作为生产的无政府状态组成部分的生产与消费之间的矛盾。关于这样讲的依据,我将在另外的地方详加论述。我认为,我们同样应当在我们的纲领中作出关于资本主义解体过程的更为慎重的表述。我们正在整体上经历资本主义解体的这一事实,并不能否定,在这一大规模的进程的范围之内,我们也有着一些局部复兴的进程。因而其情景比我们从前所设想的要纷繁驳杂得多。我们应当注意这种复杂性,从而作出比从前更为审慎的表述。我们现在应当对过渡时期给予更详细的定义和更准确的描述。我只是提出了问题的某些个别的方面,并未提供冗长的评论。

我们应当在纲领中更清楚地阐述关于革命时期的持续时间、关于无产阶级革命的基本过程、关于次生性补充过程的种种想法。这里我指的是这样一种想法：有助于世界革命的不单是无产阶级革命本身，而且与之同时还有其他一些具有深刻革命意义的解体过程，比如民族危机。如果我们将民族危机作为孤立的现象来看待，它们当然根本不是无产阶级革命。同样，频繁的殖民地起义也不单是无产阶级的起义，而且部分地也是小资产阶级的和资产阶级激进革命阶层的起义。如果孤立地看待这些次生过程，它们并不是无产阶级革命的组成部分。在大多数情况下，这些运动都不是无产阶级所领导的。要是这些现象的确是孤立的，它们所起的就完全是另外的作用。然而问题在于，它们在任何情况下都不能作为孤立的现象来看待。在世界革命的历史进程中，我们常常涉及世界革命的各种组成部分。反对资产阶级斗争的领导权在无产阶级手中，无产阶级带领着其他一些阶级；因而它们的运动是世界革命的组成部分。

我们应当在纲领中提示，在过渡时期，也许在一个更长的期间内，都得依然存在着敌对的组织形式，资产阶级和无产阶级的形式，无产阶级的经济形式和资本主义的贸易和工业形式的残余，金融资本主义形式的残余，以及其他许多东西。情景将十分杂乱无章。我们应当对这些敌对的组织形式作出提示。我们也应当提到各种各样的资本主义组织和各种各样的建设中的社会主义社会的各种初始形式。我们应当指出，在我们夺得政权之后，社会发展的规律性在总体上将会有所不同。

如果说资本主义的发展不外乎是资本主义矛盾的扩大（随着资本主义经济每一个新的周期的到来，资本主义矛盾都不断深化，直至其导致资本主义的衰亡、资本主义生产表面现象的破裂），那么，在无产阶级夺取政权之后，总的方向、总的社会发展规律就不会是矛盾的扩大，反而是矛盾的减少。

举个例子。我们的多种经济形式之间存在着矛盾。如果这些矛盾变得越来越严重,它们可能会毁掉整个社会。但是我们希望,我们能够通过渐变的途径,以具体的方式,越来越多地排挤掉敌对的经济形式。于是无产阶级夺取政权之后仍将存在的那些矛盾,从某一个时候开始会变得越来越少,直至其最终消失,到那时候我们也就拥有了共产主义社会。当然,也可能出现具有灾难性的冲突——资产阶级和富农的暴乱,等等。这一点我就不谈了。我要说的是,在无产阶级居于经济、政治和文化的领导地位的情况下,从某一个时候开始,经济的发展规律将会与先前不同。

我们还应当提示,过渡时期中必须有无产阶级与农民某些部分的联盟。我想就此谈谈几点意见。包括共产国际的队伍在内,现在存在一种危险的倾向,就是不理解无产阶级对待农民的态度问题。现在我们大家都知道,我们应当与农民一道前进,但这并不意味着我们应当允许在理论上模糊对无产阶级与农民之间的分歧的理解。

十分清楚,无论就战略还是战术而言,我们都必须将农民视做自己的同盟者,但是我们不应当将此与一种观点混为一谈,即:我们应当变为工农政党。恰恰相反,我们保持无产阶级的性质越多,我们对待农民的政策就会越成功。

在这方面,可以让我们的联盟与有产阶层内部的联盟之间并行不悖。比如,大地产的所有者与工业资产阶级之间存在着巨大差别。诚然,随着金融资本的成长,土地所有者也开始借助于银行系统以利息的形式获得收益。但是资产阶级与大地产主之间,特别是与封建、半封建的大地产主之间(亦即并非与那种在农村扮演着资本主义企业主的大地主之间)仍然存在着很大的实质性的利害冲突。不过,尽管有这些利害冲突,这些阶级之间还是有着联盟关系,经常互相支持。我们应当将工农联盟与这种联盟相对照。正像大地产主与资本主义资产阶级之间的利害冲突不会消失一样,无产阶级与农民之间的差别同样不会消失。但是像整个统治阶级完全支持自己的联盟那样,我们也应当在整个过渡时期中通过无产阶级与农民之间的这种联盟加强和巩固我们的政策。

现在,同志们,我要谈谈新经济政策的问题,这是我的报告中最为重要的部分。

首先,我应当提前作一点说明。实行新经济政策之后,我们俄罗斯共产党人,也有外国党内我们的一部分朋友,几乎大家都毫无例外地体验到一种感觉,仿佛我们所做的是一种不那么正确的事情,仿佛我们应当为新经济政策表示歉意。这种"道歉的定位"以最微妙的形式表现在,我们仅仅从其政治合理性的观点出发,将新经济政策视做对小资产阶级的政治让步。我们当时并不认为,新经济政策本身是适宜的、合理的,而是认为,我们应当将其从政治见解中加以排除。我们当时就是这样看待形势的。

然而如今我觉得,我们可以心安理得地说,正是那种被否定的事情反而恰恰是正确的。我们应当在整体上以下述方式表述新经济政策问题,对此我在后面还将详加探讨。

无产阶级的唯一正确的经济政策,亦即足以保障生产力提高的政策,正是那个我们称之为"新经济政策"的政策。军事共产主义不是别的,就是对这种新经济政策的增补,如果考虑到反对资产阶级和小资产阶级阶层的直接的阶级斗争的话,这种增补是必不可少的。这类基本的想法我们应当经常牢记在心。因此,同志们,如果我十分详尽地加以分析的正是这些想法的发展过程,还要请大家多多原谅。

克敌制胜的无产阶级在夺取政权之后必定会遇见的一件最主要的事情是,他们不得不与**多种多样的经济形式**打交道。

无论在哪一个国家,即使是资本主义最充分发展的国家,生产力的发展都不可能达到所有的中间阶级和集团消失的地步。任何一个马克思主义者也不会相信,社会革命要到最后一个小资产者、最后一个手工业者、最后一个小资本家消失之后才会到来。这只能是荒谬的夸大其词，是我们的敌人对马克思所作的丑化。

我们以往只谈发展的趋势。我们大家都认为，社会革命不是在最后一个农民消失之时到来，**而是在资本主义制度的矛盾尖锐到革命无可避免之时到来。**

这样，在所有的国家，一无例外地（区别仅仅在于程度）我们都将会遇到**多种多样的经济形式**。这是最主要之点。与这第一个因素相联系的还有经济和政治生活中的两个进一步的基本因素。第二个因素有如下述。

**阶级和社会阶层的多样性**与经济形式的多样性相符合。既然我们有小企业，因而也就有小生产者；既然我们有小农经济，因而便一直有农民阶级。最后，既然我们有小资本主义企业，因而也就保留有小资本家和小手工业者。这样一来，阶级的多样性便与**经济形式的多样性**相符合。第三个基本因素，我们也应当像前两个因素一样加以注意，如果我们不愿意实行不适当的政策的话，这就是经济刺激的多样性。这第三个基本现象与前两个基本因素完全一致。既然我们有多种多样的经济形式，这就意味着我们会涉及各种不同的经济动机。一个农民的动机与一个大资本家的动机是不同的。

已收归全社会所有的企业的经济动机与富农的动机不同。最后，富农的经济动机又与小农的动机有别，诸如此类。

所以，如果我们一直都能考虑到这些基本的因素，应该如何提出我们的经济政策的首要问题呢？这个最主要的问题可以用下面的方式进行表述：这是一个协调和从属的问题，1）各种经济形式的协调和从属，2）各个阶级的协调和从属，3）各种经济刺激因素的协调和从属。

我们涉及这样一些不同种类的形式之时，自然也应当在经济领域确立无产阶级的领导权。这意味着什么呢？这就意味着我们的社会主义企业应该在经济生活中占据优势地位，其他所有的经济形式都应该成为过渡的、服从于这种优势地位的形式。无产阶级经济政策的复杂艺术正在于此，内中的情况远非像鲍里斯同志所想象的那样简单。如若不存在任何矛盾，我们也就可以一举建立社会主义了。可见，我的论敌完全抛开了由不同经济形式的不同特性所产生的整个过渡时期。而过渡时期就是进步的形式通过竞争取代其他形式的时期。现在我们已经看得十分清楚，主要的问题是各种经济形式转归无产阶级完全管辖。这是一个十分复杂的任务。然而，在评价克敌制胜的无产阶级的经济政策过程中，这样提出问题是唯一正确的做法。

我们不能按鲍里斯的想法着手实现全面社会化的原因一清二楚。那只能是一种歪曲。我还记得，托洛茨基同志有一次在同极端中央集权分子的辩论中曾经说过：你们的中央集权制就是，你们认为需要在红场上放一个硕大的墨水瓶，来自全苏联四面八方的各路作家都应该从中汲取墨水。

鲍里斯式的全面社会化无法实现的原因是，我们有着极为多种多样的经济形式。我们从技术层面上不可能实现这一点。我们并没有将直至小农经济在内的一切统统社会化的组织力量。这是第一个原因。第二呢，我们出于政治上的考虑也不可能做到这点，因为我们这样做会激起小农和手工业者对节节胜利的无产阶级的反感。第三，如若我们一举将如此分散的经济社会化，那么我们就得建立起规模极为庞大的行政机关，我们需要花费的代价比无组织的生产更为昂贵。

军事共产主义期间极度集中的经济管理形式，导致了国家机关急剧膨胀，结果其费用吞噬了一切。时至今日我们仍然承受着这一弊端所造成的恶果。在生产性消费和非生产性消费之间作好安排的问题，是国际无产阶级最为重要的问题之一。

新经济政策乃是无产阶级的唯一正确和切合实际的经济政策。无产阶级正确的经济政策可以成为生产力提高的基础，有助于这种提高。如果我们从这个观点对我们在军事共产主义期间的经济政策与新经济政策进行比较，我们便会明白我们的这两种经营管理方式之间的区别。什么是军事共产主义呢？这就是对现有的储备进行合理的分配。我们从所有地方的每一个农民手中夺取抑或征收一切可以得到的东西，用以保障军队和城市无产阶级的供给。这是当时唯一可行的政策，因为没有国内战争的胜利，根本无法着手建设社会主义。

另一方面，我们夺取各种经济组织的权力，将其一部分摧毁，另行建立一些，这也是军事共产主义的一个优点——我们对现有储备进行了合理的分配。不过，我们并未能促进生产力的发展。当我们强行夺走被定性为剩余产品的一切的时候，我们怎么能够在农业领域促进生产力的发展？农民缺乏经济活动的刺激因素。我们没有掌握小农经济的经营管辖权，因而我们也就没有农民阶级的经济管辖权和经营刺激因素。所以就发展生产力的观点而言我们后退了一步。农民不愿意生产更多的东西。我们的国家政策与这些阶层的经济要求之间存在着尖锐的冲突。他们开始奋起反对这一政策。所幸的是，我们自己在经济政策中采取了新的方针。如果对这些问题加以思考，我们便会发现我们在经济方面的错误是什么，无产阶级的正确的经济政策应当是什么样子。

鲍里斯同志对其要求全面社会化所提出的论据是，国民经济要构成一个整体。这听起来十分激进，但实质上却是一种理论上的机会主义。在这种整体里，在这种统一中存在着矛盾。无产阶级和资产阶级就某种意义而言也组成某种社会统一体。不过，在这个统一体中也存在着矛盾，而且同样的程度上各种经济形式都在其内部隐含着巨大的矛盾。这就是整个问题之所在。任务在于协调现有的各种对抗性的要素。资产阶级以自己的方式实现这种协调。我们则希望以另一种方式加以实现。这个问题只有在这样的情况下才可以予以否定，即：如果我们发现社会已是一个统一的整体，并且不明白这种统一有其内部的矛盾。

如果我们将经济形式的这种多样性视做一个基本的现象，那样我们便会完全明白，市场相互关系的各种形式就是这种多样性的最重要的表现。我觉得，这里我们应当指出下列前景。整个看来，经济的无产阶级部分和工农业中的公有企业将在市场竞争的基础上取代较落后的那些经济形式、小生产者私人资本的那些形式，等等。从前我们大致是以这样的方式进行思考：我们拥有一部分经济，而敌视我们的社会成员拥有另一部分，因此我们不是基于市场相互关系，而是通过国家政权的行政干预途径消灭与我们敌对的那些经济形式。实际上，如果根据客观存在的各种不同的因素来判断，并且不仅考虑到俄罗斯的经验，同时也考虑到其他国家的经济状况，我们便可以肯定地说，发展的方式将会是这样：我们是通过已经社会化的企业之间和所有的其他经济形式之间的市场博弈而战胜、克服敌视我们的落后的经济形式。在表面上，方式与资本主义经济中的情况相同。然而巨大的原则性的差异却在于，资本主义经济中的大型和中等企业都具有几乎完全相同的社会内容。

本来没有原则性的差别，但夺取政权之后我们便有了各不相同的种种经济形式，这与这些企业的敌对性的社会内容存在着关联。来自无产阶级大型企业的竞争性斗争是革命的斗争，是与资产阶级的阶级斗争。诸如市场竞争之类的讲求实际的东西不是别的，就是阶级斗争的一种特殊的新形式。

一方面是具有无产阶级内容的大企业，另一方面是具有不同社会性质的各种形式。这也许就是需要好好掌握的最重要的时机。因为对新经济政策和对当前俄罗斯环境的所有的怀疑、所有的不满、所有的指责都源于同志们不理解经济竞争方面的阶级斗争的这种崭新形式。表面上事情几乎与资本主义时代一样：工人们挣工资，表面上整个过程都与资本主义社会里一样，但最重的一点却在于，尽管表面上相似，却也有着原则性的区别。如果我们仔细观察无产阶级专政的经济，我们便会注意到，经济形式的多样化是与这些企业的各不相同的社会内容联系在一起的。

同志们，我认为，与此联系在一起的还有关于计划经济成长的概念。我们从前认为，我们能够经过计算，制订计划并机械地实现这个计划，别无其他。然而现在我们明白了，无产阶级专政建立之后，计划经济就整体而言，在很大程度上都将有机地成长。这就意味着，我们之所以能够实现计划经济，是因为有了这一计划经济所需的物质基础。而计划经济的物质基础不外乎是具有无产阶级内容的大型企业取代了各种落后的经济形式的结果。

可以在资本主义生产和过渡时期的生产之间进行某种对比：资本集中、通过市场竞争取代落后形式的过程以国家资本主义作为其界限。我们的情况表面上与此完全一样：我们也通过市场竞争取代落后的各种经济形式，将企业进行集中，这种集中的力度越大，就越能为计划经济奠定基础。但是这里的界限不是国家资本主义，而是社会主义。

这是与从前完全不同的一种观点。但是我认为，我们现在可以心安理得地说，只有这种前景才是正确的，只有对它能从理论上正确地加以论证，只有它才是反对这方面的各种悲观情绪的最强有力的武器。有些人总爱大惊小怪："哎哟，他们容许小生产者，甚至还容许资本家"，诸如此类。如果从逻辑的观点看待这类叹息，那么这里的唉声叹气都是不理解这些现象的结果。在初始阶段，大型企业的优越性并不十分显眼。因为在全面的经济解体的过程中，不可能让大型企业一下子便站稳脚跟。

在解体这样的情况下，往往是小企业、小商业部门之类显得更为有利。那些大企业与小企业之间展开了竞争的地方，我们立即便会在越来越大的范围内看到大企业的优越性。因此这些大企业竞争能力的发展进程将会越来越快。某些悲观情绪的根源何在呢?我们会遭遇危机,但是在我们有了计划经济的时候,危机便会消失。大概在数十年期间内我们都还会有危机之类的现象,但通过与之进行斗争和竞争取代不具备公有性质的异己经济形式的总路线是唯一正确的,它是我们的社会发展节节胜利的前景。资本主义形式与社会内容之间的矛盾是一个极其重要的问题。

不过如果你们听懂了以上我所说的话,那么这个问题就不会显得那么复杂了。我们有一些名副其实的资本主义的形式,例如在工资方面;我们不进行实物分配,而是有货币流通过程,我们有银行和交易所,甚至有交易所——这可是资本主义社会最神圣的东西。在我们的国营工业中,我们也有着部分的竞争甚至利润的形式。这里我们可与军事领域的情况进行一番比较。我们的军队在很大程度上与普通的资产阶级军队相似。最初我们认为,在建立我们的军队这方面也应该搞点绝对新的东西:完全没有强迫性的纪律——只有"自觉性"的纪律。然而经验表明,这种真正自觉的纪律的形式是无法应用的,虽说这种自觉性在我们这里当然要比在别的军队发挥着大得多的作用。我们的军队中有各种强制性的规矩,这是完全必要的。我们甚至还枪毙逃兵。这是国家政权的强制性手段的最大表现。形式上我们的军队的结构与资产阶级军队的结构相像。但是,这并不是关键性之点。关键性之处在于,我们的军队是另外一种阶级性质。

经济斗争中的情形也是这样。在新经济政策中(顺便说说,它已经变得相当陈旧了)就有很大的内部矛盾,并且不单是形式与内容之间的矛盾,而是具有更为严重的性质,尤其是在无产阶级经济政策的初始阶段。我们的经济,我们的社会主义经济在成长,但是另一方面,开初时小资产阶级经济也在成长,我们的经济生活的合理因素与小资本家和私商所代表的经济生活之间的矛盾也在增长。如此一来,这就并不是形式与内容之间的矛盾,而是不同的社会形式和社会力量之间的矛盾了。当然,这种状况只有通过这些新形式中的阶级斗争才能解决。

我说过,我们将会通过多种多样的经济斗争达到完善的社会主义经济秩序,斗争期间大型工业会掌握在无产阶级的手中。

不过,事情并没有这样简单。无产阶级专政能够将小生产者合作化。对待农民阶级时这尤其重要。也可能出现这种情况:无产阶级和无产阶级的大工业与小生产者结成联盟,将他们合作化,让他们投入反对私人资本的经济斗争。于是这些经营私人工业的小生产者便会构成一个我们不可小觑的因素。

新经济政策并不是对军事共产主义的纠正。相反,新经济政策是唯一合适的无产阶级政策。军事共产主义也无非是对这一经济政策的增补。因为军事共产主义并不是合理的经济政策的要求所引起的一种需要,而是**直接的政治斗争**的需要。

在许多情况下,经济合理性的要求亦即经济政策的要求,与直接的政治斗争要求之间会发生冲突。例如,起义期间我们总是毁坏各种财物。我们保卫社会主义祖国时这样做。我们与资产阶级进行武装斗争时这样做。在我们需要与之进行斗争时,我们应当运用为了战胜它而必不可少的一切手段。我们应当夺取其物质财富的所有源泉。

我指出过了,我们夺走农民的全部剩余产品以养活军队。这有必要吗?是的,有必要。但这是战争的必要性和合理性。如果我们采取别的做法,我们便会输掉这场战争。而战争的胜利是整个进一步发展的前提条件。因此我们应当实行这种军事共产主义政策。我再说一遍并且肯定,经济生活领域内的直接的政治斗争是与生产力的下降联系在一起的。但是,当这一任务业已完成、我们的胜利业已巩固、无产阶级专政业已建立的时候,则下一步的全部任务就是促使生产力的发展,届时军事共产主义也必将消失。我没有提出孰早孰晚的问题。我们的军事政策在先，经济政策在后。不过在其他国家也可能不一样。无论在哪个资产阶级被迅速打倒、无产阶级得到锻炼的国家，无产阶级都会坚信新经济政策的合理性和必要性。不过接下来可能遭到封锁，它不得不部分地采取征用的手段。然而总的说来，可能在许多国家都必须在一定程度上实行军事政策，具体的原因就是资产阶级还会与无产阶级进行顽强的斗争。但具有决定性意义的还是要让我们所有的党很好地区分政治和经济之间的合理性，并根据特定国家的情况调剂这种合理性。

简单谈谈**土地问题**。这个问题在我们的历次代表大会上已讨论得相当详尽了。我们有了列宁的提纲、各委员会的著作。我要做的只是提出几点意见。我们的队伍中存在着一种可能会变得很危险的著名思潮。第二国际和第三国际之间，在土地问题上有着很大的差别。第二国际对土地问题几乎不予置理。然而在我们的某些同志之中可以发现一种倾向，他们从我们对待农民的态度中得出这样的结论：农业中的小生产和大生产一样好。在他们看来，我们应当建立农民党或者部分地把我们的党都变成无产阶级农民党。与此相反，我们应当突出地强调下面这一点。我们是农业中大生产坚持原则的拥护者。我们认为，农业中的大生产是最好的形式，只有通过发展大生产我们才能扩大农业的生产力。

不过如今整个问题都与从前不同了。战前在所谓健康的资本主义时期，我们的主要任务是清除一切封建主义残余，扫除资本主义道路上的一切障碍。

我们曾经提出过一个问题：何者会取得胜利，是大企业还是小企业？与机会主义者相反，我们的回答是：资本主义大企业比小企业先进，必将节节胜利。

现在另一个时代已经到来。我们的任务并不在于作出预测：资本主义大规模经济与小农经济之间的斗争将如何展开。我们的任务在于，为了**打垮资本主义**，我们需要找到一个同盟者，而这是完全不同的目标。

为达此目的,我们甚至可以通过对大地产进行分散经营以获得同盟者。因为这具有决定性的意义。

任务并不在于作出资本主义大企业将会取代小企业的预测,而在于要打败资本主义。我们的整个方针的基础就在于此,其余所有的一切都源自于此。为了将农民吸引到我们一方来,我们就应当给予他们一些东西,这在每个国家都各不相同,取决于该国的性质和农民阶级的社会意义。如果我们掌握着专政这个前提条件,如果我们已经拥有了整个工业,革命过程中这些就某种意义而言的花销,我们在日后都能够得到补偿。我们有可能在农业中运用先进得多的方式。为什么呢?这里我想从理论上作一评论。

资本主义结构和经济的最重要的矛盾之一是(尤其是在资本主义生产的最近10年之间),工业与农业间呈现出尖锐的分歧。工业生产力提高和农业生产力提高之间出现了不断加大的比例失调。为什么呢?这里我不可能对此进行详细说明。这方面最重要的一个现象是所谓绝对地租现象。总之,农业中技术进步的停顿,对机械化生产的各种阻碍,如此等等——所有这一切都与农业中的绝对地租有着关联。正因为如此,我们才会有比例失调的发展。农业处于所谓工业桎梏之下,我们将能够和应当将农业从这种桎梏之下解放出来,从而消除资本主义生活方式的这种比例失调。如果从经济合理性的观点来看,我们在分解大地主产业的过程中略有损失,那么我们可以通过消灭绝对地租、通过农民合作社、通过社会化了的工业有计划地对农业发展的环境的干预进行大规模的补偿。我认为,在这方面需要提一提列宁在其最后几篇文章中的一篇里所说的话。我们在资本主义政权时期在农村里就有过一种所谓农业社会主义的形式。这是一种十分独特的思想。它将地主、神甫等人主导下的农民组织的发展作为自己的物质基础。这是一些农业辛迪加、合作社和其他各种诸如丹麦那种样式的组织。所谓农业社会主义和"合作社社会主义"就是在这个基础上发展起来的。

当然，那是一种乌托邦，一种半资本主义的幻想，以为从这方面发展起来的趋势会作为对抗资本主义的矛盾而发展。但是，同志们，当无产阶级专政的前提实现之时，对待这个问题的态度就应当从原则上截然不同。因为先前所有这些组织的发展，都是在资本主义的整体和资本主义国家机关的范围之内的发展。而且所有这些组织都长入资本主义国家及其经济的共同机体之内。然而如果我们建立了无产阶级专政和有了已经收归国有的工业，那么这些组织（其中具备由无产阶级的经济主导权取代大地产主导权的可能性）的发展就意味着这些经济形式有可能长入无产阶级经济的共同机体之内。

因此，对无产阶级专政时期而言，这里的问题完全是另一种原则性的提法。

同志们，我们认为，根据第四次代表大会的决议，我们在我们的纲领草案中也应当有一个战术和战略部分。关于这一部分，我认为等到稍后委员会已经开始工作，我们也有了最后的方案的时候再谈。我想，还是在我们期望的一场讨论之后再这样做较为合适。

我要再说一遍我的思路。问题的新提法的基础是第四次代表大会上所作的几个报告。所加入的新东西，实质上就是关于我们的世界观的宣言，然后是对新经济政策的分析。

报告的这一部分我认为最为重要。我认为，对我们草案中的这些地方应当最仔细地进行深入的研究，以消除各种疑虑。我反对提出立即通过最终纲领的问题。我认为，如果代表大会所通过的草案预先在各国支部内进行讨论，然后再在下一次代表大会上最终通过，我们这样做才是完全正确的。

现在我们需要有一条总的领导路线。任务诚然艰巨，但还不到只能回避的程度。只要同志们认为纲领多少有些兴趣，我们就要将它制订出来。在共产国际的所有理论力量中，只有那么一个鲍里斯站出来批评纲领草案，这是完全不能允许的。这是一个危险的征兆，因为对理论问题重视不够是改良主义倾向的典型特征。几乎在所有的党内，甚至在俄国党内，不重视理论不是别的，正是机会主义的表现。如果我们不得不为反对实践政治机会主义而斗争的话，那么我们就应当以更大的力度反对理论机会主义和怀疑论。我们共产国际内有足够的力量彻底解决理论上的问题。（鼓掌）

**格施克**（主席）：

同志们！第五次代表大会主席团收到如下一份说明。

出席本次大会的匈牙利共产主义青年团的代表鉴于瓦尔加同志的发言，不得不就匈牙利问题作出如下说明：

"瓦尔加同志说：'匈牙利没有共产党'。由于瓦尔加同志只字未提匈牙利共产党人在1919年以来的建党工作中所遭受的无数牺牲，代表大会可能会对匈牙利党形成负面的、不正确的概念。他闭口不谈我们那些优秀的同志的工作，他们因为进行建党活动，因为在非法的布达佩斯报纸上发表文章，正在霍尔蒂的监狱中备受折磨。瓦尔加同志也很少谈到我们的两个组织在布达佩斯中央委员会领导下所进行的紧张工作，它们一方面力争利用工会中正在高涨的匈牙利工人运动的热潮，另一方面力图在匈牙利社会民主党队伍中进行分化的工作。我希望纠正瓦尔加同志在青年共产国际代表大会上的这些错误，也希望党的代表能很快来到莫斯科并对代表大会提出自己的报告。

约瑟夫·沙洛"

（会议休会）

# 第十七次会议

（1924年4月27日，星期五，大剧院）

**主席：柯拉罗夫**

（季诺维也夫同志莅临时，受到暴风雨般的鼓掌欢呼。高呼："第三共产主义国际主席万岁！季诺维也夫乌啦！"）

**柯拉罗夫**（主席）：

我宣布共产主义国际第五次世界代表大会第17次会议开幕。（掌声）今天议事日程上的问题是关于俄罗斯的经济形势和俄共党内的辩论。报告人李可夫同志。（暴风雨般的经久不息的鼓掌欢呼。高呼声："李可夫同志万岁！"）

## 李可夫作关于苏联的经济形势和俄共党内辩论的报告

同志们，主席已经通知过了，我的报告的题目是我们联盟的经济形势和俄共内所发生的那场辩论。我的报告要用共产国际大多数代表不懂的俄语来作。因此我将尽最大的努力将其缩短。

在上次的第四次代表大会上，就俄罗斯问题作报告的是列宁同志和托洛茨基同志。可惜现在列宁同志不在了，不过如果他在第五次代表大会上作关于苏维埃社会主义共和国联盟和俄国共产党的报告，准会有好得多的资料，准会报告一些比他在第四次代表大会上所能举出的大得多的成就。

列宁同志在第四次代表大会上阐述了党对新经济政策的观点,说明了促使我们从军事共产主义时代转向新经济政策的原因,描述了这一政策的原则性的内容。为明确起见,我再提一提列宁同志所阐明的基本论点。

他说:

"……1921年,当我们度过了,而且是胜利地度过了国内战争的最重要阶段以后,我们就遇到了苏维埃俄国内部很大的——我认为是最大的——政治危机。这个内部危机不仅暴露了相当大的一部分农民的不满,而且也暴露了工人的不满。当时广大农民群众不是自觉地而是本能地在情绪上反对我们,这在苏维埃俄国的历史上是第一次,我希望也是最后一次。这种特殊的、对于我们自然也是极不愉快的情况是由什么引起的呢?是因为我们在经济进攻中前进得太远了,我们没有给自己留下足够的基地……"①

接着他又说:

"向纯社会主义形式和纯社会主义分配直接过渡,是我们力所不及的,如果我们不能实行退却,即把任务限制在较容易完成的范围内,那么我们就有死亡的危险。"②

列宁同志就是用这样的一些说法向共产国际第四次代表大会阐述和解释新经济政策的。

此前不久,我们经历了喀琅施塔得起义,就其政治基础而言,那是军事共产主义时期农民中所积累的不满情绪的后果。按照列宁的想法,

---

① 《列宁全集》中文第2版第43卷第277页。——编者注
② 《列宁全集》中文第2版第43卷第278页。——编者注

新经济政策将其最主要的锋芒指向农民阶级方面。其基本内容就是赋予农民自由支配自身劳动产品的权利。

可以认为，在第五次代表大会之前，新经济政策的各项基本原则业已完全实现。数月前颁布了关于统一的农业税的法律，那是纯粹建立在货币流通的基础之上的；我们从国家对农民阶级的关系中取消了最后的实物关系的残余，完完全全在自由的商品流转的基础上建立我们对待农民的关系。国家与农民之间的税务关系在临近今年前夕已仅限于货币形式的税务关系了。

要阐明苏维埃俄罗斯当前的经济形势——这就意味着总结以往3年的新经济政策。题目本身非常之大，因此我仅限于对我国经济活动的三个最主要的方面进行总结：1. 工业和工人阶级状况方面；2. 农业方面；3. 商品流转和货币流通方面。为了对比，我们现在引用战前的数据。实际上，战前的种种关系当然在任何意义上都不能被视为党和社会主义国家的理想和目的，因为我们进行十月革命也是为了改变十月之前的关系和数据，建立一种完全能证明工人阶级专政正确的关系。目前我们还没有用数据表示的为了前进而提出的硬性任务。我毫不怀疑，在最近数年之内我们评价我们的成就时，将不会从过去的观点，而应当是从实现我们给自己提出的最近3年、5年或1年期间目标的观点来进行。

目前，可惜我们的计划经济还没有取得这样的成就，所以我在进行比较时只能利用战前的数据。我应当向俄罗斯听众预先说明：由于我是在为共产国际作报告，我要讲述的许多东西在场的大多数俄罗斯同志早就知道了，但是我觉得，我们所知道的那些情况也有必要让共产国际知道，并通过它让所有友好的外国共产党都知道。

这样，我现在就谈最主要的一个问题——工业和工人阶级的状况。有一个在俄罗斯众所周知的数字表明，直至目前我们已达到战前工业的将近45%。这个数字本身并不大。我仔细看过瓦尔加同志的报告，应该说，大部分资本主义国家所达到的数字都更高一些。在绝对意义上，这个数字无论如何也难以令人安心，但是如果就我国工业的发展进程而言，它便具有完全不同的性质。1920年我们只有战前工业的15%；今年我们从1920年的15%提高到45%，也就是说，我们争取达到了这个水平。这已经很不错了。尽管我们至今落后于许多资产阶级国家，但是我们进步得比任何一个西欧资产阶级国家都快得多。如果我们今后以这样的速度发展，则在最近数年期间，我们有望不仅赶上、而且超过西欧国家。这种增长以越来越加快的速度进行，亦即每年都比前一年增长得更多。

工业的增长在其不同的部分实现得并不均衡，轻工业的发展比重工业要快得多。我们已经知道有几个轻工业部门达到了战前的顶点。总体上其生产规模已超过战前的50%。可以说，电工技术工业占到战前的90%；亚麻加工工业则几乎已达到战前的水平。

为了说明不同工业部门的发展速度，我举一个棉纺织工业部门的例子：1920年棉纱的产量为100万普特，今年我们则有500万普特，亦即从1920年至1924年增加了4倍。我们在这个部门（就我国工业的设备而言）有可能进一步扩大，其限度仅仅取决于目前市场的容量和所拥有的周转资金。我所援引的轻工业的例子并不是轻工部门为消费而生产的独一无二的事例；在过去一段时间里，我们可以看到它发展的那条不断上升的曲线。

重工业的情况稍差一些。至于采矿工业和冶金工业，则我们长期以旧时代遗留下来的矿工贮备和金属为原料，因此没有发展这些生产部门的迫切需要。只是在最近才开始发现金属和矿石的不足。冶金工业的发展可以从下述数据中看出。生铁冶炼从1920—1921年的700万普特提高到今年的3500万普特。以这样的速度增长：新经济政策第一年熔量增加300万普特，第二年增加800万普特，第三年即最近一年按预计的数字，金属的熔量应该比上一年增加200万普特。这方面的增长速度也是相当快的。不过直到目前我们在冶金工业中所达到的绝对产量还是无足轻重的。

我们在矿物燃料方面所取得的成就要大得多。

生活在俄罗斯的人全都知道十月革命前后俄罗斯所经历的那场严酷的燃料危机、燃料供应恐慌。他们也都知道，最近数年期间苏联没有任何燃料危机。相反，我们的矿物燃料已有富余并开始向外国出口。共和国的燃料平衡发生了改变，如今它的大部分地方已使用矿物燃料，而从前都是烧木柴。我们现在石油已有富余，石油产品的出口已接近战前的水平。我在描述工业的状况时局限于这些远不够全面的资料。我再说一遍，这表明直到今年我们仍未达到所需的成就。但是我们逐月逐年都在加速工业的发展，所以我认为，现在我们起步如此之好，今后我们的工业也会以持续不减的速度继续向前发展。

工业产量的增加也有助于财政状况的改善。

如果说从前我们大部分的托拉斯是亏损经营或者利润极其微不足道的话，那么过去的1922—1923年间工业的利润提留归入国家收入的数额已将近2000万卢布。

今年的提留会大大增加，预计数据不少于4000万卢布，可以从工业的纯利润中扣除，纳入国库收入，进入国家预算。这就是说，在财政方面工业不仅站稳了脚跟，而且已经开始创造利润，虽说数额还不够大。

我回想起，第四次代表大会上列宁曾在他的报告中宣布，现在我们已经积攒了2000万卢布，而且他还加上了对外贸易、银行利润、全部工业收入。今年的预算中，单是工业利润我们就有将近4000万卢布。其中大部分留给工业自己，用作扩充流动资本和本身的恢复。外贸顺差为我们提供了约1亿卢布。由于手边缺少数据，我无法说明我们的银行所获得的利润。但是无论如何,基本上可以得出一个数字,那是第四次代表大会上列宁同志提请共产国际注意的那个数字所无法比拟的。

工厂工业部门的改善,并未能改善苏维埃共和国联盟政权的代表者工人阶级的处境。工人阶级的数量在过去的3年中有了增长,他们的物质状况也有所改善,而且正像对待工业的态度那样,我绝不希望共产国际的成员有谁会以为我们认为当前工人阶级的状况非常理想或者很好;我们承认,我们尚未能做到改善工人阶级状况必须做到的最低限度。不过与此同时,我们逐年都在改善这种状况,而且今后仍将继续改善。随着工业的增长,工人阶级在数量上也在相应地增加。比如,1922年中期工人阶级的数量共计126万。现在我们的统计为160万。其中还不包括将近50万铁路工人、将近30万文职人员和将近20万临时工。其中也不包括整个商业、办公室、办事处的无产阶级、教育工作者,不包括从事劈柴、泥煤储备之类的临时性工作的工人群众。这些数字中仅仅包括作为固定工人集中在我们的工厂企业中的那些工人群体。总之,他们的数量增加了。

为了更确切地说明工人数量的增长,我要引用一些最主要的工业部门有关这个问题的资料。自1922年11月至1924年2月,燃料工业中的工人数量从151654人增加至207737人;冶金工业中从246759人增加至374000人。这些从业工人的数量增长目前仍在继续;比如,纺织工业一个夏天期间便提高产量将近30%。与此相应,工人数量也增加了。最近15个月期间,国营工业中的从业工人数总共增加20%,亦即1/5。

在从业工人数量确定无疑地增长的同时,我们还可以在苏维埃俄罗斯看到劳动力市场中登记的失业者人数的增长。失业人数在100万上下波动。有几个月,我们认为失业的人还更多。

俄罗斯的失业现象是最可悲的事实之一,无论如何也必须加以克服。失业者总数之中，产业工人占1/4，即25%左右，其余则为有文化的职业、办公室职员和勤杂工等人员。我应当说，我个人对我们的劳动力市场的这一官方统计并不完全相信。我不完全相信是因为，由于为失业者提供优先权，由于苏维埃共和国法律中规定并在实际上确定不移地得到执行的那些雇用条件，所有的人都在劳动力市场里进行登记。到那里登记的有全体失业的演员、歌唱家、大量的所谓苏维埃小姐，登记的不仅是正在找工作的人，而且有那种并不是要工作、而是追求与失业者称号相联系的种种优先权和优惠的人。我们曾不止一次碰巧查明，当我们的惩罚机构抓住一个屡教不改的投机倒把分子，要将他驱逐到伯朝拉（阿尔汉格尔斯克省的驱逐地）的时候，原来他还是一个在劳动力市场登记过的失业者。因此，我觉得，官方的数字多于失业者的真实数量。不过总的说来必须承认，在从业工人数量增加的同时，失业者的数量也在增加。

之所以发生这种事情是因为，人们已经开始向往从农村流入城市。军事共产主义时期，大批工人群众从城市流入农村，在城市的状况和工人的状况未获改善之时，城市的吸引力完全微不足道。

我记得，我们曾经面临一个问题：采取什么办法将已经下乡的工人重新吸引回工厂。现在，由于工人阶级、城市和工厂生活的状况得到改善，出现了从农村到城市的相反的吸引力。

决定失业增加的第二个原因是由于采取了一个很好的措施，可惜这一措施还执行得不够雷厉风行，这就是精简各种各样的苏维埃、工业、商业合作社以及其他的一些机关。

这一措施导致从中招聘职员的那部分知识分子和小市民中出现某些失业现象。因此在我所宣读的那份失业统计中，产业工人的数额仅占1/4。其余的均为办公室、办事处的人员和勤杂工。

与失业作斗争有何主要措施呢？据我看，主要的措施应当是，今后发展工业时要采取比迄今为止更快的速度。工业成长得很快，但需要让它更快地成长。如果我们有一大笔资金用于与失业作斗争，我建议首先将其用于让停产的工厂开工，为失业者提供工作。

失业和与之作斗争的问题现在已经提上我们的党和苏维埃机关的议事日程。为了结束对失业人员构成的描述，我还应当指出失业者的一个来源，这就是我们今年春天所进行的军队的复员。复员的红军战士很大一部分都留在了城市并在劳动力市场登记在案。对失业者的救助目前来自社会保险银行，该行依法获取工资的18%，用于各类保险。乌克兰、俄罗斯苏维埃社会主义共和国和其他共和国的人民委员会都拨出（说实话，不多）的一笔资金，用于安排社会工作。各级执行委员会也都这样做。最重要的措施是党的力求扩张我国工业并增加从业工人人数的政策。

工人阶级在其组成人员数量方面的情况就是如此。我一点也不打算谈论有关工作日长短和工人的保护的事，因为在这方面我们有世界上最好的法律。由于工会和工厂委员会的监督，这些法律执行得极为准确。还需要说明的唯一问题是关于工人们的工资的问题。当前的工资如果按其购买力来衡量，约为战前水平的65%—70%左右。这些数字中不包括工人们从厂里和市里得到的一系列公共服务方面的实物补助和优惠。70%（甚或略少）——这当然是不够丰厚的工资。最近两年工资增加了两倍半即250%，而在一年半期间亦即自上一次共产国际代表大会以来，从战前工资的40%增加到65%—70%。这就意味着它与工业的增长一样，一直是在增长的。最近3个月期间内，最落后的两个劳动部门的工资即铁路工人和纺织工人的工资也将要提高。而且在纺织工业中它还会按照工资方面落后的企业来提高。在任何一种情况下工资都平均提高10%，并且在纺织工业部门我们现有的工资在某些托拉斯和工厂里已经超过了战前。

但是，这当然绝不是说已经万事大吉。我们认为即便在目前这个时期，也必须促使纺织工人的工资高过战前，因为战前纺织工人的劳动所获得的报酬比我国工业中任何其他工人的劳动所获都要差。

第五次代表大会前的最近数月中，工资的增长在很大程度上减缓了，而且我得说，减缓是在工人们的支持下发生的。这几个月国家和党进行了货币改革。货币改革当时并且至今仍然与最大限度地缩减开支相联系，仍然与我们尽可能发行数量有限的货币相联系，被限制在保证其不致贬值的范围之内。货币改革时期应该被视做工人阶级表现出最大的觉悟的时期，其间他们采取了一系列自我克制的行动，只是为了保证我们的硬通货的稳定——这是去年最重要的一项成就。

为了结束工业问题，我还要指出一个最重要的事实，这个事实对任何一个经济学家判断过去一段时间工业增长的健康程度都具有决定性的意义。确切地说，就是要看这个事实：产量的增加、工业生产率的提高要大于从业工人数量的增加——去年从业工人的数量增长了，但是产品数量增长的程度更要大得多，这就说明每个工人的生产率提高了，我国工业的组织本身也改善了。

但是，我还根本不能认为我们已经完全解决了提高劳动生产率的问题；我觉得，这方面的成就可以而且应当大大地加以扩展。

共产国际的一位同志问我，私人资本在苏联工厂工业中有何意义？这个问题方面我只有一个数据：私人资本的产品仅及整个工业产品总额的4%。私人资本所掌握的企业，平均也就每个有17名工人。这就表明，私人资本在工业方面的作用是完全微不足道的，在这方面不存在来自私人资本势力的威胁。至于运输业（铁路和水运），则100%地掌握在国家手中。

我用数字向你们陈述的工业的提升，都仅仅发生在国营工业之中。而且也是在没有任何外国帮助的情况下发生的，所依靠的仅限于近年来社会主义积累所获得的共和国自身的力量。

最大的弱点呢（我不认为有可能向共产国际隐瞒我们存在的那些不足之处和弱点），经济战线最大的弱点是工业设备的磨损。我们没有足够的资金用于其不变资本适当的恢复，用于将生产技术提升到更高的水平。我向你们所描述的工业增长进程的发生，都是借助于我们从资本主义社会、从沙皇制度继承下来的那些工厂里的设备。近年来我们建设的大工厂一个也没有。只是现在才开始建设，最近的将来会有一些按照最新技术建设的工厂完工，连那也是在某些根本算不上最重要的工业部门：玻璃工业、化学工业、木器加工工业，等等。总的说来，我们至今仍然是在使用从沙皇时代的资本主义制度继承下来的设备进行生产。

迄今为止，我们对改善我们的技术所采取的新举措主要限于电气化。我们在电气化方面的进展并不如我们所需要的和我们数年前所规划的那样快。明年我们要开建一批新电站：5.5万千瓦的沃尔霍夫电站，3.2万千瓦的沙图拉电站，2万千瓦的下诺夫哥罗德电站，2万千瓦的什捷罗夫电站，以及其他许多功率较小的电站。1924年我们能够提供用于电气化目的的资金有限——仅约5100万卢布。

上次党代表大会作出决议，要求加速冶金工业和国家电气化的发展速度。不过我应当说，这种加速仅限于在俄罗斯国内所积累的金额的范围之内。我们至今对我国经济的恢复，都是在此前各年那样的资产阶级国家封锁的环境下进行的。像先前与劳合-乔治所进行的谈判那样，我们正在与麦克唐纳进行谈判，至今所取得的成绩也很近似，即我们并未能签订条约，也暂时没有觉得对方有着这样的意向：在向我们提供借款和投入西欧自由资金用于发展我国经济的基础上，与我们达成可靠的协议。同样我们也没有向其他国家借过一分钱的债，我们恢复自己的经济完全依靠的是俄罗斯国内的积累，靠的是工人农民的力量。

这种积累相当迅速，逐年增多，使我们已经能够在最近的一次党代表大会上作出决议：现在我们在提供租让企业时要更加审慎。因此我们同麦克唐纳谈判租让合同时要比先前与厄克特们谈判更为小心谨慎，尽管麦克唐纳是第二国际成员，而厄克特却不属于第二国际。我们之所以同麦克唐纳会谈时要小心谨慎些是因为，我们现在在发展我们国内力量的基础上，已经前进得相当快速了。我绝不是想说我们现在反对提供任何租让企业：如果有利可图——我们就提供，而如果无利可图呢——我们就加以拒绝。租让的这种有利和无利，我们现在要比从前审查得仔细得多，我们的要求提高了。

在租让政策方面，去年我们没有出台任何新的东西。关于租让企业的谈论，和过去一样众说纷纭，但遗憾的是很少有结果。租让资本的作用目前并不大，甚至不及国内私人资本的作用。

我们的社会主义共和国联盟是欧洲最具农村特点的国家之一，它的农民和农业目前还起着占据优势的作用。在全联盟1.3亿总人口中将近1亿人涉及农村和农民。我们的农业的一个突出的特点是，它是小规模经营，农户经营。我们根本没有大地产、大庄园、谷物或肉类工厂。据我的记忆所及，十月革命期间所没收的为数达3000万俄亩土地，我们几乎悉数分给了农民。国家手中所剩下的宜耕和不宜耕的土地大约为200万俄亩，预定用于组织示范性农业生产单位、良种繁育、马匹养殖，等等。

这些示范性的农业生产单位最主要的任务在于，以具体的事例教会农村居民更高级的作物栽培和蔬菜栽培方法，帮助农民恢复他们的经营，用经过改良的种子、良种牲畜等等对他们提供帮助。

农户是整个农业生产及其劳作最小组成单位的基础。这些农户的数达1800万—2000万个之多。这1800万—2000万独立的耕作单位，都是在自由的商品流转的基础上进行操作。革命和国内战争期间，农业遭到严重破坏，当然，比工业所遭到的破坏要小，但终归破坏得很严重，最鲜明的表现就是全国的播种面积急剧减少。

军事共产主义期间对待农业的态度建立在对粮食贸易的专营和实物税的基础之上。除了国家及其机关之外，任何人都不能买卖粮食。农民除去其生产需求即农田播种和农户的消费需求之外，有义务向国家交出全部剩余产品。而且我们的法律中明确地规定，什么样的消费需求可以加以考虑。其余的东西农民都应当交给国家。国家掌握着粮食的专营权。在这个时期大规模地动员农民参军。国内战争年代我们有一支500余万人的军队，大部分由农民和农业工作人员组成。与此同时，白军方面也对农民进行动员——在白军驻扎的地区。农民被弄得精疲力竭，一方面劳动力被抽走，另一方面家畜、马匹等被征作军用。战线几乎波及莫斯科，前线的每一次推进，农民都难免遭受征用之苦，征用者时而是科尔恰克，时而是邓尼金，时而是其他部队——征用粮食、牲畜，有时候连农具也要。

与此同时，余粮收集制不管农民生产多少，都只给他们留下消费和生产之所需，这就使农民丧失了发展经营的兴趣。因此实行新经济政策是振兴农业的推动力，其基础是农民享有自己的全部劳动产品，只向国家纳税。新经济政策的主要功绩在于，借助于新的经济政策，工人阶级巩固了自己与农民的联盟。

如果你们看一看军事共产主义时代的新闻栏目，就会在其中发现许多关于农民针对军事共产主义某些措施进行群众性抗议的报道。那时候我国的许多省甚至还常常发生局部性的起义。新经济政策实现了工农联盟，完全从我们的新闻栏目中消除了农民起义和群众性的农民抗议行动。当然，1921年的饥荒成了对农民的沉重打击。

我现在宣读播种面积减少的数字。你们会看到，1922年的播种面积减少得特别厉害——这是1921年严重歉收的结果。相对于战前的播种面积，1920年减少12%，1921年减少22%，1922年减少34%。1922年之后出现了转折。消除饥荒的后果之后，农民逐渐恢复元气，结果1923年播种面积只比战前减少23%。目前的播种面积在战前的85%—90%的水平上波动；现在仍然可能出现某些方面的错误，但不会很大。

由于播种面积的增加，农业产量大大提高，已足以分担所谓秋季危机，对此我后面再谈，这里仅限于说明，对农民而言这次危机表现在农民的粮食价格过度下跌。价格之所以出现下跌，是因为农产品过剩，超过了城市的需求和工人阶级的需求。满足共和国的各种需求之后，我们还有多余的粮食2000余万普特。因此只有在我们争取到推销农产品的国外市场的条件下，农民才能顺利地发展，增加其播种面积，改善经营管理。我们不单是有着两个相关的方面——农业和工业，而是有着一个三角关系，对外贸易作为一个必不可少的有机组成部分也包括在内，没有对外贸易，我们就无法在农业与工业之间建立一种农业快速发展所需要的产量上的相互关系。今年我们已经从1923年的收成中出口了将近1800万普特粮食。这使得我们能够提高粮价超过60%，做到全国粮价平衡，使涉及农业的剪刀的下刃与代表工业品价格的上刃相互接近。

为了结束对农业部门发展的描述，我要引用一些关于棉花种植面积增加的数据。1922年我们种植大约5.5万俄亩（在土库曼斯坦和外高加索），1923年为20万俄亩——增加了将近3倍，最后，1924年再次翻一番，达40万俄亩。不过，尽管棉花种植业恢复的速度如此之快，我们目前也才勉强达到战前面积的一半略多一点，去年为了满足纺织工业的需求，我们还不得不进口了与自己的收获量差不多的外国棉花。未来的1925年，棉花种植面积将大大增加，我们将在很大程度上摆脱对外国棉花的依赖。

今年的收成是眼下最令人关注的事情。对此报刊上还没有官方的消息。我要向你们引用的数字也尚未最终核实，但它们在总体上可以对情况作出一个完全准确的描述。

苏联生产部门的收成具有重大的意义，在农业水平低下的情况下，产量在很大程度上取决于天气，取决于气候条件。我已经提到过了，今年的播种面积大于上一年，但是今年的收成预计与去年持平。如果总收获量两两持平，这就意味着每俄亩的产量要差一些，因为今年的播种面积比去年的播种面积要大。这样一来，未来的1924—1925年和去年一样，我们有可能在满足国内需要之后，继续以接近去年的规模出口粮食，亦即出口2亿普特。

今年的收成的特点在于比去年参差不一得多。我们在西伯利亚、莫斯科周围的中部地区获得了丰收，但是在1921年遭遇饥馑的一系列地区却再次歉收，这就是德意志人居住的伏尔加河沿岸地区、察里津省、萨拉托夫省局部、斯塔夫罗波尔省局部等地。就面积而言，这次歉收波及1921年遭遇歉收地区的1/5略少的地方。就其数量亦即每俄亩的收获量而言，遭灾地区现在和当时差不多一样。

党中央和人民委员会完全相信，国家今年具备一切条件，不致让歉收地区酿成灾难，认为必须立即对农民进行救助。最首要的任务就是保住受灾地区的播种面积，政府已采取措施，让来年的播种面积一俄亩也不致减少。现在国家无须特别费力，也不必求助于美国救济总署和其他外国组织，我们便可以做到这一点。这就要求我们秋天时供应受灾农民为数将近1000万普特种子用于秋播，在可能有2亿普特余粮用于出口的情况下，这一数量并不算大。目前已下令向灾区运送粮食，已为这些地区将于8月末开始的秋播运动采取组织准备措施。不过苏联一些地区直接发生荒歉使得全国在总体上收成下降这一情况，在很大程度上动摇了我们对我国整个经济创纪录地急速跃升的打算，因为事先对收获量的预计极其良好，我们曾指望多达4—5亿普特余粮用于向外国出口。这一计划只好缩减。对于农业，明年的特点很可能是在数据和情况方面都只能像刚刚过去的这一年这样，亦即总体上是一个还算过得去的年份。

现在我转而谈谈作为党内那场辩论的原因之一的那个问题——党中央所采取的与危机作斗争的方式方法的问题。

在一次与我交谈中,共产国际代表大会的一位代表指出,共产国际已经有相当长的时间没有再听说苏维埃俄罗斯的危机问题了。我回答这位同志说,这也是我的愿望。如果共产国际指示如何做,我们会立即一切按照规定的期限和日程执行。但说此话的同志无法向我提供这样的做法。

恐怕自然界并不存在能保障我们的经济不发生任何危机的一定之规,为什么会是这样,我争取在后面予以说明。现在我先陈述引发并伴随秋季危机的那些条件和我们克服危机的各种措施。

这次危机的一个特点是贸易额减少和市场萧条——恰恰是在季节条件不得不指望贸易活动加强之际。引发这一现象的原因是农产品和工业制品的价格差异(剪刀差),这种差异是在其发展到最高程度的时刻(10月)显现出来的,与战前相比,工业品价格,高出农产品价格达两倍之多。

由于价格的这种不相称,工业产品的销售便面临着一个异常狭小的市场。

新经济政策的前一年半期间,工业的发展主要服务于国内的城市市场:工厂和城市的居民。城市相当富裕,在开始的一年半时间里为工业的增长提供了客观的能力。工人和职员的工资随着物价的昂贵而相应增长,从而维持了城市市场的购买力。去年秋天之前,城市消费了我国工业全部产品的70%,只有30%的份额分摊到农村。

工业在城市市场的基础上得到了发展和巩固,但这个市场很快便出现了饱和,进一步的销售主要要靠农村市场才行。在这样的条件下,为工业产品争取农村市场的道路上的第一步,就应当是让工业品和农产品的价格相互接近,亦即使前者降价,后者提价。

当同志们在国外读到我们关于危机的辩论消息时,我担心他们会以为我们这里的工厂纷纷倒闭,工人被解雇,经济组织破产。我应当说,危机和辩论期间不仅没有工厂普遍倒闭、工人大批被解雇的事,而且无论在从业工人数量的增加方面还是生产的扩大方面,上升曲线仍然在继续走高。进入危机时期的半年显示,工业产品比前半年大大增加。我们党内就危机问题展开了辩论,而关于危机以及与之进行斗争的措施这个问题本身却预先早就提出来了,为的是预防这次危机造成灾难性的后果——万一进一步发展,可能对整个国民经济产生极其严重的震荡,造成威胁。

采取种种措施的结果,一方面国家加紧收购粮食用于出口,短时间内便平衡了粮价,提高价格超过一半,另一方面,国家奉行降低工业产品价格的方针(平均降价25%),所达到的价格比足以使工业品在农村市场上也能增强销售势头,早在2月份我们的交易所即已发现市场十分活跃,贸易额大增,这种情况我们在危机之前最好的月份里也不曾见过。

从今年1—2月份开始,我们的价格比变得对农业更为有利,其程度超过了危机的最初征兆出现时我国国家计划委员会认为所能达到的水平。

秋季危机的基础是农业和工业发展的不相适应,比例失调。我谈到的价格差异以最直观的方式暴露了农业和工业发展中的这种不相适应和我国工业不相称的低水平。

辩论期间,我在另一个会场里曾受到反对派方面的指责,说我们中央委员会的大多数人和苏维埃政府对比例失调有责任,说这种比例失调是由于我们的经济活动中对计划原则坚持不够而产生的。我引述反对派方面的这一论据是为了强调,这并非我们的过错,而是我们的不幸,计划失调并不是错在我们没有计划原则,而是错在我们所继承的资本主义社会没有这个原则，这份遗产在 3—5 年期间我们是无法完全清除的。

农业和工业发展中的不相适应并不是我们造成的。这种不适应是农民阶级和工人阶级、农业和工业的相互关系所产生的，我们继承自十月革命之前的俄罗斯，它是许多个世纪中历史地形成的。消除这种比例失调，亦即让工人阶级和工业就其在国民经济中的比重而言占到首位，亦即占据现在拥有 1 亿人口的农业的地位，只能是在不复需要新经济政策、新经济政策已成过时的阶段之时才行。

明白了这一点，也就意味着懂得了新经济政策亦即过渡时期的主要任务。

向社会主义制度过渡的时期的任务中，在我们现有的条件下恰恰也包括工人阶级的数量、组织性和觉悟的提高，他们组织经济的经验的增加，将工业发展到足以从过渡时期转入社会主义制度的程度。农业和工业发展的比例失调的减少，也将会随着这一进程同时发生。

给我们所赋予的、我们从整个俄罗斯历史所继承的东西中最典型的一点就是，与任何一个欧洲国家相比，我们在我国经济中所得到的是拥有 1 亿农民的农业与拥有 3000 万居民的全部城市人口之间最大的比例失调。这种比例失调便孕育着发生危机的可能性。

我们的市场组织程度不足和这一过程中所存在的种种障碍，又加深了发生危险的可能性。我们从军事共产主义没有获得贸易机关的任何体系。我们与农民的关系从前一直建立在实物税和实物供给的基础上，我们开始实行新经济政策时工业已经国有化，运输业已经国有化，但在商业方面却没有任何组织，因为新经济政策之前并没有贸易。在新经济政策时期，无论商业机关和市场都需要从头开始建立和组织。要在 1.3 亿万人口中一举建立起商业，国家既没有组织力量，也没有资金。因此，在市场关系方面国家机关迄今所能办到的只是掌握批发商业——几乎全部，批发兼零售的一半，但零售商业至去年秋天前有 85% 都落入了私商和私人资本手中。既然在无计划的市场条件下农业与工业之间存在着比例失调，私人资本在零售商业中还起着巨大的作用，那么这自然会产生某些危机现象，党中央、党的历次代表会议和最近这次党代表大会都承认了建立市场和建立商业的问题，对目前的新经济政策而言，这是一个最为重要的问题。

在新经济政策施行的头前年期间，其最主要的部分用于恢复农业和工业，在这方面我们已经取得了很大的成绩，现在第三年中我们的政策的主攻方向则集中在建立商业和商业周转。

现在，除了我已经指出的困难——我们的商业机关对于掌控商业的组织准备工作薄弱之外，又出现了一些出自商业关系本性的额外的困难，那是我们必定会遇到的节点，是必须实际接触的我们的经济活动中两个大不相同的因素：一个以国家商业机构及其庞杂的组织为代表，需要汇报，主动性不免受到一定束缚，有一定的规章，工作规模相对巨大，对这种活动的条件需要预先进行一定的考虑——总之，这是国家资本主义的因素，由此而产生工作的方式方法；而与此相反的一个因素则以分散的、无组织的消费者为代表——首先是农民，对其要求和需要暂时还没有哪怕相对确切的统计。

作为基础，在对待消费者的关系上，市场的建立应当以居民的合作化、以合作社的发展为依据。因此，合作社运动在工人专政的条件下具有与资本主义社会中截然不同的意义。靠合作社是无法改变资本主义社会、无法推翻资产阶级的，但是在无产阶级夺取政权之后，合作社便获得了社会的社会主义改造最大组织因素的意义。因此，现在党将合作社建设的问题作为建设社会主义社会的不可分割的问题提了出来。通常，只有通过合作社的方式才能将小生产者和消费者组织起来，将我们的农民阶级组织起来，并通过合作社组织将他们与国营工业相联系。所以，合作社的问题对于我们具有根本性、原则性的意义，对经济政策方面的最新成就我们也要首先从居民合作社所取得的成绩的观点进行评价。

为什么这一点在当前对我们特别重要呢？因为在商品流转领域，在商业领域，我们有一个私人资本投资的主要中心，只有在这里私人资本才有可能快速增长。在当前的情况下，商品流转领域在我国是完全不受限制的，是私人资本可以最容易增强、巩固、组织起来的领域，不仅可以形成一种经济力量，而且可以形成一种政治力量。

在农村的零售小生产者与有组织的大工业之间的商品关系链条上可能产生、而在合作社发展不充分的情况则不可避免地会产生私人经纪人、私人资本家，这些资本家可能利用市场的组织程度不足为自己摄取统治地位，先是在零售商业领域，随后转入下一步。避免私人经纪人和资本家在零售商业领域专制的唯一可能性是将消费者组织到合作社内，直接与国家机构打交道，发展国营商业。这些合作社要能在商业领域占据主要地位，自然只有在它们经营得比私人店主和经纪人更好更廉价的情况下才行。合作社和国营商业的增长将意味着，在我国经济战线上私人资本今后可能对我们构成威胁的唯一的部门中，社会主义因素对资产阶级因素的增长。

在党充分考虑到我们在零售商业领域尚未占据主要地位的情况之后，党的基本口号就是要将市场建设成这样：无论在批发商业还是零售商业领域，领导权都归于国营机构和合作社。

党的这些指示被解释为取消新经济政策。耐普曼和支持他们的人都这样解释。我常常有机会在孟什维克和社会革命党人的机关报刊上读到这一类解释。这些人不知为什么会认为，我们执行新经济政策的目的是为了在市场关系领域全面地无条件地控制私人资本。这是误会；我们在任何一个决议中都没有说过这样的话。另一方面，我们也没有提出过在商业领域清除私人资本的问题。

我们的政策所指向的是，要大力加强合作社和国营商业，让他们成为市场和商业方面的主宰。我们无论如何也要做到这一点。既然工业和运输业领域经济政策的最主要的制高点在我们的手里,那么我们就不能允许国营工业即工人阶级与农业即农民阶级之间的关系主要归私人资本掌握。

因此,未来一个时期内最大的关注将会给予国营商业和合作社——建立市场。合作社、国营商业的这种增长并不是在针对私人资本的行政措施的基础上发生的,而是建立在经济增长和竞争的基础之上。通过竞争的途径,我们的合作社和国营商业必将占据市场的相应地位。我们并不打算采取任何针对私商的特别的行政和纪律措施,但是我们要采取各种经济措施支持、促进我们的国营商业和我们的合作社的增长,既从工业方面,也从我们的财政机关和我们的税收法律方面进行支持和促进。我们对商业问题过去和现在都赋予十分严肃的意义,根据党的提议目前已建立一个专门的国内贸易人民委员部,其任务即为建设市场、研究市场和全力帮助、支持我们的国营和合作社商业。

我现在谈谈最后一个问题,即足以说明我们的经济活动和经济政策特征的财政问题。针对这个问题,我必须再次引述与共产国际的一些代表团的谈话。我同他们谈到,辩论已经结束,最后一致通过的党代表会议和党代表大会的各项决议,都并未提供再次讨论这个问题的任何根据。他们回答我说:这只是看似结束了,实际上辩论是推迟到我们的预算出现赤字的时候,由于赤字,今年秋天或者明年年初就会出现财政困难。那时候,似乎反对派便会重新活跃起来。

我觉得,这样提出问题根本不正确。不能将党内的反对派当做议会内的反对派来看待,不能将他们想象为一心盼望国家的政治或经济状况恶化,以便打击党中央和支持中央的十分罕见的党内多数派,更何况,在整个实际工作中反对派都和我们齐心协力地工作,不仅是作为普通的工作人员,而且是在各种极为重要的领导岗位上。暗中窥探、一心等待国家和党的状况恶化以便进行攻击的，只能是苏维埃制度和共产主义运动的敌人——共产党内的反对派与此毫不相干。无论反对派是否会活跃起来，关于今年年底或明年年初我们的预算将会出现赤字的那些谈论本身，都是建立在不了解苏联财政状况的基础上的。今年的赤字我们已经经历过了，它已经成为往事，最近三个月——本预算年度最后数月的预算，我们没有发行纸币也恢复了平衡。（掌声）苏维埃俄罗斯的敌人们希望某些麻烦能重新为辩论创造有利形势（请原谅这个说法），只有长期推延了。财政状况有如一面镜子，是共和国经济状况的最好反映，也是对我们的经济政策的正确性的检验。

我们在财政政策方面所做的一件主要事情是货币改革，这项改革我们已经进行了3个月，在这3个月期间便几乎进行完毕。如果对任何问题都没有任何统计资料，那么未来的历史学家，比如说再过300—400年，他简直就只能拥有一份文件，说1924年4月之前苏联完成了货币改革，于是他根据这唯一的一份文件应该得出结论，说这个时期我们经历了经济振兴和经济繁荣。（掌声）我认为，根本无法证明一个经济正在衰落和崩溃的国家、一个情况正在恶化的国家，竟然能像我们一样进行货币改革。货币改革目前已完成90%，如果不说更多的话。

由于我作这个报告面对的是共产国际，面对的是来自各个国家、带着各式各样货币的同志们，所以我希望他们能充分了解以硬通货取代正在贬值的货币具有何等重要的意义。我们布尔什维克在许多事情上一再打破纪录。看来，我们在使用发行权和货币贬值方面也打破了纪录。革命的开销需要这样做。旧有的贬值的货币曾经为我们发挥了很好很大的作用。它承担了为革命和内战服务的任务。当它已完全拒绝为我们服务的时候，我们就抛弃了它，转而使用硬通货。货币改革得到各阶层民众的一致支持。我已经指出过了，工人阶级及其各级工会组织在工资政策中是从保护硬通货的需要出发的。货币改革在农民中也得到同样的支持，他们所受贬值货币之害比其他人更多。实际上，钞票购买力的下降以特殊的极重的税收、由于超量发行而产生的税收的形式，落到了民众中的劳动阶级首先是农民阶级的身上。我问财政人民委员部的同志们，去年在税收所得的钱从农村源源不断地流入财政人民委员部钱柜的那个时期，国家损失了多少——我得到的回答是，国家损失的金额约为1亿卢布。当然，全国劳动大众因钞票贬值而遭受的损失数量还要大得多。每一个农民、工人在他手中还有某种数额的苏联纸币的时候，每天都因为货币贬值而遭受损失。工资每迟发一天，工人都遭受损失。民众已不再有积蓄一定资金的可能。钱像烧红的炭一样烫手，每个人都力求将其花掉，哪怕耽搁到明天也不肯。党给我送来其中往往存有为期一年的苏联钞票的平衡表时，我总是说，从1月和12月存苏联钞票与存英镑和德国芬尼全都一样。这样的平衡表不能提供企业财务状况的任何概念。在"剪刀差"扩展得最大的时期，价格高企除了别的一些原因之外，是因为商品价格中包括了货币行情损失担保。这种苏联货币贬值行情保险，由于贬值程度无法预料，所以不可能确定正常价格和正常利润何时结束，投机活动何时开始。所有这一切都使市场极度混乱，导致试图对价格政策和商品流转体制进行调节的努力几乎化为乌有。

丧失了成本核算、统计的可能性，丧失了编制预算的可能性，从而也就破坏了在我们的经济中实际运用、发展和巩固计划方式、统计和监督的基础。没有比最后阶段的货币贬值更大的灾难，在经济政策方面没有比目前已进行完毕的货币改革更为可贵的成就。正因为如此，这场改革才在苏维埃共和国联盟全体民众最广大的各阶层中得到支持。

由于货币改革，在工厂、托拉斯和整个国家经济中实行计划方法和统计首次成为可能。第一次我们有了迄今没有过的计算单位，因为旧的计算单位（苏维埃卢布）时时刻刻都在波动。货币改革创造了制订计划和领导我国经济的可能性。

这也影响到了我国经济最主要的计划之一——预算计划。进行货币改革与最大的限制发生联系，既限制支出，也限制货币发行。这种节约的直接目的就是将我国预算的支出部分压缩到与实际资金相匹配，国家得以获得这些资金的方式是税收、税收性质的收入和来自发行金属货币以及信贷业务的极为有限的收入。

我们在1923—1924年度结束时，赤字比去年小得多，尽管本年度的预算增加了4亿卢布。去年的预算金额为13.5亿卢布，今年的预算规模确定为17.65亿卢布，亦即增加多达30%。

为了弥补去年预算的赤字，我们发行纸币3.8亿卢布，同时今年则发行1.7亿卢布，也就是说，今年尽管预算增加了，发行量却减少了一半。

本预算年度的最近数月，我们预计根本无须借助于纸币发行便能恢复平衡。未来1924—1925年度的预算预计为21亿卢布，而且预料或则无须发行货币即可，或则比今年的发行量还要少得多。

我用这些数据仅限于描述我国的财政状况。

它们证明，国家当前正经历一个整个国民经济巩固、增长的进程。

我国经济生活最主要的方面的状况就是这样。可不可以认为情况很好、完全令人满意呢？我并不想这样说。我认为，需要着手对我们现有的情况进行比较，不是与从前比，而是与我们有待完成的宏伟的任务比。社会主义建设的这些任务只能在一个基础上才能全面彻底地完成，这个基础就是要在经济和文化的所有领域取得比迄今我们所能取得的成就大得无可比拟的成就。我们还只是正在走向、只是正在接近于实现我们的主要任务，大概进入了社会主义建设的第一个等级。

我认为完全有必要十分尖锐强调，迄今我们在各个工作领域所采取的措施和所取得的成就都还是初步的。全体党员都必须准确而清醒地意识到这一点，这不仅有利于苏联本身，也有利于整个国际工人运动。我们应当以足够的速度前进，给我们的整个经济的现有社会主义组织上一堂直观教学课。我们在这条道路上所取得的成就必将成为整个国际工人运动发展的强大动力。

最落后和缺少文化的国家之一国内的社会主义经济组织，在没有来自世界富裕国家的支持和援助的情况下，使我们的任务变得异常艰难。我们认为，就整体而言我们正确地制定和实施了国家的经济政策，但我们也并不怀疑在其实际运用中还有大量不足之处，也犯了许多错误。在共产国际第四次代表大会上，弗拉基米尔·伊里奇将自己一部分发言用来谈学习问题。他说，我们正在从我们每天所犯的错误中学习。我们没有管理国家的经验。人类历史上任何人都从未完成过这样的任务，从未进行过俄国共产党需要进行的这种工作。我们从切身的经验中学习。所以现在我们还不能说我们已经结束了初步学习的时期。苏联的工人阶级在具体的任务中，在实现一项项措施的过程中，在将我国经济的各个部门联结成一体的经验中进行学习，训练自己领导世界第一个社会主义国家。

因此，当前党的最重要的任务之一就是从工人阶级群众中物色新的有组织能力的力量，能像对待切身事业一样向自己提出建设社会主义社会任务的力量，能深刻理解苏维埃政权和党有义务完成的那些任务的力量……

我们的工作中最主要的工具之一是苏维埃机关。它由为数达数十万之众的职员组成，其中绝大多数是在旧社会获得的历练和技能。他们将这些技能也带到了新建设之中。这个苏维埃机关的绝大多数人如果对党和工人阶级的切身的任务抱着中立态度，就不可能往工作中倾注迅速完成党所提出的任务所必不可少的那种热情，那种自觉的顽强精神。在这种情况下，苏维埃机关中的官僚主义和小资产阶级的歪曲、官僚主义的倾向就不可避免。

党关心我们的机关的变革和改善，针对这一目标改组了中央监察委员会。改造我们的苏维埃机关，吸收生产第一线的工人参与其工作，培训具有监察委员会工作经验的新的活动家以组织和领导苏维埃的和经济的工作——这是中央监察委员会及其地方机关最重要的任务之一。

为了让足够数量的党员参与监察委员会的工作，其编制大大扩充了。中央监察委员会连同其省级机关（共 51 个省）的在编人员合计 800 人，其中 70% 是来自生产第一线的工人。各级监察委员会吸收了大量非党员工人参与其辅助机构的工作。

我们可以保证的是，只要大量工人组织和我们一道参与我们的经济和苏维埃建设，我们就不会有大的政治困难。在这个方面，工会具有最重大的作用，它与党一起将捍卫工人的利益作为自身的任务，同时也应当是共产主义学校，社会主义建设的学校。辩论是在这样的时刻发生的，当时中央委员会判定，在工会组织上层与全体工人群众的直接的紧密联系方面，在党组织与非党工人们的联系方面，并不是一切情况都令人满意。在某些情况下还发现脱离了广大工人群众。这些不协调现象并不具备普遍性质，也没有危机的意义，但是在我们活动的某些方面，我们已发现在党和工会的组织与广大工人群众之间存在着脱离或脱离的危险。与此同时，也产生了党的领导机关（省委和区委）脱离广大党员群众的危险。我再说一遍，这些现象并不是具有普遍的性质，但是让我们觉得颇有代表性，因而也是危险的。如果进一步扩大和发展，这类现象很可能在党内产生严重的弊病。季诺维也夫同志和其他许多同志都曾指出，产生这些现象的主要原因是冷漠、因循守旧和某种程度的官僚主义。

中央委员会和中央监察委员会在与这类现象作斗争时，决定开展一场专门的运动，以求在党的生活中积极贯彻党内民主的基本原则，就这个问题一致作出一项详尽的决议。这次运动的基本内容是争取在每个党支部和每个党员的活动中发挥巨大的积极性和机动性。这种积极性也应当表现在对待党组织领导人员选举更为严格和热心的态度上。每个工人政党的最主要的任务，便是领导非党工人群众，与他们保持密切的直接联系。我们做到这一点借助的是大量苏维埃的和工会的组织，广大非党群众代表会议，生产代表会议，工人全体大会，建立一批协助完成经济建设和党的建设各种任务的特别党支部，让非党工人参加我们的监察机关，等等。在军事共产主义时期，在工人的口粮有时候仅为每天半磅面包的时代，工人最关心的当然是面包，党和苏维埃建设的问题当时并不像现在这样强烈地吸引他们的注意力。在国内战争和军事共产主义时期，党的主要任务是保卫共和国和社会主义政权——这样的军事时期中，强迫的因素不可避免地发挥着重大的作用。战争结束、工人阶级的处境得到改善之时，他们的文化修养和积极性开始提高。在这种更有利于发挥工人阶级主动性的新形势下，军事共产主义的方法当然完全不适用了，但是，由于积习已经养成，这些方法在某些地方仍然在运用。必须根除这些方法的最后残余。关于党内民主的决议所追求的正是这一目的。它获得了一致通过，没有任何反对意见。通过决议获得一致同意使我们完全相信，这一决议也会齐心协力地得到贯彻执行。而正当我们开始贯彻决议之际，却爆发了一场关于这项与反对派全体一致通过的决议的辩论。

辩论在全党自上而下地展开，其规模我认为在欧洲是空前的。我本人有一次也参与辩论，从傍晚 6 点直至次日上午 10 点。辩论的主要内容在于攻击党的中央委员会，指责它不善于领导执行经济和党内政策。在开展辩论的过程中发现了一系列新问题，这在党内引发了分歧。这次辩论之前，我们在党中央内获得一系列文件。我在了解苏瓦林为以法文出版的托洛茨基同志的辩论文章所写的序言之前，对这些文件汇编不如苏瓦林那么熟悉。其中某些文件被视为秘密，仅为有限数量的党员所知,从未在公开的报刊上发表;我们本来不想将其公之于工人群众,但苏瓦林同志用法语让其尽人皆知。在苏瓦林所引用的这些文件中,有的指称党中央让国家处于毁灭的边缘,党中央的政策使得苏联无产阶级和俄共不可能进入世界性动荡时期,果真如此,必将是无产阶级斗争的全线失败,等等。我不认为会有向党的领导机关提出这类指责而不要求其下台的政治家。就自己而言我可以说,要是我遇到党中央由于目光短浅和不善于领导,让国家处于毁灭的边缘,我准会要求它下台并紧急召开党代表大会。

可见,辩论之前已提出许多完全是前所未有的指责。提出这些指责是指望增强经济方面的和党内的危机,而这些危机并不曾发生过。因为危机并未发生,所以反对派的基础便坍塌了……基本上辩论就此偃旗息鼓,其实我们不但没有遭受经济危机,而且经济一直在不断地增长。(掌声)

辩论中反对派一方提出诸如此类的论据,促使党经由代表会议和最近一次代表大会通过一项关于反对派的特别决议。正当我们转而实行党内民主的时候,反对派却提出一个口号——彻底改造整个党的机关。他们开始刊登文章,发表讲话,反对整个党的机关,将其描绘成一切党内民主的敌人。什么是党的机关呢?这就是俄共中央、省委、州委、书记,等等,党借以开展工作的所有一切。所提出的口号是要彻底改造整个机关,将其变为不是它对党发号施令,而是党对它发号施令。这是什么意思?党在代表大会上作出决议,但在代表大会决议的范围之内发号施令的,过去、现在、将来都是党的中央委员会。(掌声)

对于省的代表会议和省委而言同样如此,对于整个党而言也同样如此。

现在正在召开共产国际第五次代表大会。当大会散会的时候,那么在第六次代表大会之前,在历次代表大会的指示及其决议的范围之内,代替大会的便是共产国际执行委员会。在这个范围之内,共产国际执行委员会就会"发号施令"。

将党和机关、机关和党对立起来是不正确的。党是志同道合者的组织,但没有发挥组织作用的机构便无法将志同道合者组织起来,而发挥组织作用的机构就是机关。将机关与党和党与机关相对立本身,并不是布尔什维主义、列宁主义和马克思主义的,而是小资产阶级和无政府主义的口号。在我们的斗争和我们的工作的条件下,这个口号、这种意味在党内具有极为特殊的涵义。共产国际的同志们应当考虑到我们所处的政治环境的复杂性。列宁同志在其最后所写的一篇文章中,仿佛遗嘱似的,对此给予了特别的关注。在俄罗斯是无产阶级专政,而无产阶级就数量而言淹没在小资产阶级自发势力的汪洋大海之中。他们在数量上、与全体民众的比例上都非常微不足道。

我们实行新经济政策,在这方面同时发生两个进程:1. 国家的经济和商业中的社会主义因素在增长,合作社得到巩固,工人阶级组织得到改善,他们的觉悟和积极性不断提高,工人阶级和党在发展经济和管理国家的工作中积累了经验,等等。2. 商业中、正在分化的农村中的小资产阶级因素不断增长,等等。党员中的某些群体不可能不反映出民众不同阶级和阶层中产生的那些倾向。我们的党是执政党,它领导苏维埃机关并对其进行监督。苏维埃机关则是由数十万职员组成的,往往有着与我们格格不入的思想意识。这个机关反过来又对我们党施加压力和影响。经济机关就其活动本身而言一直与新经济政策的资产阶级因素相关联。

我们当然根本无法保证资产阶级思想不会感染我们的经济、厂矿、工业等机构中的某些人,甚至其上层部分。所有这一切都为党内各式各样的小资产阶级倾向的产生创造了机会,这也是全国各地所发生的那些进程的反映。

反对派对党的机关的肆意攻击、将其与党相对立，实质上就是削弱党内的纪律。我们的党只有依靠高度的团结和统一才能保住政权。苏联的工人阶级专政是建立在与农民阶级联盟的基础之上的。工人阶级与农民阶级的联盟又建立在党的统一的基础上。在苏维埃俄罗斯，我们还有着各种各样的经济形式，因而也有着形形色色的物质利益和政治倾向。如果党内产生各种集团和派别，它们便会铁定成为各种与党格格不入的资产阶级倾向的引力中心。这种情形我们在辩论的事例中已经看到了。辩论期间所组成的反对派与中央委员会的多数派进行斗争，成为与党敌对的势力的吸引力中心。这不以反对派领导人的个人愿望为转移地发生了也必然会发生。

国内外敌视共产党的势力全都将自己的意愿和希望与反对派联系在一起。辩论激发起了所有敌视党的势力的积极性，恢复了他们的希望，而且党外的这种积极性和希望都围绕着通常的资产阶级民主、所有的人的民主这一口号集中起来。我们的党需要有铁的纪律，对机关亦即对省委、党中央和对约束党的一切的诋毁，都是反对纪律，反对统一，反对共产党所至为必要的磐石般的团结。

第二个具有极大重要性的分歧是关于老一辈和年轻人的问题。我们有一个专门名词"老近卫军"。这个词语指的是那些党员：他们经受过战斗的洗礼，早在我们党处于地下状态时期即已成为布尔什维克，往往有数十年从事革命工作的党龄。在中央委员会多数派和反对派之间的辩论期间，托洛茨基同志的一篇文章表达了这样一种思想：青年是党内和工人阶级中的倾向的最佳晴雨表、最佳指示器，至于老近卫军，则历史上有许多他们蜕化变质的事例。比如，德国党的头头们就蜕化成了资产阶级的政党，脱离了工人和革命。这在关于年轻人和老年人的作用的辩论中被举为例证，说明老人们和老近卫军所发生的事情。托洛茨基同志的文章中并未谈到我们这里会出现什么情况，但在讨论我们的问题时提到了这一点。大家都明白,那是对这种可能性本身所作的微妙的暗示。当然,老近卫军对此不可能容忍,从中不仅看出了一种战略手段,而且发现了政治错误。硬说正在高等学校中学习的青年们是工人阶级情绪的最佳雨表,是对党的活动的最好检验,这是不正确的。我认为,将赌注下在青年身上,把他们当做"晴雨表"和"检验器"的这种做法,是因为这等学校中的许多党支部支持反对派。如果它们不这样做,我认为就不会发生关于老人和年轻人的这场辩论。但是无论如何,这个口号还是提出来了。

我们认为这个口号是完全错误的,因为对党而言,各种政治倾向的主要晴雨表、它的政策正确性的唯一真正的检验器、唯一坚定不移的基础是工人阶级、生产第一线的工人,在这方面我们不同意容许任何例外。高等学校中的青年,就是那些离开了机床、已经脱离生产和工人阶级并正在变为红色知识分子的人。然而当我们的所有知识分子都变成红色的共产主义的知识分子之时,党的基本的阶级支柱就将是生产第一线的工人,而不是知识分子。(掌声)

在我们的老近卫军中,我们所拥有的终归不是谢德曼分子。这支老近卫军在数十年期间内肩负重任,与资本主义、沙皇制度作斗争,建立了布尔什维主义、列宁主义的党的组织。(掌声)现在说我们的老近卫军会像德国社会民主党的情形那样蜕化变质,这是一种政治错误。如果党的多数派也附和反对派,就会在老一辈和年轻人之间造成可怕的裂痕,这种裂痕在党的生活中没有任何前提条件。我们的老一辈和年轻人之间不存在任何竞争;相反,老一辈一直期盼着下一代迅速成长,因为我们的队伍在逐渐减员,我们已经很难工作。

在我们与反对派争论期间关于老一辈和年轻人的辩论可能为高等学校共产主义青年的组织巩固创造了前提条件,他们追随反对派,反对老头子们,而老头子们的压倒性多数都站在中央委员会一边。我们认为这种意见分歧的可能性极其危险。

在我看来，反对派所犯的主要错误是，他们到处发表声明，宣称我们夸大了党内分裂的危险。在关于党内的集团和派别的问题上，反对派的一部分人在辩论中为容许派别和集团的必要性辩护，而另一部分人则仅只为集团而不是派别辩护。然而我觉得，集团与派别之间的差别，就像少年先锋队员与先锋队员之间的区别一样。这种对待集团和派别的态度的基础是，仿佛对党的团结及其政治上的统治地位毫无威胁。这种观点我认为是错误而危险的。在我国现实生活的政治条件下，在工人阶级和农民阶级的相互关系中，在新经济政策基础上各种资产阶级阶层的形成过程中，在农民的分化过程中和农村中农民富裕群体的增长过程中——在所有这些事实的总和之中，便蕴含着国内产生各种各样的政治集团的可能性。在这方面还必须加上来自国外的资产阶级影响，因为我国仍然是世界上实行工人阶级专政的唯一的国家。在苏联，共产党不仅是执政党，而且是全国唯一的公开性的群众性政党。这个党在一个比大多数西欧国家的小资产阶级影响都更严重的国家里作战。这些影响不可能不对党的某些群体起作用。因此在党进行活动的客观环境里便蕴含着分裂的可能性。这就是党代表大会特此禁止组建任何派别的原因——保障党的统一。（掌声）在党内存在着无数公开的集团，党中央和党的政策实际上成了党内某些特殊的联合组织的联合体的时候，我们认为，对我们共产主义的、布尔什维主义的、列宁主义的党的这样一种认识，是小资产阶级的认识。这就意味着，不仅为削弱我们党的统一、削弱党的纪律敞开了大门，而且为可能在党内形成并公开存在大量的这类集团敞开了大门，而这些集团过去和现在都是我们国内小资产阶级影响的结果。

最近这次辩论期间我们与之交锋的反对派具有以下的特点。弗拉基米尔·伊里奇在世时我们进行的是关于工会、民主集中制和工人反对派的辩论。这些反对派中的每一个都作为小资产阶级的派别在列宁的参与下受到谴责。工人反对派是因为工团主义倾向受到谴责。现在,最近这次辩论中我们所面对的,则是从每一个这种反对派遗留下来的一个统一的力量联盟。要是列出我们所得到的文件的签名和那些反对俄共中央的报告人的名单,你们就会发现那里都是一些老反对派的头目,他们反对民主集中制,将其斥为小资产阶级思想,他们在工会问题上拥护托洛茨基的反对立场,工人反对派的代表人物也伙同他们攻击中央委员会。中央委员会多数派第一次联合所有的力量同时攻击党的主要群体,攻击在列宁同志患病期间本着其精神继续执行的政策。在我们党的历史上,所有的反对派首次会合在一起,在我党的历史上,这个联合起来的反对派首次在我党历史上最大的一次代表大会上连一票也没有得到。(掌声)上次党代表大会之后,反对派的某些成员声称,我们的历次代表大会和代表会议都是在这样的压力下进行的,持不同观点的人的声音完全被淹没了。然而在列宁亲自为反对萨普龙诺夫或托洛茨基而斗争的时期,我们所受到的列宁的威信和精力的压力更大。我们没有列宁同志那样的威望,也许这一点可以用来解释为何反对派的各色人等要联合在一起。进行选举本身的环境十分有利于各种大不相同的意见的发表。我们开了我党人数最多的一次代表大会,因为代表的定额增加了一倍。选举是在辩论之后数月举行的,当时所有的争论问题都已在报刊和会议上得到详尽的阐述;每位党员利用自由讨论的程度,并不比拉狄克同志在共产国际第五次代表大会上讨论季诺维也夫同志的报告时做得差。这次选举是在通过关于党内民主的决议之后进行的,决议中说,任何人在支部讨论问题期间不让人说话,都应当被送交党的法庭。我们一次也没有宣布过在讨论有争议的问题时有谁妨碍了谁。这是一次最大的代表大会,会上的代表多出一倍,会后所有的有反对意见的问题都得到了空前详尽的讨论——在所有的支部里,选举都是在不同的主张和观点受到极好保护的环境下进行的。尽管如此,反对派在代表大会上还是一票也没有得到,

代表大会全体一致通过了谴责反对派的决议，认为他们具有小资产阶级倾向。（掌声）

最重要和最危险的时刻迫使我们在代表大会之前所召开的代表会议上提出这样的决议，当时国内外所有的小资产阶级力量都倾向于反对派。无论按照国内的情况还是由于党和苏联的国际角色，我们都认为，我们党的特点应当是纪律严明，深受拥护，特别是在面对每一个外国共产党的时候。因此不久之前闭幕的党代表大会不仅重申了此前几次代表大会所通过的杜绝党内派别的禁令，而且还另外决定批准和公布第十次党代表大会上根据列宁同志的提议所通过的那项决议。这一决议宣布开除从事派性活动的党的中央委员（掌声），既开除中央委员会成员资格，也开除出党。这项决议出自列宁同志的手笔，根据他的提议，被作为秘密决议，亦即不在报刊上公之于众。他逝世之后，鉴于列宁同志的威望，我们丧失了保证我党统一的最大力量，代表大会认为有必要重申这项决议并予以公布。这一决定获得了一致通过。

列宁同志的党就这样经历了今年秋冬之际的那场辩论。反对派在代表会议和代表大会之前即已遭到全面失败，原因就在于他们关于国内会发生经济危机、党内会发生党的危机的预言未能得到证实。不过我认为，共产国际一定会赞同我的一个愿望，今后也要让诸如此类的预言像秋季反对派的预言一样难以实现。（掌声。高呼声："布尔什维克的俄国共产党列宁主义的中央委员会万岁！光荣属于共产国际主席季诺维也夫同志，乌啦！"）

## 贺　词

**柯拉罗夫**（主席）：

现在由三山纺织厂的库兹涅佐夫同志向第五次代表大会致贺词。

**库兹涅佐夫：**

同志们，请允许我代表三山纺织厂为数 700 人的俄共支部和 8000 工人向共产国际第五次代表大会致敬。（掌声）同志们，我们支部委托我在致贺的同时，也表达我们支部对我们的党和我们的中央委员会去年的工作，以及在某种程度上牵涉到国际形势的工作，所持有的看法和观点。

同志们，我们支部在考虑去年的工作时，一致拥护我们的党中央在辩论期间的立场，完全谴责具有某种小资产阶级性质的反对派的立场。（掌声）

同志们！支部也吩咐我告诉你们，我们工人不屈不挠、齐心协力，像钢铁一样坚强。无论在以往年代，还是直到今天，我们始终都是这样。（掌声）同志们，支部说，在这方面我们并不孤单。过去就证明了这一点，例如，红色普列斯尼亚区代表会议上 90% 的人都谴责反对派，莫斯科省代表会议也是这样，随后第八次全俄党代表大会以最后决议结束了这一切。

同志们，我恰巧参加了第八次党代表大会。我亲眼目睹了，这次代表大会与其他所有各次代表会议的不同之处，就在于它是如此空前地团结一致。这次代表大会总结了党中央的工作。大会审查了中央过去一年中如何根据国内外的形势开展工作，并得出了结论：党中央的工作绝对正确。可以证明这一点的是，在外事领域我们看到，一批接着一批的国家争先承认我们的苏维埃共和国。至于国内的形势，不需要去远处找例子，只要去三山纺织厂就可以看到，现在三山纺织厂单靠 8000 名工人就能干战前所干的活。（掌声）眼下我们已经没有空闲的车间、空闲的机床，全都运转起来了，结果一切都符合要求，就像我们一心希望和努力争取的那样。现在这一切都真正实现了。同志们，第八次党代表大会对这一切当然都加以确认，一致谴责反对派的路线。所有这些小资产阶级的性质的倾向，可以说都容易理解。同志们，现在正是我们感到基础已经坚实稳固的时候，没有什么必要后退。反对派想要证明我们党有各种不可靠的情况，但实际上随后我们都证实了并不是这样。这证明了伟大领袖去世后我们的列宁主义的号召完全实现了，在如此之短的期间里就有25万工人新加入了我们的党。（掌声）我们的状况改善了，工人群众的情绪也很高涨，这些都向我们证明，我们的地位是牢固的，我们用不着依靠那些在一定程度上已经资产阶级化了的年轻人（如果可以这样说的话），而应当主要依靠工人，像当年我们共产党的领袖伊里奇依靠他们一样，像那些在各种工作中协助他的所有的同志们也都依靠工人一样。那些同志在共产党里从事了多年的工作，和他一道在党中央朝夕相处。现在党中央以它坚强有力的手掌管着党，完成着第八次党代表大会委托给它的各种任务。同志们，我们的支部吩咐我和所有那些向共产国际致意并且像我一样发言的人一起，请求共产国际关注莫斯科工人阶级的声音，以最无情的方式谴责反对派。（掌声）反对派以为他们并不孤立，他们可以依靠德国党的右翼，然而他们双方都遭到了彻底失败。

总之，同志们，我们相信共产国际第五次代表大会肯定会通过让这两个帮派丢人现眼的决议，他们倒是希望彼此联合起来。俄国共产党万岁！共产国际第五次代表大会万岁！国际工人运动万岁！列宁主义万岁！（掌声）

**柯拉罗夫**（主席）：

现在由米特罗科夫同志代表"巴黎公社"工厂发言。

**米特罗科夫**：

同志们，请允许我代表"巴黎公社"工厂600名工人和120名党员向第三国际第五次代表大会致敬。（掌声）

在第四次和第五次代表大会之间的时期中，俄国党和俄罗斯工人阶级处于紧张状态。不得不和孟什维克、社会革命党人、各种投机分子、耐普曼相遭遇，从而受到他们的影响。"巴黎公社"工厂有一段时间也受到这种影响。它在这次辩论期间也持反对派的态度，表现为要求基层向党的中央委员会作指示。但是随即遭逢我们失去了伟大的领袖列宁同志的时刻。这时候我们支部才仿佛开始醒悟。第八次党代表大会彻底指明了我们的这些党员的错误。他们明白了这点，现在正努力加以改正。这个错误是他们犯下的，但他们已经改正了。第八次代表大会之后，我们的支部站稳了脚跟，我们拥护第八次代表大会，是它让我们掌握了真正正确的路线，我们一定要始终坚持这条路线，直到实现伊里奇的全部遗嘱。这些遗嘱就是要让工人阶级赢得彻底的解放。现在"巴黎公社"工厂支部拥护共产国际第五次代表大会，关心的是，希望同志们回到各国之后传达，各种左倾和右倾的影响很坏，会将革命导致毁灭。只有团结一致，在正确的领导下，才能有工人阶级的解放。（掌声）在结束我的发言时，我要高呼：党中央万岁，共产国际万岁，国际革命万岁！（掌声）

**柯拉罗夫**（主席）：

现在请"伊卡罗斯"航空工厂的伊拉切夫同志发言。

**伊拉切夫**（苏联）：

同志们，"伊卡罗斯"航空工厂的男女工人和支部要我向共产国际第五次代表大会致敬。（掌声）我们厂在辩论最紧张的时期，曾经有过一些不正常现象和脱离布尔什维主义路线的倾向。这些倾向的产生是由于一些同志读多了那些反映政治气候反复无常的文章。但是同志们很快就弄清了这些动摇不定的倾向，明白这条道路完全通往另一个方向，根本走的不是已经历四分之一世纪的党的道路。俄罗斯工人和俄国共产党密切关注这次辩论的每一步进程,明辨其中的是非,终于明白了真相,临近第八次党代表大会前夕时谴责了某些同志结成的帮派所采取的那条路线,赞成多数派所采取的路线。"伊卡罗斯"工厂的工人和支部要我在这里声明,经历了四分之一世纪或宽或窄固有道路的党,不可能容许偏离弗拉基米尔·伊里奇·列宁所确定的道路。(掌声)

**卡明斯卡娅-多罗谢利斯卡娅**(苏联):

同志们,现在我们看到了党代表大会的决议,看到了共产国际第五次代表大会的决议,更加坚定了对工人阶级的力量的信心。我们热烈相信,这一辩论是暂时的,某些同志一时的错误终究会消除,终归会改正,所以我们请求:第五次代表大会的代表们回到各自的岗位时,一定要采取我们的共产党沿着它前进、工作、发展和节节胜利的那条道路。(掌声)

**柯拉罗夫**(主席):

现在由配件厂的巴拉诺夫同志发言。

**巴拉诺夫**(苏联):

同志们,请允许我以配件厂的工人和俄国共产党(布尔什维克)工人支部的名义向你们致以敬意。为了对共产国际第五次代表大会表示欢迎,支部委托我宣读下列致共产国际的委托书。(宣读,掌声)

**柯拉罗夫**(主席):

现在由第一模范印刷厂的阿科津同志发言。

**阿科津**（苏联）：

同志们，第一模范印刷厂的工人们派我来这里向共产国际第五次代表大会致敬。工人们急切地期待着在你们的领导下爆发世界革命和实现弗拉基米尔·伊里奇理想的时刻……此外，他们还盼咐我转达，他们一定会紧握共产党的旗帜，准备着随时响应共产党和共产国际的号召投入战斗。（掌声）同志们，现在请允许我宣读致共产国际第五次代表大会的信件。（宣读）

**拉尼杜斯**（唱片厂）：

同志们！"十月革命五周年"工厂，即原先的唱片厂的工人和职员，派我来向共产国际第五次代表大会致敬并向大会赠送我所带来的礼物——列宁的肖像和他12次讲话的唱片。我们厂位于最具战斗精神的红色普列斯尼亚区，它将这12次讲话保存至今，现在委托我转交给世界无产阶级珍藏。（掌声）同志们，现在你们就会听见我们的领袖的声音了，我相信代表大会的许多同志至今还没有听到过我们的世界领袖的声音。现在他们就要从喇叭里听见他的声音，并且将其传遍全世界，唤起全世界的无产阶级投入反对资本主义和世界资产阶级的斗争。（掌声。唱机放送列宁的讲话）

**柯拉罗夫**（主席）：

现在请全苏医务工作者代表大会的彼得罗夫同志发言。

**彼得罗夫**（苏联）：

全苏医务工作者代表大会派遣自己的代表团前来向共产国际第五次代表大会致敬。同志们，5年前我们医务工作者协会与共产国际同时建立，我们向共产国际致意的第一句话就是声明，医务工作者将与无产阶级的各个组织步调一致地沿着通向共产主义的道路前进。我们的医务工作者在国内战争期间将自己最优秀的代表派赴前线，为红军服务，为红军战士服务，帮助他们保卫我们的苏维埃共和国。在瘟疫和饥饿期间，我们派出我们最优秀的人员，我们号召我们的医务工作者，派遣他们去帮助工人和农民战胜当时朝苏维埃俄罗斯袭来的灾难……

如今在我们开展活动5年之后，我们向第三国际宣布，我们准备今后也响应我们的俄国共产党和第三共产主义国际的第一声召唤，在革命斗争期间让最优秀的医务工作者投入战斗，组成红色医疗队参加红军，为共产主义的胜利而斗争。（掌声）医务工作者代表大会也委托我把这面旗帜转交给共产国际第五次代表大会。我们请代表大会通过自己的共产党各支部号召全世界的医务工作者，效法苏维埃共和国的医务工作者和我们的工人阶级的榜样，与全世界的工人阶级一道推翻资本主义，同我们一起走上共产主义的道路。共产国际第五次代表大会万岁！世界革命万岁！共产主义万岁！（掌声）

**柯拉罗夫**（主席）：

我们代表共产国际第五次代表大会主席团和各代表团，怀着革命的热烈谢意接受苏联医务工作者赠送给我们的旗帜。主席团会将这面珍贵的旗帜转交给共产国际的一个对世界革命旗手崇高称号最当之无愧的支部。（掌声）值此接受赠旗之际我们宣誓，我们一定神圣地不懈地执行列宁同志的遗训。（掌声）

我们向莫斯科各工厂的所有代表团和莫斯科全体男女工人表示热烈的革命的谢意。共产国际代表大会的各项工作证明，它们全都符合俄共第八次代表大会所采取的路线。（掌声）俄罗斯的工人和农民在世界首次建立了无产阶级专政。如果说我们今天有机会齐集莫斯科，在这个从前只有资产阶级才能聚会的剧院里开会，那么这首先是我们兄弟般的俄罗斯无产阶级的功劳,(掌声)正是俄罗斯的无产阶级成功地毫不留情地推翻了俄国资产阶级。俄罗斯工人和农民的红色事业就是我们的光辉榜样。我们要执行俄罗斯同志已经为我们提供了先例的那种富有战斗性的政策。第五次代表大会让我们更加接近世界革命的彻底胜利。我们向俄罗斯的工人、我们的同志们许诺,今后我们一定要实现他们在1917年10月所实现的目的——在世界各国建立无产阶级专政和工农政权。(掌声。高呼声:德国共产党万岁,俄国共产党万岁,乌啦!)

(会议休会)

# 第十八次会议

（1924年6月28日，星期六）

**主席：格施克**

**格施克**（主席）：

我宣布会议开幕。我们将继续讨论昨天所确定的议程上的问题。现在请纲领问题的第二报告人塔尔海默同志发言。

## 塔尔海默作有关纲领问题的报告

同志们，布哈林同志已经说过了，我的报告并不会与他的报告相矛盾，只不过是对他的补充，主要是说明就纲领问题所进行过的讨论。已经弄清楚，在实质性的所有问题上都不存在分歧。我想简要地提一提上次代表大会上引发分歧的那些争论之处。第一个这样的问题是关于资本积累的问题，亦即罗莎·卢森堡关于积累的理论。我们取得了一致意见，从纲领的表述中排除这个问题，对纲领进行立足于这些理论分歧之外的表述。这样做绝不是由于同志间的微妙关系，只不过是因为在进行总结和对问题作出最终表达之前，理论性的讨论就应当酝酿成熟。此外，具有决定性作用的还有一个情况，就是布哈林和我都同样在对帝国主义的理论解释方面与考茨基持有相反的意见；因而将我们的理论分歧载入纲领中是没有意义的。

上次代表大会上关于纲领的辩论中引发分歧的第二个、也许是最具实质性的问题，就是关于过渡性要求和局部性口号的问题，是否应当将过渡性要求和局部性口号加入共产国际共同纲领之中的问题。这个问题已经由第四次世界代表大会的决议加以解决，可归结为：需要过渡性要求和局部性口号的某些理由可载入共同纲领，而过渡性要求本身和具体的局部性要求则纳入各国的纲领。众所周知，列宁同志对这些决议发挥了决定性的影响，这些决议已给出了理由之后，我们看不出进行修改的根据。

在1917年，后来又在去年的纲领讨论中，列宁是如何说明需要过渡性要求和局部性口号的理由的呢？他指出，在资产阶级尚未被战胜、无产阶级专政尚未建立和巩固的时候，放弃过渡性的口号和局部性的要求是不可以的。

在第四次和第五次代表大会之间的那段时间，并没有具备这样的前提条件。资产阶级还没有被战胜，因此没有任何理由将这些过渡性口号和局部性要求排除出纲领之外。

我现在要着重分析一下纲领委员会去年所进行的讨论。而且所涉及的并非详情，只是那些可以有助于了解所进行过的那场讨论和减少今后讨论的困难的事情。

涉及有争论的问题的各点，我将按照委员会讨论时的顺序讲述。

进行过讨论、布哈林也详加阐述的第一点，是关于向社会主义过渡的方式问题，具体地说，就是关于新经济政策和军事共产主义的普遍意义的问题。就关于新经济政策的问题而言，它在俄罗斯国外对其余的国家来说有没有总体上的意义，如何过渡到社会主义，在这个问题上委员会内并无分歧：这里大家都同意布哈林所提出的论点。不过关于军事共产主义的作用问题、别的国家所赋予军事共产主义的作用的问题，关于它在那些国家能否在一定程度上发挥作用的问题，却展开了饶有兴味的讨论。问题是这样：对所有的国家而言，是否在新经济政策之前都需要有军事共产主义？

所涉及的第二个问题是，应该以何种方式在纲领中指出新经济政策的普遍意义。讨论的结果我们得出结论：新经济政策无须以具体的形式载入纲领，甚至没有必要提到新经济政策的名称，需要在纲领中阐述的只是新经济政策的实质。

新经济政策的本质特征是什么呢？使用资本主义的核算方式，保留货币流通、托拉斯、银行和交易所，总之，在根本改变其社会内容的条件下利用资本主义的各种组织形式。指出这一点是颇有意思的：我们视为新经济政策的这些过渡到社会主义的一般形式，马克思早就将其描述为共同的特征了。我这就举出马克思的《资本论》第三卷的一些地方，他在对哥达纲领所加的注解中说："在向社会主义过渡的时期，不得不利用承袭自资本主义的各种经济形式，只有在进一步发展的过程中我们才能够将这些形式摒弃并完全转入共产主义。"

现在改谈军事共产主义的问题，与布哈林同志不同的是，对这个问题我在一定程度上会采取坚决态度。军事共产主义的实质何在呢？基本上它可以被界定为：合理的集中分配，以适应战争的需要。其基本的前提条件是具有使这种经济制度成为可能的储备。需要强调具有储备这一事实。没有沙皇制度遗留下的储备，就不可能有俄罗斯的军事共产主义政策。

军事共产主义在经济方面的特征是什么呢？取消货币，极度集中管理，完全消灭自由贸易，削弱小型商业活动，在农村中实行征用制度。为了确定军事共产主义在纲领中应当发挥什么作用，必须记住：众所周知，军事共产主义并不是俄共早先制订的纲领的产物，而是革命战略的需要所提出的要求。

这种需要具有双重性质。第一，必须将资产阶级赶出它所占据的一切起着支柱作用的经济阵地，这些阵地可能被它用于政治斗争目的。所有的经济阵地都被摧毁——不仅是出于经济上的考虑，而且也是根据革命战略的意图，这种战略所提出的任务便是彻底推翻资产阶级。这样的需要是存在的，因为在资产阶级尚未被推翻、它尚未臣服于工人阶级领导和无产阶级专政之时，用现在的方式并不足以动摇资产阶级政权。

这是第一种需要。

第二种需要则是必须用粮食供应军队和城市工业人口。征用当然要在这样的条件下才可以进行，即城市无产阶级预先将土地分配给农民，这样一来，向农民所征用的东西就成了因为他们所获得的土地而对工人阶级作出的报偿。

同志们！如果我们想要对新经济政策和军事共产主义之间的相互关系作出一个总体的表述，就应当记住，没有在它之前所出现的军事共产主义，也就不可能有俄罗斯的新经济政策。因为要想让资产阶级服从工人阶级的领导，就必须彻底摧毁其意志，粉碎其反抗。因此可以说，无论是在将来还是即将发生的一场场革命当中，新经济政策之前都会先有一个或长或短的军事共产主义时期。如果要问在改变了条件下，军事共产主义和新经济政策会如何变化，那么我们应当这样说：军事共产主义能够和应该延续多久，它应当采用一些什么样的措施，其实质性的特点将取决于政权转入无产阶级之手的本国和国际的环境，亦即取决于为了让资产阶级彻底服从工人阶级领导所需要进行的斗争的激烈程度。

同志们，这种程度在不同的国家当然会不一样。它取决于工人阶级能够用来与资产阶级和民众中的小资产阶级各阶层相对抗的力量。这在很大程度上将取决于国际形势。十分清楚，在周边国家已具有很大的革命成熟程度的情况下，无产阶级革命要推翻敌人和巩固政权，需要数年时间，而对敌人发起猛攻所费的时间则短得多，因此军事共产主义的形式和延续时间都不相同。

同样很清楚的是，不同国家的新经济政策也各不相同，这一政策的总的计划、总的纲要、基本轮廓，在不同的国家都会根据时间、地点的条件而作出修正。很可能，在那些资本主义工业更为发达的国家，在那些资本主义工业以其规模巨大而比在广泛存在着前资本主义农业经济的俄罗斯发挥着更大作用的国家，新经济政策将会使其有可能在经济方面比俄罗斯达到更高的阶段。

同志们，新经济政策当然也取决于无产阶级革命所接收的现有工业的状况。它取决于工业的集中程度，取决于它与农业的相对规模，取决于其技术组织化的程度，取决于工业资本与商业资本、小资本及其他资本之间的相互关系。所有这一切因素都应当加以考虑。

同志们！当然，新经济政策会遇到的所有这些具体变更不可能都加入纲领之中。这是不可能的。纲领里我们应当仅限于陈述作为向社会主义过渡的一般形式的新经济政策的基本特点，以及军事共产主义的基本特点，同时应该把后者视做经济上所必需、革命战略意图所要求的东西，亦即要从推翻资产阶级、领导国内战争和可能的武装干涉战争的观点出发。

委员会取得共识：纲领中确定向社会主义过渡的问题时应当从上述观点出发。

引发分歧的第二点是关于工人阶级分化为阶层的问题。纲领委员会宣读了一份关于工人阶级内部分化为不同阶层这一问题的报告，因为其内部已存在着各种政治流派、集团和派别。吸引大家的主要注意力的是帝国主义时代由于某些国家的帝国主义霸权而产生的工人贵族的作用，以及这个工人贵族与工人阶级中的机会主义、机会主义思潮的关系。不过，在针对这一问题所展开的辩论中也表现出了一种需要，即不仅应当强调这些阶层分化现象，而且应当明确地指出其临时性质，指出其发展趋势在于消除这些差别，从经济状况和思想上消灭不同工人阶层的差别，使他们相互接近，同时工人阶级作为经济上的整体，其团结一致最终会战胜所有这些阶层分化。

工人阶级的这种建立在其生产过程中的地位的基础上的团结可以作为一个出发点，我们依靠它以避免各种阶层分化和工人阶级的分化，我们要在共产党的领导下争取将工人阶级团结起来。

同志们，随后我们又听取了关于国家类型的报告。第四次代表大会决定，从革命战略和夺取权的观点出发对不同的国家进行分类，以之作为向各个支部的纲领过渡的措施。这个报告是由瓦尔加同志作的，他还提出了这种分类的草案。

在对国家进行分类之时所考虑的第一件事情，就是从下列各种问题的视角看待经济成熟的程度：

1. 某一个国家能否在资本主义经济的范畴内继续发展。
2. 该国是否已经达到自身发展的顶点，是否已经跨越了这个顶点。
3. 无产阶级已经掌握政权并打破了资本主义限制的苏维埃国家的类型。

作为国家划分基础的第二个特征是：它们是帝国主义政策的主体还是客体，独立于还是属于（部分抑或全部）帝国主义大国。

划分国家的第三个特征是国家的阶级结构，国内各阶级的力量对比关系，其中特别予以注意的自然是工人阶级。

在讨论的过程中，尤其注意对于区分我们与第二国际观点有着巨大意义的地方。我们谈到，必须区分从革命战略观点看待的某个国家的成熟程度和从社会主义发展观点看待的该国的成熟程度。在确定某个国家的成熟程度的时候，应当注意到各种不同的因素。在第二种情况下，具有决定性意义的是技术和工业发展的水平，集中化的程度，非资本主义性质的工业与国民经济其余部门相比所占的数量上的比重。

这两种观点的典型的混杂发生在考茨基身上，这特别明显地影响了他对俄国革命问题的态度。在这方面，两个前提条件的相互抵触表现得尤其一清二楚、显而易见。

从革命成熟程度的观点看来，俄国可以大大超越西方各国。然而无产阶级刚刚夺得了政权，就过渡到社会主义的可能性而言，但显示出了俄罗斯的落后。这两种情况彼此密切关联。苏维埃俄罗斯经济上的相对不成熟和落后，亦即农民阶级在数量上大大超过工业无产阶级，造成了无产阶级革命与农民革命的独特的结合。这是造就极度的革命成熟性的原因，但在向社会主义过渡方面，它也包含着巨大的困难。

接下来，同志们，我要着重分析土地问题。委员会里宣读过一份关于土地纲领问题的详细报告，因为这个纲领应当载入总的纲领之内。作为其基础的是第二次代表大会上列宁关于土地问题的提纲和第四次代表大会的提纲。讨论围绕着以下各点展开。

我们对待各式各样的资产阶级土地改革方案的态度，对待利用大地产给少地的农民分配土地的问题的态度。也产生了一个问题：共产党人在自己的纲领中应当如何对待资产阶级的这类土地改革方案。

各国共产党——特别是在它们已成为群众性的政党的时候，对待这类问题无论采取中立的还是敌对的态度都不可以，也不能落后于这一运动，它们应当推进这个运动，以自己的口号将其引上革命的轨道。无偿地将地主的土地分给少地的农民就是这类口号。对于所有的资产阶级土地改革来说都很典型的是，作为普遍的规则，分地必须有偿才行。我们将会在纲领中坚持，分发土地应无偿地进行。

随后所讨论的问题是，这样的立场与什么样的革命速度相容：速度慢一些抑或快一些，它是否以承认革命的慢速度为条件。委员会认定，并非如此。支持这一运动的必要性，是由革命总的形势所赋予的。同志们，随后讨论了关于小农生产和大生产的问题，其中委员会从原则上与修正主义者尤其是达维德所坚持的观点划清了界限。从表面上看，有时候可能让人觉得，我们坚持分地，这本身让我们接近了修正主义者们的观点。实际上，并非如此。我们坚持分地只不过是从革命战略的观点出发，而达维德则是从修正主义政策的观点出发。我们坚决与修正主义者们划清界限并声明：原则上我们也赞成发展农业中的大生产，我们也追求在农业中发展大生产。当然，我们追求这一点时考虑的是政治和经济上的合理性，但在原则上我们赞成符合向社会主义发展利益的大生产。

现在再分析一个对社会民主党也起一定作用的要点。你们都知道，社会民主党人近年来特别强调城市工人作为消费者和农民作为食品生产者的利益矛盾。对这种对立性的强调充当了将工人与资产阶级相联系并与小农相对立的桥梁。对此我们可以说些什么呢？自然，必须承认，工人与农民之间在食品价格问题上的对立是存在的。但是工人和农民作为一方与大资本家和地主作为另一方的利益矛盾，比这种对立要严重得多。这就是我们对社会民主党的问题提法错误所作的主要修正。

同志们，随后又讨论了从纲领制定角度看来的土地国有化原则。在对待地主的地产方面，观点是明确的。有争论的只是一个问题：是否应当将小型和中等的土地财产国有化。委员会决定回避这个问题，但要在纲领中强调，应当通过法律手段抑制土地的高利贷盘剥和土地投机行为。为明确起见，我要补充一句：对小型的和中等的地产的国有化可能实行，但完全是用另一种法律形式。对于中小地产的国有化，可以从法律上规定，农民取得土地是为了使用，而不是归其所有，从而禁止他们出售、转让，等等。也可以相反（就像德国土地纲领所做的那样），让中小型农业财产不是直接地而是诉诸法律手段限制买卖、转让和传给继承人。我们认为后一种方式总的说来较为正确，因为西方中小农民的私有者心理比俄罗斯农民强烈得多。

同志们，接下来讨论的是民族问题。民族问题的基本特征已经由列宁阐明，历次国际代表大会的提纲中也作了表述。我只涉及纲领委员会中所讨论的那些要点。引发争论的首先是这样一个问题：被压迫民族的共产党应当在何种程度上利用我们的纲领所赋予它们的直至分离的民族自决权，换句话说，就是它们应当以怎样的视角、在何种程度上从政治上、在实践中实现这一口号。于是，同志们，这个问题就应当通过这样的视角来审视：要牢记，较之国际阶级斗争的利益而言，民族利益在任何条件下都应该起次要的作用。在解决每一个具体问题时的具体态度就应当如此。

第二个问题是，自决的口号能否提供解决所有民族问题的可能性。其已表明，在诸如美国这样的国家中，居民的构成极为纷繁，有着大量的民族问题，单凭自决的口号不可能解决这些问题；另外，其中还有一个种族问题。纲领委员会坚持这样一种意见：民族自决的口号应当用另一个口号加以补充——"各民族组成部分和种族的民族平等"。纲领委员会也讨论了纲领中是否应当对民族的概念给出定义的问题。讨论过程中明确了，要给出一个满足各方要求的关于民族的定义非常困难，所以委员会得出结论，我们的斗争要求这一概念要有一个政治性的定义，以便我们知道我们是否应当干预这件事情。具有决定性意义的问题自然是，各该国的劳动阶级是否提出民族问题。如果对工人阶级而言存在着民族问题，如果这个问题对劳动农民阶级而言同样存在，那么它对共产党而言当然也就存在，党不可能对其加以忽略。

接下来，纲领委员会中又讨论了资产阶级政府的新形式的问题。与此相关的一方面是法西斯主义，另一方面则是工人政府。围绕着不同类型的法西斯主义政府展开讨论之后，委员会统一了意见，认为法西斯主义表现出不同的民族类型，比如说，意大利的法西斯主义的发展过程及其政权形式，就不可以与德国的法西斯主义、与后者特有的斗争和统治方式相混淆，必须将它们加以区分，确定其民族差异。

还讨论了法西斯主义之后将会是一个什么样的阶段。对于这一点，发表了一些不同的见解：有的人认为，取代法西斯主义的无疑是无产阶级专政；另一些人则说——可能会出现某些国际性的方式。委员会认为，不必对这个问题作出预言，应该让它姑且悬疑，因为可能出现各种情况。

最迫切的一个问题是关于知识分子的问题。这里我不准备涉及这一问题，因为它会作为议事日程中的一个特别事项进行阐述。

随后讨论了党的作用的问题，由库西宁同志作了有关报告。关于就这一问题所进行的讨论，我仅仅指出一点：《共产党宣言》所阐述的对党的作用的观点已经过时，应当以相应的方式予以更改。

随后我们对民主集中制的问题进行了相当详尽的讨论，讨论是否应当将其保留。提出反对论据的人指出，这一表述中对集中和民主两个概念未作出充分而全面的综合，因此，最好以别的表达方式取而代之。经过长时间的辩论之后，委员会得出结论：这个术语一定要保留，因为列宁已经赋予其十分明确的含义。

委员会中随后在罗莎·卢森堡所阐述的组织问题上产生了分歧。指出了这一观点的历史背景之后，委员会一致认为，这些观点业已陈旧，谁也不会再坚持了。这是因为，俄国革命之前，包括罗莎·卢森堡在内，谁也不曾从武装起义的观点看待过组织问题；这一点应当成为改变陈旧观点的基础，而这种态度对俄罗斯人有着决定的意义。

联系到关于共产党的问题，还讨论了一个政党应当是民众的党还是阶级的党问题。同志们，这个问题对社会民主党人也起着某些作用，众所周知，他们冒充为其成员包括工人阶级和其他劳动者的人民的政党。我们也追求人民政党的角色，但是在另一层意义上。我们希望在这样的意义上成为人民的政党：要作为革命的阶级的无产阶级政党领导其他各劳动阶级。社会民主党、第二国际的各个党对于人民政党的理解则迥然不同。它们将其理解为让无产阶级的利益服从于小资产阶级的利益，然后让小资产阶级的利益服从于大资产阶级的利益，换而言之，他们是一些改良主义的、在很大程度是保守的反动的政党。

同志们，我们也讨论了共产主义世界观的实质。关于这个问题的详细报告是由布哈林同志作的。纲领委员会里所直接讨论的问题是，需要将这一世界观详细阐述到何种程度，是否应该对其加以详尽的讲述，抑或只是简明扼要地阐述共产党所持的观点。当时决定采取后一种办法，并在适当的地方说明，共产党采取辩证唯物主义的观点。

最后一点（战术原则，战略）委员会尚未进行讨论。关于这些问题的辩论，有一部分在代表大会之后便会失去意义，另一部分则会在委员会讨论。

最后要指出的是：我认为，在纲领委员会的讨论中弄清了共产国际队伍里并无原则性的分歧，纲领委员会里也没有相应的分歧，这对我们具有一定的意义。因此布哈林同志和我都认为，本次代表大会可以在原则上将这个堪称委员会工作成果的纲领草案作为基础，并以共产国际用于进一步讨论和修改的正式草案的形式，下发给共产国际的各个支部。如果是这样，则最终样式的纲领就应当或者由扩大的全会会议或者由下一次代表大会予以通过。

## 关于俄罗斯问题的建议

**格施克**（主席）：

同志们，主席团提议第五次代表大会不必讨论纲领问题，将其往后推延，把这个问题再次交由纲领委员会加工修订，换句话说，讨论要等到代表们拿到草案之后再进行。看来，大会是同意这一建议的。

主席团接到下面一项建议：

"关于俄罗斯问题的建议。

下面签署的各代表团,兹代表一个开始便极为关注并严重担心俄国党内辩论的几个共产党宣布,它们一致赞同俄共中央委员会。它们这样做是因为,它们在反对派意见中看出了对巩固无产阶级专政和俄共团结的威胁。因此,俄罗斯反对派的行动不仅是针对俄共中央的,而且无论其主观意图如何,就其客观后果而言,也是违背整个共产国际的利益的。因为损害苏联的无产阶级专政,削弱唯一能够坚持这种专政的俄国共产党,便无异于戕害全世界共产党人至为珍视的列宁遗训。因此共产国际应当要求共产国际的所有成员和各国支部坚定明确地拒绝这种非列宁主义的、违背世界革命利益的态度,它只能贬低不仅在苏维埃国家、而且在共产国际发挥领导作用的老布尔什维克近卫军的威信。

共产国际第五次代表大会批准俄共第八次代表大会的决议,强调指出反对派的观点标志着小资产阶级的机会主义倾向。我们在这里要强调指出,俄罗斯问题并不是一个国家的问题,而是具有国际的意义。

如果代表们中有人还不信服这一点,在李可夫同志的报告之后还想在这里发表不同的意见,我们建议就李可夫同志的报告展开辩论,以便为代表大会持有不同意见的所有成员提供坚持自己的观点的机会。

同时我们也建议为俄共反对派的杰出代表提供 2 小时以陈述其观点。

德国、法国、英国和美国代表团。"

**格施克**(主席):

没有人反对这个建议吗?建议被接受。(鼓掌)

## 波兰代表团多数派发表声明

**格施克**(主席):

现在由杜纳耶夫斯基同志宣读波兰代表团多数派的一项声明。

(杜纳耶夫斯基同志宣读:)

## "波兰代表团多数派声明

波兰代表团多数派兹声明如下:

1. 波兰代表团少数派(即:普罗赫尼亚克、瓦尔斯基、瓦列茨基和科斯切娃)的发言带有派性,而且代表团并不知情。

2. 少数派在其声明中闭口不谈自己对于在波兰中央委员会内引发了危机的俄国和德国问题的立场。

3. 克拉耶夫斯基同志和格热戈热夫斯基同志在他们的发言中,已反驳了针对在最艰难的条件下在波兰会议中不懈地进行革命工作的共产党议员所进行的攻击。这样,代表团少数派在发言中就这个问题发表声明实在并无必要。

波兰代表团多数派"

(会议休会)

# 第十九次会议

(1924年6月28日,星期六,晚上)

主席:柯拉罗夫

## 列宁格勒工人向代表大会致贺词

**柯拉罗夫**(主席):

代表大会即将听取列宁格勒男女工人们的贺词。(掌声)现在请列宁格勒女工代表布雷金娜同志发言。

**布雷金娜**(苏联):

同志们,请允许我代表列宁格勒的女工向第五次代表大会致以热烈的敬礼。(掌声)

同志们,列宁格勒的女工们向共产国际第五次代表大会敬献一件礼品。这件礼品本身描绘的是地球。意思是说,整个地球上只有一个国家存在无产阶级专政。(掌声)地球上其余五大洲仍然被资产阶级的奴隶枷锁禁锢着。同志们,应该由谁来砸碎这些奴隶的枷锁呢?毫无疑问,国际无产阶级面临着一项任务,无论如何也要竭尽全力,打破这些资产阶级的奴役枷锁,让无产阶级在列宁主义的红旗下联合成为一个共产主义的家庭。(掌声)

同志们,列宁格勒的女工们知道,国际无产阶级同资产阶级进行斗争非常非常艰难。但是女工们同时也知道，她们不应当对这场斗争漠不关心。所以我们列宁格勒的女工认为，那个时候已经不远了：到时候国际无产阶级在共产国际的领导下，一定能够像俄国的工人们那样打败资产阶级。最后，我要高呼：革命无产阶级的集体领袖——第三共产国际万岁！（掌声）全世界的无产阶级胜利万岁！（掌声）共产国际第五次代表大会万岁！（掌声）

**柯拉罗夫**（主席）：

现在请斯莫林同志发言。

**斯莫林**（苏联）：

同志们，请允许我代表列宁格勒的工人向你们致敬，同样也向列宁格勒的工人们转达我们列宁格勒的工人代表们在这里所受到的来自共产国际第五次代表会议的热情接待。（掌声）

同志们，列宁格勒的工人们率先响应我们伟大的领袖和导师列宁同志的号召，推翻了资产阶级，在苏维埃俄罗斯竖起了列宁主义的旗帜。俄国工人阶级所进行的那场斗争，如今已经蔓延到了全世界。

同志们，我们遭受了巨大损失，我们遭受了我们的伟大导师弗拉基米尔·伊里奇的逝世，那正是我们俄国共产党里发生了一场尖锐的辩论之后，我们俄罗斯工人阶级对这场辩论的反应非常热烈。反对派向我们所提出的那条路线，我们列宁格勒工人齐心协力地予以拒绝，我们异口同声地说，这条路线是不正确的，我们决不会跟着它走。我们借季诺维也夫同志的口，肯定了中央委员会所执行的路线是正确的。（掌声）

同志们，我们在列宁格勒密切关注着共产国际代表大会的工作。我们在报纸上读到了瓦尔加同志的报告。他在谈到欧洲的经济时明确地指出，欧洲经济目前正在衰退、瓦解，同时，正像我们自己所深信的那样，俄罗斯社会主义共和国的经济却正在恢复，工业不断增长。就这样，列宁主义的旗帜、共产主义的旗帜节节胜利。列宁主义的旗帜在全世界万岁！第三共产主义国际万岁！第三共产主义国际主席季诺维也夫同志万岁！（掌声）

**柯拉罗夫**（主席）：

现在请阿尼西莫娃同志代表列宁格勒制革女工致词。（掌声）

**阿尼西莫娃**（苏联）：

同志们，请允许我代表列宁格勒的制革女工向共产国际第五次代表大会致敬。

同志们，我们列宁主义者深信，共产国际第六次代表大会之前，德国一定会赢得一个红色的十月。（掌声）

请允许我宣读以下致德国女制革工人书：

"资本主义德国的亲爱的制革女工姐妹们！我们列宁格勒的制革女工向你们致以热烈的无产阶级的敬礼。世界革命司令部'红色共产国际'在自由的苏维埃共和国举行会议；全球工人阶级最优秀的代表们正在决定全世界无产阶级革命的命运。在工人阶级准备迎战全世界资本家的血腥镇压的时候，我们向你们发出无产阶级的召唤。

你们德国女工应当与德国的男工人结成统一的无产阶级战线，投入与资产阶级的决定性的最后战斗。

我们，红色城市列宁格勒的制革女工们，向德国共产党和全体工人阶级宣誓，在你们出发投入同你们国家的资产阶级的决定性战斗的时刻，我们坚信你们同资产阶级血战的时刻很快就会到来，到时候我们就是你们争取德国的红十月的斗争中的第一批援助者，你们是在为工人阶级光明的未来的事业而斗争，这个事业的名称就是共产主义。

我们列宁格勒制革女工授予你们这面红旗,那是我们在1917年10月25日所赢得的。

你,德国的女工,应当骄傲地举起这面红旗,争取赢得全世界的十月革命。共产国际第五次代表大会万岁!全世界的共产党万岁!德国的制革女工万岁!带领德国工人阶级走向无产阶级胜利的德国共产党万岁!

同志们,德国的女工们,请你们收下这面旗帜,在第六次代表大会前争取赢得红色的十月。我们坚决相信你们会取得胜利,随时准备援助你们。"

**林克**(德国):

我代表德国代表团、代表成千上万的德国制革女工,向你们表示最热烈的谢意。在这面旗帜下,德国女工们将继续自己的艰巨斗争。在许多地方,在各种不同的情况下,德国女工们都表明,她们一定能够与整个工人阶级结成紧密团结的战线,坚持斗争。在鲁尔州和上西里西亚,妇女们不得不面对法国士兵和警察的刺刀进行斗争,她们与男工人们一起将工贼赶出企业,尤其是在上西里西亚,她们鼓励自己的丈夫继续斗争,她们雄辩地证明了,她们准备将斗争转入决定性的阶段。妇女们必将表明,她们无愧于充当你们的战斗同盟者。俄罗斯和德国的紧密的战斗同盟万岁!

**柯拉罗夫**(主席):

世界革命万岁!

现在由福米奇同志代表"红三角"工厂的工人们向德国苯胺工厂的工人们转交一面旗帜。

**福米奇**(苏联):

同志们,请允许我代表"红三角"工厂的男女工人向共产国际第五次代表大会致敬。我们"红三角"工厂的男女工人一直关注世界革命运动的发展，认为共产国际第五次代表大会就是国际工人运动真正的领导者，是全世界工人阶级摆脱资产阶级压迫、获得解放道路上的指路明星。资产阶级、资本家和他们的走狗——冒牌社会主义者们，痴心妄想地说共产国际只能再生存两个星期。但是他们大错特错了。我们看到，共产国际第五次代表大会成长壮大了，将来我们也希望它继续走至今所走的道路，它的敌人——万恶的资产阶级的希望一定会落空。我们"红三角"的男女工人相信，共产国际第五次代表大会在我们亲爱的领袖和导师弗拉基米尔·伊里奇去世之后，也一定会沿着列宁主义的道路前进，列宁就是国际革命最可靠的领袖。

他不在了，但是他仍然活在我们的心里。我们"红三角"的男女工人宣誓，随时准备着响应第一声召唤，投入共产国际领导下的战斗的无产阶级反对万恶的资产阶级的斗争队伍。

共产国际第五次代表大会万岁！世界革命万岁！

**格别尔格**（苏联）：

同志们，我们以"红三角"化工厂工人的名义，向德国路德维希港市化工厂的工人们赠旗。希望他们保存好这面旗帜，并且为赢得自己的十月革命而战斗！

**海因茨**（路德维希港）：

我代表巴登苯胺和苏打工厂的工人，怀着热烈的革命谢意接受"红三角"橡胶厂代表团赠送的旗帜。我们没有机会在获得斗争的胜利之后接收这面旗帜。但是巴登苯胺厂的工人们曾两次以自己的英勇斗争证明，他们有着每一个渴望争得自由的革命者应当具备的忘我精神。苯胺厂的工人们在数周期间两次为赢得十月革命而斗争。两年前他们开展了反对化学工业资本家迫害工厂委员会的蛮横行径的斗争，为了组织无产阶级的防卫斗争，工厂委员会已经联合起来，建立了德国工厂委员会代表大会。即便在工会贵族卑鄙、阴险地叛变之后，害得他们一败涂地，他们也不曾停止斗争；而数星期之前他们又重新举起战斗的旗帜，挺身捍卫德国无产阶级提出的8小时工作日的要求。他们率先开展争取实现这些要求的斗争，从而向德国工人阶级发出了战斗信号。遗憾的是，由于工会贵族的可耻叛变，德国工人这一次遭到了失败。德国工人阶级不幸的是，他们未能在争取这些共同的革命要求的斗争中团结起来：显然，如果德国工人阶级希望获得胜利，他们就应当在斗争中团结起来。苯胺生产的工人们并没有忘记受难的同志们，这一次又增加了许多新的受害者；他们并没有忘记在斗争之初的1904年3月6日的3位被杀害的同志。他们将牢记社会民主党工会贵族和警察所犯下的血腥罪行。

我以这些英勇战士的名义，以苯胺生产工人的名义，向"红三角"橡胶厂工人代表团致以热烈的问候，对他们赠旗表示衷心的感谢。我们又一次看到，俄罗斯的无产阶级对工人阶级怀着多么深厚的兄弟般的热爱之情。我们一定要珍惜这种兄弟情谊，并且在未来的艰巨的战斗中加以证实。我们面临新的战斗，它们将表明无愧于现在向我们所赠送的这面旗帜。我们要以继续紧密团结、坚定不移地进行斗争来为这面旗帜争光。怀着这种保证，我收下已经取得胜利的俄罗斯无产阶级的这面旗帜。

**柯拉罗夫**（主席）：

现在由斯莫林同志代表普梯洛夫工厂的工人向克房伯工厂的工人献旗。（掌声）

**斯莫林**（苏联）：

同志们，"红色普梯洛夫人"工厂的工人向克房伯工厂的工人赠送一面旗帜。我们希望，在不久的将来红旗也会像它飘扬在普梯洛夫工厂

上空一样，在克虏伯那些工厂的上空高高飘扬。（掌声）

但愿这面旗帜能成为国际革命斗争和胜利的象征。国际革命万岁！第三共产主义国际第五次代表大会万岁！（掌声。宣读决议）

## 决 议

"'红色普梯洛夫人'工厂的工人向共产国际第五次代表大会致以热烈的敬礼。我们一直关注着世界运动的发展，深信共产国际乃是未来世界革命的领导者和全世界工人阶级摆脱资产阶级压迫获得解放的指路明星。

我们也考虑到了共产国际在自己的前进道路上难免会遭遇到的种种困难；但是我们知道，最近数年来已经获得了巨大的成果，各国群众性的工人革命运动便足以证明这一点。

资产阶级及其走狗——冒牌社会主义者，预言共产国际只能生存两个星期，这些瞎眼之人却没有发现，第三共产主义国际从一开始便在工人阶级及其先锋队各国共产党中不断成长、巩固。这是可以理解的，因为，我们深信，共产国际现在是、将来也仍然是弗·伊·列宁心血的结晶，而弗·伊·列宁则是全世界工人阶级最敬爱的朋友和导师。

我们知道，失去弗拉基米尔·伊里奇对于共产国际像对于我们'红色普梯洛夫人'的工人们一样，是代价十分沉重的无可弥补的损失，但是我们也知道，弗拉基米尔·伊里奇自己的学说、自己的著作和紧密团结的各国共产党作为遗产留存了下来。

我们希望，共产国际第五次代表大会在自己的艰巨工作中，所走上的正是列宁主义的道路，那是一条通向国际革命的正确的道路。

就自己方面而言，我们'红色普梯洛夫人'的工人向共产国际保证，我们'红色普梯洛夫人'一定响应第一声召唤，投身为了在全世界实现工农苏维埃政权而斗争的世界无产阶级的第一批队伍。

在向共产国际第五次代表大会致敬的时候，我们'普梯洛夫人'也怀着一个愿望和信心，希望并且相信在第六次代表大会召开之前，共产国际的队伍会更加壮大，从而缩短世界革命到来的时刻。

普梯洛夫厂的工人们请第五次代表大会向全世界的工人转达我们热烈的问候。请告诉他们，我们期盼着他们做出 1917 年 10 月我们所做出的事情。我们一定全力地支持他们。

第三共产主义国际万岁！

世界革命万岁！"

宣读十月铁路无产阶级工厂（原亚历山德罗夫工厂）工人给第五次世界代表大会的致敬信。

**克恩**（德国）：

鲁尔州代表团代表鲁尔州的工人，首先是代表埃森的克虏伯各工厂的 2 万名从业工人，向赠旗的列宁格勒工人们表示衷心的感谢。早在去年，鲁尔州的工人，主要是克虏伯各工厂的工人，即曾在苏维埃的旗帜下为 12 位被法国帝国主义杀害的工人举行葬礼。这面旗帜将会进一步完成它的使命，好在鲁尔工人阶级在所有的革命战斗中一向都站在、今后也必将站在最前列。仅仅数日之前，在鲁尔刚刚结束了一场激烈的斗争，在 4 星期的过程中，6 万名工人开展了这场反对企业主的剥削措施的斗争。社会民主党人、孟什维克和工会贵族的叛变行为毁掉了他们。我认为，我们与列宁格勒工人团结一致的最好证明就是我们高唱《国际歌》并且高呼："世界革命万岁！"

**台尔曼**（德国）：

我以德国共产党中央委员会的名义，向列宁格勒工人代表团致以最诚挚的共产主义敬礼。

如果说列宁格勒的工人在任何情况下都经常密切关注德国的革命斗争，牢记德国的革命无产阶级与俄罗斯的无产阶级和农民密不可分，如果说他们时时刻刻,尤其是在 10 月里,尽力在无产阶级革命开始时不仅以自己的国情和声援、而且以积极的斗争支持德国工人,那么眼下在世界代表大会上赠送三面旗帜则向我们表明,俄罗斯工人怀着多么深厚的兄弟般的共产主义的团结一致精神。代表大会的成员们懂得,现在德国的工人农民应该进行什么样的反对德国资产阶级的斗争。俄罗斯工人和农民,首先是列宁格勒的工人懂得,我们应该进行什么样的反对德国的白色恐怖的艰巨斗争。这里,在代表大会上,我们表示一种期望,我们要走俄罗斯工人农民 1917 年为我们所指出的道路,当时一批满怀无畏、果敢精神的英雄,将这个拥有 1.5 亿人口的大国引向了胜利。俄罗斯工人确立了无产阶级专政,建立了苏维埃国家,它的存在已超过 6 年。只有他们现在给我们指出了一条通向自由之路。为此我代表德国共产党的党员们接过这面旗帜。我希望,我们高举着它进行斗争,这场斗争将让我们走向 1917 年首次无产阶级革命那样的胜利。我们要举着这面旗帜实现这一目标,我们在这里的代表大会上保证,一定效法俄国党的榜样,遵循布尔什维主义的策略。我认为,我们可以告诉向我们赠送这面旗帜的列宁格勒工人,我们能够斗争,我们一定会取得胜利。

## 瑞典代表团声明

**柯拉罗夫**(主席):

现在由格施克同志宣读瑞典代表团少数派的声明。

**格施克**(德国):(宣读声明)

"瑞典代表团少数派声明

对于瑞典代表团多数派就库西宁和汉森同志批评代表团活动之举表示抗议

一事，瑞典代表团少数派声明如下：

抗议是以整个代表团的名义对外发布的；其实少数派在代表团的会议上拒绝了发表这类抗议的一切建议，如果决议会在会议上宣读，我们一定会投票加以反对。

多数派一直避免从实质上认真研究所提出的意见。他们圆滑婉转地谈论一些次要的事情。我们认为，库西宁和汉森同志发言对瑞典党中央多数派特别是霍格伦同志所提出的批评是正确的，有着充分的根据。我们认为，这一批评并未贬低党员和党组织所做工作的价值，只不过强调我们党需要有一个富有战斗力的中央委员会。霍格伦同志在瑞典党中央委员会所进行的起着瓦解作用的派别斗争，阻碍了党中央的团结。

我们认为，如果霍格伦同志在这里，在世界代表大会上，明确地陈述自己对共产国际的纲领、策略和组织等问题的观点，并表明他是否准备真正促进瑞典党的布尔什维克化，并在瑞典开展有益于共产主义的积极而遵守纪律的工作，那么，瑞典的共产主义工作一定会获得很多的成就。

O. 萨穆埃尔森，西格纳·西伦，埃纳·奥尔森
1924 年 7 月 27 日于莫斯科"

"共产国际第四次代表大会①瑞典代表团声明，完全赞同瑞典党代表团少数派的声明。

阿尔维德·弗雷特林，卡尔·安德森，
维尔纳·塞特贝里"

## 英国代表团拟定并提交大会的决议

**麦克马纳斯（英国）：**

英国代表团拟定并提交代表大会下列决议：

---

① 原文如此。应为共产国际第五次代表大会。——编者注

"继4名共产党人被判处4年严格监禁之后,印度又发生了111起逮捕事件。大多数被捕者都是贫苦的农民,他们被指控进行布尔什维主义宣传。法院审理于5月18日进行。帝国主义报纸对这种大规模的迫害行为只字不提。

事情的起因是,难以忍受的剥削迫使贫苦的印度农民提出口号:没收大地产,将土地分给种地的人们。

因此,麦克唐纳政府不仅容许迫害印度共产党人,而且帮助反动地主们反对起义农民的要求。

共产主义国际第五次世界代表大会提请全世界无产阶级,特别是英国工人阶级,关注所谓工人政府的这种帝国主义政策,并号召举行最强有力的抗议。

第五次世界代表大会对印度工人农民反对帝国主义的斗争表示声援,这种斗争在所谓的工人政府变成帝国主义的驯服工具之后更加尖锐了。代表大会号召英国工人阶级履行自己对印度工人农民的义务,这些人正在遭受以英国工人名义作掩饰的迫害和奴役;代表大会号召工人们举行抗议,迫使工党政府释放被囚禁者,终止正在进行的迫害印度工人阶级的行径。"

英国代表团将这一决议提交代表大会,并请求大会予以一致通过。

(决议提交表决并获一致通过。)

## 美国代表阿姆特的声明

**怀恩科普**(荷兰):

我收到阿姆特同志的一项声明,内称:

"季诺维也夫同志在他的最后发言中对我进行反驳的根据,是他误以为的我同福斯特同志就其在圣保罗的讲话所作的辩论,其中一段话引自罗斯特的电报。这里出现了一个错误,因为从我的发言的速记记录中可以看出,我根本没有提及福斯特的讲话。"

## 讨论季诺维也夫的报告（续）

**柯拉罗夫**（主席）：

议事日程上是就季诺维也夫同志的报告作出决议。现在由政治委员会的报告人鲁特·费舍同志发言。

**鲁特·费舍**（德国）：

同志们，几个代表团所提交的决议在政治委员会经过了仔细的审议。讨论并通过了委员会对这一决议所提出的一系列补充意见。

我的报告分为两个部分。首先我要讲述博尔迪加同志所提出的第二份决议的情况，然后再谈修改的地方。宣读该决议是多余的，因为我估计，所有的代表团都认真研究过了最初的草案，同时也因为任何地方都未进行原则性的修改。

先谈谈根据政治委员会的建议由博尔迪加同志提交该委员会的相反草案。草案以全票对博尔迪加同志的一票被否决，因为该草案中表达了与德国、俄罗斯、法国和英国等代表团所提出的决议中的观点截然不同的观点。导致两份决议对立的缘由是，博尔迪加在世界代表大会上所指责的与其说是右的倾向，不如说是共产国际及其执行委员会。他不是从共产国际内所存在的种种右的倾向中，而是从执行委员会的政策中，首先是从第四次世界代表大会的决议中，去寻找过去一个时期内各党所犯错误的原因和德国失败的原因。

这种看法与4个代表团的决议存在着分歧。如果说博尔迪加认为执行委员会和共产国际的政策整体上是发生各种错误尤其是德国事件的原因这个意见是正确的，那么现今的执行委员会便会因此受到谴责。

不过我们还是来看事实本身吧。博尔迪加在其决议中所引以为据的首先是已经太过时的执行委员会就像德国问题所发表的讲话。这是他所列举的执行委员会政策错误的证据中的主要之点。我认为必须确定，这完全与季诺维也夫同志在闭幕词中所陈述的事实相矛盾，也与德国党本身的看法相矛盾。政治委员会确认，执行委员会历年的干预一向都针对的是根除分裂和进行反对右的倾向的斗争。但是，同志们，如果认真考察对德国问题的这个不符合事实的见解（在政治委员会中特别执着地表明这一观点的正是德国党）以及博尔迪加决议中的其他许多地方，那么不得不得出一个有趣的结论：博尔迪加（当然他自己并不希望如此）所从事的斗争与其说是在反对右的倾向，不如说是在反对执行委员会。我们都知道，像我们的朋友博尔迪加这样直率而优秀的同志，绝不会为共产国际内无论什么样的机会主义辩护。但是客观地说，他的相反草案，很遗憾，所导致的结果正是如此。因而政治委员会不采纳这一草案，而是同意执行委员会反对各种右的倾向的斗争。

同志们，我想着重分析一下博尔迪加决议中某些本质性的具体的要点。针对统一战线的问题，我们的朋友博尔迪加作出了一个非常圆滑的表述，按照这一表述，它可以分解为政治方面的和工会方面的统一战线问题。

此外，在论点中还提出了放弃工农政府口号的要求，即便作为宣传口号也要放弃，可是意大利左派不久前还采取这一口号作为这样的用途。

政治委员会通过决定，采纳季诺维也夫同志所表述的工农政府的口号。

谈及融合的地方引起了特别的兴趣。这里的表述也很圆滑。其中说：

"在这方面，应当力求做到最大的团结和同等，在融合时放弃组织的方法，放弃在别的政党组建支部和接受同情党加入共产国际的策略,这样的一些手段只能是在共产国际创建时期运用。"

博尔迪加希望仅仅在初始阶段采取建立支部和实行融合的方法。这种过分片面的看法等于拒绝任何融合。

该决议被政治委员会一致否决,只有博尔迪加同志一票对抗,因为这个决议偏离了代表大会所确定的路线。博尔迪加与代表大会的政治决议针锋相对提出的这项决议,同时充当了(当然违反他的愿望)共产国际右翼尽人皆知的可靠的支柱。博尔迪加在他所谈论的产生右倾危险的地方深深地迷失了。这些倾向的原因并不是代表大会的提纲和决议,引发这些倾向的是欧洲革命运动所面对的困难。我们不能在代表大会的提纲中寻找这些右的倾向的来源。

委员会建议拒绝我们的朋友的决议,并在4个代表团所提出并经政治委员会全体通过的政治纲领的基础上团结起来。

现在谈谈委员会内提出并通过的一系列修改意见。我并不涉及那些无关紧要的修辞方面的改动。我想补充的是,决议应当从非常独特的德语(这是委员会成员语言多样的结果)翻译成便于理解的德语。

第一,第3页上有一处德国代表团提出并经委员会通过的修改。在谈到德国党中央委员会放弃立场的地方,讲了如下一段话:

"执行委员会在德国党内强大的左的思潮的促使和德国左派的支持下,采取了一个完全正确和必要的步骤,谴责了德国中共委员会的机会主义行为,首先是其在萨克森的政府实验期间歪曲统一战线的策略。执行委员会从中得出了正确的政治和组织结论,进行了坚决而无情的反对机会主义的斗争,等等。"①

---

① 参见《国际共产主义运动历史文献》中央编译出版社2014年版第39卷收录的《关于共产国际执行委员会报告的决议》第3条。——编者注

往下，第4页第4段也有一处德国代表团提出的修改：

"在这方面，德国工人阶级和德共也有一份功劳，他们尽最大的努力坚持不懈地坚决根除种种右的倾向，他们在共产国际的支持下，在自己身上找到了经受如此严重危机的力量，没有垂头丧气，没有削弱自己队伍的战斗力。"①

在涉及保加利亚党的第7段中作了几处修辞性的修改。

由于所涉及的问题的重要性，新增了有关波兰党以及捷克斯洛伐克党的项目。因为并非所有的同志都有机会获得单印本，所以我宣读了这些要点。第8段后面接着就是：

"9. 波兰共产党在共产国际执行委员会的积极协助下，在该党1923年的第二次党代表大会上通过决议，这些决议为扩大和巩固党的影响奠定了布尔什维克基础。党的领袖们在自己的实际活动中，特别是在十月的群众斗争期间，没有表现出真正的革命积极性。在俄国问题和德国问题上，波兰中央都支持右翼，并试图压制自己队伍里任何来自左翼的批评。

10. 捷克斯洛伐克共产党并非没有机会主义的错误和倾向，这也表现在对于第四次大会关于统一战线和工人政府问题的决议的诠释上。机会主义的动摇和谬误，也表现在党对于俄国问题和德国问题的态度上。尽管党在某些领域也展现了高度的积极性，然而它未能将议会里的发言和无产阶级的群众运动联系在一起，未能相应地让无产阶级对未来的革命战斗做好准备。"②

第12段中删除了一些名字。其理由在第10页上作了说明。委员会坚持这样的意见：不指名道姓、从实质上分析研究问题更为合适。

---

① 参见《国际共产主义运动历史文献》中央编译出版社2014年版第39卷收录的《关于共产国际执行委员会报告的决议》第4条。——编者注

② 参见《国际共产主义运动历史文献》中央编译出版社2014年版第39卷收录的《关于共产国际执行委员会报告的决议》第9、10条。——编者注

在第 14 段中涉及工会组织的工作，采纳了德国共产党所提出的补充意见，现在我也将该意见宣读如下：

"由于共产党在相当长一段时间内并未对这一危险的倾向果断地进行抵制，执行委员会都以最坚决的方式予以反对，直至法兰克福党代表大会决议在共产国际执行委员会的大力支持下制止了这一灾难性的现象，这使情绪发生了有利于革命的工会工作的根本改变。"①

所做的一些最重要的补充就是如此。

罗易同志提出进行广泛的补充，有可能成为第 17 段。委员会拒绝了这一方案，并将其转交给研究殖民地问题的委员会。罗易同志要求重新考虑此前我们在殖民地国家所进行的工作，并局限于建立工人政党。

第 17 段，谈的是军队工作，已通过。这里没有任何实质性的分歧。第 10 页上对违反纪律的问题作了这样的表述：

"代表大会责成执行委员会比以往更加严格地要求各支部和所有的党的领导人遵守铁的纪律。代表大会指出，在某些情况下，执行委员会因为顾及一些功勋卓著的同志的威信，反对违反纪律的现象时不够坚强有力；代表大会授予执行委员会全权，必要时可坚决采取行动，不惜采取极端措施。"②

这就是所作的各种修改。委员会建议代表大会以尽可能强有力的多数票通过这一决议。这将成为不但对执行委员会的活动，而且对它看待右派的态度的一种赞许。这项决议中对某些党所犯的错误作出了具体指示。委员会深信，这项决议的通过不但对于消除上述问题，而且对于我

---

① 参见《国际共产主义运动历史文献》中央编译出版社 2014 年版第 39 卷收录的《关于共产国际执行委员会报告的决议》第 14 条。——编者注
② 参见《国际共产主义运动历史文献》中央编译出版社 2014 年版第 39 卷收录的《关于共产国际执行委员会报告的决议》末尾。——编者注

们今后的工作,都将构成必要的前提条件。这项决议就是最近两年期间我们的经验的精华。委员会深信,代表大会的大多数人都会让代表大会的各项决定真正得到贯彻执行。委员会请求驳回博尔迪加同志在委员会中提出自己的决议时对执行委员会所作的职责,通过我们提出的现有文本的决议并对其采取相应的行动。

**博尔迪加**(意大利):

委员会的报告人鲁特·费舍同志刚才满怀激情地发言反对意大利极左派的决议;考虑到她本人的名声,这是非常奇怪的,因为她是左的思潮的热烈拥护者,在我们兄弟般的德国党所进行的那场斗争中更是如此。

鲁特·费舍同志在某种意义上夸大了我们反对派的规模。她说:这是全面反对共产国际的斗争,这是反对执行委员会的斗争。

不对,同志们。这只不过是刚才您所宣读的那项决议的意思,其中也包含着鲁特·费舍同志加入其中的意义。

然而鲁特·费舍同志对我们的立场作出否定的评价之后,又急于在谈到外交辞令时,对我使用性质完全相反的术语。

我认为,根据我们已经形成的使用化名(笑声)的实际经验,对鲁特·费舍同志、对大多数人,也许还对共产国际执行委员会而言,这个词应当作为一个化名,其中隐含着强烈的坚决的否定态度;就像对待工人政府一样,这里也可以采用这种规矩。

鲁特·费舍同志断言,我们的决议是为共产国际的右翼效劳,为机会主义者们效劳,断言我们说了:有过错的并不是机会主义者,有过错的是第四次代表大会和共产国际执行委员会。

不能以这样的方式提出问题。我们认为需要提出一个不同于委员会已经通过的决议正是因为,我们在多数人所提出的决议中找不到反对右倾、反对右倾机会主义的足够的保障。

这的确是如此。委员会所制定的决议不可能让我们揭穿右派的假面具：从代表大会上决议的表决结果得出必要的结论，以这样的方式解释决议：使得在其中的确可以看出足以避免在共产国际今后的活动中让我们面临危险的保障。

在共产国际第四次代表大会上我们总采取类似于我们现在的立场，如今把这也归咎于我们，其实自第四次代表大会以来已经得到承认，尽管是以十分小心翼翼的方式，甚至是以极不明确的方式，因为事情关系到多数人的决议，但是终归得到了承认：早先所通过的决议让我们保持了一致，但并未提供所需要的那种保障。在第四次代表大会结束的时候，鲁特·费舍同志毕竟像现在一样说了：代表大会向左进展了，我们正在犯错误，成了孤家寡人，使自己于极左派提出的各种决议隔绝，这些决议中包含着巨大保障的要求。

我认为，如果有什么人的立场很奇怪，那么这并不是我们的立场，而是德国左派同志们的立场，这种立场与这个大党内刚刚发生的事情完全不相称，而这党对共产国际举足轻重。我认为，对于刚刚进行过一场反对右派的激烈斗争的德国共产党人、德国革命工人而言，他们的代表在共产国际代表大会上投票赞成一项一致通过、掩护右派、使其能够掩盖自己的真实面目的决议，这显得非常奇怪。

人家总是对我们说：你们破坏共产国际的团结。不对，同志们，因为这种团结是虚假的，因为它与真实的、真正的团结恰恰相反。

这种情况我们已经指出过多次了。这里的一致通过中常常隐藏着右倾的危险，因为这时候附和多数的共产国际中见风使舵的机会主义分子经常会声称他们在各方面都拥护执行委员会和共产国际，而这些问题并不涉及他们党本身的事务。这些人返回他们国内之后，继续干那些给共产国际制造危险的事情，因为所通过的决议不够明确，因为其中所确定的纪律并未提供足以阻止这些人进行机会主义工作的强大武器。

我们希望在自己的决议中反对的正是这种体系。说我们效劳于右派，这是十足的圆滑手法，仅此而已。

我们希望，未来不要在决定性的战斗中给我们的共产国际造成更多的失利，但是我们仍然希望现在向代表大会表明，我们认为现有的保障不足，共产国际应当更多地采取一些步骤，以真正落实反对修正主义的措施。我们的立场现在和上一次代表大会时一样，但是不能否定（我们很高兴指出这点）共产国际已经朝这个方向前进了一步。这让我们感到振奋，促使我们坚持我们的立场直至最后时刻即表决之前，这与遵守纪律并行不悖。

我们认为，我们的行为方式与圆滑手腕截然相反，我们贯穿其间的是工作所必不可少的明确和真诚，遵循的是真正革命的原则。这就是我们为处于孤立地位感到遗憾的原因，尤其遗憾的是，德国左派的同志们在这里声称，似乎我们在支持右派。不过无论如何，我们认为坚持我们的决议直至代表大会进行表决乃是我们的义务。

（意大利代表团席中响起掌声）

**布哈林**（苏联）：

同志们！博尔迪加同志在此次代表大会上继续奉行他早已为之辩护过的所谓弃权主义的策略，不肯接触具体的问题。我们在委员会中曾直截了当地建议他举出其观点的具体根据，但他却只限于发表原则性的宣言。他对我们说，他没有时间阐述可以作为他的策略根据的种种想法。我们将关于季诺维也夫同志的报告的决议表决时间延迟了一天，就是为了博尔迪加同志，为了意大利党的少数派，为了所谓的左翼反对派。这样，在地点和时间的条件方面，我们为博尔迪加同志论证自己的见解提供了充分的机会——哪怕他教训教训我们也可以。其后博尔迪加同志再次发言，仍然不谈任何具体的东西，只是重复他的宣言。同时他像在委员会中那样声称：我反对这样解决具有极端重要性的问题，反对不加讨论便将其径直提交表决，从而形成虚假的决议。博尔迪加同志不肯具体地谈，可能他也没法谈。但是一个不能够为其所采取的立场提出有说服力的论据的同志，是无法指望他能让共产国际摆脱机会主义的胡说八道的。因此我在这里不得不就一些具体问题算算旧账，不是与在这里发言的博尔迪加同志算，而是，如果可以这样说的话，与广义形态上的博尔迪加同志即博尔迪加主义算，这种博尔迪加主义就表现在我们手边的一些报刊上、讲话中，等等。博尔迪加同志说，他是在为反对机会主义的流派辩护。我要肯定地说，博尔迪加身上却恰恰可以证实，有一种十分特殊（虽然属于原创）、纯粹博尔迪加型的机会主义样式。马克思即便在谈论最抽象的事物时，也从不忽略数量。每一个马克思主义者都熟悉马克思的名言："理论一经掌握群众，也会变成一种力量。"[①] 可见，群众的概念和群众的现实对马克思而言至关重要，因而对马克思主义而言也始终至关重要。然而在博尔迪加同志所有的观点中，这种思想全都消失了。我们在博尔迪加同志的政治观念中找不到群众的踪影。我这里有意大利报纸《工人国家报》，它常常阐述博尔迪加派的见解。该报最近一期上刊登了一篇题为《拥护左翼反对派的国际派》的文章。文中表述了博尔迪加同志政治见解的前提。

**博尔迪加**（意大利）（从座位上说）：
　　这篇文章是一位在群众中工作的好同志写的，并不是我写的或者某位教授写的。

---

　　[①] 引文有出入，原文为："理论一经掌握群众，也会变成物质力量。"参见《马克思恩格斯文集》第1卷第11页。——编者注

**布哈林**（苏联）：

很遗憾，写这篇文章的不是教授。但这并不是辩解的理由。可以成为一位好同志，同时却是一位很坏的马克思主义者。那么，这位表达了一个派别的正式意见的好同志，其政治观点的实质何在呢？首先是出发点：在他看来，党应该是什么呢？我们大家都知道，从马克思主义和列宁主义的观点看来，党的作用就各方面而言都异常重大。党是整个革命进程的推动力量。这篇文章中是如何为党下定义、如何为党在无产阶级的革命运动中的作用下定义的呢？我先逐字引用一段原文："为了夺取政权，为了建立无产阶级专政，我们要以无产阶级的恐怖少数与资产阶级的恐怖少数相对抗。"

这是一种什么观点呢？资产阶级政府是少数，通过资产阶级专政与无产阶级专政作斗争；党作为整个无产阶级运动的代表，也被贬低到与法西斯少数和占据统治地位的资产阶级少数对等的角色，并且被界定为无产阶级的恐怖少数。在这样的观点中有一丝一毫的马克思主义的成分吗？无论如何也没有。这一点每个小孩子都肯定能够明白。在这种情况下博尔迪加同志还说，我们所遇到的是一位好同志。他并不像法西斯分子墨索里尼那样，清清楚楚地懂得群众运动的必要性。我们都看到了，法西斯主义在与我们的意大利同志的斗争中取得胜利，正是由于他们懂得群众运动的作用，将农民和小资产阶级的广大阶层、甚至一部工人阶级都拉下水；经历了这种教训之后，却还出现了博尔迪加同志，他以婴儿般的天真让自己的好同志将党界定为无产阶级的恐怖少数。这真的仅仅是天真吗？即便这真的仅仅是天真，那也仍然是可怕的。根据马克思、列宁、恩格斯和其他好同志对我们的各种教导，这种观点纯属修正主义。整个观点的逻辑出发点是这样：要么党的作用确实是力求将工人阶级的大多数吸引到自己一边，要么不是这样。我们马克思主义者历来所受到的教导可以说是，使得无产阶级的胜利成为可能的技术条件正是群众运动。无产阶级要能取得胜利,只会是在它让群众的力量与资产阶级的国家机关相对抗的时候。我没有见过任何一位大革命家否定过这个论点。我们应当进行选择——不过,选择也并不困难:要么是微不足道的恐怖少数发挥党的作用,要么是我们的党组织按照马克思的理论,将无产阶级的大多数吸引到自己一方来。这个大多数的力量必将在资产阶级国家内群众性的战斗中取得胜利。当然,也曾有过一些"革命家",他们坚持"好同志"博尔迪加的观点,但这些人根本就不是马克思主义者,只是一些我们这里的社会革命党人之类。这都是"英雄"。满怀高度的自我意识并构成恐怖少数的"英雄"们实质上远离人间,正是整个革命和整个革命进程的本质、实体本身。

这一观点的拥护者是马克思主义最凶恶的敌人。博尔迪加同志的论点是纯粹的个人主义。我们应当回答他说:无产阶级只能依靠群众的力量取得胜利。

博尔迪加同志,您在自己的决议草案中谈到执行委员会的悲观主义。然而实际上您自己就是一个悲观主义者。这一点白纸黑字写在您的提纲里。我们被告知:在法西斯主义占统治地位的时候相信我们能吸引群众,这是天真的幻想。这样,我们便无法争取到群众,因为资产阶级掌握着政权和国家机关,没有群众我们便无法摧毁资产阶级的政权,无产阶级争取胜利的意志也会消失。可以从博尔迪加同志的见解中得出的真实观点就是如此。因此,事情变得很清楚,博尔迪加和他的朋友们所坚持的是修正主义的、而非马克思主义的观点。他们不懂得群众运动的含义,对这种运动估计不足,对群众估计不足,因而自觉或不自觉地想要把我们的党变成宗派。共产国际决不允许这样,而是要极其严厉地加以反对。因为共产国际所表达的是经过无产阶级大量战斗考验的马克思主义的观点。

从上述错误可以完全合乎逻辑地得出其余所有的错误。也许您认为，我把同志们的观点漫画化了吧？那么就请您听一听，他们是如何阐释第三次代表大会的决议的。（朗读并翻译）……这意思是说："'更接近群众'的口号实质上意味着为保证革命的胜利而争取无产阶级的大多数"……这里还说："罗马提纲，即1922年三月代表大会所通过的提纲，讲的是截然相反的东西。好极啦！"

总之，在第二和第三次代表大会上我们宣布了一个口号：我们党的首要任务是争取群众。现在呢，根据那个美好的新观点，我们的任务却应该是将那些可鄙的百姓们拒之于更远的地方。与此同时，我们说：我们应当争取无产阶级的大多数，越多越好；聚集于博尔迪加同志身边的同志们则声称：越少越好。这就是希望防止执行委员会接受机会主义的异端邪论的所谓左翼反对派的基本理论。实质上，这可能意味着什么呢？拒绝争取群众，就必定会坚决反对统一战线策略。博尔迪加同志在自己的提纲中也表示了反对，不过并没有在他为自己的观点提出绝妙的理由之后可以预料的那么尖锐。在他看来，我们只应当向无产阶级的非政治组织提出统一战线策略：工会呀，工厂委员会呀，等等，但在任何情况下都不能向他们的政治组织提出。除了我在这里已经谈到过的那个错误之处，其中的错误在哪里呢？我认为，博尔迪加的这个观点的根源在于他的悲观主义。或者说我们认为，改良主义的政党是否已处于瓦解的过程之中。我们并不是博尔迪加同志那样的悲观主义者，所以认为随着社会矛盾的增长，随着资本主义进一步的危机的产生，随着阶级斗争的尖锐化，机会主义政党无可避免地必然会分裂。如果这是正确的，那么我们就应当加速这一过程，千方百计加强它。

然而，正当世间万物都川流不息，万物都处于运动之中时，正当各改良主义政党纷纷分裂、内部分化之际，正当所有这些老组织都处于变动之中和发生瓦解之时——对于博尔迪加同志的精神视觉和听觉而言，却到处笼罩着一成不变的静谧气势，什么都不会变化，什么都像原来一样，谁也无法改变这种状况。显而易见，这种见解说成什么都可以，唯独不是革命的马克思主义，那可是积极的学说，从不引用静止不动的事物。

在博尔迪加同志的决议与组织问题有关的这一部分中谈到了机关和组织，但很少谈论党员、党员群众之类。例如，博尔迪加在他的决议草案中写有下面一段话

"这意味着，建立统一战线的基础应当由这样的机关来构成，它们可以由共产党人控制，其中也不排除政治组织和政治性质的要求。"

可见，对博尔迪加来说，机关还是有的，但是群众呢，群众留在哪里了，党员和这些组织的群众在哪里？统一战线策略的基础、这一策略的最重之处就在于，我们力求将群众，甚至我们的敌人的组织中的群众，引导到运动中来。这是决定性的因素。在这种情况下建立什么样的机关，完全是次要的、附带的事情。甚至可以认为，无须建立任何诸如此类的机关，我们用自己的建议、自己的方式，在工人阶级中将这些组织的群众引导到运动中来。而您却不懂得这一点，您很幸运，能发挥这个恐怖少数的作用。您很幸运，对您来说这就够了，但对我们来说这还不够。我们可以断言，这样的策略，这种小恐怖集团的策略可能多年产生危害，永远产生危害，不仅危害党，而且危害全国的整个运动，因为这是名副其实的反马克思主义的策略，我们无法从中找到一丝一毫的马克思主义。

现在讲讲从博尔迪加同志的观点中得出的进一步的结论：我们的工人越少越好，因为我们不需要统一战线策略，我们所需要的当然是禁止无论什么样的关于融合的谈论。既然我们应当成为共产主义的小集团，我们干吗需要支部？这就完全不是共产主义的方式了。比如，要是群众知道了某些地下秘密，那将导致毁灭。因此我们应当害怕群众，我们不

应当谈论融合,因为融合并非别的,就是增加党员的数量,可是如果增加数量不仅是次要的,而且是近乎危险的事情,那么干吗我们一定要实行这种融合、建立支部、完成艰巨的工作以吸引群众?所有这一切都是多此一举,有时候甚至可能事与愿违。

因此,你们所看见的是一种已经深思熟虑的观点。在一定的条件下实行融合有什么好反对的呢?建立支部以争取群众有什么好反对的呢?从吸引群众的观点看来,这一切当然都是很好的事情。

博尔迪加观点的出发点在关于融合等等问题上起着决定性的作用。

总之,意大利左派同志非常勇敢。他们完全否定马克思主义对党的理解,却声言他们是在保卫党。他们本身就是修正主义者,却声言他们是在保卫共产国际、反对修正主义的危险。这是一帮浑身是胆的年轻人,竟然勇敢到否认事实。例如,的确俄罗斯有过工人政府,匈牙利有过工人政府,萨克森也曾有过工人政府,虽说这个政府很糟糕,但终归它是事实。怎么可以否认事实呢?可是勇敢的博尔迪加同志就连这些事实也予以否认,因为它们不符合他的恐怖少数和其他各种事情的理论。首先,他打破工人政府的幻想,然后声称萨克森将工人政府的原则运用得很糟糕。你们要么就应当否定一切,那样已经不必谈论运用得糟糕的事了……(座中发出喊叫声)……那么请您讲一讲,什么地方运用得不正确?此后您无法简单地说:我们是当做议会口号否定这一点的。博尔迪加同志,您的建议中把一切都搞混了!博尔迪加说,连工人政府的口号都是机会主义的、反共产主义的、有害的,无论如何也不可能导致革命的胜利。那好吧,博尔迪加同志,但是请告诉我,我们俄罗斯可是曾经有过——您毕竟还没那么过分,竟然会说我们俄罗斯没有发生过无产阶级革命吧?您没有否认这一事实,如果今后您也不否认,那就很好。请说说,难道在我们的业已表明是节节胜利的运动之中,没有提出过类似的口号吗?我肯定地说,有过这种口号。我们的第一个口号是:

"打倒资本家的部长"。我们有没有过这样的口号？有过。谁会断言"打倒资本家们的部长"这个口号是有害的？谁能为这种断言辩护？也许，是博尔迪加？我并不这样认为。无可争辩的事实是：我们利用这个口号，推动了革命的进程，吸引了群众，搭起了通向十月革命的桥梁。紧随这个口号之后是第二个口号："一切权力归苏维埃"。这可是一个十足的工人政府的口号。我们甚至在孟什维克和社会民主党人拥有多数的时候，即已要求权力归苏维埃。这是否是事实？这个事实、这个口号是葬送了革命还是促进了革命？请向我证明它葬送了革命。请试试看，您准定办不到这点，因为每个小孩子现在都明白，"一切权力归苏维埃"的口号加速了革命进程。而您现在却说：只能要"无产阶级专政"的口号，不要任何化名、同名或其他什么"名"，不要任何代用品，只要无产阶级专政。

那么请告诉我，整个国际经验何在？已经取得了胜利的俄国革命（这也是事实）的经验何在？我们可以在博尔迪加信徒和列宁主义者之间作一对比。他们在意大利做了一次尝试，遭到了失败，而我们却取得了胜利。他们的理论失败了，而我们的理论却胜利了。在这之后他们还要对我们说，我们是机会主义者。

同志们，现在来看赫赫有名的国际纪律。这篇文章中谈到纪律时也有一些非常有意思的内容，我也应该向代表大会宣读一番。那里对国际纪律的议论完全如下所述（朗读）（略）。

这些话的意思大致应该是这样：迫切需要让我们党坚决地断然地采取反对共产国际的融合策略。关于纪律的各种呼声已经够多了。接下来，由于里窝那党代表大会而谈到纪律时又说，共产党人有义务按照罗马代表大会的指示，按照我已经谈到过的那些空洞的指示采取行动。随后则说，如果要对改良主义采取进一步的措施，那就必须建立一个国际派别。在这种情况下，他们所说的不是左派，而是共产主义派。总之，我们是机会主义者，是带括弧里的问号的共产党人，他们才是纯正的共产党人。

你们察觉到了这都发出的是什么气味吗？往轻里说，这散发出的是挪威的特兰美尔主义者的气味，所有这些都是博尔迪加同志的"好同志"的思想深刻的论述。这个小集团的理论因而可归结为这样一种理论：我们是忠实的共产主义者和马克思主义者，而你们执行委员会则不仅是机会主义的共产主义者，而且甚至简直就是机会主义者，必须进行反对你们的斗争。

既然这一切能被表述得如此美妙，那么你们永远也不会有"工人国家"，它只能停留在你们的纸面上。你们的命运就是如此。

我们在这里必须毅然决然地作出选择。我们必须将我们的全部力量投入保卫马克思主义免遭这种修正主义侵害。博尔迪加说：我知道这里的一切都已准备。团结是人为的。我们使用各种各样的巧妙手段通过我们的决议。很好。当各种决议未经辩论、未经交换意见即行通过的时候，它们便是人为的。可是当我们自己请来了您，并且提出：请您向我们说明您的观点，而您回答我们的却是一派空洞无物的话，结果我们只得在报纸上去寻找您在实际上是怎么想的，这时候您怎么可以说我们的决议是人为的呢？您的论断，第一是不正确的，第二它意味着针对共产国际的进攻的开始。原来您是苏瓦林的友好伙伴，他也提出了类似的提纲。请不要说您没有为右派辩护。您使用的是与右派同样的手法，也许，您半数的观点都是受了他们的启发，您虽不自觉，但可惜事实就是如此。

当然，我们在这方面面临着一个很大的问题，因为一部分意大利同志和博尔迪加顽固地脱离实际、死守教条、蹲在（这里已经不能说站了，为了强调他们的顽固，恰恰需要这样表达）他们已经蹲了数年之久的观点上。列宁尚在领导共产国际期间，博尔迪加便一直坚持那些观点，但他还是服从的。现在列宁不再和我们一起了，博尔迪加也就能取掉面具，采取他的那些论据：这完全是一种虚假的，亦即理论上不诚实的体系。这只不过是以隐藏的方式推行博尔迪加在列宁生前即一直坚持的那套政策的一种手法。现在我们所面对的不单是一种不正确的，而且简直就是致命的策略和政治观点，虽然博尔迪加是一位好革命家（是在您〔面向博尔迪加〕谈论那位意大利同志的那种意义上），我们仍然应当说：如果他不幡然悔悟，他作为表达者的那种政策必将造成极坏的后果。因此，执行委员会、俄国共产党以及，我估计，本次代表大会的绝大多数人，都会像一个人一样投入反对这种修正主义观点的斗争。在意大利，我们所需要的是胜利，而不是失败。在意大利，为了获得这些胜利，我们所需要的是一个群众性的党，而不是宗派。在意大利我们需要有无产阶级群众的真实的力量，而不是与法西斯主义相抗衡的好汉们的恐怖主义小集团。只有依靠群众的力量我们才能取得胜利，这对意大利也适用。我们这里所说的并不是贵族们的那些小集团，而是有组织的、处于出色的政治领导之下的无产阶级真正群众性的运动，这种领导足以保证英勇的意大利无产阶级获得最终的胜利。

**台尔曼**（德国）：

同志们！在革命运动历史上已经有过一些先例，在世界代表大会上阐释共产国际的策略和政策时，不得不进行反对右派的斗争，同时也在左派本身的队伍中发现意见分歧、细微差别，甚至在讨论某个问题时形成一些帮派。今天的辩论使我想到1921年第三次代表大会上所形成的那种状况，当时与俄国党结成同盟的大多数代表不得不进行一场反对其时存在于德国共产主义工人党内的政治倾向的斗争。出席过第三次代表大会的同志们都会记得，德国共产主义工人党的领导人吕勒和普费姆费尔特，正如当时即已可以预料到的，离开列宁和其他人，投入了反革命阵营。十月失败之后,德国共产党也发生了这类事情。我们都知道,十月事件之后不仅在德国党内,而且在德国无产阶级中都充满了绝望情绪,于是性急的革命分子便开始持有这样的观点:在各种问题上,尤其是工会运动的问题上,必须采取另一种策略。我要提醒大家别忘了柏林的舒马赫同志,他当时在代表大会上对于共产国际在工会运动中的策略,采取了一种与德国党及其世界代表大会代表团的观点不同的观点。现在,在第五次世界代表大会上,则是一种新的情况。我们看到,第四次代表大会之后,统一战线和工人政府的策略的运用,在许多支部中都陷入了机会主义倾向。如果说在第四次世界代表大会的提纲中这一策略表述得不够确切的话,那么第五次世界代表大会前就有一个纠正第四次代表大会在这方面的疏漏的任务。季诺维也夫同志在他的报告中表达了这样一种思想:统一战线策略不是别的,正是革命的宣传鼓动和动员群众的一种手法,工人政府的口号所起的作用也并非别的什么,就是有利于无产阶级专政的宣传鼓动口号。现在谈谈第五次代表大会的情况。我们大家都知道,1月份的辩论表明,俄国党内的严重分歧并不是在关于统一战线运用和工人政府的问题上,而是在关于对待经济纲领的态度、党内的无产阶级民主、老近卫军和年轻近卫军之间的关系等问题上。大家都应当明白,作为右派集团代表在这里发言的同志,这样一来便与俄国问题上的反对派的同志们团结在一起了。这种主张在俄国共产党第十三次代表大会上受到了一致的谴责,因此第五次世界代表大会也应当表明自己的立场,齐心协力地投入反对共产国际中各种右的倾向的斗争。就执行委员会的报告所进行的辩论(在讨论执行委员会报告的过程中,还从来没有像这一次这样有如此之多的人发言)表明,我们已经在各个支部取得了某些成绩:开始时在这方面持有不同立场的一些集团,现在受到代表大会的影响已改变了自己的立场,同意了某些支部中左派集团的意见。如果根据这一现象来判断共产国际内的形势,那么博尔迪加的发言就显得完全不可理解，他声称，应当推动共产国际向左转，共产国际内应当展开反对各种右的倾向的斗争，然而与此同时，他本人在政治委员会里的辩论期间，却在各种问题上表明自己与右派分子是一致的。本次代表大会上与机会主义的斗争中出现了一个很大的麻烦，就是像意大利党这样重要的大党的那么一部分人采取了偏离本次代表大会整个工作方向的观点。既然鲁特·费舍同志受到委托作关于政治委员会活动的报告，那么她的任务和义务便是传达政治委员会所出现的全部分歧。可是鲁特·费舍同志讲话时不是作为政治委员会的鲁特·费舍，而是用德国代表团的名义，并且坚持整个代表团委托她发表的那些观点。

  我们面前有两个草案。第一个经过政治委员会长时间的讨论，作了一些修改和订正，由几个不同的支部提出，这是委员会的最终方案，得到一致通过，只有博尔迪加一票反对。拉狄克同志也投票反对博尔迪加，他当然应该投票反对，因为他原则上坚持另一种观点。其次，我们面前还有我们的朋友博尔迪加的一个草案。季诺维也夫同志在其结束语中已经表达了一种想法，博尔迪加圆滑委婉地讲话可能是第一次也是最后一次了。然而在博尔迪加的草案中还是同样的圆滑婉转的语言。如果仔细了解该草案的内容，则从中很容易找出在各种问题上将博尔迪加同志与我们区分开来的那些倾向。我们与会的代表团成员很大一部分是无产者、工人，很遗憾，他们尚未受到扎实的理论教育。不过，不仅我们的政治远见，而且连感觉也告诉我们，博尔迪加在提纲中提出并在政治委员会里坚持的那些观点，是代表大会应当予以极大注意的东西；正是我们德国党特别富于采用这些倾向和策略的可悲的经验，它们在极不相同的斗争环境里的实践中构成了极大的危险。

  在博尔迪加向共产国际提交的关于策略的提纲中，新的完整的策略体系并不能与共产国际的策略相提并论。

  1. 要指责执行委员会的策略，在某个问题上对其加以拒绝，就必须将新策略与共产国际的策略相对比,以便能清楚地看出分歧之点何在。这样,博尔迪加在提纲中对执行委员会的策略所作的指责便与他偏离共产国际的提纲显出明显的联系,而且客观地说,便意味着是在支持右翼在共产国际中所采取的观点。

第四次代表大会之后,我们目睹了几个事例,由于革命道路上所存在的困难以及社会民主党传统的遗毒,在各共产党内不仅在关于统一战线的运用问题上以及其他方面发现一些严重的机会主义倾向,而且事情发展到在各支部内都有党员反对执行第四次代表大会政策不力的中央委员会。这种情况在德国尤其明显——萨克森的方式最为尖锐,那里的莱比锡左派要求重新审查布兰德勒所提出的得到拉狄克支持的提纲,该提纲包含着追求"在资产阶级民主的范围内推行工人政策"的内容。

在博尔迪加的提纲中有一些倾向引人注目,我们应当从第四次代表大会的观点出发予以批判地对待。

2. 既然博尔迪加一再肯定,他并不拒绝在通常情况下运用统一战线策略,只是坚持一种意见:需要在"经济的"和"政治的"统一战线之间作出区分,亦即在意大利也许可以在工会运动方面而不是在政治方面实行自下而上的统一战线策略——既然如此,这个观点便使我想到某些工会领袖的观点,他们认为经济与政治之间并无关联,于是向无产阶级群众灌输一个错误的观点,仿佛工会组织中不应当有政治的地位。我们无法将这种工会运动的反革命的理论作为共产主义理论,因为既然提出工会运动方面的统一战线策略,就必须在政治方面将其加以贯彻,关注工人政党的分化进程,注意将群众吸引到无产阶级革命方面来。

当我们在德国党内确定对意大利问题的态度,莱维在德国党中央委员会内站到塞拉蒂一边的时候,正是德国党激烈地反对塞拉蒂,采取了这样的观点:意大利党内在现有的情况下必将发生分裂,必须着手建立共产党。事件的进程证明了德国党的立场是正确的。革命群众集合到了新的共产党内。如果说莱维和克拉拉·蔡特金由于这个决定而退出中央委员会的话，那只不过是出于一个简单的原因：他们当时即已持有与共产党的作用不相容的见解。蔡特金同志至今仍然坚持其观点，季诺维也夫同志和其他一些同志不得不在代表大会上发言加以反对。

统一战线的问题在意大利是一个非常复杂同时又很重要的问题。让共产党人留在自己的环境内、而工人群众则留在社会党内，不去设法分化这个党，将这些群众吸引到无产阶级革命方面来——这是一大错误。不能以同样的方式像博尔迪加所希望干的那样否定建立支部。我们德国在这方面具有丰富的经验。独立社会党分裂之后，其大部分成员加入了当时的斯巴达克同盟，如今的共产党已经成为一个真正群众性的党。既然我们还在许多资本主义国家里为建立真正的共产党而进行斗争是真实的情况，那么博尔迪加在他的提纲中提出的似乎"建立共产国际的时期已经过去"的假设就是不符合实际的。世界代表大会的大多数人都持有这样的观点：我们还不能很快结束这一时期，完成建设共产国际的进程。

还有一些国家，我们在那里正着手建立共产党，由于各种原因，那里的议事日程上的任务还有建立支部、整合从改良主义派别分化出来的同情党。关于统一战线的运用，我要提一提在意大利具有很大重要性的一个事件。在1921年的国民运动期间，意大利党拒绝利用这次运动，与此同时列宁却要求利用它进行反法西斯的斗争。当时列宁对事情的看法已经是正确的，博尔迪加的看法则是错误的。在意大利某些地方，党员们甚至需要在党的中央委员会不知情的情况下与一个社会群体齐心协力地进行斗争，这个群体既非工会的，也不是社会民主党的，而是由手工业工人和商人组成，亦即成分不一的资产阶级群体，却进行着反对法西斯主义的严肃斗争。原来，有一些工人违反党的纪律（博尔迪加要求拒绝支持这个群体），与该群体齐心协力地进行斗争。

其次，至于工人政府的口号，博尔迪加则予以否定，甚至不同意像本次代表大会所定义的那样用作有利于无产阶级专政的宣传鼓动口号。博尔迪加的看法是，这一口号会削弱无产阶级专政的口号。我们，尤其是在德国，在工农政府的口号方面，有着在很大程度上是悲惨的经验，因为我们的右派中央委员会按照自己的方式解释这一口号——只需指出萨克森就够了。然而还有其他许多资本主义国家，在那些地方这个口号还可以作为争取无产阶级专政的宣传鼓动口号发挥作用。在本次世界代表大会所阐述的意义上，这一口号在各国，其中包括欧洲之外的国家，都能为将无产阶级群众吸引到共产党内来提供实质性的帮助。

至于博尔迪加的提纲与第四次世界代表大会的提纲的分歧，则不应该忘记，在目前的第五次代表大会上已变得一目了然，执行委员会的策略在总体上是正确的，但是有一些支部由于各种原因未能从其真正的意义上阐释这些论点，常常完全歪曲了代表大会的决议。本次代表大会所发生的许多事例也都提供了这方面的明显的证明。我们在同各种右的倾向的斗争中力求将共产国际的所有左派人士团结起来，以便将他们作为一个统一的整体投入与右倾危险的斗争之中，恰巧最近在波兰、德国、意大利和俄罗斯所发生的事件也应该能够为我们提供证明，证明在反对机会主义的斗争中所有的左派多么需要团结一致。

博尔迪加同志的提纲中说，意大利党保留自己的权利，暂时不以最终方式确定自己对组织问题和中央与各国支部的关系问题的立场，因为在最后通过章程时还会谈到这一点。布哈林同志引述了博尔迪加的一个追随者的意大利文文章，其中说："别再对纪律俯首听命了"。应当从这里得出一些什么样的结论呢？

尽管博尔迪加说，他在一个确定的时刻之前，亦即表决之前（至少，我们德国人是这样理解他的），都将服从纪律，但他却缄口不谈那以后他怎样执行代表大会的决议。

如果我理解错了他的立场的话,那么博尔迪加同志应该纠正我。在今年5月末的联合会书记会议上,博尔迪加同志在发言的最后说,如果共产国际不接受他的观点,他可能不经共产国际允许便建立一个左翼派别。

同志们,我们应当在这里与博尔迪加同志严肃地谈一谈。既然共产国际的一个支部认为必须歪曲共产国际的整个策略,既然我们听到他们想要建立左翼派别,采取反对执行委员会的行动,那么博尔迪加同志就应当告诉大家,他当时是如何解释自己的想法的,现在打算实际上如何加以实现。如果说执行委员会常常需要在某一个支部内建立左翼派别,以赋予反对机会主义的斗争以更尖锐的性质,那么这是革命政策的利益之所需,与组建一个采取反对执行委员会的行动的左翼派别毫无共同之点。

关于博尔迪加同志在意大利共产党内的活动中所采取的立场的问题,对我们具有极大的重要性。意大利党不仅请他参加中央委员会的工作,而且要求他接受议会的委任状。要拒绝此事,没有任何特别的政治理由,因此我们应当讨论,可否容许受到巨大信任、自己也力求加速革命进程的党的领导人,回避中央委员会内的工作,违背共产国际执行委员会和党的中央委员会的决定,拒绝议会的委任。的确,正如我们在马泰奥蒂被杀害之后所清楚地看到的那样,在资产阶级议会中的革命活动,尤其是从事反对墨索里尼的活动,确实是一项足以促进加速革命进程的活动。我们都目睹了,在德国,共产党的议会党团如何强有力地从议会本身的内部反对议会,并利用这种手段在群众中宣传自己的纲领,看到了它如何在议会的讲坛上履行自己的革命职责。因此我们无法理解,为什么博尔迪加在自己的党奉行这类弃权政策,不愿意开展党和共产国际指示他从事的、为促进革命运动所必需的活动。

在博尔迪加同志针对关于执行委员会活动的报告的首批意见之中有

那么几点，比如，关于统一战线策略的问题，关于工人政府的问题，纪律的问题，共产党和共产国际在无产阶级革命组织中的作用问题，都表明我们这里所涉及的并不是一些理论上的细枝末节或者对某个问题的不同表述；每个无产者的义务和代表大会的职责就是探究这些倾向背后所隐藏着的东西。既然我们的朋友博尔迪加在这次世界代表大会上坚持自己的政治观点，那么他就应当**对所有的各种问题采取明确的立场**，放弃玩弄圆滑的手腕，使一部分同志无法看清政治委员会所制定并通过的提纲与博尔迪加同志本人的提纲之间的对立。如果我们回忆一番博尔迪加同志在以往几届世界代表大会上的政治立场，我们便会发现，他所提出的各种观点组成了相互联系的链条。在第二次世界代表大会上，列宁即已就共产党人进入资产阶级议会和对后者加以利用的问题发言反对过博尔迪加同志；如今博尔迪加在这个问题上重又回到自己先前的观点。在第三次世界代表大会上，特拉奇尼同志与博尔迪加一道拒绝列宁提出并经代表大会通过、以"接近群众"的口号命名的策略。在第四次世界代表大会上的情况则是，博尔迪加同志与一些已经不再是共产国际成员的法国人（比如佛罗萨尔）一起反对统一战线策略。如果我们在第五次世界代表大会上看到两个不同的集团——一个是拉狄克主义即机会主义的小集团，它只是思想上存在，表决的时候就隐藏起来；而另一方面，则是俄国党和其他各支部，这是一个列宁主义的集团——那么，博尔迪加同志就应当明白，斗争的核心问题都是一些什么样的分歧。博尔迪加同志向执行委员会全面宣战，不让拉狄克和蔡特金同志在俄罗斯和德国问题上的立场受到特别的批评。在莱比锡党代表大会上，左派为反对多数派、反对布兰德尔和拉狄克的观点而斗争，当时我们运用第四次世界代表大会的提纲批驳布兰德尔同志的提纲中所包含的改良主义观点，现在和当时一样，如果我们打算严肃地为反对机会主义倾向而斗争，所需要的并不是指责整个执行委员会，而是指责那些至今依然力图为自己的观点辩护的人。博尔迪加同志的提纲中有一点很有趣：他在其中两处加入了对德国工人的寄语，表示希望德国工人无须去理解和接受鲁特·费舍同志的立场。

我认为可以代表德国代表团声明，德国工人们十分理解鲁特·费舍同志和德国代表团的立场。我们不仅进行了反对右派的斗争；我们还在党内战胜了所谓的中央。既然我们党内有一些同志不同意在政治上和我们并肩前进，我们就让他们离开党的机关，或者将他们安排到他们无法从事最重要的党务工作的职位上。如果博尔迪加同志向德国的工人共产党员发出呼吁，企图破坏他们的这样一些领导人的威信，那么博尔迪加同志的这一做法绝不会有多大的效果。**德国共产党的党员们会很好地理解德国代表团的观点，而且我们按照法兰克福党代表大会和中央委员会的嘱托，理应在这里执行那次会上所通过的各种决定。**我们理解博尔迪加同志的立场。他向德国工人阶级发出呼吁，希望与意大利共产党内异常强大的一翼一起，能够在共产国际内、尤其是在十月失败之后的德国共产党内组成拥护博尔迪加同志政治见解的一翼。我受权代表德国代表团声明，代表团一致赞成政治委员会的草案以及对其所作的修改，**拒绝博尔迪加同志的提纲，因为该提纲不能与任何明确的新策略体系的决议相提并论，**并且掩饰了现存的对立状况。我们建议各国支部拒绝博尔迪加同志的提纲。世界代表大会所特别关注的并不是作为个人的博尔迪加同志的观点，而是站在他背后的意大利党的相当大一部分人，因为我们大家都怀着极大的兴趣关注着意大利的事情，因为那里最近所发生的一些事情真正证明了法西斯主义的堡垒已开始动摇，从而出现了一个强大的纪律严明、内部团结的共产党存在的可能性，这个党应是共产国际的成员，能够执行世界代表大会的决议，不再只是固守脱离实际的政治纲领的小团体，而是成为首先布尔什维克的群众性的政党。它需要在未来的斗争中作出一切必要的努力，根据世界代表大会的决议采取各种策略手段，将群众吸引到无产阶级革命一边来。我想起了博尔迪加同志在第三次世界代表大会上的立场。当时我们正进行反对莱维的斗争，其他许多同志，比如已不复在党内的马尔查恩、奈曼和克拉拉·蔡特金同志都和他采取一致行动。我们当时看到，委员会会议上谈到签订和平条约时，我们以为可以吸引这个集团参与共同的工作，实际上我却发现我们并没有遵守自己对代表大会所许下的诺言。那一次的经验促使我们深思，我们应当问问博尔迪加同志及其追随者，他们是否准备执行这里将要通过的各种决议？因而也出现一个关于纪律的问题。在共产国际内，遵循经过精心研究之后所确定的方向，不仅是每一个同志的义务，而且是其最高的天职。

如果有同志认为他不能执行这一政策，那么代表大会当然有必要向该同志提出他是如何理解纪律这一问题的并要求其作出回答。

例如，对于德国目前的政治局势我们应当考虑到两种可能性：第一，可能在专家结论的基础上制定德国、法国、英国资产阶级之间的条约；第二，可能在专家结论的基础上矛盾严重激化，以致我们面临重大的战斗。由于我们考虑到了两种情况，所以应该公开承认在我们党内也完全可能有一些同志，他们虽然并不居于领导职位，但是缺少耐心，处于革命的思维方式，让自己受到博尔迪加同志的理论的诱惑，这些理论听起来很革命，却与马克思主义和列宁主义毫无共同之点。出于所有这些原因，德国代表团坚持这样的观点：必须反对博尔迪加同志的看法，并就意大利左派所提出的决议草案声明如下：

"德国代表团表示反对意大利左派所提出的决议。

**意大利左派不能对抗共产国际新的明确的策略路线的策略，他们对执行委员会的活动的指责违反事实，客观上意味着支持共产国际右翼所阐述的观点。**

尽管意大利左派在自己的决议中已接近共产国际的看法（尤其是在统一战线策略的问题上），但仍然背离共产国际各项决议的观点，这些偏向应当予以消除。

在工农政府的问题上也提出一种要求,拒绝将这个口号作为宣传鼓动口号,因为似乎它会削弱对争取无产阶级专政的宣传。如果代表大会明确坚定的规定,对工农政府这一口号的理解无非是作为争取苏维埃专政的宣传鼓动口号,这种危险就不会成其为威胁了。

否定与其他的共产主义组织融合、在其他的党内建立支部和归并同情党的根据是,这一策略只能在共产国际初建时期运用。与此相反,必须确定的是,在许多十分重要的国家共产国际都还有待于建立真正布尔什维克化的党,所以意大利左派所提出的战略与共产国际和革命运动的利益相抵触。特别是在意大利,我们认为,尽管我们承认意大利共产党功勋卓著,但依然需要建立一个真正共产主义的群众性的党,其方式是与意大利社会党中真诚拥护第三国际的分子融合——如果共产主义的核心能够保证其在联合成的党中的领导作用的话。

德国代表团认为,意大利左派不肯同意政治委员会的决议并提出自己的决议是一个政治错误。这个反决议与政治委员会的决议的区别首先在于,它将许多支部在右派影响下所产生的机会主义错误的主要责任归咎于第四次代表大会的决议和执行委员会。因而意大利左派实际上附和了共产国际右翼所坚持的那些观点。

第四次代表大会的决议中包含着某些不明确之处,这一点季诺维也夫同志本人也是承认的。但是一味断言德国右派基本遵循共产国际的策略性决定而且对它们的阐述完全符合正统,这无异于对这些人给予了极不适宜的支持。相反,德国右派却在每个马克思主义者都一清二楚的共产国际关于策略的决议的革命内容中,加入了截然相反的意义。

**德国代表团在代表大会上表达了整个德国党的坚定意志,大力反对德国党内和共产国际内的各种机会主义倾向。**它坚持这样的观点:第五次代表大会之后也难以战胜机会主义的危险,整个共产国际都应当促进自身的巩固,毫不留情地根除各种右的倾向。

德国代表团呼吁意大利左派全力支持俄国、德国、法国以及其他一些党所进行的这场斗争。它期待意大利左派、特别是我们的朋友博尔迪加,希望他们与自己在代表大会全体会议上的声明相一致,不仅在形式上,而且出于真诚的信念执行代表大会的决议,不再抵制与马克思主义者的融合,不再拒绝参与工人领导组织中的党的工作。"

**博尔迪加**(意大利):

布哈林同志的讲话所根据的是刊登在我们共产党的正式机关报上的一篇文章,该报当然不是以我为代表的那个派别编辑的,它也开展了对党的政策的各种问题的辩论。任何一个同志都可以在该报写文章。意大利共产党人并未区分为各种正式的派别。因此编辑部接受署名个人负责的同志的任何文章。

至于左派的观点,足以说明其特点的有确定的文本、提纲、在我们的代表大会上辩论期间所发表的讲话、签署我们的提纲的那些同志署名的论述"工人国家"的大量文章。

然而布哈林同志并没有着重分析所有这些材料。他将自己的发言完全局限于一篇文章,该文署名的是一位很好的同志,他并没有提到其姓名,其实代表大会对该同志一无所知。

我并不认为这有什么可怕之处:一个普通工人、我们党的党员,他采取了也许是左的立场或者你们可以随便将其定为什么样的其他立场,讲了一些显得不正确的话,仅此而已。

我并不认为需要高声宣告,说我不能为这篇文章承担责任。相反,我要声明,这是一位好同志,是我的流派的成员。

对于描述共产国际的工作和共产主义运动的利益具有实性意义的事实在于,诸如布哈林这样的大领导人和杰出的马克思主义者,居然能够耗费一个半小时分析一个普通党员的短文所表述的理论。

我仅限于指出这一事实,并不准备在我和那位同志之间划清应当承担责任的界限。

来自各方面的意见都告诉我们，我们对共产国际整体领导的观点表达得还不够清楚。

委员会中还会有争论，我希望在讨论关于策略的提纲草案时能将问题提到全体会议上。季诺维也夫同志在他的报告中已经谈到了这一点。当时意大利左派也准备向委员会提交草案全文。我们想请求任命我们的一个人，比如我，充当副报告人，现在我也希望能有充分的时间向代表大会讲述尚未充分阐明的所有各点。

因此我现在并不打算对布哈林和台尔曼同志对我的立场所作的总的评论作出回应。

只是在有一点上我要再次着重进行分析，具体地说，就是布哈林同志所偏爱的论战方式问题。他引用了我们的决议中论述统一战线的几行文字，便声称那里只字未提尚未成为共产党员的工人，也未提到那些我们无论如何都应当加以争取并引导到运动中来的群众，同时仅只用上述数行文字提出这个问题，当然很不具体。要知道，这只不过是决议草案，但也仍然讲得很清楚：

"尤其是在统一战线的问题上，必须认真排除任何一种可能性：即将这一策略解释为共产党与社会民主党的某些派别之间为了阶级斗争的革命领导权而结成政治联盟。统一战线策略应当保持这样一种意义：利用无产阶级的物质生活条件所决定的局部冲突，目的在于团结所有的工人，甚至包括现在还在非共产主义党派中工作、尚未被我们的思想宣传所说服的那些人，在共产党的最高领导下进行工人阶级的统一斗争。"

这之后又谈到了在已知的那些组织的基础上组成统一战线，谈到了至今我们这里仍然可能不很清楚的那么著名的定义，因为没有任何一个发言人在我们所赋予它的意义上引用过这一定义。

布哈林同志只需读一读以上数行文字，他的发言中所包含的大部分论据便会失去意义。不过我再说一遍,我到讨论关于策略的决议草案时再谈这个问题。

现在我简要地对台尔曼同志作一回答。

我十分清楚地懂得,当我向德国工人们发出呼吁时,德国左派的同志们感到自己处于略显尴尬的境地。正因为如此,台尔曼同志才认为有必要作一长篇发言,其中我的名字可能被提到了500次。

我在其中发现了证据,证明德国的一些工人的确会对德国左派在这里所采取的立场感到不满。

台尔曼同志指责意大利左派,说他们为右派效劳。他说,拉狄克与我一道投票。这不符合现实。这是这里所有不符合事实的大量论断中的一个论断。

当时提出了两份决议草案。拉狄克既未投票赞成这一份,也未赞成另一份。他会投票赞成什么样的决议呢?赞成更右的决议。

你们处于我们与拉狄克之间的位置。我们要想走向拉狄克,无疑需要从你们旁边经过。也许,你们倒会走向拉狄克比我们这样做还要早呢。

纪律问题提出过多次了。有人请求我明确表示,表决之后我是如何理解纪律的含义的。我希望,表决之后我的行动中所表现出的纪律会比德国左派的纪律要好,他们为所欲为,将既成事实摆在共产国际面前,在代表大会上进行反对共产国际观点的宣传。我不认为恰恰是为他所希望的一切进行宣传鼓动的台尔曼同志适合对我上纪律课。

关于纪律和关于组织的问题,将会在我要提交的提纲草案中加以阐述。

在我们亲爱的德国左派朋友和同志的郑重声明的结束语中说,我们无论如何都应当改变立场,积极参加工作,将意大利共产党的领导权掌握到自己手中。

我不知道是不是为了以最严格的方式遵守对于共产国际的纪律，不过人家的确邀请我们在意大利无产阶级反对法西斯主义的斗争中担当起对党的领导。

这里有一个古怪的矛盾：我们被指责为反马克思主义者、小资产者、恐怖主义者、半无政府主义者。可是同志们应该清楚地知道，正是我们意大利党左派在意大利为反对恐怖主义、唯意志论和无政府主义的幻想而斗争。我们采取了反对无政府主义者和工团主义者的明确立场。可见，这是又一个针对我们散布、被我们否定的传奇。在讨论意大利问题时我们还会谈到这一点。

我在此处看出了一个巨大的矛盾。一些具备影响力的演说家被动员起来发表长篇讲话反对我们，并提出两个论点：根据其中之一，我们有反马克思主义的观点，据另一个，我们应当在艰难的历史时刻承担起领导意大利工人运动的责任。

我认为，这样的行为方式与革命的共产国际的水平不相称。

最后，同志们，很遗憾，我不得不说，在这里关于我们所提出的决议进行激烈辩论期间，我们所听到的只不过是谴责我们的一种信念：我们总是按照应该行动的那样采取行动。（意大利代表团座中响起掌声）

**布哈林**（苏联）：

同志们，在博尔迪加同志发表第三次宣言，总的说来，在他持续不断地发表一连串声明之后，我想你们绝不会反对我尽可能简短地发表我的第一次也是最后一次宣言。

第一，我认为列宁同志说得完全正确，他总是一再告诫，党内每个流派的负责任的领袖同时也应该为党员能理解他负责。因此我可以说，尽管我所引用过的那篇文章不是出自博尔迪加同志的生花妙笔，而是另外一位意大利好同志所写，它仍然可以作为博尔迪加同志在意大利党内所营造的那种精神气氛的征兆。因此，我所摘录的那些引文仍然可以充当反对博尔迪加同志的政策的论据。

第二点意见。博尔迪加同志在这方面根本不曾否定这些同志的意见。他并没有说在某一点上他不同意我所征引过的那位同志的看法。

第三，我可以向代表大会宣读博尔迪加同志本人完全肯定我的意见的各种声明。这里我仅仅引用博尔迪加同志在讨论党的共产主义纪律问题的党代表会议上发言中的一段话。他是这样说的：

"世界共产党。好的；我们要提个问题：建立支部和实行融合会成其为世界共产党的政策吗？可惜，实际上世界共产党并不存在，既然是这样，那么我们的纪律所牵涉到的只不过是形式，而非事情的实质，正像这理所应当的那样，要是真的有一个世界共产党，那倒是我们所衷心希望的事。"

处于博尔迪加同志影响之下、经常对左派立场从青年组织出发进行正式阐述的一家青年机关报上有一个文件——左派纲领。意思是说："不过，实际上尚不存在一个世界共产党，因此我们的纪律所能涉及的只是形式，而非实质。"可见，这里是在一字不差地重复博尔迪加同志发言中的那些话。

随后又发生了组建左的派别的事。我们还能引述博尔迪加同志作品中的其他许多话，它们在总体上都能证实我的想法。

第四点意见：我认为，博尔迪加同志的第三次宣言与他的前两次宣言一样，也是很圆滑婉转的。

**博尔迪加**（意大利）：

布哈林同志已被收集的各种意大利报纸包围起来了，报上满是用黑色、红色、蓝色和其他一些颜色的铅笔所做的记号。我为布哈林同志研究意大利语所取得的成绩不胜欣喜，希望再过若干时间他能达到掌握有关我们更为准确的信息的程度。

不过他刚才所引用的文字，那是关于我们的代表会议的简短总结。总结并未经过我审阅。小结写得很糟糕，其中完全歪曲了我的想法。

现在接着谈我第一次所发表的回应季诺维也夫同志批评的声明。同样的声明在各种文章和各种决议中都可以找到。

一旦我们开始关于组织和纪律问题的辩论时，我也可以带着所收集的一堆碎纸片来到这里并且待上三四个小时，但是我并不想以此对共产主义作出重大贡献。我的关于纪律的声明的意思是这样：

如果共产国际继续向右前进，那就会使组建左的派别显得必不可少。

我从来没说过别的什么。要是我作过别的声明，我就会在这里再说一遍了，而且甚至可能采取更为尖锐的方式，因为这不可能吓倒我。（意大利代表团座中发出掌声）

**马吉**（法国）：

作为我在其中工作的法国共产党代表团的成员、侨居国外并加入共产国际法国支部的意大利共产党员的组织者，我声明：根据个人的看法和确信，我要表达被点名的那些同志的意见，投票赞成意大利代表团左派集团所提出的关于执行委员会报告的决议草案。（意大利代表团座中响起掌声）

## 通过相关决议草案

**柯拉罗夫**（主席）：

辩论结束。有两个决议草案：一个是政治委员会提出的，另一个是意大利左派提交的。

提议采取下列表决程序：先表决政治委员会的决议，然后表决意大利左派的决议，最后提出一个问题：谁对表决弃权。

表决权只属于持有红色证件的代表，代表们投票时由每个人亲自进行，而不是由整个代表团进行。

现在我将委员会的决议提交表决。赞成这一决议的人请举起证件。

（绝大多数代表举起了证件）

**柯拉罗夫**（主席）：

现在交付表决的是意大利左派的决议。赞成这一决议的同志请举证件。

（8名代表举起了证件）

**柯拉罗夫**（主席）：

请投弃权票的同志举证件。（一个人也没有）

委员会所提出的决议以全票对8票通过。（掌声）

## 宣读致大会的电报

**格施克**（德国）（宣读电报）：

"法国党和德国党的议会间代表会议于6月22日在科隆举行，目的是为反对专家委员计划进行有系统的联合斗争，大会向世界大会致以衷心的问候并祝愿其各项工作取得成功。代表会议就各个问题全体一致通过决议，这些决议足以保证动员法国和德国的无产阶级，反对资产阶级的专家委员会所策动的新一轮严重的反革命进攻。"

（会议休会）

# 第二十次会议

(1924年6月30日,星期一)

主席:什麦拉尔

会议于 **11 时 15 分**开始。

## 共产国际主席团与托洛茨基的通信

**什麦拉尔(主席):**

会议开幕。

在请曼努伊尔斯基同志发言之前,我还需要向代表大会报告一个消息。为了执行代表大会的一项决议①,主席团致信托洛茨基同志,信文如下:

"致托洛茨基同志。

敬爱的同志!

兹寄上世界代表大会关于俄罗斯问题辩论的决议副本,并代表主席团请您告知我,您是否认为需要在关于这一问题的讨论中发言。您当然知道,共产国际各支部过去、而且现在仍然对这一问题怀着极大的兴趣。无论俄罗斯领导同

---

① 见本次大会第十八次会议通过的德国、法国、英国和美国代表团提交的《关于俄罗斯问题的建议》。——编者注

志持有何种立场，他们都有义务向代表大会阐释和表达这一令共产国际第一大党如此深感不安的问题。

恳请您不晚于星期一10点辩论开始之前赐复为盼。

致以同志式的敬礼。

柯拉罗夫代表主席团谨启<br/>1924年6月28日于莫斯科"

**托洛茨基同志对此信回复如下：**

"致柯拉罗夫同志。

亲爱的同志：

我未能当即回复您的信件，因为我正在城外；唯其这样，我才有可能在如此之短的期限内完成代表大会主席团委托给我的宣言的草拟任务。

至于您代表主席团向我提出的问题——我是否愿意在关于俄罗斯问题的辩论中发言，则请您向主席团转告如下：

对于那些成为我们党内争论话题的问题，第八次党代表大会已经作出了明确的结论。就这个意义而言争论业已结束。据我所知，俄国共产党党员中谁也没有就第八次党代会结论诉诸第五次世界代表大会。因此，谁也不曾对其全体党员必须一律遵循的效力提出辩驳。在这样的情况下就第八次党代表大会已经解决的问题在国际代表大会上重启辩论，只能意味着给我们党的协调一致的工作制造困难。

致以同志式的敬礼。

列·托洛茨基<br/>No. 33　1924年6月29日

附笔：如若您致函于我之事须报告代表大会全体会议，则请同时全文宣读我的这封信件。我有望于明日傍晚前带着宣言草案回到莫斯科。

列·托·"

同志们，特此宣读致托洛茨基同志的信件及其回复，望一体周知。我认为，现在将代表大会关于俄罗斯问题的决议暂缓讨论是完全适宜的。

现在进行议事日程上的下一个项目："民族问题"。请曼努伊尔斯基同志发言。

## 曼努伊尔斯基作关于民族问题的报告

我们的国际代表大会议事日程上列入民族问题并非首次。第二次世界代表大会我们即已确定了民族问题的原则性基本路线。为什么现在我们又需要将其重新列入议事日程呢？参加本次代表大会的每一个人不由得都会向自己提出一个问题：是不是第二次代表大会以来所发生的各种事件迫使我们重新考虑我们的路线？根本不是的，同志们。相反，第二次国际代表大会所确定的路线的正确性业已为欧洲和各殖民地事件发展的整个进程所证实。最近期间我们目睹了殖民地国家的民族革命运动最强有力的发展。为了清楚地想象殖民地国家内革命运动活跃的程度，只需回忆一番孟买纺织工人的罢工即可，罢工持续了数月之久，众所周知，结果以血腥的屠杀告终。同样是在印度，最近我们看到了纳赫巴省农民中民愤的大规模爆发，该省因为一位拉甲[①]的退职而发生了居民与军队的流血冲突。要是我们有足够的时间的话，各殖民地诸如此类的事例还可以举出数十个来。

另一方面，在欧洲一些少数民族势力强大的国家，我们看到了民族冲突的激化。凡尔赛和约以及随之而来的一系列"和平"协定使中欧巴尔干化。在拥有同样的经济版图的一些大帝国的旧址上，他们通过建

---

[①] 印度土邦王公的称号。——编者注

立一批新的所谓民族国家,制造了一个多民族的各自为政地带。那些从前没有经历过民族压迫的国家,例如德国,由于鲁尔被占领,才不得不处理民族问题。这种情况是资本主义分崩离析最典型的特征之一。需要从欧洲的这种分化和解体的体系中探寻目前世界经济所经历的持续不断的危机的根源。帝国主义集团在奥地利和德国的废墟上创立新的国家类型,这都是典型的多民族国家,内部充斥着民族矛盾。为了不致空口无凭,我想引用这些新国家的民族构成的一些数字。就以南斯拉夫这样的"民族"国家为例吧。战前塞尔维亚有多达300万塞尔维亚人。现在南斯拉夫的人口已达1185万人,其中塞尔维亚人共计500万,即42.2%。其余大量的人口就成分而言均为外族人。目前南斯拉夫居民中有将近280万克罗地亚人,占南斯拉夫总人口的23.7%;95万斯洛文尼亚人,占8%;然后是大约75万塞尔维亚和克罗地亚穆斯林,占6.3%;60万马其顿人,占5%;60万德意志人,占5%;50万匈牙利人,占4%;另有其他各种民族65万人,占5.6%。你们看,这就是一个"民族"国家的典型例子。

再举另外一个例子——捷克斯洛伐克。我们在该国看到的是同样一幅情景。捷克斯洛伐克目前共有约1350万人口,其中捷克人仅600万,占总人口的44.4%。捷克斯洛伐克国兼并了几个拥有纺织、采矿、玻璃等工业部门的工业地区,那里所居住的纯属德意志人,数量多达370万。因此,德意志人在捷克国人口中占到27.4%。其次,捷克国人口中还有为数达200万的斯洛伐克人,占14.8%;80万匈牙利人,占5.9%;喀尔巴阡罗斯的乌克兰人40万人,占2.9%;36万犹太人,占2.7%;其他各种人占1.9%。还有另一个被凡尔赛和约的命运主宰者们分割出来的国家——波兰。现今的波兰拥有约3000万人口。其中波兰人有多少呢?不过1580万人,占52.7%。其余的人口都是备受波兰地主和资产阶级压迫的为数多达680万的乌克兰人,占21%;380万犹太人，占11%；220万白俄罗斯人，占7.8%；210万德意志人，占7%；还有其他各种民族30万人，占1%。

再拿另一个国家来说，比如罗马尼亚这样的国家，国内少数民族占到将近30%，亦即几乎1/3的人口；或者希腊，其本地希腊族居民占68.4%；或者立陶宛，该国的立陶宛人占70%。

所有这些数字说明了什么呢？说明现今对中欧而言，民族问题已具有特殊的意义，要想采取机械地否定它的观点，除非真正丧失了对各种现实情况的辨别能力。

最后，让我们看一看殖民地的民族问题的尖锐程度。试以英国这样的经典的殖民奴役典型国家为例。如果说宗主国英国的面积仅为31.4万平方公里的话，则它的殖民地的面积竟多达将近4000万平方公里，亦即超过英国本土130倍。另一方面，英国本地的英格兰人为4600万人，而殖民地的人口则为4.29亿人，亦即每一个英格兰人摊到9个殖民地奴隶。如果不将殖民地居民的这些群众引导到运动中来，能够粉碎英国的整个资本主义制度的强大力量吗？如果英国的无产阶级不能剥离掉英帝国主义的这些像海洋般无穷无尽的人力资源，一直从殖民地中吸取物质和人力资源的英帝国主义岂不就能抗御英国的工人运动取得胜利？也许，这样的可能性较小，但是我们在别的一些殖民国家已经见到这种情况了。就说法国吧，它的本地人口数量为3900万，而殖民地的人口为5400万；再如小小的比利时，其宗主国的面积若以百万平方公里计仅占0.03，而与此同时，殖民地的面积则占2.42。比利时本地居民略多于700万，而殖民地的人口则多达1750万人。或者再以荷兰为例，该国人口为700万，而殖民地的人口则为4950万。

请看一看战后的世界地图，你们面前便会呈现一幅人类大规模地受奴役的令人震惊的图景。如果计算一番，全球面积为1.34亿平方公里，则殖民领地就占了其中的将近9000万平方公里。与此同时，假若全球人口为17.5亿人，则殖民地和受帝国主义奴役国家的人口即多达12.5亿人。同志们，在这种情况下不得不说，我们不仅不应该修改第二次代表大会的决议，相反，倒是需要仔细研究将其运用到当前具体环境中去的最佳方法。

**为什么在第五次代表大会上提出民族问题呢？** 我们在第五次世界代表大会提出民族问题是由于三个原因。第一个原因是，在第二次代表大会上我们根据俄罗斯列宁和斯大林学派对待民族问题的丰富经验，首次提出了无产阶级与被压迫民族、殖民地之间结成统一革命战线的思想。但是我们在缺乏国际范围内的经验的情况下没有也不可能使之具体化。我们进行斗争的这4年期间，在运用无产阶级与各国被压迫民族的统一革命战线问题方面，积累了足够的资料和丰富的实际材料，使我们能够总结这一经验。

第二，在一系列国家中，我们的年轻的共产党支部在运用与被压迫民族的统一革命战线方面，或者更准确地说，是在忽视其运用方面，犯不少的错误，我准备用我的报告的第二部分来分析这些错误。

最后，第三，在第二次代表大会以来的这段期间，发生了一个极具政治重要性的事件。我指的是在苏维埃俄罗斯建立了苏维埃社会主义共和国联盟，这是在多民族农民国家的环境里无产阶级专政下解决民族问题的一次尝试。

我的报告就专门分析这三个问题。

在第二次共产国际代表大会上我们提出了两个问题。第一，国际无产阶级可以在何种程度上利用已意识到自己的历史存在的各民族和殖民地的民族运动，以完成自身的将被压迫的人类从帝国主义桎梏下解放出来的使命；第二，被压迫的殖民地人民能够在何种程度上依靠国际无产阶级的有效支持，利用无产阶级在先进资本主义国家所获得的社会主义最高经济形式，以避免资本主义的发展阶段？当时在问题的这种提法中已经包含了革命战线的思想，其细节又在此后的历次国际代表大会的决议中得到了发展。不过，正如我已经说过的那样，在第二次代表大会上我们并未能指出在无产阶级和殖民地之间实现统一的工作战线的具体方式。只有现在时机已成熟，我们才能够无须故弄玄虚，根据具体的经验，提出一系列新问题。这些新问题可以分为四类：

1. 第一类。近来在许多国家中我们都看到，广大劳动群众倾向于建立有着相当激进的反帝斗争纲领的工农党。例如，在荷属印度特别是在爪哇建立这种工农党，在中国成立国民党，都应当归入这类现象。最后，同样应该归入此类现象的还有巴尔干的拉迪奇的克罗地亚共和党的成立，其意义已超越了克罗地亚国界。

相应国家的共产党支部对这类政党应当采取何种态度呢？它们在反对帝国主义压迫的斗争中的共同革命阵线应当表现为什么样的具体组织形式呢？我们知道，共产国际一向是在每一种情况下分别解决这些问题，它允许共产党人在爪哇岛积极参加当地的工农党。与此同时，它也允许中国共产党人加入国民党，而且我们知道，中国共产党人在这个党内的活动推动了该党走上更加坚定地与国际帝国主义斗争的道路。不过同时我们也知道，在中国共产党最近一次中央全会上，参加国民党的那些同志的活动因"阶级合作"而受到严厉批评。因此，我们的各国支部面临双重危险：或者是虚无主义地忽视此类足以使东方革命化的新现象的危险，或者是让无产阶级丧失自己独立的阶级面貌，踏上与小资产阶级庸俗化合作的歧途的危险。其次，我们所面临的不仅有与这类已经存在的政党进行革命合作的问题，而且有低水平经济结构国家中的共产党人是否应当主动承担建立这类政党的任务的问题。现在我们看到在对待这个问题上的过分担心和缺席主义，这就导致我们放弃对民族解放运动的领导权，将其拱手让给当地的民族主义分子。

关于共产党人对待各种民族解放和起义的委员会的态度问题，也必须归入这一问题类别。战后时期已达到顶点的帝国主义压迫无疑促进了、而且将来还会在更大的程度上促进此类组织的发展壮大。我们可以用托多尔·亚历山德罗夫所领导的马其顿委员会作为具体的例子。

2. 第二类问题涉及近东。在第二次代表大会上我们确定了年轻的共产主义支部对待即将掌权的资产阶级民族解放运动的态度。但从那时起我们在两个东方国家遇到了新情况，即需要确定共产党对待已经掌权的民族资产阶级的态度。我们说的是土耳其和埃及。在土耳其，经过由凯末尔帕夏领导的反对外国军队的一系列革命解放战争之后，被运动的浪潮自下而上托举起来的年轻的土耳其资产阶级掌握了政权。在埃及，政权问题是英国政府通过"自上而下的改革"的方式解决的——让扎格卢勒帕夏从流放中归来，赋予他以埃及的管理权。这是两种不同类型的运动，但就社会政治变化的性质而言后果却相同。两种情况下都是本国资产阶级胜利的开端。虽然如此，在这种相当清楚的情况下我们的土耳其同志们却在策略路线方面犯了严重的错误。比如，土耳其共产党机关报《黎明报》上出现了一系列建议共产党支持民族资本发展、反对外国资本的文章。从中我们看到土耳其同志们的一种倾向，这种倾向在我们俄罗斯已由司徒卢威先生的合法马克思主义鲜明地表现了出来，他号召工人阶级支持资本主义在俄国的发展。正如俄罗斯的司徒卢威主义一样，土耳其同志中也有人倾向于开始时将国家生产力发展的利益与资本发展的利益融为一体。即便土耳其同志们在他们的错误被指出之后端正了自己的路线，但是我们仍然应当制定这方面的指示，以防止其他的年轻支部重犯他们的错误。

3. 第三类问题目前正在许多国家的共产党的机关报刊上付诸讨论，尤其是在德国和巴尔干各国。我们在第二次代表大会上承认了直至分离的民族自决原则。然而谁是这种分离权的体现者呢？争论在我国早已解决，不过遗憾的是，对很多欧洲同志而言仍然不够清楚。俄罗斯的同志们都知道，在我们党的第八次代表大会上，也曾出现过关于这个问题的虚无主义倾向。某些同志曾认为，分离权的体现者在帝国主义时代只能是该国的无产阶级；另一些极左派走得更远，他们断言，"直至分离的自决权"问题不能属于某个国家的无产阶级的权限，由他们根据本国的利益解决这个问题。这些极左派认为，"自决"应当服从于整个无产阶级斗争的利益，所以"自决权"的体现者只能是共产国际。瞧瞧吧，同志们，我们在自己的俄罗斯辩论中达到了何等荒谬的程度。从那时候以来已经过去了许多充满不平凡事件的岁月，对我们党而言问题已经彻底解决。这一问题的解决，我们靠的是对具体历史形势的细致分析，正是在那种形势下产生了该民族的自决问题。让我们举两个具体的例子。

鲁尔被占领向德国共产党提出了民族问题。该党内部起初出现一种潮流，倾向于全面否定鲁尔被占领会迫使共产党在德国提出民族问题。这个潮流无疑是错误的，它反映了罗莎·卢森堡理论的影响。但与此同时在《国际》杂志上出现了一系列塔尔海默同志的文章，他走向了另一种极端。他提出"自决"和利用德国全国的不满情绪，却忽略了一个事实：在德国我们拥有高度成熟的无产阶级，德国正处于由资本主义向社会主义发展的阶段。塔尔海默同志倾向于为共产党勾画这样一种策略路线：似乎德国的阶级矛盾业已消失，它由于鲁尔被占领又回到了摩洛哥的社会关系的经济原始主义。

在这里已多次被援引过的一位小有名气的德国同志鲍里斯对民族问题的提法中，我们发现了程度上严重得多的一个难以容忍的错误。这位作者与塔尔海默相反，甚至在殖民地里他也想将无产阶级作为自决权的体现者，殖民地的分离权也要以在那里建立苏维埃社会主义共和国为条件。

关于帝国主义时代能否在资产阶级国家的框架内实现"分离"的问题也属于这一问题类型。当年已故的列宁与俄国的分离权反对者们辩论时曾引用过挪威的例子。其实，如果我们认真思考我们的巴尔干同志们的立场，我们就不得不承认，巴尔干同志们对这个问题的回答是否定的。毋庸置疑的是，在资本主义国家的框架内资产阶级无力解决民族问题。但是根本不能由此得出结论，说我们应当将被压迫民族的分离权的实现推延到全世界的社会革命胜利之后。只需看看巴尔干同志们关于民族问题的决议便足以相信，分离权在他们那里所具有的正是这类性质。他们将分离与建立巴尔干苏维埃工农共和国的条件相联系。然而这样的条件意味着什么呢？巴尔干是欧洲各大国的整个帝国主义政策的汇合点。工农政权在巴尔干这个国际各帝国主义集团的穿堂院里的胜利，就意味着国际无产阶级的胜利。因而这样提出问题，也就意味着回避今天所尖锐提出的那些问题。

4. 第四类问题与一个具有双重形式的问题相关联：关于工农政府与资产阶级政府之间的领土收复问题和两个资产阶级政府之间的领土收复问题。这一类问题因欧战后随即发生的帝国主义瓜分世界造成了许多民族分裂瓦解而具有很大的现实意义。革命的领土收复问题具体发生在苏联和与它毗邻的国家的关系之中。比如，在波兰共产党的第二次代表大会上，波共便决定支持属于波兰国成员的乌克兰人和白俄罗斯人的运动，以利于他们归并到苏联的工农共和国。我们认为，爱沙尼亚共产党人、喀尔阡罗斯共产党人等发言中的声明，也都具有类似的性质。

不过与此同时，我们也在我们一些共产党的实践中发现性质相反的决定。比如1921年捷克斯洛伐克党的赖兴贝格代表会议（该党当时还是社会民主党内作为反对派的成员）曾讨论关于革命的领土收复问题，若是在德国无产阶级革命已经取得胜利的情况下，则作为捷克斯洛伐克国成员的350万德意志人都会反对离开德国领土，用来解释这一决定的理由是捷克斯洛伐克无产阶级革命的利益。但是如果我们的各个共产党都准备承认革命的领土收复的合理性，那么在关于领土收复的问题上，两个资产阶级国家之间就必定存在着一种否定的关系。比如，在波兰共产党第二次代表大会所通过的关于民族问题的提纲中，便只字未提现居波兰的多达200万德意志人的"分离权的承认"之事。在捷克斯洛伐克共产党的任何一个决议中都找不到对德意志居民的分离权的任何说明。罗马尼亚共产党对待特兰西瓦尼亚的匈牙利居民的态度也很典型。与向往匈牙利的特兰西瓦尼亚匈牙利居民的土地收复愿望相反，罗马尼亚的同志表示赞成建立独立的特兰西瓦尼亚共和国。这种态度表现出一种担心：千万别让"自决权"变成客观上对外国资产阶级政府的支持。

同志们，你们都看见了，我们各国的共产党需要在何等复杂的民族窘境中采取行动，它们在将直至分离的"自决"具体化时，又应当表现出何等巨大的革命灵活性。将我们的原则性论点具体运用于某些国家的环境这项工作，我们应当在各委员会内进行。这是第五次世界代表大会的任务之一。没有这样的具体化，我们难免会犯错误。而在我们的各国共产党的民族实际工作中的错误已经积累了不少。

共产国际的各个支部在不同的具体环境中所犯的错误无论多么各不相同，但是都可以将它们归结为一些基本的类型，它们对于描述我们许多同志尚未摆脱的社会民主党残余具有代表性的意义。这类错误可以归纳成四个基本类型，反映出那些在第二国际中曾一度享有政治威望的民族问题观点的影响。可以归入第一种错误类型的有某些南斯拉夫同志的、尤其是目前身陷囹圄的西蒙·马尔科维奇同志和米洛伊科维奇同志的立场。我在上文中引用了南斯拉夫国内民族构成的一些数字，你们从中可以看到民族问题对于南斯拉夫共产党具有何等巨大的意义。然而马尔科维奇和米洛伊科维奇同志认为，塞尔维亚的民族问题只是资产阶级臆造出来的。关于塞尔维亚人、克罗地亚人和斯洛文尼亚人构成三个民族还是一个民族的问题，按照马尔科维奇同志的看法，这只不过是一个理论上所关心的问题，一点也不应当影响党的实际政策。米洛伊科维奇同志则走得更远。他断言,南斯拉夫根本就不存在几个民族,有的只是语言的差异。马尔科维奇同志在他的小册子《从马克思主义的观点看民族问题》和在南斯拉夫共产党机关报《工人报》上发表的一系列文章中,马尔科维奇同志提出将为修改宪法而斗争作为共产党的具体口号,亦即事实上将整个民族自决问题完全归入了宪法的范围。马尔科维奇同志对待马其顿的态度就很典型。你们都知道,马其顿在塞尔维亚人、希腊人和保加利亚人之间被瓜分之后,现在对巴尔干各国所起的作用相当于巴尔干对欧洲所起的作用。围绕着马其顿,特别是围绕着爱琴海出海口问题和争夺萨洛尼卡港的角逐,巴尔干的小掠夺者之间进行着极为激烈的斗争。与此同时,马其顿也存在着有助于恢复国家独立的强有力的民族运动。马尔科维奇同志是如何对待这场民族运动的呢?他在文章中表达了一种意见,认为马其顿问题根本就不是巴尔干的问题,而是整个欧洲的问题,因此,在欧洲无产阶级战胜资产阶级之前不可能得到彻底解决。从问题的这种提法中会引申出一些什么样的实际任务呢?只能是共产党对属于巴尔干各民族当前万众瞩目的最迫切的问题之一的这个问题采取消极态度。如果认真思考一番这种态度,就不得不指出,此类观点在第二国际中即有其谱系。马尔科维奇同志对整个民族问题的提法的基本出发点是这样一种思想:无产阶级应当在通过一系列战争和暴力所造成的边界之内夺取资产阶级国家。我们可以在臭名远扬的奥地利学派(奥托·鲍尔和伦纳)对民族问题的提法中发现这一理论的踪迹。正是奥地利学派在解决民族问题时以典型的奥地利民族主义者的观点作为出发点,即无论如何也要保持前奥地利帝国的国界。因此对这个学派而言,在这样的多民族国家内的整个民族问题,像前奥匈帝国一样,事实上都归结为关于修改宪法的斗争的问题。针对各民族的革命性自决的观点,奥地利社会民主党人提出为民族改良而斗争相对抗。他们认为,奥地利民族问题的全部解决仅限于修改奥地利宪法的两个段落。同志们,我们都知道，我们的俄罗斯学派在民族问题上曾向这个学派宣布生死决战。然而现在，在我们与奥托·鲍尔进行了那场论战、共产国际也存世5年之后，我们却在我们的南斯拉夫同志中间看到了奥地利学派观点的复活。我们的希腊同志在马其顿问题上的立场也可以归入这种类型的错误。数月之前巴尔干共产主义联盟执行委员会面对巴尔干的武装冲突时通过了一个宣言文本，其中号召巴尔干各国的无产阶级坚持马其顿的独立。希腊共产党不仅没有公布这个宣言，而且对巴尔干联盟通过这类文件寄来振振有词的抗议。我要问，应该到哪里去寻找这种思潮的来源呢？无疑，只能是在奥地利学派一度起劲宣传的那些观点的残余之中。

第二种类型的错误与某些社会帝国主义的残余有关。如果说奥地利学派在欧战过程中坚持承认奥地利边界完整性的立场的话，那么库诺、连奇的社会帝国主义学派的出发点便是关于一种国家的概念，在这样的国家里生产力的发展超越了国土的边界。这个学派滑向了不无名气的荷兰社会殖民主义者万科尔的立场，他曾在第二国际的一次国际代表大会上建议社会党规划自己的殖民地政策。无论指出这点多么令人难过，但这类观点在各党的不能自圆其说的个别党员的头脑中确实得到了某些反映。大约一年之前，共产国际发表告殖民地奴隶书，号召他们奋起反对奴役者。当这份呼吁书送达法国共产党在阿尔及利亚西迪贝勒阿巴斯的一个共产主义支部之时，这个支部通过一项决议，谴责共产国际向另一个被法国帝国主义剥削的种族的人们发出这类呼吁书。

这个可敬的支部在其声明中表示愤怒：正值高尚的法兰西民族带来文明之际，却有一个国际工人阶级的组织号召对法国殖民者乐善好施的努力以怨报德。（笑声）我要问问法国同志，是否已经将这些也许是很好的法国人、但却是十分恶劣的共产党员开除出党？我还想问：法国同志们，法国共产党曾大声地宣告过殖民地分离的口号的那些文件何在？（塞利耶打岔说："在党纲里。"）

你们支持你们的殖民地脱离法帝国主义的行动又在哪里？法国同志们，你们目前在法国有 80 万本土工人。我想问问你们，为了将工人组织起来，为了从他们之中培养出我们在殖民地中的革命宣传干部，你们都做了些什么？在你们的军队中有 25 万黑人士兵。如果这 25 万人明天站到街垒的另一边，你们是否考虑可以进行一场社会革命？既然资产阶级拥有这些黑色后备力量，他们随时可以将其用来反对你们英勇的无产阶级，你们的工人阶级是否能赢得一次罢工？你们在这些黑人士兵中是否进行过反军国主义的宣传？（法国人座位中有人回应："是的，是的，是的。"）

不，我不知道有任何一个严肃的文件。我知道，为了扭转党的思想趋向，需要大力进行斗争。我要向你们援引一个事实，从表面上看也许无足轻重，但对我们各个党的心理而言却极具代表性。在里昂代表大会期间，共产国际向法国工人和殖民地人民发出呼吁书。党的中央机关报《人道报》编辑部在发表呼吁书时，事先删除了呼吁书文本中的"致殖民地人民"等词语。党怀着这样的思想倾向还能在当地人中大力进行宣传吗？我衷心希望法国共产党在这个问题上至少要回到饶勒斯的传统。

无论在运动的理论上还是实践上，有许多东西都让我们与这位已故的法国社会党领袖划清界限。饶勒斯是和平主义者，他的身上体现了工人运动发展整整一个时代的天才特点和不足。但是还记得战前那些年代的人都知道，饶勒斯反对法国政府所采取的冒险行动时的声音始终是那样坚定和果敢。请回忆回忆，饶勒斯在摩洛哥冒险期间开展了一场多么勇敢的运动，那次冒险以全面的血腥战火威胁着欧洲。饶勒斯并不采取殖民地分离的观点，但是他善于吸引全国对殖民地问题的注意力。我再举近期的一个实际的事例。法国同志们，不久之前你们那里进行了普选。为什么预先确定的 7 个殖民地候选人中连一个土著都没有？为什么你们认定有候选人资格的仅仅是那个在殖民地招致普遍不满的民族的代表？在殖民地宣传工作上可以对我们的英国同志提出更多的指责。英国同志们在共产国际里代表着沾染殖民地偏见最严重的无产阶级。马克思曾经就爱尔兰的独立著文称，在爱尔兰未获得自由的时候，英国工人永远也不会自由。马克思非常了解，如果英国无产阶级不能在遭受英国领主压迫的那些民族中寻求到支持，他们就不可粉碎不列颠帝国强大的资本主义机构。这些话是多年之前说的，当时不列颠帝国还是世界上最大的殖民强国，占有全球面积的将近三分之一。我们的英国同志是否认为革命的进程会遵循这样的顺序发展：英国无产阶级先解放自身，然后再作为救世主解救殖民地的人民？我们可并不这样认为。在我们所能见到的关于英国党对待殖民地的态度问题的文件中，我们找不到英国同志们的任何一次声明，说他们清楚明确地要求殖民地与不列颠帝国分离。英国同志们，请你们让我们看看有什么你们捍卫爱尔兰的分离权的文件。而与此同时，你们曾有过多少次发表这类讲话的机会啊。现在麦克唐纳的工党政府掌权之时，你们也没有利用过一次机会提出这个问题，诉诸你们国家的无产阶级舆论。一如既往，在工党政府治下英国在殖民地的沉重压迫机器照常运转。英属印度臭名远扬的刽子手、在他手下甚至对甘地这样温和的人也屡屡提起众所周知的诉讼的那位总督赖丁斯勋爵以及阿里兄弟等人依旧官居原职。麦克唐纳先生的政府连目前统治着3亿英属印度居民的上层官僚人物也不肯撤换。英国同志们，你们的斗争、坚决的遍及印度偏远角落的斗争在哪里呢？我们俄罗斯的同志们感谢你们，因为在俄国革命遭遇武装干涉的时刻你们提出了口号："不准干涉苏维埃俄罗斯"。但是，如果你们现在发出另一个同样勇敢的号召——"不准干涉殖民地"，整个共产国际都将更加赞成你们的举动。

可以归入第三种类型的错误的，是与已故的罗莎·卢森堡的理论复活有关的错误。罗莎·卢森堡的观点可以描述为民族虚无主义。罗莎·卢森堡所根据的论点是：在帝国主义时代，任何民族运动都无可避免地注定要被帝国主义大国出于自身的利益加以利用。因此罗莎·卢森堡认为，无产阶级政党应当从自己的纲领中抛弃民族自决这一点。如果说库诺的国家理论本身反映了帝国主义发展的最新阶段，那么罗莎·卢森堡的理论则是工人运动童年时期的反映，其时工人阶级面对的夺取政权的问题仿佛是一个遥不可及的难题，仿佛是遥远未来的好事。只有列宁的布尔什维克学派将夺取政权的问题作为今天的任务提了出来，而且能够将这一任务与那些在社会结构中作为中间阶层的千万人的利益联系起来，无产阶级革命的胜利最终取决于这些人的所作所为。只消举出我们的欧洲同志关于民族问题的一些策略性的决议，便足以令人相信，我们还没有完全摆脱罗莎·卢森堡观点的影响。我已经向你们引述了几位南斯拉夫同志的立场，他们将民族自决从属于无产阶级在巴尔干和整个欧洲的胜利。罗莎·卢森堡的观点可以在某些德国同志的立场中看到更加鲜明的反映。

最后，需要着重探讨一番第四种类型的错误。《黎明报》的我们那些土耳其同志的立场就属于这一类错误，他们事实上已采取了无产阶级与资产阶级实行阶级合作的观点。这种立场也并不算什么新鲜事。那些还记得前奥地利帝国的乌克兰社会民主党人的立场的人，那些还记得同一个奥地利的波兰社会民主党人的立场的人，他们都会明白，我们的土耳其同志们的错误同样有着第二国际整个社会爱国主义思想的根源。

现在我来讲讲我的报告的最后一部分——关于苏维埃社会主义共和国联盟的问题，它的建立发生在第四和第五次代表大会之间的时候。同志们，你们都知道，从自身居民的民族构成的观点看来，俄罗斯处于较之前奥匈帝国更为复杂的状况。如果说奥地利战前有多达11个民族曾作为奥匈国家的组成部分的话，那么在俄罗斯我们则有超过100个大小民族，分布在前沙皇帝国的广袤领土之上。在民族成分如此多样的国家里，解决民族问题当然异常困难。解决问题的方法本身应当作为我们所有的外国同志们的教训。另一个困难在于，俄国的无产阶级就其民族而言是俄罗斯人，同时，农民群众的相当大一部分则是其他民族的人。在苏联的人口构成中我们有将近 6900 万俄罗斯居民，6500 万其他民族居民。我们革命的首要任务在于，要建立 300 万大俄罗斯无产阶级与千百万属于其他民族的农民群众之间的联盟。第三个困难是，所有的多民族群众实际上都处于经济发展的不同阶段。有高度发达的一些工业中心，我们也有着将近 1000 万居民尚未走出游牧生活环境。宣布各民族形式上的平等是不够的。正如法国大革命所宣布的平等那样，这种形式上的平等很少会有实际上的效果。我们国家的无产阶级应当向自己提出建立真正的经济平等的任务，这种平等才是作为我们工农共和国成员的各民族正常发展的唯一保障。这一任务我们必须根据自己的国力，以极其有限的经济资源加以完成。

列宁很久以前就说过，苏维埃俄罗斯以其地理位置将会形成亚洲与欧洲之间的天然桥梁。这无疑是正确的。我们的革命具有双重特征。它在这种意义上影响了欧洲的无产阶级：它给予了他们对自身力量的信心，对掌握国家政权的信心。俄国革命对西欧无产阶级的最大意义正在于此。但与此同时，它也影响了东方的各国人民。1905—1906 年的革命之后考茨基早就预言，俄国革命必将唤醒近东和亚洲部族的历史存在感。这一预见无疑是正确的。苏维埃国家在 1917 年 10 月的革命之后已成为吸引东方各国人民的中心。这种情况使得俄国共产党和俄罗斯无产阶级有责任不可辜负东方各国人民所寄予他们的期望。我们深深地懂得，如果不在从波罗的海到遥远的亚洲平原的各被压迫民族与无产阶级之间建立起统一的革命战线，处在资本主义包围环境中的我们永远也无法捍卫各苏维埃共和国的独立。俄罗斯的旺代有意识地选择前沙皇俄国的边境，用来进攻节节胜利的莫斯科和彼得堡的无产阶级。只有我们得到散布于这些边境的千百万居民的好感这一事实，才帮助我们战胜了边境地区反革命的头目：杜托夫、谢苗诺夫、高尔察克和邓尼金。默默无闻的叛徒保尔·莱维当然可以对巴什基尔和卡尔梅克的共产主义任意讥嘲。但是我们知道，保尔·莱维之流的先生们以自己的笑谈暴露了他们殖民主义者的本性。我们是以什么方式实现这一联盟的呢？借助的是两种办法：第一，通过无条件地承认直至分离的民族自决权，即便在苏维埃制度条件下也是如此。通过这种方法，我们成功地抑止了当年备受沙皇制度压迫的各民族中的沙文主义倾向的发展。与此同时，我们以同样的方法削弱了小资产阶级民族主义政党的影响，这些党利用前沙皇帝国的民族压迫在各民族之间散布彼此的仇恨和不信任。

我想提请外国同志们留意我国宪法中的一个有趣的条款。其中我们承认了已成为苏联成员的每一个民族随时退出苏联的权利。这一权利并不是通过任何程序事先约定的，只不过是表现了联盟参加者明确的意志的一种单方面的行为。这一类条款是我国宪法的典型特征，资产阶级国家法的教授先生们当然不可能明白。比如，不久之前在一家白卫军的报纸上，米留科夫先生就对我们工农联盟的法律本质进行了一番考察。依米留科夫之见，我们的国家不具备法人资格，因为其中缺少强迫成分，因而这样的国家无法承担任何国际义务。米留科夫认为，这一法律分析必然对西欧国家产生极为恶劣的印象，从而延缓它们承认苏联的进程。然而，同志们，在我们的国家联盟的组织中没有这种强迫成分，恰恰构成了对加入我们联盟的各民族的道德影响最为强大的力量。

我们借以做到将各民族结合成一个兄弟般的联盟的另一种手段，就是国家绝大部分财富和自然资源的公有化并将其变为居住在苏联的各民族的公共财产。资产阶级国家法的理论将关于私有财产的概念扩展到了现代国家。根据资产阶级的法学理论，国家的全部财富和资源都是居住于该国领土上的居民的财产。自然，在这样的情况下关于海路、港口、边界、海关的问题便获得了决定性的意义，成为资产阶级国家之间武装冲突的根源。苏联的成立提出了新的国家理论,在这里边界问题本身仅只具有附属的意义。在我们的联盟内,摩尔曼斯克的居民对黑海港口、顿涅茨矿区享有与波尔塔瓦农民和顿涅茨克矿工同样的权利。

与此同时,敖德萨和顿涅茨克矿区的居民对西伯利亚金砂矿床也享有与西伯利亚农民和土库曼斯坦游牧民同样的权利。同志们,你们都明白,在这样的情况下,加入我们的联盟的各个国家之间的边界仅只具有行政的意义,不可能导致任何冲突。

我们的联盟的建立对我们的欧洲各党而言,必然是强大的宣传武器,因为此事使得这些党能够将苏联解决民族问题的方法与资产阶级国家范围内解决同样问题的方法相对照。这就是为什么我们的经验会成为全欧洲无产阶级的财富的原因。我想以这几点一般性的意见作为我的报告的结尾,而且我认为,在第五次世界代表大会上将要建立的民族委员会里,我们一定会找到一些具体的解决办法,足以帮助我们促进各国的民族运动,为其提供革命的方式。发表泛泛的宣言的时代已经过去,在殖民地和少数民族中开展大规模的创造性的革命工作的时期即将到来。我们一定能够完成这一任务——我们要为国际革命成功创造一部分机会,我们就是在为这项革命事业服务,共产国际就是在捍卫这场革命。(掌声)

(会议休会。)

# 第二十一次会议

(1924年7月1日,星期二)

主席:格施克

## 讨论关于民族问题的报告

**格施克**(主席):

我宣布会议开幕。我们将继续进行关于民族问题的讨论。现在请罗易同志发言。

**罗易**(印度):

同志们,没有必要再次强调此刻我们准备讨论的问题的意义了。现在无论对整个共产国际而言,还是对它的各国支部而言,这都已经成为几乎显而易见的道理。如果说事实上我们至今尚未对这方面的工作给予足够的注意的话,那么原因并不是我们对它的意义估计不足,而仅仅是对事情的理论方面的认识不够正确。

第二次代表大会的提纲中阐述了民族问题的基本原则。我们大家都认可这份提纲,我们大家都肯定地说,我们要将其作为我们工作的基础。然而,同志们,我应当说,我们之中很少有人认真研究这份提纲,很少有人真正领会了从中所得出的结论。由此便产生了种种误解、种种困难,对共产国际已完全肯定的那些问题还表现出了漫不经心。因此,同志们，在着手讨论问题的实际方面之前，亦即在对第四次代表大会以来的一年半期间各殖民和半殖民地国家的革命运动给予评述之前，我认为必须提请你们注意第二次代表大会的提纲。我认为有此必要是因为，我发现对该提纲的阐述往往不正确，而且许多同志甚至不肯花费功夫对其仔细地读一读。只要稍稍研读一下提纲，我们就能够正确理解和解释殖民地和半殖民地国家中所发生的事件，因为只有在我们正确地理解作为第二次代表大会提纲基础的那些理论上的出发点的情况下，只有那时候我们才能理解殖民地和半殖民地国家的革命运动的意义，只有那时候我们才能够动员这些革命力量与帝国主义进行斗争。只有那时候我们才能够完成吸引被压迫民族与资本主义国家的无产阶级结成同盟的任务。

首先我要举出一个事例：在关于执行委员会报告的决议中，有一点无论如何也不符合第二次代表大会的提纲，不过我对该决议的订正却避免了仅仅根据它与那份提纲相矛盾这一点。我希望向你们证明，是我的订正而绝不是它所针对的决议的那一个条款符合第二次代表大会的提纲。我也想证明，这个决议不仅与第二次代表大会的提纲相矛盾，而且除此之外，它还无法加以实际运用。我要根据我们在第二次代表大会期间所积累的经验来证明这一点。通过决议是为了加以实现，因此不应当有那种现实上无法实现的决议。上述决议中说："为了吸引殖民和半殖民地国家的人民参与无产阶级的斗争，执行委员会应当与民族解放运动保持直接的联系。执行委员会一向努力而且将继续努力保持这种联系。"看来，当时大家都忘了，这种与殖民地和半殖民地的民族运动保持直接联系的尝试并非始终都很成功。我准备进一步说明这种不成功的原因。

首先，同志们，第二次代表大会的提纲中有许多思想都根本不足以为执行委员会的这类策略辩护。我没有时间完整地引用这份提纲，尽管这样做应该会很有好处，因为许多同志连读也没读完却在引用它。但我只打算引用一两处，以证明执行委员会不可能用这份提纲来为它在决议中的表述辩解。请听吧。提纲中说:"各个共产党应当对革命解放运动予以积极支持,而且这种支持的方式应当根据现在的条件来决定,各该共产党则应对这些条件进行仔细的研究。"总之,同志们,必须对革命解放运动本身给予支持,而支持的方式则需要在研究现有条件的基础上确定。换而言之,列宁同志没有忽视一条历史的规律,根据这一规律,某一个运动、某一个阶级在1920年具备革命的意义,在1924年就可能没有这种意义了。因此,1920年还正确的策略,到1924年可能就不正确,而1920年可以充当革命无产阶级同盟者的那些党派和社会阶层,现在则可能不能适用于这一目的了。所以规定一个硬性的、不可破坏的、僵化的公式并且不管条件如何变化都照样奉行,这是极为可怕的事。这种错误就是我们积极性不足的原因,对此我们都感到懊悔,我们大家都希望加以纠正。许多殖民地的人民不肯与帝国主义国家的共产党打交道,因为这些共产党对殖民地国家的人民毫无助益或者助益很少。然而,同志们,如果我们想要弥补这一缺陷,如果我们想要补救某些支部在民族问题上所表现出来的这些实际主动精神的不足,我们首先就应当抛弃我们的一个根本性的错误:我们不应当再将第二次代表大会的提纲视做完全机械的东西并且坚持完全机械性地加以运用。

现在谈谈提纲中的另外一点,其中指出了共产国际应该与哪些社会阶层保持直接的联系:"竭力使农民运动具有最大的革命性,使西欧共产主义无产阶级与东方各殖民地以至一切落后国家的农民革命运动结成尽可能密切的联盟"。同志们,这里已经十分清楚地指出了,在经济落后的殖民地国家里哪些阶级客观上是最为革命的。由于大多数殖民地和半殖民地国家里的资本主义还处在很低的发展阶段,因此侈谈这些国家中的纯无产阶级运动或者纯无产阶级政党就是明显的浪漫主义。不过这些国家里有农民群众,他们是强大的革命因素。殖民地的任何革命解放运动中,农民群众都注定会扮演头等重要的角色。因此提纲中明确地指出，资本主义国家的无产阶级应当首先与这些农民群众建立联系。由此便产生了更广阔范围内的统一战线策略的必要性。在资产阶级国家的无产阶级与殖民地受剥削的贫苦农民之间，应当建立起反对帝国主义的统一战线。当问题涉及帝国主义国家时，这种对统一战线口号的深思熟虑的运用尤其有必要。在诸如英国之类的实际上几乎没有农民阶级的国家，无产阶级应当保证同情和支持殖民地国家的农民阶级。我再引述提纲中的一段话："共产国际有义务支持殖民地和落后国家的革命运动，目的完全是为了将所有落后国家中那些将来能够组成共产主义政党以及不单是有共产主义之名的政党的各种力量联合起来，使它们能自觉地对待反对这些国家中资产阶级的和民主主义的倾向的任务。"这句话的意思十分清楚。共产国际的任务是将那些有可能加入无产阶级政党的所有社会人士团结到自己的旗帜、先进的无产阶级的旗帜周围。不但如此，提纲还号召开展反对资产阶级民主主义思潮的斗争。我们应当教育劳动群众，提高他们的阶级觉悟。这样我们能赋予争取民族解放的斗争以新的力量。同志们，这就是第二次代表大会提纲的主要实质。任何地方都没有指示说共产国际应当放弃支持殖民地的民族解放运动；只是指出，为了进行这种支持需要有"直接的联系"，不是与那些自己不希望与共产国际有任何共同之点的资产阶级民族主义者联系，而是与工人阶级和农民阶级的革命组织联系。但是在我们现今的决议中对此却只字未提。其中只是说，执行委员会应当与民族解放运动保持直接的联系。这是一种极端错误的概括。殖民地和半殖民地国家的民族解放运动并不是什么千篇一律的事情。不应当将其套进一个狭隘公式的框子里。在不同的国家里它呈现出不同的形式，完全取决于占据优势地位的这样或那样的社会环境。参加这一运动的有极为多种多样的社会阶层。如果我们从一种含糊不清的公式出发，我们怎么能指望我们所建立的那些联系获得实际的成效呢？我提请代表大会关注迄今共产主义所遵循的策略的这一薄弱环节，要求重新考虑此前的立场。如果某些国家的支部未能给予我们所关心的这个问题以应有的实际上的注意，那么这只能说明它们并不是有意加以忽视，不过是由于共产国际队伍中普遍存在的对于这个问题的混淆不清状况。这种混乱如若得不到消除，我们将永远也达不到所希望的效果。

  同志们，现在我转向我的报告的下一部分。首先我们应当向自己提出这样一个问题：共产国际已经与殖民地国家的民族资产阶级建立起了联系吗？没有，如果不算若干存在着所谓民族主义国家机构的半殖民地国家的某些情况的话，都尚未建立起联系。在这种情况下，在苏联政府与这些民族国家之间当然都建立起了友好的外交关系。但是现在我们所分析的根本不是问题的这个方面。现在我们谈论的是共产国际亦即西方资本主义国家的革命无产阶级与东方国家的革命人民运动之间的相互关系。如果我们希望明白我们失败的原因，如果我们希望弄清我们为什么未能与这些国家的民族运动建立起直接的联系，那么我们就应当研究这一运动的社会性质。我已经指出过了对这些国家的民族的社会构成进行分类是何等困难。因此在任何情况下都不可能制定一条可以在所有这些国家里运用的共同的规矩。如此，殖民地和半殖民地国家至少可以被划分为三类：1. 存在着封建宗法制度的最落后的国家；2. 形式上被视为民族国家、实际上却处于外国帝国主义的财政、甚或军事统治之下的半殖民地国家和 3. 处于某个帝国主义大国全面的政治、经济和军事统治之下的殖民地本身。第一类国家现今并不具备特别的革命意义，尽管其人民中十分频繁地发生由粗暴的剥削方式所引起的起义和暴动。这些起义极为混乱、自发、甚至往往渗透了祭司阶层和封建爱国主义者的反动影响，极难让其服从系统的领导。尽管如此，我们还是应该记住，在这种社会发展状况下，这些阶层乃是最先进的革命因素。因此我们应当断定他们是我们的同盟军，给予他们力所能及的支持。不过首先我们应该弄清，这种支持实际上应当表现在哪里。如果我们做不到这一点，那么我们的支持就只能是口头上的支持。可以通过种种决议，但这样的决议对这些国家的人民不会有任何价值。

然而在诸如土耳其、中国、波斯等半殖民地国家，很难制定单一的政治路线，以之作为我们整个工作的基础。这一类国家又可细分为两个小类。因而我们的政治路线同样应当区分为两种。我们在第三类国家亦即纯粹的殖民地内，也遭遇同样的困难：那里并没有一致性。这样，同志们，我们便面临着一个十分复杂、十分困难的问题，必须以极其专心致志的方式对于事情的实际方面进行调查研究。我们必须关注现实，不能让自己为一些似是而非的表述所吸引。遗憾的是，至今我们未能这样做，因而我们所取得成绩是如此之少。

现在需要对一点加以说明，因为我已经说过了，估计它可能会引起误会。有可能使人觉得，我是布哈林同志一再称之为"劳动群众自决，而非民族自决"那一套说法的拥护者。然而并不是这样。业已确定（共产国际第二次代表大会亦已充分澄清），共产国际承认宣布被压迫民族的自决权有其历史的必然性。但是，当我们宣布这一点的时候，我们必须弄清楚，这些各不相同的被压迫民族要通过什么样的方式和什么样的途经才能获得自己的民族自决权。我们承认各民族的、而非劳动群众的自决权的时候，这并不意味着我们恰恰是将这种权利提供给被压迫民族的资产阶级或上层阶级，反而不提供给劳动群众。十分正确的是，正如被压迫民族的上层阶级并非唯一拥有自决权的人一样，无产阶级或劳动群众也不具备对这种权利的垄断地位。必须研究各种社会条件，必须研究事情的实际状况，才能弄清楚这些阶层中哪个阶层可以在斗争中发挥领导作用，其中哪个阶层对解放运动具有最大的意义。尽管在原则上共产国际应当支持并且也正在支持各种解放运动，但是出于实际上的合理性（亦即当我们希望在实际上实现这种支持的时候），仍然需要弄清楚，这些阶级中哪一个阶级、这些社会阶层中的哪一个阶层客观上拥有将斗争导致全面胜利的最大的潜能。因为正是应当与这个阶级建立直接联系，而这种联系将会让我们能够以我们的力量支配全体人民。实际的办法就是如此。

现在只差对第四次代表大会以来各殖民地和半殖民地国家的革命运动作一简要的评述，弄清楚各社会阶级中的哪一个阶级至今在民族运动中发挥着主要的作用，在某些国家中目前这个阶级的状况如何，每一个国家的运动的下一步前景如何。换句话说，我们应当从高高在上地侈谈空洞理论，变为深入到现实的事件中去。比如，昨天曼努伊尔斯基同志提出了一个说法，如果他能更好地了解事实，他就不那样讲。他说，在过去一年中可以确认，英属印度的民族运动十分活跃。然而，同志们，实际上我们看到的是相反的情况。过去的一年是印度民族运动最为低落的年头。资产阶级、主要是小资产阶级领导下的民族运动曾经达到很大的规模，在1920—1921年时曾以其巨大的革命能力让英帝国主义不胜恐惧，而这样的运动如今已成往事。如果我们在这里，在共产国际的世界代表大会上基于这种对事实的虚假想象制定我们未来的策略，那么，要是我们一事无成就将会是十分自然的事。

曼努伊尔斯基同志援引了孟买罢工的例子。我必须讲一讲这次罢工的情况。如果它发生在欧洲的任何一个国家，它对无产阶级的革命斗争都会具有头等的意义。然而仅仅因为它发生在一个殖民地国家，仅仅因为这一点它的伟大革命意义便得不到应有的评价。我们之中许多人都懂得这一点。

同志们，这是整个纺织工业的一次总罢工。参与罢工的有15万工人，其中包括3万女工。他们顶住印度资产阶级和英国帝国主义的联合抵抗，坚持了3个月之久。孟买罢工是无产阶级关键的经典事例。而在这里共产国际代表大会上它却被说成印度民族运动活跃的指标。同志们，诸如此类的错误难道不令人沮丧吗？既然关于孟买罢工大家了解得如此之少，那么对它的过程作一简要的叙述就是完全适宜的。这也会让我们的英国同志感到兴趣，我相信，他们对这次罢工的了解也并不比在座的其他代表更多。

这次罢工的实质在于印度资本主义与英国帝国主义之间的利益冲突；更具体地说，是孟买纺织界与兰开夏纺织界之间的利益冲突。由于印度的工资极低，十分自然，印度的纺织品在与从兰开夏输入印度的纺织品进行竞争时就很有利。英国政府在印度竭尽它所能做到的一切努力，以维护兰开夏的利益，不让孟买的产品排挤掉兰开夏的产品。

战争期间和战后的最近数年之中，由于1918—1920年的历次大罢工，在某种程度上也是由于希望避免国内再添混乱的政府的压力，孟买工人的工资在一定程度上得到提高。可是在1922年，孟买的企业主们决定取消工人们作出的这一微不足道的让步。结果便爆发了罢工。当企业主们表明他们的意图时，工人们齐心协力地表示抗议，拒绝接受新的条件。同志们，但是这时候民族主义出现了。究竟发生了什么事情呢？在很大程度上掌管着工会的民族主义者领导人们，都是一些小资产阶级的人文主义者，总的说来对工人阶级具有很大的影响力，资产阶级的激进分子、费边主义者现在都是麦克唐纳在印度的工具，这些人对工人们说：亲爱的朋友们，令我们感到难过的是，你们不得不挨饿，但是也必须考虑国家的利益，如果孟买的纺织品不比进口的产品便宜，那么国家的利益便会因此受到损失。所以你们不得不挨饿，并且要满足于降低了的工资。工人们宣称，他们不愿意挨饿，将继续进行斗争。在印度工人运动的历史上，那些被工人阶级一向视为偶像、从来不敢违抗其命令的人，破天荒第一次遭到了工人们反对，而且是在公开的群众大会上。工人们说，我们不想听你们的话了，我们不想考虑国家利益——我们要为自己的肚子而斗争。

罢工开始之时，小资产阶级民族主义者对其巨大的规模感到惊讶，对罢工者们表示口头上的支持，然而随着罢工的发展，他们全都与工人们断绝了往来，工人们只好自己承担罢工的重任。企业主们宣布同盟歇业；孟买的83家企业关闭了81家。两个月期间，工人们处于被饿死的边沿。频频发生人们真正饥饿而死的事例。在极小的骚动的过程中，都使用大炮和步枪对付工人。然而民族主义者却袖手旁观。只是事情发展到了大规模地饿死人，而工人们仍然拒绝按照企业主所提出的条件复工之时，才成立一个救助委员会。这个委员会向印度国大党提出建设，拨款数千卢布帮助忍饥挨饿的工人。这一建议也遭到拒绝。

毫无疑问，这一切之中还有另外一方：英国工党对印度工人斗争的态度。罢工正好是在麦克唐纳上台执政之际，不过由于时间不足，我不可能深入地加以详谈了。

曼努伊尔斯基同志也提到了农民的一些流血抗议行动，作为民族运动复兴的征兆。不错，流血的抗议行动确曾发生，都遭到了英帝国主义军队的镇压。但是将这些流血起义说成民族运动增强的征兆却是完全错误的。实际上它们只不过表明了，民族斗争的原始方式已经过时，貌似团结的反对外国统治的全国阵线，被民族主义者队伍中日益尖锐化的阶级冲突彻底分裂。

同志们，我们务必要考虑到这种变化，我们务必不要局限于了解某些个别的事件、个别的报纸上的消息，便从中匆匆地得出结论。我们应当仔细研究总的形势，在这种研究的基础上做出正确的结论，并相应地调整我们的策略。

同志们，在印度频频地反复发生的流血冲突，乃是农民暴动、被剥削的农民阶级反对当地土地占有者的暴动。正如我们在城市里看到印度无产阶级反对本国资本主义的起义一样，在农村里我们也常常见到受剥削的农民反对印度地主的起义。两年之前这类冲突还不是那么尖锐。战时和战后的环境所产生的农民和工人阶级中的极大的不满情绪，被资产阶级调动起来，组织成为1920—1922年的伟大民族运动。起初资产阶级并不了解它所领导的那些革命力量真正的意义，不知道会让它大失所望。待到这些革命力量刚一开始采取危险的方式时，资产阶级便率先拒绝接受任何种类的革命行动。如果它不这样做，英帝国主义的历史就可能发生截然不同的转变。人民运动极富革命性，力量极为强大，如若没有民族主义资产阶级暗中抵制，英帝国主义的大厦早已轰然坍塌。这一运动如果不是被内部的冲突和矛盾所削弱，任何外部的力量也无法将其摧毁。这次运动之所以遭到彻底失败，原因就在于领导它的资产阶级不知道该如何对它进行领导。同志们，我们应当从中得出什么样的结论呢？难道仍然坚持老一套说法，认为殖民地的资产阶级客观上也是革命的力量，我们应当予以支持，我们必须与之建立联系？这样的立场简直可笑。我们都知道，印度存在着极大的革命力量，但是它们未能得到利用，原因有二：一方面是由于印度资产阶级天生缺乏革命性，思想上与反对帝国主义的革命斗争一直格格不入；另一方面，则是由于国内缺少一个无产阶级的先锋队，这是多年来经济发展停顿的结果。

共产国际有责任为这些巨大的革命力量提供其所缺少的领袖。共产国际应当造就一些领导人物，缺少这样的人物正是这些革命力量无法发展成为对帝国主义构成强大威胁的原因。

其次，同志们，不能忽视的是，如果帝国主义的政策压制着殖民地的生产力的自由成长，则在殖民地的资产阶级与帝国主义的资产阶级之间必然会发生冲突。整个说来，这是完全正确的，不过近来却变得不那么正确了。帝国主义的特别是英国帝国主义的经济政策发生了根本性的变化。下面我对此作一详细的探讨。

客观地说，殖民地资产阶级的利益与帝国主义的利益之间的分歧应当导致它们之间的斗争。殖民地资产阶级的革命作用正在于此，既然它具有这种革命的作用，我们就应当支持它。然而却出现了一个问题：这种支持应该如何表达呢？我们可以做出一些决议，但决议并不是实际的支持。我们可以向它表示同情，但同情仍然算不上支持。我们可以发表宣言，但资产阶级不会在他们的报纸上加以刊载，因为即便在我们向他们提供援助的时候，他们也不会信任我们。因此需要找到一条实际的途径。正如我们所见到的那样，资产阶级不可能进行反对帝国主义的斗争，因为它不希望站到革命的群众运动的前列。它缺乏革命运动发展所需要的革命的长远计划。殖民地资产阶级与垂死的封建主义以及资本主义的土地所有制有着密切的联系。因而它甚至无法贯彻资产阶级的经典纲领，号召废止封建的土地所有制。换句说话，它并不想消除封建主义。

民族主义资产阶级的要求和社会结构的这种反动性，使得它哪怕制定一个激进的革命纲领也不可能。即便像它在欧洲各国的亲戚那样，将群众的革命力量联合起来进行一次纯粹的资产阶级革命，它也办不到。殖民地的资产阶级脱离群众。它既没有能力也没愿望动员群众进行反对帝国主义的斗争。它害怕一切群众行动，将自己的全部希望都寄托在立宪制上。这才是我们能够真正给予它以支持的地方。我们应当动员工人和农民，并引导这支有组织的革命大军帮助民族资产阶级进行反对帝国主义的斗争。这才是加强民族解放运动的实际途径。因此，应当载入我们的纲领的并不是在执行委员会与民族主义者之间建立直接的联系，而是组建我们自己的政治机关。那时候民族主义运动就会置于革命力量的领导之下，避免妥协的危险。我们应当动员各个国家的革命力量，促使这支革命大军与民族资产阶级并肩作战，因为后者准备与帝国主义进行斗争。这样的策略甚至可以使我们能够让资产阶级投入与帝国主义的斗争。如果民族资产阶级准备妥协，那是因为它胆怯之故。当它仅仅依靠自身的力量时，它势单力薄，但同时它又不愿激发无产阶级群众的革命力量。不过，如果它看到有着可供用于反帝斗争的有组织的力量，那时候它就会采取更加勇敢的立场，提出更加坚决的要求。其结果当地资产阶级与帝国主义之间的冲突必将尖锐化，殖民地资产阶级所具有的不大的革命作用也会对整个局势产生影响。但是这只有在该国有着我们阶级的党的情况下才有可能。当在每一个殖民地和半殖民地国家我们都有了真正的工农政党的时候，党就会在阶级利益的基础上动员工人和农民，同时将从帝国主义宗主国解放和彻底分离出来置于自己的纲领的首要地位，那时候我们才能达到我们的目的，那时候我们才能唤起殖民地进行反对帝国主义的斗争。只有这样，共产国际才是对民族解放运动给予真正的支持。

现在就帝国主义的政策和策略谈几句。为了胜利地进行反对敌人的斗争，必须密切注意其各种手法。任何一个外来的大国，无论它是多么强大，如果它不能将一个民族的某个社会集团吸引到自己一边，它就无法永远将该民族置于自己的桎梏之下。自然，帝国主义总是力图将被压迫民族最先进的阶级吸引到自己的一边来。如果我们考察一番历史，我们便会确信，这方面常常包含着帝国主义统治的奥秘。帝国主义者通过这种手段维护其控制被压迫民族的权力。在每一个国家，他们都与某一个社会集团保持联系。在一些国家里他们亲近封建贵族，在另一些国家亲近封建宗法阶级，在第三类国家则亲近知识分子阶层，等等，等等。进行选择的前提一方面是现有的社会条件，另一方面则是帝国主义的要求。随着殖民地社会不断向前发展，一些新的社会力量登上舞台，排挤掉当地社会团体先前的领导人。帝国主义为了保住自己的权力，需要这些人士的支持。它必须将他们吸引到自己一方，以扩大它所依靠的社会基础。在最重要的殖民地，亦即那些处于帝国主义的直接统治之下、构成其殖民政策的主要基础的国家里，情况就是如此。

在一些殖民地中，当地的资本主义已获得高度发展。发展的结果，当地的和外国的资产阶级之间的冲突无疑变得尖锐了起来。但是事情也有另外的一面：当地社会内部的阶级冲突同样变得尖锐起来。结果便在群众中产生了动荡。这是阶级对立的初始表现，也是战争后果所引发的不满，它构成了强有力的民族运动的基础。早先的民族主义运动仅仅触动的是知识分子和小资产阶级的狭小阶级。战后则广泛波及了全国。资产阶级面对这场群众性的巨大热潮，它提出了本阶级的各种要求。这时候帝国主义才赶快通过向殖民地的资产阶级作出让步，以破坏民族阵线的团结。

世界资本主义的大危机，也促使帝国主义者采取这种新的方针。这一新政策无论在埃及还是印度都产生了极佳的效果。民族运动的资产阶级领袖们背叛了群众。我们拒绝群众的一切革命行动，重新采用宪政反对派的旧有手段。因此，民族运动即便像在印度这样它曾呈现出声势浩大的各种形态的地方也都遭到了失败。在印度，资产阶级和资本主义处于较之其他被压迫国家更高的发展阶段。尽管如此，资产阶级还是公开放弃了自己的与大英帝国分离的纲领。实际上它从来不曾有过这样的纲领。民族资产阶级一直拥护帝国联邦。为什么呢？因为帝国主义的新的经济政策预计到了殖民地的经济进展。而这正是目前殖民地资产阶级所一心期盼的事情。只要赋予它某些政治权利，它便会与帝国主义彻底和解。

我们手中有一份印度民族主义者致英国政府的备忘录。其中包含着印度资产阶级的各种要求。如果这些要求得到满足，则印度资产阶级将会完全心满意足。根据这个备忘录，英国总督仍然保留对印度的最高权力，军事控制权依旧由英国政府掌握。这意味着什么呢？这就意味着印度资产阶级希望事先获得帝国主义的庇护。为什么军事控制权必须留在英国政府手中呢？只不过是因为印度资产阶级十分清楚，群众不满的真正原因并非源自民族感情，而是出于经济关系。群众起义所反对的并非国家的剥削，而是来自资本家和地主阶级的剥削。印度的资产阶级和印度的地主，印度所有的有产阶级，都赞成在英帝国主义的庇护下缓缓发展，而不赞成搞冒险的革命，在整个国家内，可供引发革命烈火的燃料实在太多了。印度社会正面临爆发大规模阶级斗争的可能。这种威胁迫使印度资产阶级投入英帝国主义的怀抱，一旦需要，它也会毫不迟疑地面向乔治国王的宝座俯首称臣。

阶级的对抗胜过民族的对抗。面对革命的群众，资产阶级紧密地团结起来，抛开（至少暂时抛开）自身内部的种种矛盾。我时间不够了，无法证明这一进程在其他所有的殖民地里也都或多或少地在发生。不过，如果你们费神了解一些有关这个问题的材料，就会相信我的话与实际情况不会相差太大。

现在我想谈谈我们在那些貌似已获得独立的殖民地应当采取的政治路线。且以埃及为例。没有任何一个殖民地国家的资产阶级政党，像埃及的民族主义者们那样高谈革命的漂亮词句。扎格卢勒被视为极端危险的革命者，说起话来那口气就非常革命。埃及的农民和埃及人民将扎格卢勒看做他们的领袖，这也是事实。同志们，现在我们看见他成了埃及政府的首脑。发生了什么事情呢？我们面前有一份埃及同志们的报告，其中有许多极为有趣的事实，我由于时间不够了，无法给予应有的关注。简而言之，扎格卢勒利用群众的民族感情得以执掌政权，现在却镇压工人运动。正如你们所知道的，埃及共产党的全体中央委员都身陷囹圄，那里将他们当做普通的刑事犯对待：他们被指控的罪名是图谋推翻王权。

同志们，我认为你们谁也不会怀疑，一旦民族资产阶级掌握政权，它对待我们的态度不会比帝国主义好些。但是如果我们不提前做好准备，那么在所有的国家都会出现埃及目前这样的状况。全体埃及农民和整个工人阶级一直支持民族运动，从不为自己说话。如今资产阶级掌了权,他们却落入了极为孤立无援的境地。现在我们之中已经谁也不能说扎格卢勒掌握政权意味着埃及人民获得解放了。大多数埃及人民依然处于以前的境地。他们的经济状况丝毫未曾改变,也没有给他们提供任何政治权利。那些从英帝国主义手中争得的为数不多的一些权利,仅仅适用于埃及资产阶级和反动地主的最高阶层,目的是将他们变作帝国主义的驯服工具。这样,所谓民族政府的存在并不意味着争取民族解放的斗争已经取得了胜利的结果。这一斗争并未结束。只要帝国主义还没有真正被打倒,只要埃及人民还没有获得自由,就需要继续进行斗争。谁能解放这个国家的人民呢?当然不是扎格卢勒:虽说他现在有时候也生闷气,说要反对英帝国主义,但在总体上他一直对他所获得的地位心满意足。

在埃及的上层阶级与英帝国主义之间,由于他们对剥削群众所得分赃不均,也可能发生某些冲突。然而这些冲突并不具备任何革命的基础。我们应当继续为解放而斗争,应当为了这一目的而将农民阶级组织起来。只有埃及工人阶级才能将这一斗争向前推进。诚然,埃及的无产阶级还非常年轻,诚然,它就数量而言还很弱小,但是历史已赋予它以革命的角色。当工人和农民都被组织进了自己本阶级的政党的时候,他们就会获得加入与其他的被剥削阶层的联盟的机会,这些阶层对现今的妥协感到不满,希望进行斗争。

不过现在重又出现了一个问题:我们对于执政的资产阶级应当采取何种态度?我们应当支持执政的资产阶级反对帝国主义的斗争,但同时在自己的政策中又要从工人阶级利益出发。我们应当采取这样的策略:迫使本国的资产阶级提出更加坚决的要求,更有力地奋起反对帝国主义。简而言之,我们应当这样做:要让争取独立的斗争不致成为本国的和帝国主义的资产阶级之间的牺牲品。

最后谈一谈俄国革命与东方各国的解放运动之间的相互关系。这是一个很大和很重要的问题，而且现在我们并没有考虑到事情真正的重要性。俄国革命对东方各国的影响，根据各该国的经济条件而各有不同。例如在印度这样的资产阶级高度成熟的国家，我们在民族主义者中看到的是对俄国革命坚定明确的敌意。这种态度随着俄国革命对群众所产生的影响的增长而变得越来越激烈。

**优素福**（爪哇）：

鉴于报告的意义重大，我提议再给罗易同志15分钟。

**格施克**（主席）：

再给罗易同志15分钟，不过我必须提醒一句，我们还得听取14个人发言，而我们所掌握的时间不多了。

**优素福同志的提议获得通过。**

**罗易**（印度）（接着说）：

印度民族主义者对待俄国革命及其纲领的态度绝不比欧洲的民族主义者更为友好，但是在人民群众中可以发现对俄国革命的暗中支持，因为这场革命总是首先在人民群众中得到响应。所以，如果我们想要利用俄国革命在东方各族人民之中所形成的巨大的道德力量，就会再次遇到同样的问题：我们应当将注意力集中到那些自然而然地、合乎逻辑地受到俄国革命成就和纲领鼓舞的阶层身上。

最后，同志们，我必须说，在辩论结束、我们掌握了关于这个复杂而极端重要的问题的足够材料的时候，我们就应当从政治实际的观点加以对待，这方面的基本特征我已经指出过了。必须着重研究每一个国家的条件，确定该国的究竟哪一个社会集团客观上是最革命的，然后争取与这个社会集团建立联系,通过它间接地将全体人民组织起来,支持人民进行反对帝国主义的斗争。要是我们不从这个角度看待问题,我们就将寸步难行。要是不像我们各国的支部提出根据对问题的实际方面进行研究后确切地表述的任务,我们在下一次代表大会上便不得不指责各国支部在殖民地问题上毫无作为。那时候我们就已经应当承认,这并不是出自某个国家的支部的某种个别错误或疏忽所能解释得了的了。

同志们,殖民地的起义或许会对世界革命的问题发挥决定性的作用。因此组织这样的起义就成了共产国际最重要的任务之一。完成这一伟大的历史任务的唯一途径便是将各被压迫阶级组织到革命的人民政党之中。

**格施克**(主席):

在进行翻译之前,主席团提请大会审议下列提议:将克鲁普斯卡娅同志列入关于宣传、土地问题和列宁主义的委员会委员名单。(掌声)

有反对意见吗?没有。这样,克鲁普斯卡娅同志便成为关于宣传、土地问题和列宁主义的委员会的委员。

**片山潜**(日本):

同志们,列宁同志赋予了民族问题根本的、全新的意义。这是一项极其伟大的贡献,它立即成为了共产国际的政治基础之一。共产国际在民族问题上的政策证明,民族问题不是别的,正是帝国主义阶段的资本主义的一种手段。第二国际将有关殖民地和半殖民地国家的问题视做某种孤立的、个别的现象。相反,共产国际考虑到对殖民地的奴役是帝国主义统治必然的后果,所以坚决相信,在帝国主义未被打倒之时,世界革命便没有可能。这样,殖民地和半殖民国家的被剥削的人民就成了革命无产阶级密不可分的同志。支持这些国家的人民的革命运动就成了无产阶级密不可分的任务。第二国际将自决权原则说成自治，希望让殖民地一直处于附属国的地位。但是我们共产国际却将这一权利解释为彻底分离，视做完全独立存在的权利。第二国际仅仅将这一权利推广到诸如爱尔兰和波兰之类的欠发达的小国，共产国际则将无论发达与不发达国家、无论白人、黑人和黄种人视做一律平等。

我们可以将民族运动划分为几种类型。它们之间的区别取决于每个国家的不同条件，比如，独立的程度、历史的状况、经济发展的程度、地理位置，等等。不过，除此之外，民族运动还可能视其阶级性质而从根本上改变自身的方针。

以这样的视角看待问题，我们首先遇到的是资产阶级民族运动。这种类型的民族运动的主要角色是本国的资产阶级，但在对待这一类运动的态度方面我们的策略近来需要更新，因为不久之前的战争期间欧洲资本主义暂时退却，而印度和中国本地的资本主义则迅猛发展了。这些国家新近形成的资产阶级以民族运动的形式展开了他们争取生存的斗争。第二种类型是小资产阶级的民族运动。它常常显露出一种表现为最纯粹的民族主义的倾向。在有条件形成新的资产阶级的国家，这种小资产阶级的民族运动有着变成大资产阶级的工具的趋势。但是在这类条件不够充分或者根本没有资产阶级的国家，小资产阶级的民族运动可能很容易与无产阶级的运动建立联系。朝鲜和台湾的小资产阶级运动便显示出这样的倾向。必须非常认真地研究和考虑需要运用于这类民族运动的策略。我们应当无条件地对其加以支持，但尤为重要的是制定对待殖民地和半殖民地国家农民的群众运动最为适合的策略，因为在这些国家中农民乃是劳动群众的大多数。从这一观点看来，最重要、最合适的口号就是工农政府。我们最迫切的任务之一是在这种无产阶级运动中建立强有力的共产国际支部，并将这一运动变成共产主义运动。

我必须说，远东国家即太平洋沿岸那些国家中的民族运动具有极其重大的意义，这些国家是激烈的资本主义竞争最大的立足点。这些国家的民族运动的主要组成部分如下：1. 中国资产阶级民族运动以及无产阶级运动业已形成，而且中国共产党在一定程度上已经取得一些良好的成果。这方面的详细情况将由我们的中国同志讲述。2. 朝鲜的无产阶级群众运动正在成长，同时共产主义运动正在摆脱先前的派性和党内分歧，走上建立一个统一而强大的政党的道路。这一点我们应当特别加以强调。3. 我们的运动的成就之一是日本的殖民地台湾产生了小资产阶级民族运动。4. 在英属印度可以看到无产阶级运动的发展，同时我们必须指出，爪哇共产党在这个国家享有较高的威信。5. 菲律宾的自由主义运动有利于独立。

**日本**在世界资本主义体系和未来的无产阶级世界革命中的**作用**具有很大的重要性，日本是远东唯一的资本主义国家，它的资产阶级与欧美资产阶一起剥削其邻国。与此同时，日本无产阶级的革命运动严重动摇了帝国主义在远东的剥削制度。此外，日本有可能激发远东各国人民开展强大的解放战争。至于社会革命的条件，我们可以列举出5项：第一，日本的经济衰退；第二，国际政治形势恶化并日益加剧；第三，军事纪律的松弛；第四，殖民地的起义；最后，第五，无产阶级革命力量在政治舞台上的迅速增长。而最近一个时期这种力量的增长对于共产主义事业极为有利。

1920年的大规模危机之后，尤其是1923年9月的大地震之后，生产力和生产下降，对外贸易急剧缩减，同时进口大量增加，日元汇率的惊人下跌，美国和英国的资本大规模涌入，以及其他许多情形——所有这一切都明白无误地显示出日本的经济状况恶化到了何种程度。它的国际政治地位的削弱，从美国关于外来移民的新法律便可以清楚地看出。因此日本政府从若干时候以来便表现出与苏维埃俄罗斯和与中国接近的倾向。日本国际地位的削弱影响到太平洋问题，同时也对远东的革命运动给予了间接的支持。士兵中间的不满情绪很快便会采取诸如军事纪律涣散等具体形式表现出来。至于殖民地，则朝鲜和台湾对于起义的渴望每年都在增长。无产阶级的革命威力在1919年群众运动突然兴起之后已大大增强。党还年轻缺乏经验，它遭受了许多挫折，但恰恰是现在建立了一个合法的政党——工农党。日本无产阶级在政治斗争的领域很快便会向前迈出新的步伐。

我已经说过了，与资产阶级力求利用极度贫困的无产阶级以复兴资本主义相反，日本正在逐步踏上社会革命的阶梯。

远东各国的民族运动。在转向日本的殖民地即朝鲜和台湾的时候，我必须针对朝鲜指出下列3种情况：1. 朝鲜是有群众运动的。去年以来处于组建过程中的有"农民无产者"、"无产阶级青年"和"工人无产者"。尽管政府进行干涉并企图对它们实施镇压，它们在1923—1924年期间仍然将自己的组织扩大到了全国规模。在这项工作中，表现最积极的是共产主义的知识阶层。需要强调的是，他们将自己的力量主要放到了组织朝鲜青年方面，但他们应当对组织农民群众给予更多的关注。2. 可以看到各种共产主义群体联合而为一个强大的朝鲜共产党的明显趋势。原先这样的团体有两个：伊尔库茨克群体和上海群体，它们一直在党内内讧。结果党丧失了自身的生命力。朝鲜的共产主义运动在很大程度上服从侨居国外的知识分子的领导，共产国际却对西伯利亚的朝鲜人给予太多的关注，犯了一个很大的错误。不过现在两个派别已经厌倦了党内的争斗，他们达成协议，开始明白将各种共产主义力量联合起来的必要性。同时可以看出国内有利于建立共产党的愿望甚至运动。如果能办到这一点（有充分的根据指望能成功），则共产国际就会在朝鲜拥有一个强有力的支部。3. 旅日朝鲜人有一个由日本共产党领导的强大的共产主义群体。正是这个群体帮助在日本的朝鲜工人组织了工会，加入日本劳动总联盟。这样，在日本的朝鲜人和日本工人便组成了强大的统一战线，与剥削者进行斗争。在这里我们应当强调的是，日本共产党人奉行真正的国际主义，一直支持朝鲜人的革命运动。

1894年的日中战争之后，**台湾**成为日本的殖民地。岛上人口将近300万。主要产品为水稻和类作物的种植。台湾人民遭受日本资产阶级的疯狂剥削。但近两年来已爆发了争取自治的运动。这一运动是小资产阶级性质的，但同时又具有真正的革命性。日本共产党人尽力对其加以扶持，不过，台湾迄今仍然没有大规模的群众运动。在宗主国的台湾人中已经建立了一个共产主义的核心。

1897年的西班牙和美国的战争之后，菲律宾归于美国统治。菲律宾人是一个勇敢的民族。当美国兼并他们的时候，他们长期进行了反对美国人的战斗，只是在彻底被打败之后方才屈服。现在他们正要求独立，这是美国政府当年曾经向他们许诺过的。现在有了利用这一运动进行共产主义宣传的机会，我十分高兴的是，美国共产党已经开展了这方面的工作。

最后我要讲几句关于移民的问题。4月间美国实施基于种族考虑的新的移民法。根据这部法律，包括印度人在内的所有的亚洲人都被拒之门外。然而这意味着什么呢？这意味着，打击实际上针对的是日本帝国主义。其实新法律是两个帝国主义美国和日本相互之间进行竞争的结果。美国进行反日宣传的人常常断言，说日本侨民损害了美国工人的利益。但这并不是真的。美国的日本侨民总共15000人，大多数情况下这都是一些佃农或者从事专项的农田劳动的人，例如种植甜菜或采收水果，亦即做那些最适合日本人的工作。这些侨民的利益根本不与美国的工厂工人甚至农业工人的利益相冲突。因此，这种反日行动缺乏经济上的任何内在基础。然而移民法乃是日美之间为了争夺太平洋霸权迟早会爆发的冲突的预兆之一。另一方面，此事也显示了美国资产阶级所固有的垄断倾向。不单是对日本人关上了进入美国的大门。大门对中国人、朝鲜人和其他的亚洲人早已关闭。因此新移民法意味着两个帝国主义之间的冲突，同时也是美国资本主义垄断倾向的表现。这部法律像一面镜子，映照出了世界资本主义力图剥削东方各国人民的追求。

关于移民问题我们都面临着一些什么样的任务呢？对此我们可以从第二次代表大会所通过的列宁同志关于民族和殖民地问题的提纲中找到指示。列宁同志肯定地说，我们应当反对民族仇视和种族仇恨。他提醒我们，不要让泛亚洲运动欺骗自己。列宁同志清楚地预见到了，日本帝国主义会试图鼓动亚洲反对美国的移民政策。我们必须根据第四次代表大会关于东方问题的决议为反对这一政策而斗争。

我要从那次代表大会关于移民问题的决议中摘引几个片断。

"美国、日本、英国、澳大利亚和加拿大等帝国主义国家的共产党，在这个咄咄逼人的危险面前，不应当仅仅局限于进行反对战争的宣传，而且要尽一切努力去消除瓦解这些国家的工人运动，并使资本家更易于利用各民族和种族之间矛盾的种种因素。"①

这里所谈的是移民问题和廉价的"有色人种"劳动力。

廉价劳动力制度至今依然是为太平洋南岸甜菜类作物种植园招收有色人种工人的基本制度。为此，常从中国和印度输入运动力。但是正如我们在美国和澳大利亚所看到的那样，这使得帝国主义国家的工人要求采取措施限制有色人种的工人入境。禁止性的各种法律加深了白人工人与有色人种工人之间的种族对抗，这些法律阻碍了工人运动的团结。

美国、加拿大和澳大利亚的共产党应当开展反对移民法的强有力的运动，它们应当向本国的无产阶级群众说明，这类法律会激起民族仇

---

① 参见《国际共产主义运动历史文献》中央编译出版社2012年版第35卷第587页。——编者注

恨，最终危害他们自己。

另一方面，资本家倒是愿意废除移民法，目的在于保留自由输入廉价劳动力，从而降低白人工人的工资。但是资本家的这种图谋只有在移民工人融入现有的白人工人的工会的情况下才可能获得成功。同时必须提出将有色人种工人的工资提高到白人工人水平的要求。这样的策略足以揭穿资本家的阴谋，同时向有色人种工人表明国际无产阶级并无种族偏见。

首先，我们应当向日本和美国的无产者们阐明移民问题在帝国主义政策中的意义。是的，我们应当既向常常让自己遭受机会主义的领袖们欺骗美国工人，也向可能受到民族主义者诱惑的日本工人，揭露这个问题的真正意义和帝国主义的真实目的。我们必须彻底阐明这一政策的企图何在，它对整个远东的无产阶级又预示着什么。这将促使无产阶级准备投入反对日本帝国主义的斗争，它一心想将移民问题用来实现自己的帝国主义目的。与此同时，我们应当争取废止关于移民的帝国主义法律。这一任务应当通过结成牢固的统一战线，由日本和美国的共产党以及远东的其他共产国际支部着手完成。

**博什科维奇**（南斯拉夫）：

同志们，因为我所能支配的只有15分钟，所以我不得不缩短自己的报告。

同志们，正如你们所知道的，塞尔维亚人、克罗地亚人和斯洛文尼亚人的国家（南斯拉夫）是由于德国和奥匈帝国的军事破产而建立的。

在签订和约的时候，各帝国主义大国特别热衷于争取建立更多的多民族国家，在这些国家中居于统治地位的只是一个被选中的民族，因为在这种一个民族拥有霸权的情况下，这个民族不得不求助于国际帝国主义者们。实施压迫的民族的政府强化军阀统治、军事警察机关、官僚制度，为此便要求协约国拨款。这样的多民族国家在经济上处于对帝国主义的依赖地位。

依据国际条约，巴尔干各国的边界都划成足以保证帝国主义随时能够对巴尔干进行军事和外交干涉的状况。

例如，51.5万克罗地亚和斯洛文尼亚人隶属于意大利，而聚族而居的大批马扎尔人则处于南斯南夫和罗马尼亚的统治之下。

南斯拉夫的民族统计表明，这是一个多民族国家，国内的统治权属于塞尔维亚资产阶级：

| 塞尔维亚人 | 4704876 | 39.0% |
| --- | --- | --- |
| 克罗地亚人 | 2889102 | 23.9% |
| 斯洛文尼亚人 | 1023588 | 8.5% |
| 穆斯林 | 759655 | 6.3% |
| 马其顿人 | 630000 | 5.3% |
| 德意志人 | 512207 | 4.3% |
| 匈牙利人 | 472079 | 3.9% |
| 阿尔巴尼亚人 | 483871 | 4.0% |
| 罗马尼亚人 | 183563 | 1.6% |
| 土耳其人 | 143453 | 1.2% |
| 其他斯拉夫人 | 198857 | 1.6% |
| 意大利人 | 11620 | 0.1% |
| 其余 | 42844 | 0.3% |
| 合计 | 12055715 | 100% |

这些数字显示，塞尔维亚人仅为39%，南斯拉夫是一个多民族的国家。

奥匈帝国解体之后，资产阶级的民族议会（维契）掌握全部权力，并开始以1989年的精神展开反对资产阶级民主成果的斗争。南斯拉夫资产阶级受到1848年的民主思想的鼓舞。因此民族维契强烈反对以革命的方式解决民族和土地问题的任何尝试。为了让奥匈帝国瓦解后爆发的资产阶级民主运动不致逾越1848年资产阶级革命的范畴,维契请来塞尔维亚和法国的军队恢复秩序,从而暴露了自己的反革命本性。

克罗地亚和斯洛文尼亚的资产阶级早在塞尔维亚-克罗地亚-斯洛文尼亚王国建立之初,便心甘情愿地向塞尔维亚人屈膝投降。早在1917年7月之前在科孚岛所发表的宣言中,克罗地亚和斯洛文尼亚的代表即曾声明如下:

"塞尔维亚克罗地亚斯洛文尼亚国家定名为南部斯拉夫人或南斯拉夫,它应当是一个拥有完整领土的自由和独立的王国……它应当在保留卡拉乔治维奇王朝的情况下实行立宪的、民主的、议会制的君主制,这个王朝证明了……"

这样,国民维契并不想站到要求"土地和自由"的农民群众运动的前列,而是相反,借助于塞尔维亚和法国的军队,坚决捍卫大土地所有制和私有制的利益。这时候,社会爱国主义的领袖们已站到了资产阶级的一边。

在战后革命形势持续、国际无产阶级不断进攻的整个时期,塞尔维亚、克罗地亚和斯洛文尼亚的资产阶级和睦相处,没有争议,强调塞尔维亚人、克罗地亚人和斯洛文尼亚人是一个统一的民族,他们共同血腥地扼杀工人的罢工和农民的暴动。阶级的利益让他们结成反革命的统一战线。俄罗斯在华沙近郊的进攻失利和1920年秋的意大利运动失败之后,国际工人革命的共同危险消失了;塞尔维亚资产阶级为一方,克罗地亚和斯洛文尼亚资产阶级为另一方,双方之间爆发了斗争。从这时候起,克罗地亚和斯洛文尼亚的资产阶开始证明,塞尔维亚人、克罗地亚人和斯洛文尼亚人是三个截然不同的民族。

塞尔维亚、克罗地亚和斯洛文尼亚的资产阶级共同统治的时期从

1918年持续到1920年底。而塞尔维亚资产阶级的霸权则从1920年底持续至今。在此期间（1921—1924）全部国家权力归于塞尔维亚资产阶级，为它的阶级利益效劳。**在财政、海关、工业贸易的政策中，处处都明显地表露出塞尔维亚资产阶级对霸权的追求，这表现为加强中央集权和制定所谓《维多夫丹宪法》（1920年6月29日）。**

1918年开始的三个有亲缘关系的民族（塞尔维亚、克罗地亚和斯洛文尼亚）的联系进程，现在转入了分离的进程。随着塞尔维亚资产阶级及其霸权君临天下，开始了倒行逆施和白色恐怖。1920年12月颁布了反对共产党人的法令（《公告》），而1921年8月谋杀国王和内务大臣之后，资产阶级又发布了《国家保卫法》，按照该法，宣传共产主义应处以20年苦役或死刑。塞尔维亚的劳动群众亲身感受了一个民族压迫另一个民族的种种不幸和恶行。

南斯拉夫共产党在南斯拉夫资产阶级统治时期没有过问民族问题，因为在此期间首先提出的是各种社会问题。苏维埃匈牙利、俄国和德国革命对南斯拉夫的内政产生了影响。惊惶失措的南斯拉夫资产阶级当时不想在群众面前提出民族问题。而当我们的党在塞尔维亚资产阶级专权时期成为非法的党之时，结果它又对民族因素在劳动群众斗争中的作用估计不足。直接或隐蔽地否认南斯拉夫的民族问题，对党的发展产生了有害的影响。

最近我们党已着手以列宁主义的精神研究民族问题。党得出结论：**被压迫民族的问题已成为支持和援助各被压迫民族与帝国主义进行斗争的问题，它们为争取真正的民族平等、争取它们的国家独立生存而斗争。**

很遗憾，南斯拉夫共产党的相当多的一部分人至今仍不同意符合列宁主义精神的关于民族问题的决议。有一位表现出这种倾向的同志将会在民族问题委员会宣读他的声明，你们也就会了解这一部分人的观点了。

我们南斯拉夫共产党早在去年年末即举行了代表会议，会上通过了一项关于民族问题的决议。决议强调，存在着一条实现弱小民族独立的道路。决议中说：

1. 摆脱帝国主义大联合企业的影响；
2. 与帝国主义的各种和约作斗争；
3. 承认苏联；
4. 废除民族霸权、民族压迫政策。

其次，同一项决议中决定：

1. 各族人民的自决权的实现受到塞尔维亚资产阶级霸权及其军国主义集团的扼制，这个集团如今已成为巴尔干反革命势力的主要庇护所；
2. 工人阶级应当支持农民群众和各被压迫民族的斗争，并使这种斗争和工人阶级与资本主义的斗争相协调；
3. 让各民族的劳动群众在与资本主义的共同斗争中联合起来，为在南斯拉夫、巴尔干全境、然后在多河沿岸建立工农联邦共和国创造条件。

鉴于巴尔干国家的国际和国内的形势，巴尔干联盟代表会议同样肯定，我们巴尔干的各党都应当将注意力集中在民族问题上。为了让民族问题得到应有的解决，亦即在直至分离的自决权意义上的解决，让马其顿、色雷斯、多布罗加、克罗地亚和斯洛文尼亚获得彻底的独立，我们认为，我们的各个党应当作为紧急任务提出下列各点：

1. 民族问题与农民问题存在着紧密的联系。在我们的纲领和策略中正确地解决民族问题，就意味着正确地解决将农民吸引到我们一边来的问题。而获得农民的好感和支持则意味着以列宁主义的精神解决工人和农民的相互关系问题。因此，在我们的宣传鼓动中需要赋予关于民族问题与农业问题、工农政府口号的联系以特殊的地位。

2. 帝国主义大国（英国、法国、意大利）作为仅有的主要的竞争者，在巴尔干进行着斗争，对各国扩大自己的影响，目的是利用它们为自己的帝国主义利益效劳。巴尔干面临着新的战争危险。因此对于民族问题，在巴尔干必须开展一场以"反对战争"为口号的专项运动。

3. 鉴于巴尔干的民族问题，需要研究法西斯主义，利用一切可能组成反法西斯联盟。

4. 需要认真了解难民和民族移民的状况，在他们之中加强我们的宣传鼓动工作。

5. 我们各个党在争取民族自决的斗争中，应当建立与小资产阶级民族主义者和农民的各种组织、党派的统一战线，目的是让他们摆脱资本主义的影响，与我们共同抗争。

6. 在最重要的一些问题上，巴尔干各党需要同时一道采取行动。一方面争取马其顿和色雷斯的民族自决权，另一方面争取多布罗加和比萨拉比亚的自决权，两方面的斗争应当同时进行。

至于专门说到南斯拉夫，则无产阶级阶级斗争的利益要求使用现今的一切手段与帝国主义进行斗争。在这场斗争中，解放被压迫的各民族乃是我们最基本和最重要的任务之一。

南斯拉夫共产党的任务是，使用各种方式与民族压迫进行强有力的斗争，开展争取各民族自决权的斗争和支持民族解放运动，力争让它们全都从资产阶级的影响下挣脱出来。

在民族问题方面的宣传鼓动中，南斯拉夫共产党应当提出以下领导原则：

1. 虽然南斯拉夫有别于先前的多民族国家（奥匈帝国），它终究不是一个均质民族国家。现今实施其统治权的塞尔维亚资产阶级，是一个仅占全国人口39%的民族。塞尔维亚人、克罗地亚人和斯洛文尼亚人虽然是彼此有着亲缘关系的民族,终归是三个独立的民族。关于塞尔维亚、克罗地亚、斯洛文尼亚三个名字统一的民族的理论,无非是塞尔维亚帝国主义惯用的假面具。

2. 民族问题既不可与宪法问题,也不可与维多夫丹宪法的修改问题等同对待。它乃是被压迫民族争取它们的自由和自决权的斗争。进行民主制或者共和制修改的现行维多夫丹宪法,在南斯拉夫可以将民族压迫减弱到某种程度。但是这种修改无论如何也不可能消除现有的民族矛盾。

尽管无法通过修改宪法解决民族问题,南斯拉夫仍然有责任积极参加目前争取修改宪法的斗争,同时促进塞尔维亚资产阶级的压迫制度的崩溃和灭亡。这将让劳动群众为建立工农政权而进行的不间断的斗争变得更为容易。

3. 民族问题需要与土地问题、工农政权的问题紧密地联系起来。
4. 马其顿已被兼并,因此必须对其争取独立的斗争予以支持。
5. 需要恢复与各个被奴役民族的组织的联系。
6. 在马其顿和伏伊伏丁那开展反对殖民化的斗争。
7. 在当前的历史时刻,对克罗地亚、斯洛文尼亚和其他一些地区而言,需要提出联邦的口号。

南斯拉夫的局势与罗马尼亚的局势相类似。在巴尔干联盟最近的公报中,你们可以看到一项关于民族问题的决议。

到此我必须打住并告诉大家,我们党将会实实在在继续进行争取直至分离的民族自决权的斗争,今后也将以列宁主义的精神进行工作,将会按照南斯拉夫和全世界工人阶级利益的要求进行斗争。

**克赖比希**(捷克斯洛伐克):

我们不应当忽略民族问题,而应当将民族运动用于革命的目的,这是无须讨论的共产主义政策显而易见的道理。直至无产阶级革命胜利之前，我们都不能放弃反对民族压迫和争取民族解放的斗争。我们应当介入这场斗争，从而使其有利于革命。争取民族解放的斗争与争取其他许多要求的斗争情况一样，我们都要参与，力争让其服从我们的领导，尽管我们十分清楚地知道，在资产阶级制度下实现这些要求是不可能的。

即便在民族问题上和民族斗争中我们也不应当忽略的是，要获得满意的解决只能是在无产阶级革命之后，无产阶级胜利之后，因为我们应当像对待其他各种幻想一样，打破民族解放斗争的幻想。现在我们在这方面处于与战前全然不同的境况，因为正是在民族解放斗争中我们积累了丰富的经验。战后俄国、德国和奥地利帝国主义瓦解之后新出现的民族国家便是活生生的证明：资产阶级对民族问题的解决办法无论就经济、政治、民族的观点而言，都完全经不住批评。这种解决方式的失败根本不能用个别的错误和疏忽加以解释，而完全是因为，在资本主义社会里更好的解决绝无可能。另一方面，苏维埃社会主义共和国联盟宪法中对民族问题的解决办法则清楚地证明了，只有无产阶级革命才能实现民族的解放。

同样，宣布被压迫民族和少数民族直至与国家彻底分离的自决权，对我们来说并不是一个有争论的问题。但是宣布这种分离权仍然并不意味着在任何情况下，当这个问题成为当务之急时，我们作为政党都应当表现为分离的拥护者。这已经不是列宁主义了，因为正是列宁以一个十分鲜明的例子阐述了这点。他说，宣布离婚权和简化解除婚约的手续，还并不意味着所有的婚约都应当解除。在每一种单独的情况下，我们都应当仔细加以考虑，我们作为共产党人应当提出什么样的建议。在这方面对我们具有决定性意义的应是无产阶级的阶级利益和无产阶级的革命利益。

由此可知，不能按照一个统一的通用的刻板公式看待所有的民族问题，因为个中有着十分复杂的因素，为了像莱德同志在他于《真理报》上发表的针对我的文章中所举的拙劣例子那样，绝不可以，比如说，将英属印度与德属捷克相比较。这里我并不想侈谈理论，而且我也没有这样做的足够的时间。因此我仅限于举一个捷克斯洛伐克的例子。这里我们首先应当考虑到，诸如捷克斯洛伐克之类的建立在捷克人和斯洛伐克人国家独立基础上的新兴民族国家，不可能与旧有的帝国主义国家相提并论，尽管它也压迫少数民族。就对待喀尔巴阡罗斯的态度而言，捷克资产阶级扮演了压迫者的角色。但是我们不能在这方面仅限于宣布分离权，我们还应当像对待东加里西亚那样，提出喀尔巴阡罗斯归属于苏维埃共和国的观点。我们应当强调，这是喀尔巴阡罗斯民族问题唯一的革命的解决办法。这一观点应当列入我们的政治要求，并在我们的日常斗争中加以坚持。不言而喻，在这点上民族运动的目的也应当符合无产阶级革命的利益。

同时，我们在这里应当强调下述事项：对于我们的共产主义政策而言，我们可以利用的只能是真正存在的民族斗争。我们不能人为地制造这种运动和这种斗争。例如，在斯洛伐克便可以看到争取自治的强有力的运动。我们可以将这一运动置于我们的领导之下，这样做，我们一方面可以准备对捷克资本主义实施有力的打击，另一方面又可以揭露资产阶级自治运动的反动性质。斯洛伐克并没有有利于彻底分离的运动。玩弄这种思想的只有某些冒险分子，华沙或布达佩斯安插的代理人，因为在资本主义制度下，独立的斯洛伐克国家只会成为玩物和波兰与匈牙利之间纷争的目标。斯洛伐克各劳动阶级的经济和政治状况只能因此而恶化。在无产阶级的政治制度下，斯洛伐克几乎无可避免地会被纳入匈牙利的经济范围，而在匈牙利发生无产阶级革命的情况下，斯洛伐克的领土收复运动会在我们反对资本主义的捷克共和国的斗争中发挥革命的作用。

通常冠以德属捷克的不准确名称的德国殖民地波西米亚、摩拉维亚和西里西亚的情况则全然不同。首先这里根本没有领土收复运动，如果我们凭空要求这些地区从捷克分离出来，并将它们并入德国，则在这些地区中谁也不会理解我们。从资本主义时代到来之日起，这些地区便与德国没有任何联系，领土收复运动的缺乏即与此有关。数百年期间它们与捷克各州形成统一的经济整体。现在不可能详细论述各种经济的、地理的和民族的因素，但是必须首先肯定的是，德属捷克是一个与强大的德国资本主义一起高度发达的工业地区，在许多方面都超过了捷克的资本主义。因此这里谈不到经济落后的地区被外国资本主义压迫和剥削的问题。德属捷克极为独特的经济、政治、地理和战略状况，使得将其从捷克斯洛伐克分离、并入德国的问题变得极为复杂。对德国无产阶级革命和无产阶级德国而言，从资产阶级的捷克斯洛伐克共和国分离出来的德属捷克只能是一个可怕的累赘。这一问题1923年10月曾在我们的圈子里进行过深刻的讨论。这个地区经济上对德国毫无意义，而就政治和战略的观点而言，它只会使德国遭到削弱，因为将德属捷克并入德国只有通过与捷克斯洛伐克进行战争的途径才有可能。然而，德国革命本来就不得不捍卫本国的领土，解放那些有如被占领一般被从德国夺走的各个州。与此同时，捷克斯洛伐克革命会失去一些宝贵的战斗队伍，而捷克的民族主义也会增强，直至扼杀国内的革命运动。

不过，如果无产阶级革命在捷克斯洛伐克先于德国取得胜利（请务必原谅我这个与众不同的假设），那么我们便不得不武力镇压德国这些州的领土收复活动，它只能具有反革命的性质，因为使这些州分离并将其并入资本主义的德国便会导致无产阶级的捷克斯洛伐克国家向德国资本主义屈膝投降。

最后，这些地区在资本主义制度下的分离不仅会引起捷克资产阶级，而且会引起小资产阶级、农民阶级以及几乎整个捷克无产阶级的民族绝望和不可避免的战争,因为将这些地区归并到资本主义德国就意味着捷克斯洛伐克国家的灭亡,将其变为德国帝国主义的殖民地。无怪乎这种问题在资本主义制度下只能发生在一种情况下,即如果德国资本主义能够在中欧恢复昔日的强盛的话。

我们作为共产党人,将会为德国那些州的自决权、为民族平等、为消除所谓国家大多数即捷克资产阶级的优势地位而斗争。但是争取被压迫民族和少数民族的民族解放斗争,我们不能以这样的方式进行:因为这种斗争而客观上导致对捷克人和斯洛伐克人的民族压迫的恢复,他们很久以前已经进行过解放斗争,并且取得了在资本主义制度下所能取得的最高成就。那场解放斗争的合法性和革命性当然并不逊于我们现在所支持的这场民族解放运动。

**泰尔尼克**(德国):

曼努伊尔斯基同志在他的报告中十分正确地强调说,民族问题必须具体地为每一个国家单独提出。罗易同志重申,对每个国家的具体条件应当进行特别的研究,因为在这种情况下我们才能按照列宁的榜样,以真正革命的方式提出各民族的自决权问题。已经极为正确地指出了,这并不意味着修订第二次代表大会的提纲。列宁的提纲并不是从关于自决权的一般性开始的;出现在它之前还有以下内容:

"共产党……应当在民族问题上也像在其他各种问题上一样,提到首位的并不是抽象的形式主义的原则,而是第一要准确地分析各种历史资料,首先是经济情况;第二,要在被压迫阶级、劳动人民和被剥削群众的利益之间坚决划清与表示统治阶级利益的所谓国家利益的一般概念的界限;第三,要同样准确地在被压迫的、从属的和缺乏同等权利的民族与实施压迫、剥削和享有充分权利的民族之间划清界限。"

我认为，如果我们始终考虑到这个表述，就可能避免所发生的许多事情：第三国际内在民族自决权和支持民族解放运动的一般口号之下，与第二国际最恶劣的传统和社会爱国主义密切相关的理论和实践反倒得到了加强。如果我们不提出哪个阶级代表所谓的民族利益、这些利益背后隐藏着什么样的阶级利益这样一个问题，我们就会陷入社会爱国主义的错误。如果第三国际不能清晰而明确地与这些倾向划清界限，它便会受到第二国际为之灭亡的社会爱国主义危险的威胁。

我想用两个具体的例子向你们证明这一点。

1. 鲁尔的斗争。曼努伊尔斯基同志不久之前曾宣称，在泰尔尼克和诺伊拉特针对塔尔海默和拉狄克的辩论中，真理是在我们一边。但是他并未充分说明争论的问题何在。按照曼努伊尔斯基同志的意见，我说鲁尔的自决权的代表者是无产阶级便是完全正确的。然而实际上问题全然不同，具体地说就是：鲁尔的斗争究竟是德国和法国资产阶级之间的帝国主义冲突呢，还是没有阶级之分的全体被压迫的德国人民反对法国帝国主义的解放斗争、民族斗争。我以下述方式回答这个问题：鲁尔的冲突乃是帝国主义战争的继续。这样，我们现在便有了列宁公式的一个实例：将帝国主义战争变为国内战争，因为正是德国资本主义的衰落和解体为德国无产阶级提供了针对德国资产阶采取行动的机会，因为只有德国资产阶级的崩溃才能使得将会形成国际阶级斗争的反对法国帝国主义的胜利斗争成为可能。

塔尔海默对此表示反对："在鲁尔不可能有帝国主义冲突，因为德国帝国主义已不复存在。所以谈不到将帝国主义战争变为国内战争。"由此便产生一个与资产阶级民族主义者共同行动的问题，所以拉狄克开启了一场辩论：我们能否在反对法国帝国主义的斗争中与资产阶级民族主义者齐心协力地走上"一段路"。

实践完全符合理论。当1923年5月鲁尔爆发大罢工的时候，《红旗报》上出现一则声明：德国共产党对推翻库诺政府不感兴趣，因为社会民主党的工人无意于争取工人政府的斗争，因为我们对增强法国帝国主义的力量毫无兴趣。这表现出了社会爱国主义的理论，按照该理论，反对资产阶级政府就意味着支持外国帝国主义。

所有这一切无疑偏离了列宁的基本原则、偏离了整个马克思主义，现在必须寻求到一个明确的一般性定义，以便一劳永逸地排除对"自决权"口号的诸如此类的滥用。

辩论期间也引用了列宁对尤尼乌斯的小册子的批评。列宁说，如果战争以参战集团之一的毁灭告终，工人运动便会遭到极其严重的镇压，以致它许多年里都无法发挥独立的作用，欧洲的民族解放战争也会成为可能之事。正当德国无产阶级开始大规模的群众斗争，正当社会革命提上议事日程之际，这时候却摘录一段引文，断言德国没有独立的工人运动！

拉狄克的立场、与资产阶级民族运动的接近都来自这样一种观点：德国没有出现过应由无产阶级解决的尖锐的革命形势，德国是一个殖民地国家，在那里甚至可以与资产阶级民族运动团结一致地前进。

曼努伊尔斯基提到，我的叙述中有一些源自于罗莎·卢森堡的错误。

罗莎·卢森堡无可争辩的历史功绩在于，她参与了同社会爱国主义者的斗争。因此我引用了罗莎的话，但同时我又强调，在落后国家中需要以完全不同的方式提出民族问题，民族解放战争在这些国家中无疑可以具有革命的意义。诚然，即便在德国也存在着民族问题，可以用来在民族主义的中间阶层中进行宣传，但这应当是共产主义的宣传，而不是资产阶级民族主义的宣传。

我必须指出，比如在上西里西亚我们就做到了对民族问题进行无产阶级的解决，并共同进行了德国和波兰无产阶级反对德国和波兰资产阶级的保卫战。

2. 现在是社会爱国主义思想如何披着自决权的外衣混入我们中间的第二个例子。我指的是捷克斯洛伐克。克赖比希同志已经说过了，捷克斯洛伐克国家的意义在于保障捷克斯洛伐克民族的独立性。多莱扎尔同志在捷克斯洛伐克党的理论机关刊物上更加明确地阐释了这一点：他声称，共产党的任务就是向捷克工人们解释，自决权对"共和国的独立"并不是一种危险。这个"共和国的独立"是何等可笑的玩意儿啊！须知这并非别的什么，无非是捷克斯洛克国家的存在而已，它对于共产党人而言，根本不是意味着捷克斯洛伐克民族自决权的存在，只不过是法国帝国主义的一个堡垒，一个阶级国家，同时对许多被压迫民族而言也是一座监狱。不言而喻，共产国际承认捷克人和斯洛伐克人享有自决权，但是并不能由此得出结论说，它应当与捷克斯洛伐克国家团结一致。我们必须明确地将我们对民族独立的理解与资产阶级对这个词语的解释区分开来。克赖比希同志结束自己的发言时，回忆了捷克人和斯洛伐克人的民族解放斗争。当然，这是一场解放战争，但是不应当忘记，它曾被西方帝国主义者用来反对苏维埃共和国。因此在这方面也不能对资产阶级民族主义作出任何让步，因为在相反的情况下我们便会陷入社会爱国主义的泥淖。在委员会中我们将会关心，要让自决权明确的共产主义意义与资产阶级的民族主义截然区分开来。

**杰克逊**（美国）：

目前在北美合众国共计有1200—1400万黑人。这个数字并不包括战争期间美国政府自丹麦获得的维尔京群岛的黑人。这个群岛的居民约为数十万，几乎全都是黑人。

战前北方的黑人不足两百万，其中在工厂工作的只占一个微不足道的百分比。黑人种族的基本核心和现在一样，是在南方。但是随着

1914年战争的爆发，接踵而来的是北方工业的扩张，黑人移民的滚滚浪潮自南部各州涌向北方的各个工业中心。这波巨大的移民潮的兴趣，首先是受了工资提高的影响，但是即便战后工业萎缩的时候，来自南方的北方黑人人口每年夏季都会出现新的增长。激发这种趋向北方的吸引力的不单是经济上的原因：反对种族迫害的愤怒情结在这方面也起着相当大的作用，南方各州的黑人经常遭受这种迫害。黑人的强烈的社会敏感表现在，首先抵达北方的人总是随后将自己的亲戚朋友一并带来。

黑人出现在北方的工业中心，引起了白人工人和黑人工人之间的严重摩擦。黑人完全没有组织起来，同时他们发现这里的劳动条件比自己的南方家乡要好得多，虽说还不如白人工人们所享有的条件那么好。因此，黑人立即成了企业主手中的回绝白人工人要求的工具。白人工人们看得很清楚，他们的工资降低的趋向是由黑人到来所引起的，于是便通过肉体暴力的方式发泄他们的怒火。近年来所发生的所有的流血种族暴行，基本上都是劳动市场上白人工人与黑人工人之间的这种冲突的结果。

存在着一些众所周知的我们无法回避的心理综合征：对黑人的憎恶情结并非针对某一个特定的阶级，而是针对整个黑人种族。黑人的小资产阶级像普通的黑人工人一样，同样很难获准进入上等宾馆、咖啡室和餐厅，或者弄到剧院前排的戏票，而在南方各州还有专门供全体黑人使用的单独的学校，电车和铁路上单独的最糟糕的座位。所有这一切都是由国家法定的。由于黑人具有明显不同于其他人的人种和肤色，他们的外貌似乎便成了天然的特征，从中可以辨识出美国社会历史上最受压迫和剥削的群体。黑人工人在反对资产阶级的斗争中的优点也正在于此。所有的黑人，无论属于哪个阶级，他们在南方各州都处于私刑、各种暴力、剥夺选举权、政治上无权等等的威胁之下。所有的黑人都热衷于支持那些与此类恶行作斗争的团体和组织，无论哪个黑人都不会对它们无动于衷。任何黑人解放运动都只有在这种情况下才能取得一定的胜利，即如果它是从威胁着全体黑人的首先是由于种族差别所引起的那些具体的社会限制出发的话。如果说马克思主义在黑人中生根太慢的话，其原因完全是由于社会民主党人和共产党人全都未能考虑到上述事实。黑人在美国的社会地位与在殖民地的地位十分相似。唯一决定性的区别仅仅在于，在美国，两个种族居于同一片国土之上，近年来甚至能在同样的工业企业中工作。然而黑人资产阶级与白人资产阶级之间进行着经常性的斗争。黑人资产阶级暂时还发育得很弱小。黑人拥有自己的高等学校、自己的报刊、自己的教堂，他们自己的技术、自己的文学发展迅速。我指出这点的特殊目的是要说明，有一种表现为强大群体的种族心理，如果我们希望在这个群体中获得反响，就应当针对他们进行我们的宣传运动工作。共产主义应当根据黑人的特殊社会需求向他们进行传播。在黑人中推广我们在白人工人中推广的那些共产主义文献，或者向黑人工人听众发表那些我们向白人工人所发表的讲话，都纯属徒劳无益之举。黑人对共产主义并不是怀有敌意，但他们需要知道，共产主义能够以何种方式改善他们的社会地位，能够如何保障他们免遭群体暴力，不再处于无权状态，不再被拒绝参加选举，不再受到劳动条件的限制，等等。这些就是美国共产党人必须对黑人作出回答的问题，但至今尚未能做到这点。黑人就种族方面而言是相当革命的，但落到美国共产党肩上的任务是将这种种族革命意识用来谋取阶级斗争的利益。

2月在芝加哥举行了黑人领袖代表大会。他们所代表的组织超过43个。代表大会的目的是为所有的黑人组织制定共同的行动纲领，这些组织正在美国为争取自己种族的完全平等的公民权利而斗争。代表大会有10名共产党员代表，但具有主要影响力的还是黑人小资产阶级和神职人员。即便在这样的条件下，共产党的代表们也有机会于两天的会议期间在代表大会的队伍中引发分裂，结果忠于革命历史规律、备受高级主教们压迫的最贫穷的神职人员们当即站到了工人阶级一边。

由于自身的社会地位,黑人种族在美国应当成为美国社会最革命的群体,然而我们在黑人中的共产主义工作还有相当大的困难,原因是缺少黑人的共产主义报刊和专门性质的宣传鼓动书籍。这两方面的东西我们都极为缺乏,而无论哪方面的东西对建立群众性的组织都是必不可少的。在南方各州,大量的黑人从事农业劳动,而现今两个种族的农民运动都很活跃。在这方面,共产党人一定会找到新的活动领域。

维尔京群岛的绝大多数居民都是黑人。该岛由美国政府于战争期间自丹麦手中购得。当时主要的工业类型是浆果朗姆酒生产。但是用于这种产品的主要原料是酒精,而自从酒精在全美国被禁时起,该项工业便走向了衰落。因为这项工业对居民而言是丰衣足食的实质性来源,所以岛上的生活水平现在已大大下降,在群众中出现了对美国法律的广泛不满,这种情绪又因为黑人对他们的无权状况的普遍不满而更形强烈。

人口达200万的黑人共和国海地,自1915年以来便处于美帝国主义难以撼动的铁蹄之下。海地的宪法被撕成碎片,变得越来越可能用来压制人民对自决权的合乎情理的要求。美国工人党承认殖民地和半殖民地人民对于国内阶级斗争的意义,但是至今它仍然未能同样向这些地区传播自己的影响。

黑人一向将自身的社会地位看作世界性的问题,所以现在正是那些接受了广泛的国际纲领的组织才是美国最为成功的黑人组织。整个种族都在为共同的事业而奋斗,全世界的黑人都被相互同情的纽带联系在一起。美国无论哪一个组织,不管是白人的组织还是黑人的组织,都没有像哈维运动那样,最近几年在群众中激发了如此之高的热情。这场黑人民族运动就其性质而言纯粹是无产阶级的运动,规模罕见,以其剽悍的勇往直前的顽强精神令人震惊。它是针对美国法律的积怨已久的全部仇恨和叛逆性不满的一次庄严雄伟的表达。

南非和东非是开展共产主义工作的良好土壤,也是最快取得成就的巨大机遇。这些地区的土著在欧洲帝国主义的压迫下已经开始行动起来,建立了一系列斗争组织。

东印度有将近 300 万讲英语的黑人,南非也有很多人讲英语,东非也是一样。因此,非洲很容易成为革命宣传的中心,辐射到这些巨大的黑人社群。

至今共产党人在黑人中的工作还很薄弱,其原因首先是,正如已经指出的那样,我们共产党人对待黑人时未能考虑到他们的特殊心理。现在大批黑人从南部各州涌入美国北方的各大工业中心,这引发了新的尖锐的住房问题。美国的黑人必须居住在特定的街区。在这种情况下,黑人能够支配的住宅数量十分有限。两个种族的房主及其主管人利用了这种情况。黑人们被迫支付与他们的工资完全不相称的难以置信的房费。在芝加哥,工人党不久前采取了一些措施,想要利用这些居住限制来唤醒黑人群众。

美国黑人对资产阶级政党日益增长的不满十分明显。这些政党关于实行有利于黑人种族的社会改革的空口许诺,所能激发的只是黑人中深深的动荡不安。美国黑人问题的解决与工人阶级的伟大事业密切相关。美国共产党人应当竭尽全力做到他们所能做的一切,使黑人们能够明白这一点。

**吉尔博**(法国):

同志们,我必须强调的是,民族问题和殖民地问题具有头等的重要性,这并不影响欧洲特别是德国现在让我们所面临的那些问题,并不影响共产国际应当以最优秀的力量对德国共产党进行支援。

在这次代表大会上,许多同志,比如季诺维也夫同志、瓦尔加同志、怀恩科普同志、曼努伊尔斯基同志以及其他一些同志,都已经表达了这个意思。我只想提醒大家，列宁同志对民族和殖民地问题表现了多么巨大的兴趣。

在第二次代表大会上，你们都是知道的，关于被压迫的落后民族的提纲的作者正是列宁同志。在这方面，他具有俄罗斯的丰富经验，因为俄国革命除了其他各种成就之外，还提供了不仅研究阶级斗争问题，而且研究与被压迫的、落后的民族有关的问题的可能性。依据亚洲各个地区特别是突厥斯坦的经验，依据萨法罗夫和索柯里尼柯夫同志的报告，列宁同志制定出了该提纲，在第二次代表大会上获得通过，罗易同志的提纲也归并到其中。列宁注意到了支配世界的人和被支配的人在数量上无可比拟。全世界70%的人类都是由仅占30%的统治者控制的名副其实的奴隶。

列宁同志的提纲指出，共产国际不仅应当支持亚洲各国现有的共产党，而且要鼓励那些不是资产阶级民主主义而是革命民族主义的运动。列宁以充分的根据将这两种现象区分开来。

你们已经听取了发言的罗易同志，很大程度上在印度运用了列宁同志的以及他自己的提纲。他对甘地所采取的态度是这些提纲的最好表现。他支持革命民族主义的观点，该观点反对资产阶级民族主义的不抵抗运动，拒绝向甘地提供合作。

曼努伊尔斯基同志建议第五次代表大会重新运用这个提纲：建立一批与共产党紧密联系的革命民族主义的政党。我希望参加本次代表大会的全体同志都会认为自己有责任投票赞成这一决议，而在日后则将其运用于实际之中。

同志们，现在我想讲一讲法国的事情。昨天在曼努伊尔斯基同志作报告期间，我在法国代表团中间发现了议会幕后被叫做"动作"的现象。我觉得，有些同志感到自己被曼努伊尔斯基同志公正的、甚至是非常公正的批评刺痛了。曼努伊尔斯基有理有据地提醒说，饶勒斯作为一个社会党人，或者更准确地说，是一个信奉社会主义的资产者，属于第二国际，他在这方面所做的事情比法国共产党迄今为止所做的倒要多得多。曼努伊尔斯基说得完全正确。尽管有历次世界代表大会的决议，法国共产党（它无疑是个年轻的党）至今仍不明白，它被赋予了支持殖民地的斗争并用它所拥有的一切手段在许多殖民地中进行宣传鼓动的任务。在所有的帝国主义中，法国和英国的帝国主义是最为残酷的。英国共产党当然也做得不多。但是不应该忘记，它就人数而言是极其弱小的，与此同时法国共产党却多达6万党员。因此对法国党应当比对英国党要求更严一些。

我仿佛记得，法国党早就任命了一个殖民地问题委员会。很想知道的是，这个委员会都做了些什么事情，但我觉得它做的事情不多。无论如何，我认为，如果法国党在最近的将来任命一个委员会，由专门从事殖民地问题的党内同志参加，并且联合来自诸如北部湾、印度支那、马达加斯加、塞内加尔等处于法国统治之下的地区的同志，实际上倒是最为合适的。这个混合委员会一定会开展非常有益的工作，使党的核心能够进行其如此必不可少的宣传活动。

在不久之前的选举期间，法国共产党所提出的属于处在法国帝国主义压迫下的地区的土著候选人无疑是太少了。这不是太可悲了吗？在组成议会党团的小小队伍里竟然没有一两名土著，本来他们一有机会就可以揭露法国帝国主义以及法国政府（像所有的民族政府那样）对文明所作的解释。

我再举一个足以证明法国党所做甚少的事实。

罗易同志曾写了一封致麦克唐纳的公开信。经过整整一个月的大力施压，才终于让《人道报》找机会发表罗易同志的这封信。罗易同志或者共产国际发布的其他消息，《人道报》一向都不肯发表。

关于帝国主义的问题，与民族问题有着紧密的联系。从这个观点看来必须指出，法国党并不符合任务的要求。即便拿巴尔干问题来说吧。柯拉罗夫同志和其他一些人都提请代表大会注意即将发生战争的危险，战争的策源地就在巴尔干。在这个问题方面，法国党和《人道报》几乎什么也没有做。关于阿尔巴尼亚问题，无论土耳其、希腊还是意大利都很关注，法国党和《人道报》却保持沉默，或者仅限于刊登一些借用资产阶级来源的简短消息。关于摩洛哥问题也毫无作为，无论从法国的观点而言还是从西班牙的观点而言都是如此。对于具有同样意义的叙利亚问题，也可以说如出一辙。叙利亚是法国帝国主义的前哨。国联授予法国占领叙利亚的委任统治权。在叙利亚，也像在摩洛哥一样，我们看到的是权力的高度集中，而法国占领军的需求和法国帝国主义在叙利亚的工作所引发的预算的增长已达到巨大的规模。在法国所有的报刊和专门出版物对叙利亚给予高度注意的同时，《人道报》最近数月却对它完全只字不提。只是在共产国际寄来了宣言的时候，《人道报》才决定以8号铅字在第3版上加以发表，而与此同时，第1版上却充斥着法国议会的辩论。

与这里所讨论的民族问题和其他一些问题密切相关的，是关于外国人，比如波兰人，涌入法国所引起的外来劳动力的问题。这个问题甚至并未列入议事日程。（多里奥同志："法国有三家外国报纸，其中一家是叫《工厂报》的阿拉伯报纸。"）

然而这还不够。法国是继英国之后的世界最帝国主义化的大国。法国共产党进行了众所周知的工作，不过与应当做到的工作相比还嫌不足。

俄罗斯是一个奇妙的实验室。列宁鼓励共产国际解决被压迫民族需要解决的问题。列宁善于亲自就地研究实际运用共产国际历次世界代表大会和俄共历次党代表大会所讨论的那些提纲和思想。

我觉得，身在俄罗斯、在执行委员会里或者其他地方的外国同志，完全有机会就地研究这个重大的问题，既然它从俄国革命的最初日子里即已迅速予以解决。

最好是外国同志，尤其是法国同志，利用自己身居俄罗斯的便利，在这里就地更深入地研究这个问题，以其高度的革命意义所要求的关切态度加以对待。

我们并不相信革命的第二阶段将会在欧洲发生。我们根本不知道未来的各阶段将会如何发展。我们只知道，亚洲将会是英帝国主义的坟墓，我们只知道，殖民地将是所有的帝国主义的坟墓。

列宁的学说要求我们，不仅要强调资本主义国家阶级斗争的因素，而且要强调前资本主义国家阶级斗争的因素，在后一类国家中生活着占全球人口70%的当地人、被压迫群体。必须千方百计地进行革命斗争，必须不单是建立共产党，而且建立革命农民党，这些党将会齐心协力地与共产国际一道前进。

（会议休会）

# 第二十二次会议

(1924年7月1日,星期二,晚间会议)

主席:格施克

### 讨论关于民族和殖民地问题

**塞利耶**(法国):

曼努伊尔斯基同志在他的报告中相当严厉地责备了法国党,说它在殖民地问题上的政策不够积极。

如果说(不过,我们对此倒是深信不疑)曼努伊尔斯基同志(他是法国党的好朋友)只不过是想以此督促我们党并强调这样一个事实:我们的活动还不完全符合在法国资产阶级广袤无垠的殖民帝国中我们所面临的任务,那么,我们对此倒是完全同意他的意见。但是曼努伊尔斯基同志为了达到他的目的,却采用了一系列论据,这些论据如果不说是绝对不确切的话,至少也是过于夸大其词的,所以法国代表团委托我对其作一些必要的订正。

例如,曼努伊尔斯基同志对代表大会强调一个事实:我们在阿尔及利亚的一个分部(西迪贝勒阿巴斯)在一年多前起草并通过了一份的确十分接近于奴隶制原则的荒谬提纲。可是法国党对这类倾向完全是无辜的。西迪贝勒阿巴斯分部勉强够10个党员,这份提纲的文本刚刚为人所知,马上便在党的各个圈子里引发了最强烈的抗议,反对这种荒唐之举。曼努伊尔斯基同志向我们提出了一个问题：我们是否已将西迪贝勒阿巴斯分部开除出党？我要回答说，我们没有这样做的时间，因为我们刚一要求该分部作出解释，它当即利用这个借口，退出了党并加入弗罗萨尔集团，看来，它在这个集团里比在法国党里要适合得多。（阮爱国："那样更好！"）

还责备我们说，我们在最近的这次议会选举期间错过了在阿尔及利亚提出土著候选人的机会。这是完全正确的。我们对此是有过错的，但也并非蓄意为之。我必须说，第一，我们塞纳联盟在巴黎第二区提出了阿卜杜勒-卡德尔同志作为候选人，他是阿拉伯人，不仅得到巴黎区塞纳省工人们很大的好感，而且引起了处于法国资产阶级桎梏羁绊之下的当地居民热情的爆发——直至遥远的埃及，我们在巴黎都收到来自那里的表示支持的电报。如果说我们在阿尔及利亚没有提出候选人的话，那么个中的原因是我们的时间太少了。尽管我们曾向阿尔及利亚我们的同志发电报，说他们推荐一位阿拉伯同志作为候选人，那可是一名十分优秀的战士，曾在鲁尔与我们其他一些同志——法国士兵和我们的德国同志一道采取英勇的抗议行动，然而遗憾的是，他为此还在美国的监狱中身受折磨。尽管我们一次次发电报，西迪贝勒莱卡尔·马哈茂德的候选资格仍然未能在阿尔及利亚得到推荐，因为只剩下很少一点时间用来在美因茨、巴黎和阿尔及尔履行必不可少的极为复杂的选前手续。为了将他的候选人资格向阿尔及利亚选民提出，这些手续是必不可少的。我认为需要谈谈这一事实，是想表明，上述情况下的过错并非我们中央委员会蓄意为之。

第三点指责：法国党没有在殖民地开展宣传，或者宣传进行得令人很不满意。

我并不认为在这种情况下法国党也值得让曼努伊尔斯基同志认定必须作出如此严厉的指责。有一点是确定无疑的：在这个困难的领域，我们的确已经竭尽所能地作出了努力。必须注意的是，法国党在上述情况下处于类似一个工人的境地，这个工人既要盖自家的房子，又要继续从事日常的劳动。现在我们坚信，为了不仅仅谈论这些事情，而且要弄清在殖民地民众中进行真正卓有成效的宣传的实际条件，单靠说说是不够的。这方面真正的实际工作，只有代表大会末期在组织委员会内才能完成。

不过，我们到底在这方面都做了些什么呢？当然，并没有什么特别了不起的事情。但是那种已经做出的些许成绩，都是由共产党完成的。

我们在工作中与劳动总联合会密切配合，努力团结身在宗主国的殖民地工人。通过在法国工作的各殖民地的土著工人，我们在各殖民地建立了一个宣传系统。我并不是说我们在这方面的努力已经产生了巨大的成效，但是工作正在进行，而且已经不是处于起始阶段。

再说说反对军国主义的宣传，这是我们在殖民地居民中的实际工作的极为重要的方式之一。仍然不能说在这方面毫无作为。曼努伊尔斯基同志自己清楚地了解，我们已经用阿拉伯语出版了几期带插图的反对军国主义的报纸，而且如果我说其中没有一期是白费力气，它们全都分发到了所需要的地方，曼努伊尔斯基同志当然会相信我的话。我还要提一提我们在突尼斯出版的报纸。它不久之前名叫《社会觉醒报》，现在则以另外的名称出版，由于遭到阿尔及利亚总督的迫害，它已数次更名。这份报纸由卢佐尔同志主编，用阿拉伯文出版。因此，它预定在突尼斯地区相当重要的一部分居民中传播。鉴于议会选举，我们阿尔及利亚的报纸《社会斗争报》为三个省——奥兰省、阿尔及尔省和君士坦丁省以同样的名称用阿拉伯文出报。（吉尔博："那么印度支那、塞内加尔呢？"）关于这一点，我们在涉及共产国际的活动时再谈。

第四项指责。曼努伊尔斯基同志说：为了表示赞成法国殖民地的独立，无论口头上或行动上，采取什么抗议行动、发表什么书面文件或者通过什么决议，法国党都做了些什么呢？我要向曼努伊尔斯基同志大声说：可是，不是有党纲吗？

吉尔博同志在摇头。然而有党的纲领，这意味着什么呢？如果说这意味着，我们把殖民地的独立写入我们的纲领，随后却将其束之高阁，那么，在世界代表大会上拿它来说事当然是愚蠢的。可是要知道，截至5月1号党纲已经印刷了1100万份，而且就广告的角度而言以十分吸引人的方式进行了散发。（吉尔博："这还很不够！"）

我希望，我们能一起找到做得更多的办法。我们的纲领在法国大多数城市和许多乡村的墙上满处张贴。加香同志在《人道报》上向法国社会发出了召唤——那可是在现代帝国主义制度下要求殖民地独立的召唤。同样是这个问题，加香同志也在下议院提出过，虽说是顺带提的，但自从议会复会以来，关于殖民地独立的问题（不仅是取消对当地人的种种限制，在殖民地恢复人身和出版自由，而且是有关独立原则和事实上实现殖民地独立的问题）一直是下议院中共产党集团提出质询的话题。然而在我们的刊物上，在我们的通报中，在我们的圣但尼民族会议上，在我们各省的和全法的党代表大会上，我们都向我们的各个联合会指出它们在殖民地或它们各区的殖民地工人中加强宣传的义务。所有这一切加在一起，便可证明共产党总归做了某些事情，不能说它对殖民地问题漠不关心。

你们会说，这太少了。我们完全同意这种说法。法国代表团让我公开申明这一点。但是由此又能得出一些什么样的结论呢？我还是重复开头我所说过的话。必须做出符合实际的结论。

为了让法国党的殖民地工作富有成效、意义重大而又积极主动，法国党应当做些什么呢？

曼努伊尔斯基同志十分正确地强调，法国帝国主义拥有广袤的领土，人口多达5900万。比利时帝国主义独自统治着1700万黑人。我认为，为了大规模地开展我们的宣传活动，比利时和英国的兄弟党有义务与我们党协调它们的活动。

那么，我们的实际工作应当是些什么呢？当大家说到法国共产党应当在殖民地开展热火朝天的工作时，这就意味着需要走向东非的马达加斯加（而马达加斯加并非无足轻重），走向西非的达荷美、苏丹、塞内加尔，而现在还有刚果的相当大一部分；这就意味着走向安的列斯群岛的瓜德罗普、牙买加，走向印度支那、东京湾，等等。谁要是知道我们党在法国工人中的宣传和组织工作方面要遇到些什么困难，他就能很容易想象出，如果我们想要在这个疆域广阔无垠、语言多种多样的殖民帝国里做出比局限于普通的示威游行更多的工作，等待着我们的将是何等的困难。

最后我只想强调，在与代表大会齐心协力工作的组织委员会里，我们想要求明确下面这一点：英国、比利时和法国三党协调一致地工作，在非洲和大洋洲应当由同一个严肃认真的部门、以同样的方式方法开展同样的宣传，这些方式方法是共产国际为东方所确定的，借助于这些方法，这种宣传目前已经获得了极大的意义和力量，以致这成为了共产国际的推动力之一。（掌声）

**罗西**（意大利）：

同志们，曼努伊尔斯基同志的报告强调了共产国际一些最大的支部不应有的错误和工作不能令人满意之处，再次证明目前第五次世界代表大会必须明确制定共产国际在民族和殖民地问题上的策略。

首先我想要说的是，不应当忘记，《共产党宣言》中已经奠定了解决民族问题的理论基础——其中谈到，民族问题将随着共产主义在全世界的胜利而告终。的确，共产主义革命的纲领保证各民族和谐合作。随着新的无产阶级社会制度的发展，各国民族之间的分歧会逐渐结束，革命战胜了分歧。如果发生分歧，它们会由根据新社会总的经济计划建立的中央国家领导机关加以解决。苏联民族政策的经验在这方面极为典型。

但是必须与宗主国无产阶级反对资本主义帝国主义的斗争同时着手解决民族和殖民地问题；这两个问题同时发生，而非属于连续的历史时段。我们的任务应当是，以资本主义最为敏感的武器对之进行打击。正如列宁所教导我们的，民族和殖民地问题根本不会与全世界无产阶级与资本主义的斗争发生矛盾，凡是展开这种斗争的地方，都必然会提出这些问题。我们无论如何都必须求到实践中能够最为圆满地解决这些问题的合适办法。

在殖民地国家中，与帝国主义进行斗争的不单是工人阶级，而且还有其他一些阶级。我们应当将这种斗争用于共产主义革命的目的。它有助于我们削弱依靠殖民剥削积蓄力量的敌人。但是为了这场斗争能够达到目的，还需要在宗主国内以最大的精力开展这一斗争。我们都知道，列宁关于这个问题的提纲并不总是为共产国际的各支部所运用，只有俄罗斯支部例外。

关于民族和殖民地问题的提纲和决议，几乎任何时候都为共产国际的所有支部所接受，但在大多数情况下它们运用时却过于小心谨慎。曼努伊尔斯基提醒英国和法国党说，它们所给予这些问题的关注太少。我们说，这方面的共同口号应当是：**被奴役国家和宗主国的无产阶级结成同盟，与世界资本主义的帝国主义进行斗争。**

显而易见，应当在被奴役民族的区域内组织与资本主义的帝国主义的斗争；但是第五次世界代表大会应当宣布，最大的主动性和内驱力应该来自统治殖民地的那些国家的共产党。

只有这样，让被奴役的民族看见宗主国的力量强大的无产阶级群众在支持它们，它们才会获得斗争最终会胜利的信心。

第五次世界代表大会应当重申,必须继续深入执行抵制帝国主义政策和失败主义做法的策略。我想提醒大家,意大利先前的统一社会党即曾不止一次地抛出反殖民帝国主义的失败主义口号。这些口号是:"不许派一个士兵,不许花一分钱"——这针对的是远征厄里特里亚,还有"滚出利比亚"、"滚出阿尔巴尼亚",都取得了很大的成功,有时候正中目标。我们的改良主义者当时接受这些口号,并以此辩解:意大利并未从这些殖民地获得任何剩余价值,它们的物质资源都很贫乏。因此,改良主义者并未针对革命的基础提出问题,但共产主义者即便意大利的殖民地在遭受资本主义剥削时还提供收入的情况下,也都会提出这些口号。

共产党人应当与改良主义和机会主义的倾向进行斗争,这些倾向在有些国家,尤其是英国,非常流行,反映的是工人贵族某些集团的利益,这些集团力求保有自己的特权地位,保有自己在帝国主义战利品或剥削殖民地人民所得之中的份额。在这些国家,与帝国主义作斗争自然较为困难,不过宗主国的共产党与处于这个帝国主义压迫之下的殖民地群众齐心协力地合作,就能够胜利地攻克敌人坚固的阵地。为了世界无产阶级同帝国主义的斗争而利用被奴役国家的各社会阶级,不应当妨碍在这些国家中建立共产党,共产党既要与宗主国的帝国主义进行斗争,也要与当地的资产阶级和种植园主进行斗争。当地的共产党应当力争在无产阶级与当地农村半无产阶级之间建立最紧密的联系。

我们必须强调,共产党为殖民地和民族问题所做的宣传应当被视作世界无产阶级为革命而斗争的手段。关于无产阶级革命才是解决这些问题的最佳手段的说法是机会主义的说法,因为其后隐藏着的是不愿意插手这些重要问题。

至于我们所提出的民族分离亦即民族自决的口号,则应当指出,我们同时也不应当忘记,必须与那些我们支持分离的国家的无产阶级进行共同斗争，反对这些国家的资本主义的斗争。

我们不会忘记，我们所支持的针对帝国主义国家、奴役别国的国家的分离口号，将会被代表着社会生活的和谐统一的无产阶级革命所消除。

在出现分离运动或领土收复运动的地方，共产党人应当与两个民族的无产阶级结成联盟进行斗争，哪怕由共产党提出争取一个民族脱离另一个民族的宣传鼓动口号。

曼努伊尔斯基同志说得对，某些德国同志关于在鲁尔的共产主义宣传方式的意见是错误的。在诸如鲁尔矿区这样的工业高度发达、无产阶级力量雄厚的地区，民族问题并不能掩盖已充分展现的阶级要求。我们在这里的指导性口号应当是与德国资本家和协约国帝国主义进行斗争。

第五次世界代表大会不应当着重于制定比较具体的建议，但是它应当向我们的殖民地的同志们保证，我们将会给予我们的殖民地问题的工作以更多的关注。为了在这方面取得更大的成果，第五次代表大会将会把这个任务特别赋予大殖民地国家的共产党。

我们希望，在下一次共产国际代表大会上我们能够看到我们工作的实际成果，而不是新的许诺。

**汤姆·曼**（英国）：

同志们，我想谈谈黑人的问题，但仅限于南非，即以南非联邦闻名于世的南部非洲的那个部分。这一部分自然是英国的属地。该地区自好望角向北德兰士瓦延伸，终止于罗得西亚。罗得西亚也是英国的属地，但并未加入我准备谈论的联邦。在南非联邦的国土上生活着 600 万土著居民，150 万白人和 60 万有色人——所谓血管中流着少量白人血液的那些人。请你们注意人口的构成和种族间的相互关系：600 万土著，150 万白人中一半是荷兰人或者布尔人，另一半是英国人，还有 60 万有色人居民，最后这批人指的是那些部分英国人和土著血统或者部分布尔人和土著血统的人。布尔人几乎全都是务农的人，或者更准确地说，都是务农的农场主。他们自己并不耕种自家的农场，而是利用白人监工代劳，监督土地的耕作。监工监督土著干活，土著则至今仍然干着所有的庄稼活和大部分其他的各种活计。为了理解生活在这里的各种族的心理，其中包括可以被称做奴隶（因为他们实际上就是奴隶）的那些人的心理，就必须知道，可以用来办农场的土地是有限的，虽说白人居民相对较少。随着英国人从好望角逐步向德兰士瓦纵深推进，布尔人便向北方迁移，直抵罗得西亚。英国人获得了他们所寻求的东西。威特沃特斯兰德，或者像大家简称的那样，叫兰德，这是一条长达6英里的山岩地带，那里分布着一处处金砂矿床。它们归英国人所有，使用了2.7万白人和23万土著。除去机械师、火车司机、工程师和装配师、泵和机器的安装工、钳工等等全是或者主要是英国人之外，矿上的技术工人80%都是荷兰人。

这种现象完全是不久之前才有的。必须记住这一点，因为否则就很难理解白人和土著相互关系的心理。近年来荷兰人或布尔人去矿场做工的原因，是因为他们无法获得土地。有一个规矩：父亲去世后土地要在儿子之间平分，因此，大农场很快变成了小农场。这样一来，年轻的布尔人由于经济的原因不得不进入矿场。矿场上的实际活动都由土著在白人监督下完成。白人工人照管的是机器的正确安装，钻孔的正确开凿，他们为爆破、自己地段的开采负责，等等。除此之外，他们本身再也不干其他任何工作。

作为农场主，布尔人对待土著如同对待奴隶，如果土著不能让布尔人满意，他们会受到鞭打，鞭子是用河马或者犀牛的皮革做成的，可以深入被打者的皮肉。英国人对待土著的态度也几乎同样如此，区别在于他们主要是与工业工人打交道，这里鞭子的使用不像农场里那样频繁。

然而无论如何，英国人对待黑人一如对待奴隶。由于部族首领与资本主义代理机构的代表签有合同，土著们被迫背井离乡。按照这种合同，部族首领提供一定数量的"孩子"（他们被这样称呼，尽管他们全都成年人）去矿场干活。劳动期限通常为两年；劳动极为繁重，以这种方式招募来的工人在工棚中栖身，每天领2—3先令零6便士的微不足道的工资，还要从中扣除食费。时不时发生工业冲突，不过，虽然白人工人与老板之间有自己的账户，他们仍然始终如一地对土著工人表现出敌对的态度。土著工人与老板发生冲突时，白人工人从来不曾显示过站到土著一边的倾向。还没有爆发过白人和土著争取联合斗争的共同运动的情况，因为白人工人总是对土著抱着敌对态度。结果这招致了土著对白人工人的不信任。这种不信任像麻雀对向它们扔石块的男孩不信任一样地自然。结果在工人运动期间根本谈不到白人和土著联合行动，矿场的土著罢工期间白人偏偏这样行事：似乎除了他们，矿场上根本没有别的工人，完全不把大量的土著工人算在其列。

很可能，土著并不肯追随白人。我们认为，我们有理由这样设想，其中许多人也愿意追随，可是根本没有人过问他们，根本没有人争取促使他们这样做。另一方面，他们也没有能力组织起来维护自身的利益。显然，他们从自家的环状村庄（霍顿督人的村庄）直接来到矿场，对城市生活方式毫无概念。但是在开普地区，情况却迥然不同。他们在这里多年来一直住在城市和港口——开普州、德班以及其他地方，那里除去办公室工作和技术工作之外，各式各样的工作全都由土著完成。

我想举例说明，这些在港口工作的土著不仅懂得为了自身的利益而组织起来的必要性，而且也表现出具有组织的能力，还依靠组织取得了某些成果。战争期间物价飞涨，白人工人迫使企业主提高工资，尽管与物价的昂贵不成比例，但至少有一定程度的改善，这时候开普州港口的土著工人们也决定抗争。其中的300人（虽说那里他们的总人数多达

5000人）组织了起来，向船主提出了加薪50%的要求。船主们对他们的要求根本不予重视，有的船主加以回绝，另一些船主索性不理不睬。于是这300多土著工人便开始罢工，然而白人工人并未给予他们任何支持，这样他们不得不退让，罢工失败。我要请你们记住这件事，因为它相当典型。不过，他们虽然被迫复工，但并没有气馁，仍然继续进行组织。数月之后，他们的开普州港工会的会员已超过3000人。这一情况已为船主和其他企业主众所周知。当他们再次提出要求之时——这一次已经不是加薪50%（从4先令加到6先令），而是100%即每天从4先令加到8先令了，他们的要求所有的船主都予以满足。这不单说明他们获益，而且证明了他们的巨大能力，证明了他们善于开展罢工、善于组织和进行谈判。

当我最近一次于18个月之前前往那里的时候，他们的所谓工贸工会正在召开第三次年度代表大会。参加该会的只是土著，一个白人也没有。但是在他们得知我在南非所从事的工作的时候，他们便邀请我在当时正要举行的代表大会开幕式上致开幕词。我发了言，与他们情同手足，参加了他们的公开示威游行。我有机会深入他们之中，在他们的一些代表会议上与他们交谈，因此我可以告诉大家，他们有着坚实的基础。他们继续发展自己的组织，增加成员的数量，在这次代表会议上他们为全南非制定了组织纲领，不仅是为港口工人，而且是为矿工和男女家族佣人，这种人的数量相当地多。我离开他们时他们干着这样的工作，现在仍然干着这样的工作。我不想说（因为这并不真实）他们是在自觉地走向共产主义，然而他们正在争取改善自己的社会地位和劳动条件，并且他们这样做的时候并没有得到来自白人的帮助。据我对情况所能作出的判断，他们并不那么看重白人，并不期盼他们的任何支持，无论是布尔人或英国人都一样。我认为，能够帮助他们的只有他们自己种族的人。他们在大规模的组织工作方面已经十分成熟——我完全坚信这一点。

我到过南非三次，我知道我在说些什么，我缅怀琼斯同志，他是最早努力理解黑人并像对待同志一样对待他们的白人之一。（掌声）我们的其他一些同志，例如安德鲁斯·邦廷，多年来一直在努力寻求解决这一问题的最佳途径。我同意一些人的意见，他们说很难希望白人会真正帮助黑人或者领导他们进行组织起来的尝试。不过，尽管如此，为了让他们更容易获得组织起来的机会和克服他们前进道路上所面临的困难，还是有许多事情可做。

我代表以南非联邦闻名于世的南部非洲的600万土著再次宣布，他们的大多数人现在都准备组织起来。为了让他们能够更容易地组织起来而所能做的一切，对他们都会是直接的积极的大好事，都会推进社会革命的事业。

**吉姆·拉金**（爱尔兰）：

同志们，我登上这个讲台仅仅是应季诺维也夫同志之邀，他昨天在交谈时说，代表大会对爱尔兰问题很关心，但是我觉得，我这是勉为其难地要你们予以关注。

在最近15天期间，我一直在聆听关于德国党、意大利党和俄国党的无休无止的发言，然而我们却把我们的运动叫做世界性的国际共产主义运动。我知道，哪怕试图暗示一下除了意大利、法国和俄国的各党之外还有别的党和人民，对一个小国的代表来说也是过于斗胆了。也许，另外这些党的价值同样是很大的。

爱尔兰方面的实际情况如何呢？人家对我们说，这里有一面旗帜，要授予第一个发动反对资本主义政府的革命的人民。我有胆量以世界上独一无二的人民的名义要求得到这面旗帜，我国人民早在你们大家，包括俄罗斯人民在内，还匍匐在你们的统治者脚下俯首听命的时候，已经有勇气起义了。你们应该能回忆得起,爱尔兰无产阶级起义是在1916年,而不是在1917年。他们发动革命是因为,数百年期间他们一直受到这方面的教育。这一点需要理解,正如需要理解为什么爱尔兰无产阶级在准备推翻旧制度时表现得极具革命自觉性的原因一样。我承认,应当感到惋惜的是,我们的一位如今已经去世的领袖曾经劝告自己的同志们,不要在社会革命和政治革命的战士之间作出区分。这是策略上的错误,我要提醒无论小国和大国,当它们轮到自己决定与改良主义者还是政治革命家一道工作的时候,都不要重犯这一错误。我们在1916年犯了这种错误,付出了血与泪的代价。我们让社会革命运动湮没到了政治革命的运动之中,结果资产阶级政治革命家控制了运动,掌握了其领导权。

你们应该都知道我们是如何在爱尔兰造成这种革命环境的。这是人们的自觉行动,这些人早在共产党这样的党面世之前很久即已从事社会革命领域的工作。詹姆斯·康诺利超过35年都一直是工人组织和政治组织方面的先驱。我本人虽然年轻一些,成为社会革命运动的成员亦已50余年。当我们长期流放之后回到爱尔兰,我们便开始组织一支由无产阶级最为苦难深重的阶层组成的产业大军。我们不仅从经济上将无产阶级组织起来,而且赋予我们的组织以政治性质——不仅如此,我们还走得更远。我们是世界上唯一一个组织起来了的无产阶级,这个阶级自觉地、果敢地、目标明确地组成了自己的这支大军。我们是世界上第一个由自己的工人群众组成了军队的无产阶级,而1918年(请记住这个年份,因为这是备受考验的一年)我们促使爱尔兰民军诞生。我们工会的每一个会员都有义务加入这支军队的行列,但并不是任何人都必须服役。我们将我们的女工组成护士队,这是一支在无产阶级的战场上提供急救的队伍。我们不仅从经济上、不仅从政治上将爱尔兰工人组织了起来,而且以一支纪律严明的军事力量加强了这一组织。

我们有权宣布，我们代表的是世界上唯一反对战争、组织起来抵抗战争的无产阶级。1914年7月我们向全世界所有组织起来的工人发表宣言，呼吁停止工作、拒绝按照皇帝、沙皇、英国国王和所谓法国总统的命令入伍从军。我们是世界上唯一于1914年拒绝充当炮灰的有组织的无产阶级。现在我听到了德国党、法国党、俄国党、意大利党的代表们是如何发表演说的。但是你们所有的人都一度像奴隶一样按照你们的统治者的命令行事，而我们仅有400万人口的一个小国的人民，处于世界最大的帝国的辖制之下，直接面对英国，它用它的舰队包围我们的岛，而以美国作为后方——我们却单独向不列颠帝国发起挑战。我们不像这个帝国的罗易同志和其他一些同志，我们没有请求帮助，而是自己承担起任务向前进并发起挑战。同志们，我想告诉你们，你们需要在帝国（英帝国和法帝国、美帝国）与苏维埃共和国世界联邦之间作出选择。我们应当战胜帝国主义，世界各国人民应当为此目的将自身的力量联合起来，否则帝国主义就会消灭我们的苏维埃共和国联邦。

我被告知，必须结束发言了。如果我让你们的注意力疲劳了，我这就离开讲台。我发言开始前曾被告知，我可以至少讲半小时。我力求切近问题的中心，尽可能快一点结束。这样，我还是继续讲下去吧。

1914年我们在爱尔兰仅对这般帝国主义势力，而且公认我们战胜了它。如果其他的无产阶级群体也效法我们的先例，历史就会掀开新的一页。我们的德国同志应该明白，要是他们在德国像我们在爱尔兰那样采取行动，战争便不会拖延到1918年。一切都会在1914年结束。你们会说，所有这些都是往事了。然而正因为往事无可挽回，今天才需要从旧有的错误中学习，以期明天不再重犯这类错误。其后不到一年，我们进行了三次革命，现在爱尔兰的形势是这样：1916年我们举行武装起义，但是被打败了。1918—1919年我们再次与英国的势力进行决斗，开展了伴随着恐怖活动的游击战——最终英国政府迫不得已于1922年与我们进行协商。在这场谈判中,资产阶级的共和党人出卖了我们。从那时候起,共和党分裂为两个集团,其中一个追随德瓦莱拉,另一个以科斯格雷夫为首,团结在自由国家的政府势力周围。德瓦莱拉以为人真诚、正直闻名于世,但缺乏阶级觉悟。这是一个资产阶级共和主义者。分裂之后,他先前的战争——有组织的工人和社会革命群体,没有加入任何一个资产阶级共和主义集团。在爱尔兰,法西斯主义也很猖獗,而且比世界上任何地方都更为根深蒂固。我们这里不仅有政府公开组织的恐怖和谋杀,而且有秘密的暗杀,死神迈着沉重的步伐在全国各地游荡。在每一个家族里,哥哥反对弟弟,父亲反对儿子,母亲反对女儿。我们爱尔兰的唯一希望寄托在群众性的无产阶级运动。为了这一目的,我们将进行重组。前两次代表大会上都有爱尔兰的人来到这里,硬说他们是共产主义者。他们的全部活动,无论革命之前还是其后,都仅限于说一些愚蠢的废话。这些人并不是共产主义者,而是资产阶级的共和主义者、帝国主义者。我们取缔了这个集团,现在正在改组,建立"爱尔兰工人同盟",这是一个宣传组织,既定的目标是教育自身的成员充分理解共产主义的原则,使其具有初步的实际知识。这样,他们就能够恰当地自觉地开展我们的斗争。所以我们请求你们,共产国际的同志们,对我们的工作给予思想上的支持。你们还从来不曾正式向我们讲过表示欢迎的话。即便此刻请你们关注一下世界的这个角落和革命工人阶级的这一部分也不算太晚。诚然,我们在数量上是一个小民族——就爱尔兰境内而言;但是你们应当记住,将旅居欧洲各国、澳大利亚和美国的侨民计算在内,爱尔兰人的数量则不下 2500 万之多。英国共产党并不否认在英国、苏格兰和威尔士的爱尔兰无产阶级群体的影响。不列颠群岛上的爱尔兰人计有:英格兰 200 万,大部分为无产者;苏格兰 150 万;威尔士也达 50 万。美国是一个什么数字都大得惊人的国家,该国的代表连在本次代表大会上也含糊其辞地说:我们拥有 1200 万—1400 万爱尔兰出生和随后几代爱尔兰人。在汤姆·曼同志向你们谈到过的南非，至少生活着 50 万爱尔兰出生的人，而在澳大利，爱尔兰生人则占人口的 28%。

我无法在这种不断的停顿中继续讲下去了。我又一次被打断……（"请继续讲吧！"）

我想说，共产国际应当承认这些种族群体。我的美国同志准会同意我的这种看法：如果美国共产党不将爱尔兰裔美国无产阶级吸引到自己一边，它就不能指望在美国取得很大的成就。在不久的将来可能当选为美国民主党总统的那个人——阿尔·斯密斯，就是爱尔兰农民的儿子，而在美国生活着数百万他的同族人，都拥护这个政党。我们应当将这些无产阶级群众从民主党和共和党中吸引出来。我们应当将他们从英国资产阶级工党的控制下解放出来。我们应当将他们吸纳进具有阶级觉悟的无产阶级革命运动之中。我们能够做到这一点。我们请示你们在这方面给予帮助。如果你们不肯向我们提供帮助，我们便单独地走向我们的目标。同时我要请共产国际记住，爱尔兰群体是西欧最重要的无产阶级群体之一。爱尔兰人正在深入思考自己的处境，一旦作出明确的决定，便会大力贯彻执行，不达目的决不罢休。

我在面对你们的这次发言中需要表白的是，我在不列颠群岛完成了某些工作。我在美国也做了一些事情。我是以左翼运动的名义发出建立美国共产党的号召书的五个人之一。我向你们提出请求，希望你们能够在这里正面评价爱尔兰无产阶级在世界革命格局中的意义。我们希望听到你们表示欢迎的话。我们准备展开行动，而且我们准备将我们的力量与不列颠帝国所有被奴役的人民的力量联合起来，帮助他们推翻其帝国主义统治者。我希望你们能讨论这个问题，我感谢你们所给予我的盛情相待。

**阮爱国**（越南）：

同志们，我只想对曼努伊尔斯基同志关于我们的殖民地政策的批评意见作一些补充。但是，在谈到实质之前，引用一些有关殖民地的统计数字会有所裨益。这能让我们更加认识清楚这一问题的全部重大意义。

| 国家 | 面积（平方公里） | 人口数量 | 殖民地（平方公里） | 人口数量 |
| --- | --- | --- | --- | --- |
| 英国 | 151000 | 45500000 | 34910000 | 403600000 |
| 法国 | 536000 | 39000000 | 10250000 | 55600000 |
| 美国 | 9420000 | 100000000 | 1850000 | 12000000 |
| 西班牙 | 504500 | 20700000 | 371600 | 853000 |
| 意大利 | 286600 | 38500000 | 1460000 | 1623000 |
| 日本 | 418000 | 57070000 | 288000 | 21249000 |
| 比利时 | 29500 | 7642000 | 2400000 | 8500000 |
| 葡萄牙 | 92000 | 5545000 | 2062000 | 8738000 |
| 荷兰 | 83000 | 6700000 | 2046000 | 48030000 |

这样，总人口为 320657000 人、面积为 11407600 平方公里的 9 个国家，剥削着由数百个民族、55637000 平方公里面积、560193000 人口所组成的殖民帝国。由此可见，殖民地国家的总面积超过占有国面积 5 倍，而后者的人口则尚不及殖民地人口的 3/5。

如果单就几个最大的帝国主义强国而言，这些数字还会更具说服力。大不列颠殖民地的人口超过其本国人口 8.5 倍还多，殖民地的面积则几乎比其本土面积要大 252 倍。至于我的祖国亦即法兰西，则它所拥有的疆域超过其本土 19 倍，而它的殖民地的人口则多出法国人口 1660 万。

因此这样说绝不是夸张：当我们的法国党和英国党不真正大力执行殖民地政策的时候，当它们连殖民地群众也不肯接触的时候，它们的群众性纲领就必定毫无成效。之所以毫无成效是因为，它与列宁主义相矛盾。我想对我的想法略加说明。斯大林同志在其谈及列宁和民族问题的演讲中指出：改良主义者、第二国际的领袖们不肯将白种和有色人种民族等量齐观，列宁否定了这种不平等，打破了将帝国主义的已开化的奴隶与未开化的奴隶隔绝开来的阻碍。

列宁认为，为了西方革命的胜利，必须与殖民地和被奴役国家反对帝国主义的解放运动取得紧密的联系，根据列宁对我们的教导，民族问题仅仅是关于无产阶级革命和无产阶级专政的整个问题的一个组成部分。

斯大林同志后来就反革命描述过一种观点，按照这种观点，无须与殖民地的解放运动直接组成同盟，欧洲的无产阶级也能取得胜利。然而如果根据行动判断理论，那么除俄国党之外，我们一些大党的不尽职使我们有理由认为，这些党现在仍然持有斯大林同志所说的那种观点。

殖民国家的资产阶级为了将他们所奴役的民族的无数群众牢牢置于其桎梏之下，都在做些什么呢？除了使用他们所掌控的国家政权机关的种种手段之外，他们还同时进行最卖力的宣传。通过讲演、电影，借助于报纸、展览会和其他各种方式，他们在宗主国居民中培养殖民地精神，向人们展现殖民地中等待着他们的轻松生活、荣誉和财富的图景。

而我们的共产党——英国党、荷兰党、比利时党以及其他一些资产阶级拥有殖民地区的国家的共产党，却都做了些什么呢？它们自列宁的提纲通过以来，为了以真正国际主义的精神、与殖民地劳动群众亲近的精神教育本国的无产阶级，它们又做了一些什么呢？我们的这些党在这方面所做的一切几乎等于零。至于我，作为法国殖民地当地出生的土著和法国共产党的党员，很遗憾，我必须说，我们法国党为殖民地所做的事情非常非常之少。

共产主义报刊，那些有义务启迪我们在殖民地问题方面的战士、在殖民地群众中唤起思想上的共鸣、争取他们投入共产主义事业的报刊，都做了些什么呢？什么也没有做。

如果对诸如《时报》、《费加罗报》、《埃夫尔报》等资产阶级报纸或者比如《人民报》、《自由人报》等其他流派的报纸将各种民族问题所摆放的位置，与我们的主要报纸《人道报》给予这类问题的位置做一比较，那么不得不承认，这种比较对我们十分不利。

殖民地部正制定种种计划，要将非洲一些地区变为辽阔的私人租让区，而这些国家的土著居民则被变作禁锢在新主人的土地上的真正的奴隶——可是我们的报刊却对此完全默不作声。在法属西部非洲，正借助于极端令人难以置信的强制手段实行军事招募，而我们的报刊却对此只字不提。在印度支那，殖民当局已变成奴隶贩子，他们将东京湾出生的人卖给太平洋岛屿上的种植园主；他们将土著服兵役的期限由两年延长至4年；他们将殖民地的大部分交给了大亨们的财团；正值当地居民遭受水灾过后倾家荡产、纷纷饿死之际，他们却将本已难以承受的赋税提高30%——而我们的报刊却一直默不作声。此后你们会感到惊奇的是，当地居民纷纷去找人权同盟那样的民主自由团体和其他诸如此类的组织，这些组织为他们奔走或者假装为他们奔走。

如果再稍微深入探究一番，我们还会发现一些全然不可思议的事情，迫使我们想到，我们的党轻视一切与殖民地有关的事情。例如，《人道报》竟然找不到篇幅刊登共产国际寄来的农民国际致土著居民的呼吁书。里昂代表大会前有篇幅刊登用于讨论的各种提纲，殖民地提纲却除外。《人道报》为塞内加尔拳击手霍特林·西基获胜发表了大量文章，而当达喀尔港的工人们集会，在上班时间被包围、逮捕，扔上卡车投入监狱，又从监狱送往兵营，让其充当文明的保卫者——明白吗，就是士兵，当此之时，《人道报》却一声不吭。我们党的中央机关报日复一日向读者宣扬从法国到印度支那航行的飞行员瓦西的功勋；然而当殖民当局掠夺"上安南省"的居民、夺走他们的土地交给投机商，派遣装载着炸弹的飞机，命令教训被剥夺的不幸的当地人小心点的时候——我们党的机关报却认为无须将这种事向读者报道。

同志们，通过自己的报刊法国资产阶级明白，民族问题和殖民地问题密不可分。我觉得，我们的党却尚未完全明白这一点。鲁尔的种种教训：当地的步兵被派去安抚挨饿的德国工人，包围形迹可疑的诸如东方军的法国军队，那里向当地军队发放了机枪，以"鼓舞"疲于漫长的折磨人的战争的法国士兵，1917年在俄国士兵驻扎的一些法国地方所发生的事件；比利牛斯农业工人罢工的经验：当地人被迫充当可耻的工贼角色；最后，法国本国有20.7万土著士兵——所有这一切，都未能让我们的党深思，所有一切，都未能让它感到有必要执行明确的强有力的民族政策。它错过了所有的合适的宣传机会。党的新领导机关自己也承认，我们党在这个问题上态度消极。这对我来说是一个可喜的征兆，因为既然党的领袖们承认并强调党的政策的弱点，那么这就给人以希望：党会全力以赴纠正和加强这一点。我坚决相信，本次代表大会将成为这方面的转机，促使党对过去加以弥补。尽管曼努伊尔斯基同志关于阿尔及利亚竞选运动的意见十分公正，我为了不偏不倚，还是应当说，的确，我们党在这方面有所疏忽，但已经加以纠正，在巴黎区提出了一位土著候选人。当然，这还不够，不过作为开端还是不错的。我有幸指出，我们党现在受到最好的形势和高潮的热情鼓舞，这种情况对它来说是全新的，毫无疑问将会导致一项最佳的殖民地政策的产生，只需同时采取行动即可。

这种行动应当是什么样的呢？少制订长篇大论的提纲，通过夸夸其谈的决议，不要像至今所做的那样，在代表大会之后便将它们放进博物馆。我们必须采取某些具体的措施。我提出下列各点：

1. 在《人道报》上开辟专门版面，每周至少将两栏用来定期报道殖民地问题。

2. 在有共产党支部的那些殖民地的土著中，加强宣传和征集党员的工作。

3. 派遣土著进莫斯科东方劳动者共产主义大学学习。

4. 与劳动联合会总会达成协议，将在法国工作的土著组织起来。

5. 使党员有责任更加积极地关注殖民地问题。

我认为，这些建议是合乎情理的，如果共产国际和我们党赞同，我相信在第六次代表大会上我们法国党就能够说，宗主国和殖民地的统一战线已经成为事实。

同志们，正因为我们承认自己是列宁的学生，就必须集中一切力量和我们的全部精力，即在殖民地问题上，也在其他各种问题上，实际践行列宁留给我们的宝贵遗训。

**道格拉斯**（英国）：

同志们，第二次世界代表大会确定了我们对待这个问题的态度，所以在英国共产党的每一次党代表大会上我们都奉行共产国际历次世界代表大会所通过的决议。

英国共产党受到许多批评，但我们认为，许多情况下批评都不够审慎。几乎所有的发言人都责备共产国际英国支部，说它没有胜利完成它所面临的任务。然而应当记住，英国共产党是共产国际最弱小的支部之一，同时它却面临着整个共产国际的一个极为巨大的任务。比如，你们大家都知道，英国帝国主义囊括整个世界，全球遍布英国的殖民地。在这种条件下，要求只是一个小小群体的英国共产党将所有的英国殖民地统一置于其领导之下，无异于要求实现一件几乎不可能办到的事情。我们承认我们对英帝国主义所控制的殖民地、自治领和所谓委任统治国应尽的义务。但是你们不应当忘记，英国共产党仅仅能够勉强符合要求地在大不列颠内部处理好各种关系，在这种条件下，共产党在民族和殖民地工作领域所面临的任务委实很不轻松。

曼努伊尔斯基同志断言，英国党在高布尔案件期间和孟买10余万印度工人罢工期间毫无作为。但是如果曼努伊尔斯基同志读过《工人周刊》，他就会知道，英国共产党在英国工会和工党中曾不断地进行宣传鼓动，强调英帝国主义不仅在经济上压迫印度工人，而且剥夺其起码的权利，具体地说就是组织政党的权利——按其保护者的说法，这个帝国主义保障它所统治的各族人民都享有这些权利。共产党在这种情况下进行了艰难而紧张的工作，在工会和工党内既保护在高布尔被审判的同志，也维护与企业主进行斗争的孟买工人的利益。我们认为，罗易同志对印度无产阶级的谈论是夸大其词，他关于印度民族主义运动急剧衰落的意见根据不足。我们认为，必须利用民族运动，在所有的落后国家启迪工人群众的阶级觉悟。

在埃及，工人们同样遭到失败。你们许多人都知道，当去年2月部分埃及工人占领工厂时，英国共产党过于弱小，无法帮助斗争中的工人，结果，由于社会民主党之故，工人们遭到了失败。

现在谈谈爱尔兰问题。也许，由于英国代表团委托的是我提出爱尔兰问题，拉金同志在我之前所谈的并不完全合乎要求。拉金同志从这个讲台上肯定地说，爱尔兰问题不曾被共产国际分析研究过。其实，自第二次代表大会以来，爱尔兰问题便一直是共产国际的讨论话题，还就这一问题通过了一系列决议。拉金同志说，1916年的起义失败了。但从共产党和共产国际的观点看来，1916年的起义乃是世界无产阶级推翻世界帝国主义的许多次尝试之一。在这方面，它与其他许多次类似的起义并无任何不同之处。诚然，爱尔兰人在世界无产阶级队伍中率先于1916—1918年奋起反对资产阶级。但是必须于正确的前景中来看待1916年。爱尔兰的1916年是世界帝国主义因世界大战而引发的伟大世界进程的一个部分和片断,因而必须承认,其中并无仅仅涉及爱尔兰工人的任何特别之处。因为同样的事情也在匈牙利、俄罗斯和所有的中欧国家中发生:无产阶级武装起来抵抗资产阶级的进攻。我们与拉金同志一样将爱尔兰无产阶级作为全世界无产阶级最英勇的战士之一加以崇敬,因此英国共产党打算不经过拉金同志便向爱尔兰无产阶级提出那个他错误地向共产国际提出的问题,这正是必须将该问题扭转到另一方向的时候。拉金对共产国际说:"你们同我们站在一起吗?"我们的问题则是这样:"拉金同我们站在一起吗?"这就是问题的整个实质所在,所以我们必须争取向拉金说清楚,共产国际是一场运动,它部分地是从爱尔兰无产阶级的斗争中成长起来的,正如它也是从其余的世界无产阶级的斗争中成长一样。我们知道,拉金和爱尔兰工人是世界无产阶级的一部分,我们无论如何也应当将他们组织到共产国际的队伍之中。我们呼吁拉金——承认共产国际产生自革命工人阶级的伟大力量,不仅是爱尔兰工人阶级,而且是全世界的工人阶级。

最后,我要向代表大会强调的是,英国共产党意识到它所担负的责任和对处于不列颠帝国统治之下的各殖民地人民的义务。但是我们党只有 3600 名党员,无论就数量而言还是从物质方面来说,其力量都不足以向需要英国党的支持和合作的所有各国人民伸出援助之手,当你们对英国共产党的工作进行批评之时,请你们记住我们在数量上的弱小。不过我们希望,我们的党将会成长壮大,那时候我们就有能力将整个不列颠帝国区域内被英国帝国主义统治的各民族联合成为一体了。

**马克西莫斯**(希腊):

曼努伊尔斯基同志在他关于民族问题的报告中,向代表大会列举了一些各国共产党在这个问题上所犯错误的例子。曼努伊尔斯基把希腊共产党描绘成这个样子,仿佛它对希腊的边界问题的关注比对实现巴尔干联盟的决议和对巴尔干革命运动的关注要多得多。

同志们，你们都知道，从1912年开始直至1923年，资产阶级希腊进行了一系列战争。巴尔干战争之后，爆发了希腊与保加利亚之间的战争，随后是欧战，希腊也参与其中，而且希腊资产阶级成功地将希腊的疆界扩展到了直至康士坦丁堡附近的东色雷斯。

希腊资产阶级大肆宣扬拜占庭帝国，目的在于煽动沙文主义的狂热和民族主义的思潮，这在土耳其的希腊居民中尤其经久不衰。

你们也知道，在这整个期间希腊的边界不断变动。如果曼努伊尔斯基同志愿意稍微扎实认真地研究一下这些边界变更的原因，特别是在希腊资产阶级在小亚细亚失败之后，他无疑能够对希腊共产党在这个问题上的立场向我们作出不同的描述。因为1921—1922年希腊共产党曾采取具体行动，全力以赴地不仅反对希腊资产阶级的沙文主义战争，而且捍卫各民族的权利。1921—1922年，四分之三的希腊共产党党员身陷囹圄，罪名便包括民族问题方面的言论。这证明希腊共产党在民族问题上执行了积极的政策，它有力地捍卫了少数民族的权利。

然而曼努伊尔斯基同志专门谈及马其顿问题并批评希腊共产党，说它在这个问题上坚持奥地利流派——奥托·鲍威尔的政策。可是它并不像曼努伊尔斯基同志所觉得的那样。我要向你们宣读一篇我们党的机关报关于马其顿问题的文章。从中你们可以看到，希腊共产党在关于少数民族的问题上，特别是在马其顿问题上的立场，完全是另一种样子。

在这篇有关马其顿问题的文章中，我们是这样说的："我们不反对巴尔干共产党人与其他各国共产党人一样都成为少数民族权利的最热烈的拥护者。每一个少数民族都会看到我们是其民族斗争的保护者，因为这种斗争同时也是与统治阶级的斗争，那个阶级从民族的观点看来也是统治阶级。

在保加利亚，正当该国沙文主义肆虐、保加利亚沙文主义者灭绝希腊族居民之时，以布拉戈耶夫同志为首的共产党人捍卫了希腊族少数民族的权利。"接着我们又说："对我们而言，关于少数民族的问题和为这些民族的权利而斗争的问题，是已经解决了的问题，共产党人，尤其是巴尔干的共产党人，为少数民族的权利而斗争，并没有什么可奇怪的。

但是萨洛尼卡的军事委员会（同时，审查马其顿问题的军事委员会常在萨洛尼卡开会）研究马其顿问题，证明这个问题确定存在，是巴尔干最严重的问题之一。

谈到'马其顿问题'，我们所指的不单是它对于希腊的意义，须知马其顿问题对于南斯拉夫和保加利亚也具有同样的意义，因为马其顿已在这些国家之间进行了瓜分。正因为如此，我们不说'希腊的马其顿'，而是说'希腊人占据的马其顿'。"巴尔干资产阶级想要改变马其顿的民族性质，但这并未能得逞，重新调换希腊占据的马其顿的居民，也丝毫未能让情况改变。

对我们来说，少数民族争取权利的斗争与马其顿现存的局势有着紧密的联系。马其顿问题以我们的观点看来并不只是目前的问题：只要马其顿的工人和农民尚未成为自己国家的主人，它将一直存在。尽管巴尔干资产阶级千方百计地力图改变马其顿的民族性质，它仍将是统一的。

同志们，由此可知，希腊共产党在任何情况下都不曾反对巴尔干联盟的决议，尽管曼努伊尔斯基同志硬说我们党反对公布这些决议。

这不是真的，同志们。我刚才向你们宣读的文章，我所掌握的文件——希腊共产党中央委员会所通过的关于召开马其顿党组织代表会议和贯彻巴尔干联盟决议的各种决议，所有这一切都可以证明，希腊共产党没有反对过这些决议。

诚然，我们曾向巴尔干联盟发出过一封表示抗议的信函，因为巴尔干联盟提出马其顿自治的口号时，并没有考虑到在希腊运用这个口号的

**条件**。而这就导致了下述后果。正如我所说过的那样，不久前希腊资产阶级企图改变马其顿的民族性质，你们也都知道，洛桑和约签订之后，该国的全体土耳其居民都应该离开该国，而希腊资产阶级则将75万希腊难民迁移至他们的故地。希腊共产党当时反对现在仍然继续反对这种人口置换，也反对洛桑条约。它不止一次表示对两者都不赞成，如果土耳其同志们表示类似的态度，也反对洛桑和约，则我们会感到非常满意。

然而反对洛桑条约和反对居民置换的斗争，丝毫未能改变马其顿有着70万难民这一事实。

从实际运用马其顿自治的观点出发（而这是最具实质性的问题），希腊共产党不得不同样关注（为此它才向巴尔干联盟征求具体的指示）这一事实：**希腊的工人和农民阶级并没有对这类口号做好准备，因为希腊共产党只是在不久之前才在群众中重提这一问题并推出马其顿自治的口号**。

不过我们的反对意见纯粹针对的是，巴尔干联盟完全不考虑党不得不采取行动时要面对的特殊条件和实际困难。

因此，希腊共产党的异议并不是反对公布决议；我们可以证明，我们一直是在为贯彻巴尔干联盟的决议而工作。

**特兰**（法国）：

我并不想谈整个民族问题；我必须声明，法国党同意曼努伊尔斯基同志的报告。（掌声）我只想说，曼努伊尔斯基同志在他的报告中对法国党的批评多少有些夸大其词。塞尔贝同志代表法国共产党对代表大会所作的解释性阐述中，包含了我们在殖民地和民族问题方面的工作。

我还想强调的是，我们的朋友吉尔博对曼努伊尔斯基同志所提出的略微言过其实的说法作了更大的夸张。

绝不能在批评一个党的时候,试图从理论上断定它应当做些什么,然后指出它真正做到了一些什么与它应当做些什么之间的差距。批评一个党,尤其是批评共产国际的活动,必须考虑到该党所拥有的和能够动员的力量,然后才可以确定该党是否适当地利用了这些力量,是否正确地将这些力量分配到了工作的各个方面。

至于吉尔博同志的过于肤浅的批评,那就是我们共产国际内不应当这样进行批评的一个例子。

接下来我也想消除对于饶勒斯传统的各种误解,曼努伊尔斯基同志诉诸这一传统并不是因为这些误解能够得到曼努伊尔斯基同志的赞同,而是因为他只不过根据需要顺带涉及了这一话题,结果他的话可能会为不正确的解释提供借口。

曼努伊尔斯基同志十分正确地指出,饶勒斯尽管持有社会民主党的观点,但他一向给予民族问题许多关注。不过不得不说,就其政治内容而言,饶勒斯关于殖民地问题的那些讲话在根本上是错误的。尤其是在1905年阿尔赫西拉斯条约将摩洛哥出卖给国际资本家辛迪加期间,以及1911年签订同样关于摩洛哥的法德条约期间,饶勒斯都欢迎这两个协定为国际资本提供合作的机会。他吹嘘这一政策的意义,要求三国协约与三国同盟之间和解。他采取和平主义的观点,重犯考茨基关于帝国主义的利益能够协调一致的错误;在谈及被奴役民族的解放时,他显而易见地表示反对新的殖民地远征军,坚持和平主义的观点——然而涉及已经处于法国帝国主义政权之下的殖民地人民时,饶勒斯对他们的态度却仅限于为土著们要求民主权利。

我们必须十分明确地说(因为我们党已经足够坚强,足以不再对饶勒斯的名字心慈手软),党强烈谴责饶勒斯的错误。他一再重犯社会民主党的错误,他有其所素有的才华还犯这些错误,因此这样的错误就更为可怕。

目前我们应当说，我们并不认为将殖民地人民置于现代帝国主义大国的民主框架之内可以求得他们的解放。我们主张彻底解放殖民地各国人民，直至支持他们的武装起义。我们主张殖民地争取民族独立的斗争与宗主国无产阶级的阶级运动联合起来。只有将这两股力量联合成一体，摧毁帝国主义国家剥削的根基，我们才能为法国和世界的革命打下基础。（掌声）

**瓦西里科夫**（波兰）：

除了无产阶级的阶级斗争之外，一个最革命的因素，未来波兰革命的基础之一，便是民族问题，首先是乌克兰和白俄罗斯民族的问题。

民族革命斗争主要发生在西乌克兰（加里西亚、海乌姆地区、沃伦、波列西耶）。它已将这个地区变为一座巨大的火山，喷发之时，熊熊烈焰和侵略者的子弹造成杀伤，完全不顾一次次镇压和侵略者所采取的恐怖手段。这场斗争历久不衰，主要是在加里西亚。虽然其基础此前都是少地和无地的农民反对地主和官僚的斗争，但是现在这场斗争的性质已经急剧改变，因为这一斗争中的那些小市民政党战前的领导权，由于1918—1919年所发生的各种事件，已经完全被从它们手中剥夺。这些政党当时实际上暴露了它们与劳动群众利益相敌对的阶级性质：它们建立一个不愿意将地主的土地交与农民的资产阶级国家西乌克兰人民共和国，它们反对与苏维埃乌克兰合并，将加里西亚变成了反对革命的屏障，这就充当了波兰小贵族占领东加里西亚的直接原因。如果说圣日尔曼和约还能引起哪怕是对协约国善心的一丝希望，那么3月14日协约国承认波兰有权拥有加里西亚的文书，便将那些还相信协约国善心的人们的希望残余一扫而光。目前，被我们的小资产阶级推到波兰小贵族的桎梏之下的劳动群众的这场斗争已经达到白热化程度。这场斗争要共产党对它采取明确的态度，因为，它已将民族问题变成了尖锐的革命问题。其革命性不仅在于这场民族斗争与乌克兰群众、无地和少地的农民反对波兰地主和官僚的社会经济斗争密切相关,而且在于这场民族斗争表现出与苏维埃乌克兰合并的自然倾向,也是这些地区社会革命的先决条件。共产党在这些地区民族问题上的唯一正确的态度,就是号召这些地区脱离现今的波兰,与苏维埃乌克兰合并,同时指出要能实现这一点,首先要通过波兰的社会革命这一途径。

由于对这个问题抱着卢森堡式的虚无主义态度,波兰共产主义工人党在长达5年的活动中都未能解决这一问题。

因为波兰共产主义工人党与西乌克兰共产党之间长期持续不断地争论,而且后者迅速对这个问题作出了正确的列宁主义的决议,主要还因为共产国际发出了指示,作为拥有波兰国土上总的领导权的波兰共产主义工人党的第二次代表大会采取了这一立场。不过应当补充一句,立陶宛问题仍然没有解决。

顺便说说,由于我们在民族问题上的路线,我们从思想上和组织上几乎完全击败了所有的小资产阶级的政治派别。我们获得了对农民劳动群众极大的影响力,任何一个希望在政治上与我们作斗争的人,都在群众中得不到认真的响应。这也表现在,从组织上全面控制了乌克兰社会民主党,从党内坚决排除了任何妥协的行为。

西乌克兰共产党对最近的将来民族问题方面所提出的任务是,除进一步执行西乌克兰(加里西亚、沃伦、海乌姆地区、波列西耶)脱离波兰和支持争取学校教育的斗争等的路线之外,主要是在我们所掌控的工会里,同时也在我们处于少数地位的工会里,进行争取将乌克兰无产阶级接收加入总工会的斗争,由于波兰社会党的沙文主义政策,乌克兰无产阶级一直处于工会的圈子之外。同时必须继续坚持不懈地在所有三个民族的工人阶级队伍中开展清除民族主义残余的工作,向波兰部分的无产阶级指出,西乌克兰与苏维埃乌克兰合并将对波兰资产阶级带来沉重的打击，并让我们更接近于波兰的社会革命。

**杰奥尔杰斯库**（罗马尼亚）：

同志们，罗马尼亚是一个民族问题到处都可以用于革命目的真正典型的国家。必须承认，共产党多年来一直忽视这个问题。只是去年在巴尔干代表会议上，党才获得了一个关于民族问题的完全明确的纲领。在这个纲领中，各民族直至分离的自决这一口号获得了承认，于是党才真正贯彻执行这个口号。

为了对罗马尼亚的民族关系提供一幅直观的图景，我要着重探讨一番罗马尼亚几个新地区某些民族的相互关系。如果仅仅根据某些民族与全国的当地罗马尼亚族居民的百分比来判断罗马尼亚的民族构成，我们便得不到明晰的图景。

在多布罗加，根据匈牙利特兰西瓦尼亚党的统计资料（而这些资料对我们而言，比官方的国家统计要真实可信得多），罗马尼亚居民仅占这个地区全部人口的2.6%。这一数字表明这个地区在多大程度上是罗马尼亚本国的版图。在多布罗加，保加利亚人占人口的42%。在比萨拉比亚，罗马尼亚人仅占总人口的47%。在布科维纳，罗马尼亚居民与乌克兰人和其他民族的比例关系对罗马尼亚更为不利。在这里他们仅占34%。在战前属于匈牙利的特兰西瓦尼亚，罗马尼亚居民占54%。

因此我们看到，民族问题在全国许多地区已经变得极其尖锐，这对罗马尼亚共产党而言乃是十分良好的工作基础。应该说，由于巴尔干代表会议上所通过的决议很明确，党得以很好地利用了各民族自决权的口号。在维也纳代表会议期间，党为比萨拉比亚直至完全脱离罗马尼亚的自决权进行了坚决的斗争。党在这种情况下执行了一条真正的共产主义路线——从这时候开始的那场针对党的恐怖活动便足以证明。罗马尼亚资产阶级禁止了党的所有报刊出版，迫使党转入地下，并企图将其彻底消灭。

曼努伊尔斯基同志在他的报告中，无论对比萨拉比亚问题还是罗马尼亚共产党对该问题的立场都一律只字未提。我不明白，是什么理由促使曼努伊尔斯基同志对这个问题完全默作声。我们认为，关于比萨拉比亚的问题不仅是罗马尼亚的问题，而且也是中欧的问题，因而必须对其仔细地加以讨论。比萨拉比亚问题正日趋尖锐化的证明便是罗马尼亚议员、党的领袖卢普的讲话，他不久之前遍访各协约国，在罗马尼亚国会作了一个讲述自己对于比萨拉比亚问题的印象的详尽报告。对于一位英国记者提出的问题，亦即既然大多数比萨拉比亚居民都确实是罗马尼亚人，为什么不同意举行全民公决的问题，卢普回答说，全民公决之所以不能接受，照他的看法是因为，一旦进行全民公决，连罗马尼亚人都会投票赞成脱离罗马尼亚。

曼努伊尔斯基同志指责我们党，说它在关于特兰西瓦尼亚的匈牙利族问题上所采取的立场不够鲜明。我可以代表我们代表团声明，党在这个问题上也采取的是十分明确的立场。

还有一点。曼努伊尔斯基说，各国共产党不仅应当支持民族革命运动，而且应当激发这种运动。他甚至说，它们应当着手组建这类民族革命政党。在我看来，这是一个需要慎重对待的问题。应当在委员会内认真加以研究。支持民族革命政党与组建这样的政党之间有着巨大的差别。罗马尼亚共产党在民族问题上采取了十分清楚明确的立场。我们坚信，它在今后也一定能够将革命民族运动用于无产阶级革命的利益。

**佩珀**（美国）：

我想首先谈谈曼努伊尔斯基同志报告中在这里受到批评的那个部分。

罗易同志说，欧洲和美洲的大多数同志不理解殖民地问题，吉姆·

拉金对西欧、中欧和美洲各党对民族问题很少给予关注感到气愤，我认为，这两位同志是完全正确的。本次代表大会应当认真对待这一批评并且予以肯定。

不过我认为，共产国际在整体上优于其个别一些支部。不能责怪共产国际，说它很少研究这个问题。相反，正是共产国际开创了这一运动，至今仍然站在其前列。如果说罗易和吉姆·拉金同志埋怨我们给予殖民地和民族问题的关注不够的话，那么我们可以回答说，共产国际的功绩就在于它设立了这个讲坛，罗易、吉姆·拉金和其他许多同志才有机会从这个讲坛上说话并发出报怨。

不过若是说到个别的某些党，则它们确实未能履行自己最起码的义务。即便不能同意吉姆·拉金的一些个别的论点，也仍然必须承认，他的主要想法（我们应当认真严肃地对待民族问题）是很重要的、革命的想法。拉金同志也许并非在各方面都是真正的马克思主义者，但是他有着群众领袖强烈的革命天性，他的指责能击中要害。我们有过错，这点必须承认，但并不是共产国际有过错。共产国际对民族革命运动给予了许多关注，列宁早在世界大战期间即已论战性地提出一个问题：在帝国主义时期可不可能不仅发生纯粹帝国主义的战争，而且也发生民族革命战争，并且着重指出爱尔兰的例子。可见在那时候已经提出了评价当前时期战争的出发点。

共产国际正值爱尔兰进行革命战斗的时候便讨论过爱尔兰问题。它为支持和进一步发展这一运动竭尽所能，而对其所作的批评也完全是善意的。

共产国际在当前是世界上名副其实地为印度的利益而斗争的唯一的力量。罗易同志在这里讲了那么多有意思的、正确的话，他描写印度的书也是共产国际最优秀的作品之一，我担心他对共产国际的策略的批评多少有些过分。也担心他总结的印度经验有失偏颇。我并不认为殖民地新生的革命资产阶级已经在如此严重的程度上变成了客观意义上的反革命阶级。我知道，印度资产阶级已开始愈来愈严重地压迫工人阶级。但是它的客观作用、它与英国帝国主义的斗争，仍然具有革命的意义。罗易同志说印度的资产阶级相当强大，但其他一些殖民地却没有这样的资产阶级，他的话当然是对的。

我反对共产国际在这个问题上采取罗易同志的观点。

还有第三点意见。曼努伊尔斯基同志在其发言中非常正确地强调了民族自决这一口号的世界性革命意义。这是一个已经在各种革命形势下久经考验的好口号。不过我觉得，也许他在发言里对问题的另一面探讨得不够充分，具体地说，就是探讨那个对于我们同等重要的口号——所有的民族和种族一律平等的口号。在许多国家都有一些无论如何也不可以用地域来加以区分的民族。比如说美国的黑人问题。在这种情况下，黑人能够怎么对待"自决"这个口号呢？他们可没有想要在美国内部建立一个单独的国家。的确，在美国存在着黑人运动，某种"犹太复国主义"，所提出的目标是在非洲建立自己的国家，但是1300万美国黑人仍然希望留在美国，他们所要求的只是"社会平等"。我们将这个口号改成这样：在各方面完全平等。不仅在法律上平等，而且在社会意义上也平等。这是一个用以反对目前状况的革命口号，现在黑人无权在公共食堂中吃饭，无权进白人娱乐的剧院，有专门为黑人设置的火车厢，他们无权乘坐白人乘坐的车厢。再以南非为例。汤姆·曼已经提及了这个问题。"印度人自决"的口号能给那里带来什么好处？这个口号对他们毫无好处，因为无法在那里建立一个特别的国家，只能争取完全平等。墨菲同志和我已经在纲领委员会里强调过这个口号，并得到了委员会的同意；布哈林同志在他的报告中也提到了这第二个口号。但是我认为，我们现在讨论民族问题时必须接受这个口号，仔细加以研究。我们看到，比如在美国，无产阶级是由操不同语言的56个不同的民族组成的。

自决的口号在那里毫无用处。意大利人、塞尔维亚人、捷克人、爱尔兰人、匈牙利人、波兰人等等都不会去建立单独的国家。那只能是不理智之举。这些地方所能提出的只有这样的口号：在各方面亦即在学校、审判、新闻自由等方面完全平等。在有着56个不同民族的美国，这个口号具有真正革命的意义。那里的情况是这样：从欧洲移居美国的所有这些不同民族的无产阶级分子并不是人为地混合，但也并非自由混合，而是像资本主义所需要的那样混合，我们都知道，这个无产阶级不可能发展，因为它没有自己的报刊，所有这些五花八门的民族无法理解彼此的语言，由于所谓的美国化，它们随时都会失去自己的天生的领袖。这里我要向你们提一提弗里德里希·恩格斯的一个说法。他把那些一直没有自己的上层阶级，在历史进程中丧失了自己的贵族、资产阶级、有时候也丧失了知识阶层，仅仅由底层阶级（无产阶级和农民）所组成的民族，称之为没有历史的民族。可以说，美国的无产阶级就是这种没有历史的无产阶级，因为它的上层阶级已经丧失了。对于操56种不同语言的美国工人而言，民族自决只是一句空话，并不符合群众的实际利益。民族自决的口号对澳大利亚也同样不适用。那里的主要问题是关于移居国外和移民入境的问题。那里维护自身垄断特权地位的工人贵族反对有色人种工人移民入境。这样我们便意识到，还需要第三个辅助性的口号——不受资本主义政府任何限制的移居国外和移民入境的绝对自由。我与片山潜同志详谈过此事。这个问题使得日本与美国之间的关系紧张，我们建议代表大会作出相应的决议。在关于民族问题的最终提纲中也应当加入这个辅助性口号。

我总结一下：应当往决议中加入的不单是民族自决权的口号，而且还要有意义不亚于此的所有民族和种族完全平等的口号和第三个口号——无产阶级和农民个人移居国外、移民入境的完全自由。

**格施克**（主席）：

我们的中国同志琴华①原本希望作一个报告,今天他作不完报告了。他的报告将列入记录并在公报中刊登。

**琴华**（中国）：

同志们,共产国际第二次代表大会上通过了列宁同志所草拟的关于民族和殖民地问题的决议,从那时候以来,东方各国共产党一直遵照这一决议的原则进行斗争。

中国人民备受压迫,一方面受到国际帝国主义者的压迫,另一方面又受到中国军阀的压迫。军阀的生存靠的是外国帝国主义在中国的权力,所以说中国的军阀是帝国主义大国的代理人。因此中国的民族运动必须既针对这些人,也针对另一些人。首先我们谈谈外国帝国主义最近在中国的所作所为,然后再讲民族运动的发展情况。

最近一年期间,帝国主义在中国如日中天。我着重分析下述最重要的一些事件。

1. **张家口的卡门案件**。美国商人卡门与美国驻张家口领事商定,试图从该市以走私方式为中国投机商运出 6 万美元的白银,按照军事当局的命令应当进行搜查。卡门抗拒搜查并开枪射击。作为回应,中国士兵也开了枪,使卡门受了致命伤。于是美国大使向北京政府发出抗议照会,结果政府只得道歉,赔款 5 万美元,并惩处一连串官员。

2. **汉口纺织工人案件**。一家英国纺织厂的 300 名工人因组织工会遭到开除,3 位工人代表被逮捕。被开除者的示威游行被英国军队驱散。冲突进一步发展,许多工人被打伤,几艘英国军舰出现,威胁要炮击该市。33 名纺织工人被逮捕,其中 3 位领导人被英国驻汉口领事分

---

① 李大钊的化名。——编者注

别判处 5 个月监禁，其余的人则入狱两个月。

**3. 法国金法郎的故事**。义和团起义之后中国必须支付的赔款，法国部分为白银 154709582 两。由于法国法郎贬值，法国政府要求中国以黄金而不是以纸法郎支付这笔款项尚未清偿的部分，其间的差价达 5500 万两。法国人取得了北京政府对此的同意。国会起先对此加以反对，现在收受了政府的贿赂之后，改变了立场。

**4. 旅顺港和大连**。旅顺港和大连的租赁权从沙皇俄国转入了日本手中。租期到 1923 年届满，但日本拒不归还这些城市，因为日本向中国提出的 21 条要求中规定了可以重新租借。

**5. 临城案件**。这一案件鲜明地表现了帝国主义者的特征。去年，一帮土匪意欲为北京政府制造外交困境，在临城袭击了一列火车，掳走 100 名中国人和 20 名外国人。英国、美国、日本、法国和意大利大使当即向北京政府提出强烈抗议。形势极为紧张，各帝国主义大国试图监控中国的铁路、轮船和财政。外交使团要求：（1）给每个被掳的外国人赔偿 8700 美元；（2）组建由外国人指挥的铁路部队；（3）解除山东省督军、卫戍司令、铁路警察局长和其他一些人的职务。这些要求在民众中引发了抗议，但是曹锟总统为了获得外国的承认，解除了这些人的职务。

**6. 棉花出口**。外交使团迫使中国政府取消棉花向国外出口的禁令。北京政府不顾中国商人的坚决反对，同意了这一要求。

**7. 烟草消费税**。在中国用中国烟叶生产卷烟的英美烟草公司免交消费税，结果中国人民每年损失 2 亿美元。各省当局想要征收消费税，但北京政府因为公司的反对而禁止征收。

**8. 广州关税**。广州国民党政府为了防止北京政府的收入因广州关税而流失，自己开始征收关税。作为回应，英国将 20 艘军舰派往广州，要求取消关税。然而，由于孙中山坚定不移和民众的示威游行，这一要求并未得到满足。

**9. 各国联合海军舰队**。各帝国主义大国达成协议，组建一支长江上的联合海军舰队，由 11 艘英国军舰、10 艘日本军舰、8 艘美国军舰、6 艘法国军舰和 2 艘意大利军舰组成。目前各大国仍然在试图强迫北京政府对此予以同意。

还可以举出其他许多事例。所有这一切都证明，帝国主义者一贯利用微不足道的借口以扩大自己的权力和特权。北京政府完全听从他们的支配。在承认苏联的问题上，帝国主义者们千方百计地对北京政府施加压力，尽管后者终究与卡拉汉同志签订了条约，帝国主义者仍然不肯停止他们的挑拨离间。

与帝国主义国家蛮横无理有增无减的同时，以工人和青年知识分子为首的民族运动也在不断成长。我们的同志领导着这场运动。起初国民党只是为求依靠武装力量扩大他们所占据的地盘，对群众运动没有概念。但是在改组之后，在我们的影响下，国民党开始与群众接触，发表声明，号召推翻本国军阀和外国帝国主义者。我们党认为，在中国这样的半殖民地国家，必须发动民族革命运动，由一个能将各种群众抗争行动联合起来的集中统一的党进行领导。因此遵照共产国际执行委员会的指示，我们党的党员和共青团团员以个人身份加入国民党，目的是改组该党，修改党纲，让这个党能与群众建立紧密的联系。孙中山和国民党的"左"派决定在我们的建议的基础上改组党，1924 年 1 月该党的改组给中国人民留下了深刻的印象。

上个月在广州举行了国民党的代表大会，出席大会的有 200 名代表，其中我们的同志占 20%。代表大会所通过的宣言、决议和纲领，由于我们的同志和"左"派的共同努力，都得到实行。"左"派不得不与"右派"坚决进行斗争，不让他们反对我们。我们的一位同志发表郑重声明，阐述我们对于真正的民族革命的观点。孙中山则发表讲话，专门分析了允许共产党人加入国民党的事实。

代表大会奠定了建立集中统一的组织的基础。国民党执行委员会中,我们的同志占全体委员的1/8,候补委员的7/17。代表大会所通过的政治纲领包括下列最重要的条款:

**国内政策方面:**

1. 普选权。
2. 集会、出版、言论和宗教信仰的自由。
3. 用外国交纳的租让与外国人的企业之租金收入肃清土匪活动。
4. 贯彻劳动法,保护工人组织。
5. 改组农业体系,改善农村生活条件。
6. 交通线国有化。

**对外政策方面:**

1. 废除与外国签订的一切不公平的协定,这些协定涉及租借、领事裁判权、外国监管关税和外国在中国的政治权力。
2. 不承认不负责任的北京政府所订立的外债借约。

代表大会之后,民族运动进入了一个新阶段。国民党党员奔赴四面八方。我们的同志和"左"派到处积极地开展工作,在南方是合法地工作,在北方则属非法。富有的华侨仍然留在国民党内;小资产阶级,尤其是知识分子,热情地加入国民党的行列,而南方的工人也都站到了他们一边。

5月1日,在汉口举行了纪念1923年2月京汉铁路大罢工期间被枪杀的施洋同志的群众大会。在广西、浙江和山东等省以及天津市都举行了示威游行。参加广州的示威游行超过1万人,而且孙中山还发表了演说。当北京政府在外交使团的压力下拒绝与苏维埃俄罗斯签订条约时,国民党在北京组织了示威游行。这次示威游行被警察驱散,甚至还进入了战时状态。所有这一切都证明,国民党开始领导群众了。

然而很快反动努力就抬起了头。北京政府被日益增强的国民的影响力吓破了胆，开始对其采取镇压措施。5月份在汉口破获了两个秘密组织，为此逮捕了5人，其中3人是我们的同志。他们后来被吴佩孚枪毙了。此后不久又在北京逮捕了5人，其中有张国焘，他是我们北方工人运动的主要组织者和国民党执行委员会的候补委员。被捕者被关押在军事监狱，并且没有宣布他们的任何罪状。

从以上所述可以看出，我们加入国民党可以加速民族革命运动的进程。加入该党的我们的同志就是真正的革命先锋。国民党不久前发出了抗议反动势力的呼吁书。我们的地下工作仍将继续。

最后我想指出，我们在国民党的工作的主要目的是激发群众的革命精神，将其用来反对国际帝国主义者和国内的军阀。我们将国民党内的"左"派吸引到我们一方，从而加速革命浪潮的高涨。尽管由于反动势力的阻挠工人运动的发展十分困难，但北方的工人组织依然在我们的手中。在南方，尤其是在广东，国民党在群众中有着众所周知的影响力，而我们的策略则是掌握工人运动的领导权，以便由此造就一支革命的先锋队。

中国共产党的力量并不大。它的战线太长，因为它同时开展工人运动和民族运动。我们一直按照第四次世界代表大会所通过的关于反帝统一战线的决议进行工作。我们希望第五次代表大会给予中国问题以特别的关注，对中国党作出有关它今后工作的指示。

**阿姆特**（美国）：

黑人问题如果放到世界范围来看，那就不仅是殖民地问题，而且是种族问题。对于法国、英国、葡萄牙和其他一些党而言，它主要是殖民地问题。但是不应当忘记，我们所涉及的不单是殖民地人民或殖民地各民族的问题，而且还涉及黑人和非洲裔的问题，这些人痛感到的恰恰是身为黑人的处境,因此我们必须从两个方面看待这个问题。

各帝国主义国家的工人对黑人问题不感兴趣这种情况并不难理解。如果考虑到帝国主义国家的工人在很大程度上靠的是资产阶级从殖民地所获得的收入过日子,资产阶级将这些收入的一部分用于给工人们开工资,以及帝国主义国家总的劳动条件,那么,这就很容易理解为什么工人们不仅对殖民地问题不感兴趣,而且对任何改善殖民地民族状况的尝试都径直怀着做对的情绪。同样,他们对于帮助这些殖民地获得解放的努力也不感兴趣,因为他们明白,一旦殖民地人民获得解放,他们的处境就会恶化。

我不得不批评法国党。它对待殖民地问题过于消极。例如,在我逐渐了解法国党的最近一年半期间,我就常常有机会听到法国党为在殖民地问题上的消极态度进行辩解,说在各殖民地正推行十分自由主义的政策,所以党不能在那里进行反对法国政府的直接宣传。一位法国同志不久前曾在这里说过,党不能进行争取殖民地解放的宣传,只能争取给它们提供自治,理由是这些殖民地只不过是法国的一些省。还有一个法国党将其完全忘记的问题——这就是利用黑人部队的问题。法国率先训练并使用黑人部队。这些部队也在鲁尔采取行动。目前法国正在制订一项组建一支 6 万黑人士兵的军队的计划,他们将会被用来保卫帝国主义,不仅是在法国国内,而且是在那些政权属于法国帝国主义的地方。法国政府铺设从中非到地中海的铁路,唯一的目的就是无须借助于海上交通即可运送部队。非洲的黑人问题很难推动。那里的革命运动力量十分薄弱,而帝国主义国家的共产党对这种运动很少关心,为其他派的工作人员也不多。因此还须经过很长时间,才可能取得某些实际的效果。

现在谈谈南非。今天汤姆·曼所描绘的那幅图景并不很全面。决定南非形势的基本因素是土地问题。帝国主义将黑人与居民的其余部分隔离开来,霸占了他们的田地——多年来不断掠夺他们的土地!问题不仅仅在于族长根据与招工事务所代理人的协议将"孩子们"送往劳动营,实质还在于,入侵他们国家的白人暴徒劫掠了他们最好的土地,结果他们迫不得已只好在劳动营中寻找临时工作。且以肯尼亚为例。该国居民中有 300 万黑人,3 万印第安人和 1 万白人,黑人群众被剥夺了最基本的权利。他们从最富饶的地区被赶到贫瘠的区域,被迫迁移至工业中心和可以找到某些工作的国土部分。既然汤姆·曼同志想将英国帝国主义者置于更有利的角度看待,指出英国矿主并不使用犀牛皮鞭子,那么我现在要提醒大家记住数年前发生的一件事件,当时从一些飞机上往下扔炸弹,炸毁了整座整座农民的村庄。肯尼亚现有的养犬税非常高。征收这种税是为了剥夺农民的土地和家产。犬只对于保护畜群必不可少,但税率是如此之高,农民根本缴纳不起,结果他们的畜群和土地就被夺走,他们只得迁徙到城市。在城市里他们被迫忍受极为可怕的条件。这些条件比在美国还要糟糕。黑人工人没有身份证就无法离开原地。未经登记或当局的事先允许,他们也不可能从城里的一个区域迁居另一个区域,从国内的一个地区迁至另一个地区。

我们曾希望非洲黑人能出席国际代表会议,结果发现,这完全是不可能办到的事情,因为黑人试图离开非洲,便会立马遭到逮捕。他们要能做到这一点,只有躲藏在轮船上或者充当水手,但无论如何也不能作为"公民"出境。

在南部非洲,有白人工会和黑人工会,也和在美国一样,白人工人对黑人工人怀着偏见。尽管黑人中也有一些训练有素的工人,但他们大多数人是半熟练或非熟练工,资本家便利用他们来降低白人工人的生活水平。土著民族的南非工会力量十分薄弱,因为它们的领导人很容易被资产阶级收买。

只要有一个黑人表现出积极精神和主动性,资本家便立即对其进行收买,他也就对运动失去了意义。因此黑人无产阶级要么没有领袖,要么这些领袖已被资产阶级所收买。最近一个时期，南非出现了某种改变黑人地位的新动向，该国最高法院裁定关于规定黑人工人因其肤色的原因不能享有熟练工地位的法律无效。这无异于一举破坏了白人工人的地位。法院这一裁定的结果，可以看到已经组织了自己的工会的黑人工人现在纷纷向白人工人的工会提出入会申请，很快便会开始有黑人工人加入白人工会。

美国的情况略有不同。美国黑人并不像人们通常以为的那样仅仅是农业工人。在该国北部，多达100—150万男女黑人主要都是产业工人。工业部门的黑人女工按比例比白人女工还要多些。不过黑人首先是农场佃户或农业工人。在北方，黑人们在工业部门工作，但是在美国的南部和中部地区，他们主要是农场佃户和农业工人。因此，我们所面对的问题不仅涉及黑人在工业中的地位，而且也涉及他们在农业中的地位。

黑人农场佃户是美国最贫穷的农民。这是一些拥有小块土地的人，须将自家收成的一部分用来支付租赁费用，因此如果收成不好，其大部分便会落入土地所有者的腰包。他们自己的全部食品储备都需要从地主或商人手中购买。一旦求助于一个商人，他们便已经落入了永远任由这个商人摆布的境地。账目只能由商人结算，黑人甚至无权了解欠账的数额。常常有这样的情形：为了欠债已达到何种数额的问题，债主当场便会立即冷酷无情地枪杀敢于怀疑字据是否正确的黑人。结果黑人农民作为自己那块土地永远的负债者，变成了半农奴，在未能做工清偿全部债务之前无法离开这块土地。黑人农民的状况是如此，南方的农业工人的情形也毫无二致。

美国的耕作通常是在某种单一作物的基础上进行的。黑人农民主要是种植棉花，而棉花种植的状况目前很糟糕。近年来棉花种植场饱受象虫之害，象虫几乎完全毁掉了棉苗，结果黑人农民陷入倾家荡产。

移居北方的黑人成为了产业工人，大家尽量将他们作为工贼使用。

但也有他们与罢工的工人团结一致的情况。我只需提一提铸钢工厂的大罢工和西弗吉尼亚矿工的罢工就够了，那些地方的黑人与白人工人站在一起，毅然决然坚持共同的要求。经验表明在那些雇用非工会会员的企业中黑人的数量很少，他们很容易受到各种影响，很快丧失与其余工人们的联系；因而他们可能被作为工贼加以利用。美国有488个地方黑人工会，其他的工会中也或多或少有相当多的黑人群体。为了能被接收加入白人工会，黑人们每次都必须递交特别的申请。白人工人的工会中如今已有相当多的黑人，因此他们就能团结起来，召开会议，要求让黑人加入所有的工会。到时候，也许美国劳工联合会的头目们会不得不为黑人做某些事情；目前尽管他们声称，他们不是黑人的敌人，然而他们并没有采取任何行动让黑人们组织起来，或者允许黑人参加所有美国劳工联合会的工会。

缝纫工业中同样有黑人在工作。在一次罢工期间黑人作为工贼出现，工人们不但并未因此而斥责他们，还将他们组织起来，使他们成为自己工会的会员。结果在前不久的芝加哥缝纫工人罢工期间，黑人们坚定地与白人保持一致。

黑人从南方迁移到北方，造成了南方农业中人手价格昂贵。这让我们得以促成南方的农业工人要求获得建立组织的权利。南方的白人企业家需要黑人从事种植场和面粉厂中的工作，因而现在常常让步。这种状况理当为黑人所利用。美国黑人领导着全世界的黑人运动，因为在纽约及其周围地区集中了黑人的主要高智力力量。除了在美国发展我们的以操英语的黑人为对象的报刊之外，我们还必须通过出航世界各大洲的水手们散发以非洲土著的各种语言写成的小册子和传单。它们会传播到非洲的港湾，再从那些地方深入到大陆的内地。我们不能局限于单一的出版英语报刊和充当组织者的工作，因为党还太弱小，并不拥有足够数量的能够专门从事这方面工作的组织者，从而也就无法深入南部非洲黑人的广大群众中。必须记住，主要的群众都在南非。我们应当渗透到这些群众之中，他们仍是未来的无产阶级革命的巨大力量，我们的图书应当用他们自己的语言来编写，只有这样我们才能培养他们参与和世界无产阶级群众一道的革命。

在非洲，帝国主义者组建了一支庞大的黑人军队，将其运用到其他各地。这支军队没有自己的军官。我们必须要求，不许将它运用于国境之外。在美国，黑人军队中的中高级职务均由白人担任。应当提出要求，让黑人军队中普遍都要有自己的指挥官。还必须大力开展反对军国主义的运动，因为黑人部队现在乃是资产阶级的主要支柱，在未来的战争中他们将首先被用来充当炮灰。

**法鲁克**（土耳其）：

同志们，土耳其的民族问题是以下列的方式构成的：（1）无产阶级与革命民族主义之间在肯定性的或者建设性的方面亦即在政治和经济方面的关系；（2）同时，无产阶级与革命民族主义在否定性的或者破坏性的方面亦即在与帝国主义进行斗争以争取民族解放方面，以及与中世纪的各种制度进行斗争方面的关系；（3）无产阶级与少数民族的相互关系；（4）无产阶级对帝国主义民族主义的态度。曼努伊尔斯基同志仅仅涉及了上述第一点，特别是批评了我们党，说我们党的机关倾向于在政治和经济方面与民族主义进行合作。

他所说的有关土耳其共产党的那番话是不公正的。这样的合作并不存在。党在资产阶级终结其革命的第二阶段，对于反对本国资产阶级应当采取何种方向的考虑只不过略有犹豫而已。

同志们，请允许我对消除这种倾向的缘起和开端略作解释。与帝国主义和反对派的斗争（废除苏丹政权、哈里发政体、封建特权和各种中世纪法令），并不是在签订条约或者宣布推翻苏丹或哈里发之后立即完成的。

签订洛桑条约以来在土耳其所发生的各种现象，也可能在其他一些处于类似条件下的许多国家中再次发生——比如在中国，在其从帝国主义的不平等条约的枷锁下获得形式上的解放之后。

毫不妥协的土耳其民族主义者在完成民族革命的第一阶段之后，继续与帝国主义进行斗争，一方面是为了完成其实质性的第二阶段，亦即建立一种没有各种不平等条约的制度，在这种制度下，外国帝国主义者和资本家必须"收敛"，而另一方面，也是为了防止再次发生复辟的尝试。革命的具体的当务之急在于，要废除国债，取消外国的财政监控、教会联合会学校以及穆斯林学校，阻止资产阶级和帝国主义对有关土耳其审判程序的一切干涉，与恢复土耳其王朝和哈里发制度的尝试进行斗争，等等。这就是在民族政策方面可以与不妥协的民族主义者结成同盟，在纯负面领域亦即破坏性领域进行斗争的一系列任务。我认为，无产阶级参与这场斗争完全是必要的，因为这些任务并不单单是民族主义的，而且也符合无产阶级的思想，须知只有实际解决这些问题之后，才有可能充分开展无产阶级与资产阶级的阶级斗争。列宁早在1923年就教导马克思主义者，必须从这一观点看待问题。然而与负面进程同时，也发生着正面的进程，借助于这种正面进程，民族资产阶级建立了自己的新首都，组建了新的军队、新的宪兵队，组成了自己的新的政府机关；它逐步巩固了自己对于其他阶级、对于在沉重的赋税重压下呻吟的劳动群众的统治，建立了民主制度，不允许民众直接地自由地参加政府、议会、法院，等等，不承认工人组织工会、举行罢工、签订集体合同之类的权利，对无地少地的农民（处于半奴隶地位的所谓土耳其马拉巴）毫无作为，建立新的国家垄断，征收各种新的苛捐杂税和消费税。不与资产阶级的这种高压统治进行斗争，就意味着出卖无产阶级和工人群众的利益，党员中谁也不认为可以赋予民族资产阶级压迫劳动者的权利。然而各种社会力量的盘根错节使阶级斗争的进行极为复杂化，因为很快便形成了强大的机会主义的和反动的反对派，一心要与外国帝国主义的资本主义妥协。这派反对势力拥有五六份日报，不断展开针对不妥协的民族主义的猛烈的宣传运动，指责其激起对外国资本家们的不信任，降低了土耳其在伊斯兰世界心目中所享有的威望。深受难以忍受的战争重负和种种禁令之苦的工人群众很容易轻信这些论据，加之由于反对派施展种种阴谋，连在部队的军官中也出现了歧见和分裂，在这样的环境下，反动势力的危险性一直很大。这些情况结合起来，便产生了曼努伊尔斯基同志所说的那种倾向。民族主义者迫不得已奉行的国家资本主义，尤其让具有这种倾向的同志们产生错误认识，因为前者在被迫调整国家预算时不是借助于外债，而是建立国家垄断以增加国家收入，为资本主义的国有企业拨款，购买轮船，铺设铁路，兴建纺织厂、制造厂、政府的面包房，等等。但对于其他同志而言，民族主义者的政治和经济纲领是十分清楚的，他们明白，这个纲领仅仅符合安纳托利亚的中等资产阶级的利益，一旦外国资本家们适应了没有不平等条约的新制度，他们的国家资本主义就必定会彻底消失，要么就是借助于自己的盟友——脱离资产阶级其余部分的机会主义资产阶级，建立一个不平等条约的新体系，这时候机会主义的资产阶级便会战胜不肯妥协的民族主义者。在由于这个问题而引发的辩论期间确定了下列各点：

1. 民族主义革命尚未终结，但已接近于极限，虽说资产阶级并不能跨越这一界限。只有无产阶级能够继续前进，它必须为了从帝国主义的枷锁下获得彻底的民族解放、为完成革命、为彻底消灭封建主义和中世纪制度的残余而斗争。不过在这种情况下无产阶级的目标并不是民族主义的，而是纯粹无产阶级的，所以即便在不妥协的民族主义者作出让步，与外国资本家和国内反动势力达成协议的情况下，无产阶级也仍然会进行斗争。

2. 无产阶级只应当在否定的方面与革命民族主义进行合作，因为资产阶级在着手实际工作的时候，它所追求的只是自身的目标，因而阶级斗争就会变得完全无可避免。

3. 共产党的任务是组织和教育无产阶级和劳动群众，以便与资产阶级进行斗争，无论它有着什么样的民主的外貌。我们请求纲领委员会以及民族委员会对这个问题提出明确的意见，该问题不仅对于土耳其共产党，而且对于其他许多国家以及对于整个共产国际，都具有重大的意义。

现在谈谈土耳其民族问题的第二部分。

从以上所述中可以清楚地看到，无产阶级应当参与同帝国主义和反动派的斗争。目前在北叙利亚正在进行一场民族主义者所组织的反对法国帝国主义的游击战争。另一方面，伊拉克反对英国人的民族运动也在发展。著名的伊拉克领导人伊杰米是英国的死对头，也与土耳其的民族主义者结为同盟。非洲的塞努西教团与安纳托利亚的民族主义者保持着密切联系。共产党对这一反帝运动赋予很大的意义，因为所有这一切都是足以让欧洲帝国主义感到严重恐慌的军事战线。需要注意的不单是土耳其军队的胜利，而且还有库尔德领袖们的反英起义，英国在多次轰炸之后仍不得不将苏莱曼尼亚和里万迪兹归还给他们，还有阿卜杜勒-卡里姆捍卫摩洛哥脱离西班牙帝国主义和迫使西班牙人放弃手中的战利品所取得的成就。土耳其共产党认为，如果世界无产阶级和共产国际对这些运动给予认真的支持，则麦克唐纳、赫里欧、墨索里尼很快便会碰到劳合-乔治和彭加勒在小亚细亚所碰过的那些钉子。近东以其与帝国主义的斗争，在其他许多殖民地和半殖民地国家中的确显得很突出。整个19世纪，从希腊到土耳其，民族主义战争绵延不绝。革命民族斗争的进程充满了国际性的求解放的武装起义。阿卜杜勒-卡德尔与法国帝国主义的斗争，沙米尔反对沙皇的斗争，塞努西、伊杰米、马哈茂德、勒扎-沙赫、穆斯塔法·凯末尔、辛科以及其他许多人的斗争，他们是否是资产阶级或封建主义的代表人物——所有这一切都是同一个革命民族主义进程的表现。这些名字体现了被奴役的近东与资本主义帝国主义这个世界无产阶级的共同敌人的斗争。我们应当全力支持这些运动和这些已经展开的与帝国主义进行斗争的战线。这样我们就能够实现伟大的列宁嘱咐世界无产阶级的遗训，有别于另一个遗言的是，并非夺取东方的领土，对其进行奴役，将其变成殖民地，而是在与共同的敌人帝国主义的斗争中向其伸出援助之手。

现在谈谈少数民族的问题。

少数民族中最大的是库尔德族。在最近50年期间，库尔德问题以纯粹封建主义的形式被提及了三四次。民族性质的库尔德问题从未产生过，因为现有的法律赋予所有的穆斯林以同样的权利。库尔德知识界和资产阶级从未提出过任何民族的和分离主义的要求。

土耳其资产阶级对希腊人和亚美尼亚人的态度则完全不同，由于他们的分离主义倾向，资产阶级视其为不可调和的对手。民族主义者希望为信奉基督教的少数民族在除了君士坦丁堡之外的各城市中，以10%的比率建立犹太人聚居区。土耳其共产党现在和将来都反对对信奉基督教的和非土耳其人的少数民族进行任何民族压迫，而是像废除哈里发那样废除各种各样的宗主教职位，这是无产阶级一项任务。

现在谈谈土耳其民族问题的第四种形式——种族的形式，即泛突厥主义。世界大战期间，尤其是1917—1918年土耳其军队占领高加索之时，泛突厥主义变得异常活跃起来。诚然，1921年穆斯塔法·凯末尔曾经宣传，泛突厥主义和泛穆斯林主义是一种冒险政策。1923年以来重新开始发展的"奥扎吉"即泛突厥主义俱乐部声称它们的活动具有纯文化的性质，这也是真的。然而，尽管如此，土耳其报刊（官方报刊也不例外）自1923年开始感兴趣的却可以说是已加入苏联的图兰各民族的命运，而且这种兴趣正在逐渐变为一场反布尔什维克运动。这些民族的代表人物，诸如拉苏尔扎德和泽基·威尔迪之流，对布尔什维克进行残酷的追捕，指责他们是帝国主义压迫土耳其人民。土耳其劳动群众，从君士坦丁堡的工人开始，直至安纳托利亚最偏远角落的年迈的农妇，在回答他们对布尔什维克的看法这一问题时都说："布尔什维克是我们的朋友"，但知识分子却是苏联最凶恶的敌人。

这就是土耳其与布尔什维克的关系问题的关键所在。共产国际应当仔细研究这种思潮。我们党太年轻，无力单独解决这个重大问题。我们处于非法状态，由于犯了一些错误，我们遭受了巨大的牺牲。第一个错误是由已故的穆斯塔法·苏卜希同志犯下的。他认为可以分开地开展工作，结果连同其他14位同志付出了生命的代价。1922年1—2月还牺牲了两位同志。合法的工作在此期间葬送了在安哥拉的党中央，其成员被判处了数十年监禁。1922年在安哥拉作出了让我们党合法化的新尝试。由于纪念1923年的五一节散发传单，君士坦丁堡展开逮捕行动并启动了诉讼程序。土耳其党不得不在这种困难的条件下进行斗争，并尽可能成长壮大。然而这依然是一个不合法的小党。力量的不足阻碍了它完全所面临的各种任务。

我们需要马克思主义和列宁主义的著作，需要多种多样的合法报刊。

东方劳动者共产主义大学已经给予了我们很大的帮助。我们期盼着它再为我们提供更多的帮助。必须将主要的注意力集中到土耳其语的马克思主义著作和语言学问题上。有着共产国际兄弟般的支持，我们希望很快会成为一个依靠工人、农民和一部分半无产阶级化了的知识分子的群众性政党。

共产国际万岁！世界革命万岁！

**格施克**（主席）：

现在由拉狄克同志发言作说明。

**拉狄克**（苏联）：

同志们，我来得太迟了，未能参加讨论，因此我只想对这里广为散布的第十一个传说作一纠正。

泰尔尼克同志在这里与拉狄克同志对德国民族问题的观点发生了争论。拉狄克同志并没有这样的观点。不过共产国际倒是有一个观点。这个观点在5月13日《红旗报》所刊登的决议中即有所反映。该决议声称：

"战后德国各种事件发展，为争取各界脑力劳动者和技术职员创造了条件——如果不说直接有利于共产主义思想的话，无论如何也是有利于工人阶级方面反对资本主义的共同斗争的。这些生活水平低于无产阶级的阶层的状况持续恶化，并不是在无产阶级专政之时、而是在资产阶级统治下发生的，因而便在这些阶层中引发了尽管并未清楚表达出来的强烈的反资本主义思潮和情绪。这些阶层暂且只是在协约国资产阶级的胜利中看出自身对于贫困地位的原因，所以它们的反对立场便以尖锐的民族形式反映出来。

在战争中发展壮大的德国资产阶级，不得不展开与获胜的协约国资产阶级的斗争，不得不一再将凡尔赛和约的锁链碰得叮当作响。它怀着对保持自己掌控工人阶级的担心，为此目的执行革命政策，它由于对待协约国资产阶级的态度而发挥着彻底变革的、分化瓦解的作用。德国资产阶级时刻准备成为国际资产阶级的看家犬，一旦协约国资产阶级愿意让它重新复兴，它由于妥协无望，便不得不执行上述彻底变革的政策，但是在这场与协约国的斗争中它却不能依靠人民群众；相反，历史注定它会将这些群众推离自己。德国资产阶级不可能继续充当德国民族解放斗争的旗手，它没有能力认真地、胜利地与协约国进行斗争，实际上它也不想这样做。因此被它所激发的民族和民族主义思潮最终只会指向反对它自身。德国共产党的任务是，让小资产阶级和知识界的广大民族主义群众看法，只有工人阶级在取得胜利后才能保障德国的土地、德国的文化瑰宝和德意志民族的未来。只有德国工人阶级掌握政权之后，才能赢得其他国家人民群众的好感，阻止各帝国主义将其消灭德意志民族的政策贯彻到底。只有德国工人阶级才能在目前暂时被迫向战胜的协约国纳贡的情况下寻求到复兴德国的力量。只有工人阶级才能取得胜利，与不断巩固的苏维埃俄罗斯结成同盟，从而为德国人民的新生创造条件。"

在共产国际这个施拉格特类型的声明上……（泰尔尼克："这并不是施拉格特类型的声明，而是一个完全正确的声明"）……签名的有台尔曼同志、鲁特·费舍同志和马斯洛夫同志……（泰尔尼克："这是一个很好的声明"）……我很高兴，至少在对待这个我签了名的声明上泰尔尼克同志表现了如此之高的热情。（泰尔尼克："这与事情无关。"）

施拉格特的讲话是在执行委员会的广大全会上发表的，不仅得到了执行委员会主席的默许，而且得到了他的书面允许。在这次会议上，以德国代表团的名义宣布的泰尔尼克同志的观点，得到了诺伊拉特同志的辩护，我则以执行委员会的名义对他进行了批驳。不但如此，鲁特·费舍同志和雷梅尔同志于我讲话之后又在德国发表讲话，其中他们的那个观点辩解，不过只是拙劣得多。共产国际如果认为我的观点不正确，它有权加以纠正。但是不应当从编造一些莫须有的事情着手，企图将执行委员会的观点硬说成其主席团成员的个人观点。

**泰尔尼克**（德国）：

由于拉狄克同志在这里谈到了似乎是我散布的传言，那我就必须对此进行简短的驳斥。

第一，拉狄克同志援引的《红旗报》所刊登的那项声明，完全是一个正确的马克思主义的声明，与我今天所谴责的那些错误毫无共同之点。

在施拉格特的讲话中仅只包含了对我今天所批评的政策的一些暗示。我认为，执行委员会当时同意了这番讲话也是一个错误。

不过应当承认拉狄克同志也有功劳,他在《红旗报》所刊登的文章中首次清楚明确地表述了,我们的任务不单是要在民族问题上进行宣传,以分化瓦解的方式在中等资产阶级的各阶层中开展活动,将它们吸引到我们一方来,而且要与这些坚持其资产阶级民族主义思想的中间阶层的一部分结成联盟,目的在于暂时在与法国帝国主义的斗争中同他们一道前进。

我没有听说,这个与资产阶级民族主义者结成反对法国帝国主义的真诚联盟的观点也得到执行委员会首肯。我曾指出过,《共产主义国际》编辑部既刊发塔尔海默的文章,也刊发我的文章,却并未说明是否赞同我的观点或者塔尔海默的观点。

**格施克**(主席):

现在由拉狄克同志发言,简短地加以说明。

**拉狄克**(苏联):

泰尔尼克同志还很缺乏派别斗争的经验,所以他不懂得王牌总是要留到最后才使用的。这样,他甚至能赞同施拉格特的讲话,却不赞同施拉格特所写的文章。我要宣读一下7月20日季诺维也夫同志寄给我的一封信。季诺维也夫同志在这封信中写道:"您评论施拉格特的那些文章是正确的,很好。"这再次说明,他是赞成整个施拉格特运动的。

**格施克**(主席):

会议闭幕。明天的议事日程上是博尔迪加和弗赖穆特同志关于法西斯主义的报告。根据主席团和代表大会的决定,对两个报告都举行相应的辩论。

(会议于9时40分休会)

# 第二十三次会议

（1924年6月2日，星期三，早上会议）

**主席：怀恩科普**

**怀恩科普**（主席）：

现在请博尔迪加同志作关于法西斯主义的报告。

## 博尔迪加作关于法西斯主义的报告

正如你们所知道的那样，对第四次代表大会作的关于法西斯主义的报告，我是在法西斯主义历史转折点的时刻作的。我随我们党的代表团离开意大利时，正值法西斯主义夺取政权的前夕。

现在我再次需要讲述法西斯主义——时值它发展中的一个新的转折点，正如你们所知，与马泰奥蒂事件相关。出于巧合，这一事件正好发生在意大利代表团启程参加第五次代表大会的前夕。

这样，两次的报告都与意义重大的历史时刻联系在一起，使这个具有极大重要性的社会政治现象一目了然。自然，这里就不必重复我在第一个报告中所说的关于法西斯主义的那些话了（本来我需要着重探讨的东西就够多的了）。

不过我只想提一提我从对法西斯主义的分析中所得出的一些基本结论。我将以最概括的方式完成这件事情，因为我认为，我在第四次代表大会所阐述的那些论点仍然完全有效。

首先，简单谈谈法西斯主义的起源。

我在自己的那次报告中提到，法西斯运动的历史根源与某些主张意大利参加世界大战的集团有关。这样的集团有几个。其中有一个极左集团，工团主义和无政府主义的变节者都加入其中，这就是极左民族主义者的墨索里尼集团，这些人完全站到了协约国的民族政策和反对各核心大国干涉的一方。

极为典型的是，正是从这个集团中产生了战后得到成长壮大的法西斯主义总参谋部。可以一环接着一环地跟踪追查出连续不断的一个链条，正是该链条将这个最初的政治结构与我们目前所看到的强大运动连接了起来。开创了这个典型的法西斯主义粉墨登场时代的日期（1920年11月2日）是与波洛尼亚、阿库尔西奥宫的事件连在一起的。但这已涉及纯历史事实的范畴，所以我还是谈谈我的述评的其他方面吧。

意大利制度更替的历史通常都以下列方式描述。法西斯主义被描述为以资产阶级的自由民主政策为特征的那个时期的政治上的否定。其中通常可以看到极其尖锐地反对战后让步政策的表现，这一政策的拥护者则是焦利蒂、维尔西等人。

相反，我们认为，这两个时期是辩证地相关联的，意大利资产阶级在战后国家遭受危机时期的立场便成了通向法西斯主义自然而然的准备。在这个时期，无产阶级威胁着转入进攻。资产阶级感到自己还不够强大，难以抗御直接的攻击。它必须采取巧妙的策略手法，使它能避开打击。在左派政治活动家实施这些手法的时候，法西斯主义正准备转向第二个时期即公开进攻的时期，在此期间革命力量遭到进攻并被打败。我在第四次代表大会所作阐释的方式至今仍然有效，我就不再重复有利于这种阐释的各种论据了。

问题还有一个方面。法西斯主义是从农业地区开始发展的——这一事实极具典型意义。对红色无产阶级阵地的进攻肇始于意大利的农业区域。博洛尼亚是一个农业地区的首府，位于"波"谷地的农业区域的首府——法西斯主义正是从这里开始控制全国。它朝着几个方向扩展。在第一个报告中我们对这个遍及整个意大利的地理扩张已作过概述，这里只需提醒一点就足够了：法西斯主义只是第二步才掌控工业城市、大工业中心。

但是，如果说法西斯主义的成长起始于非工业性质的区域的话，并不就应该由此得出结论说法西斯主义只不过是由农业资产阶级、大土地所有者的利益所产生的一场运动。相反，这是同样触及工业、商业、金融大资产阶级利益的运动。这是各种资产阶级力量反革命联合的一种尝试。我再次提到这一点，我还不得不再反复提及这点。

接下来，谈谈动员中层阶级的情况。

乍看起来，法西斯主义的外表并不会产生一种印象，认为它是我们前面提到过的上层社会阶级——大土地所有者和大资产阶级的组织。它更像是中层阶级、以前战争参加者、资产阶级知识分子及其无产阶级未能以革命专政前景掌控并吸引的各个阶层的运动。

所有这些阶层都将在思想、政治、组织方面动员起来。它们的不满正在以组织的形式表现出来。人家对它们说，新的第三阶级正在成为斗争的参与者，这是一支反对无产阶级、但也反对先前的资产阶级及其古典类型政治活动家的新生力量。战后危机期间无产阶级未能通过革命政策掌握政权，但传统的阶级也未能成功地保住政权——于是第三个阶级现在介入了斗争。法西斯主义的外部景象就是如此。实际上，事情关系到各中层阶级的动员，那是大资产阶级及其强大的保守势力借助于国家机器首倡并在其领导下进行的。因此我们依旧赋予法西斯主义以双重定义。首先，这是一个捍卫资产阶级利益，捍卫上层阶级的运动；其次，怀着同样的目的，这是对各中层阶级、由它们所体现的一股巨大的社会力量的动员。

在头一个报告中，我对法西斯主义的思想进行了批判。我给自己提出一个问题：这个运动的理论是什么样的。如今已成共识：法西斯主义并无理论。它一再让人们相信，它进行了一场革命，赋予了社会和政治斗争新的性质，往其中增添了新气象。然而从理论的观点看来，并没有足以构成这场革命的基础的任何根据，这是意大利社会的一场自上而下的更新，而明天也许会像墨索里尼所说，还会成为其他国家的社会的更新。

我们曾经指出过，开始时法西斯主义推出了一个纲领，大力效法左派政党的那些最大胆的纲领。然而这个纲领只是被用于上面我们所谈到的动员目的。而后来随着需要的消失，它便被弃置一旁，取代它的是采用一些全然相反的口号，而临到法西主义掌握政权之际，这个纲领的社会革新简直已什么都没有剩下了。

这并不是一场革命运动，这是意在保存现有的一切并且纯粹就是捍卫资产阶级旧制度的运动，因而它不可能提出新的纲领。不过，要是我们由思想领域转向组织领域，则我们会发现，在这方面法西斯主义倒是讲出了某些新的东西。我们会立即发现，它提出了意大利资产阶级从来无法提供的某些东西，也许，其他国家的资产阶级同样提供不了。意大利资产阶级的政策特点在于，如果说它曾经推出一批有声望的政治领袖、工会政治家、在选举中大获成功的有影响的国会议员，如果说实力强大的自由党迫使人们不得不谈论它的话，则同样是这个资产阶级却全然缺少多少有点力量的政治组织。自由党有着一个清楚明确的纲领，完全固定的历史传统，它拥有理论知识，从资产阶级的观点看来完全足以运用——然而它却不具备一个组织。

法西斯主义彻底改变了这种状况。它并未往思想体系中注入任何新的东西（我们会看见它对旧资产阶级政党的思想体系的批判可能具有何种意义)。法西斯主义带来了旧政党全然不熟悉的新的因素,令人恐惧的斗争机关、政治和军事组织。

这就证明,在当前资本主义遭遇巨大危机的时期,国家机制已经不能满足保卫资产阶级的目的。这种机制需要由组织严密的一个政党加以弥补,这个党要在全国开展工作,力争与各中层阶级、也许还要与无产阶级的某些阶层建立密切关系。只有通过对于非资产阶级的这种动员,资产阶级才能在这个危机时期抗御革命力量的猛攻。

法西斯主义与工人阶级之间的关系如何呢?

我们将法西斯主义界定为反社会主义的、因而也是反无产阶级的运动。从它存在的最初时刻开始以来,它都表现出自己是一种竭力破坏工人阶级成果、哪怕是最微不足道的成果的一种势力。

然而,尽管法西斯主义实施戒严,执行恐怖政策,制定非常法规,禁止红色和革命组织,它却并不单纯就是极右派原来那样的反动势力。这是一场更大的、更现代更灵活的、寻求影响无产阶级群众的手段的运动。正因为如此,它毫不动摇地效仿工会组织的各种原则。它力求建立工人的经济组织。

十分显然,我们不能将这些工会组织与红色工会相比较,不过,以我的观点看来,应当指出的是,尽管如此,它们仍然是反对工团主义的强有力的论据,工团主义硬说经济组织是无产阶级斗争最有效的武器。事实向我们表明,这个武器也可以很好地运用于反革命目的。

自然,有一个典型特征可以将法西斯工会区别于真正的工会,这就是:它们是各种不同阶级的组织,而不是纯粹工人的组织。法西斯工团主义力图建立一些小团体的组织,根据阶级合作的口号,鼓吹建立工人和老板的平行的组织。

在这里可以找到解开关于法西斯主义与民主之间的关系的钥匙。而就其实质而言,法西斯主义只不过在重演左派资产阶级政党社会民主党的那套老把戏——换句话说，它是在号召无产阶级实行阶级合作。它力求实现这种合作，所以建立工业和农业工人工会，引导它们与老板联盟，进行合作。自然，所有这一切都是怀着一个十分明确的目的来做的——破坏各大工会，让工人群众任由资本主义剥削。不过尽管如此，事情并没有被描绘成镇压工人的粗暴制度，而是全国所有的权利平等的生产者的组织，各种不同的经济群体出于"民族利益"的合作。

充当整个运动的基础的，当然是利用民族的和爱国主义的思想。这并不新鲜。战争期间即曾广泛运用这种阶级合作的公式，名义是各种不同群体的利益服从民族的利益，在民众整体内部彼此和谐地保持平衡。

这样，法西斯主义便重新让旧有的资产阶级政策复活，不过是以新的形式，让人在一定程度上想到社会民主党的纲领，并且加上一个新的因素——交由社会保守势力支配的令人生畏的政治和军事组织。

我在第四次代表大会上的发言结尾时，指出了这一法西斯主义纲领中所包含的一个基本的历史和社会矛盾。法西斯主义力求消除资产阶级内部的经济和社会冲突。它力图实现资产阶级的团结，各统治阶级和谐联合，消除资产阶级的一个集团与另一个集团之间、资本主义的一个企业与另一个企业之间的矛盾。

然而法西斯主义在经济方面仍旧站在资产阶级自由主义的立场，它是国家干预经济的反对者，它宣扬经济生活中的绝对自由和主动——所以它总是对产生自资产阶级本性的各种相互矛盾的力量的发展提供自由。

当各个资产阶级的经济组织在资本家之间彼此竞争的基础上、在不同的企业集团相互斗争的基础上自由发展的时候，很难制定出这些阶级的统一的政策。由此我们可以得出结论：法西斯主义牢牢地掌握着政权，如果它的手中有着得到民众组织支持的令人生畏的国家机关，如果它竭力通过动员各中层阶级以及部分无产阶级以保障资产阶级各种势力的团结，由于资本主义制度的无政府状态，这种尝试终究事先已注定会归于失败。

这个令人生畏的机关会使我们产生一个想法：法西斯政权已经建立了很长时间，但在法西斯主义的基础中存在着一个无法解决的矛盾，因为法西斯主义未能想出任何新的办法以克服资本主义的危机。

我们仍然坚信，即使通过法西斯主义带来的那些英雄主义的手段，资本主义社会的危机也不可能获得解决。我重申了我在第一次报告中所发表的论点，也许并不是所有的同志都会对这些论点表示同意。我曾努力用经验对它们进行检验，结果应当说，法西斯政权存在了将近两年的经验完全证实了这些论点。

现在让我们返回到与第四次代表大会相同的那个历史时刻：法西斯分子夺得政权，向意大利革命力量和旧有政治集团发起总攻，向罗马进军。我在自己的报告中并未涉及第四次代表大会上我们大家所面临的那个问题，它是由季诺维也夫同志在其发言中加以表述的。我们不在意大利期间发生了什么事情呢？这是国家的转折点还是一场闹剧？我争取回答这一问题。在我看来，甚至应当提出一连三个问题：这是什么呢——是革命、国家的转折点抑或一场闹剧？

首先，我要提请注意伴随着夺权所发生的那些事实。并没有武装斗争，只有威胁要以革命方式夺取政权的法西斯主义动员，还有类似国防动员的情况，甚至在一定时刻宣布了戒严。但是这种反抗仅仅停留在口头上。并未进行武装斗争。不但没有发生冲突，还达成了妥协，而且是在规定的时刻（这倒不是因为国王拒绝签署戒严令，而显然是因为早就准备着妥协了），反抗的问题可以说已搁置一旁，法西斯政府便以通常的方式组成。法克塔政府辞职，国王让墨索里尼组织新内阁。这次革命的首领坐着卧铺车厢从米兰前往罗马，在他必经的每一座车站都受到各地官方当局的欢迎。这根本谈不上是革命——不仅是因为并没有夺取政权的起义,而且也是因为我们在描述法西斯主义的历史作用时所谈到的各种原因。法西斯主义并不是一种社会革新,它并没有提出新的纲领,它甚至也不是对旧有资产阶级政府制度的历史否定,它只不过是战后最初阶段的辩证的和完全合乎逻辑的结果,这个阶段的特征是出现一些所谓民主的自由主义的资产阶级政府。

与法西斯分子所宣称的相反,我们否认有过任何形式的革命。

墨索里尼在他的一些讲话中说:我们完成了一次革命。但是当我们回答他说:并未发生什么革命,并未发生斗争、革命恐怖,因为并没有发生真正的夺取政权、真正的消灭各种对手,这时候墨索里尼却以一个从历史的观点看来很可笑的论据作为回应:我们随时都来得及做到这点,我们随时都来得及完成革命。可是革命是不能让领导人据为己有的,即便是最勇敢最强有力的领导人也罢。不能对我们所指出的不曾发生过革命这一点这样回答:是的,所有这些革命的特征都不曾具备,但是我们在想要具备的时候就能将它们创造出来。也许,还会发生新的冲突,这种可能性并未消失。然而进军罗马并不就是革命。有人会说:不过已经发生了极为特殊的政权更替,真正的国家变革。我不想玩弄文字游戏。但是甚至我们对国家变革的理解也是政府制度的这样一种改变:它不仅仅是人员的更替,总参谋部的更替——而是一举摧毁先前的政府组织和机关。同时,并没有迹象表明这是由法西斯主义实现的。法西斯主义大肆谈论反对议会制。它的理论起初本是反民主和反议会制的。但是就实质而言,它的社会纲领却是一个充满民主谎言的纲领,只不过是一种维护资产阶级的意识形态武器。所以法西斯分子们早在夺得政权之前很快便转投到了议会制一方。他们执掌政权的一年期间,并未解散由绝大多数非法西斯分子甚至反法西斯分子组成的旧的下议院。这个下议院以资产阶级政治家所特有的灵活性,急忙让自己听命于墨索里尼,他愿意提出多少次就给他投多少次信任票。甚至墨索里尼的第一任内阁

（他在历次讲话中常常提到这一点）并不是在清一色法西斯分子的基础上组成的，而是包括了最重要的各资产阶级政党的代表。最初进入这个内阁的有焦利蒂党的代表，即左翼民主党的代表——换言之，这是一个联合内阁。采用暴力手段实现的政变所导致的就是这样的结果！在众议院中只有35名议员的一个党竟然掌握了政权以及绝大多数部长和副部长职位。

特别重要的一个历史事实并不是进军罗马本身，而是一连串后续事件所造成的由法西斯力量占领意大利。从纯地理的观点来观察这种独特的占领颇为有趣。当墨索里尼终于能够掌控国家机关之时（他做到了这一点），结果社会不得不正式承认已经事实上存在的局面。这时候无论是哪个政府掌权（尤其是法克塔政府），它面对法西斯分子都必定会张皇失措，因为，法西斯主义事实上统治着意大利。法西斯主义随心所欲，为所欲为：国家机关任由它支配。法克塔内阁在两个月期间留任，完全是为了等到法西斯主义正式掌权的时刻。

这就是我们使用闹剧这个字眼的原因。无论如何，我们确定不移坚持我们原先的意见：这并不是一场革命；自然，也发生了资产阶级当权人物的更替，但这种更替是经过准备，逐步发生的，并不意味着意大利资产阶级的纲领在经济和社会方面、甚至在内政方面的改变，因为所谓法西斯主义革命的主要力量无论在向罗马进军之前或以后，都并不在于正式掌控国家机关，而在于得到互相勾结的警察、法官、官僚、军队支持的非法的反动势力，这种勾结在法西斯主义掌握政权之前已经发展到了十分充分的程度（这一点必须加以强调）。

法西斯分子继续以他们夺取政权之前所使用的那种最新的独特方式采取反对无产阶级的行动。曾经宣布，法西斯的工人战斗队作为非国家的部队，应当在命令解散其他各党派建立的别的各种部队之际，同时予以解散；的确，法西斯战斗队作为独立于国家的组织及时消逝了，然而同时它们经由警察机构的方式植根于国家体制之内。事实上，这支武装力量归法西斯党掌握，甚至归墨索里尼个人掌握。作为政府机关的正式组成部分的一个新型组织，国家警察乃是法西斯统治的主要支柱。是否需要废除这个组织，可否要求法西斯主义在其国内政策中采取宪法允许的手段而不是诉诸这个新组织，至今仍然是一个无法解决的问题。显而易见，法西斯主义至今仍未服从这些宪法准则，直到目前，国家警察依然是所有力图推翻法西斯主义的人的危险的敌人。

墨索里尼在下议院首次讲话中说："我可以随意利用我的水兵将你们赶走，但是我不打算这样做。我办得到，但是我不想。要是你们采取同我合作的态度的话，下议院还可以继续发挥作用。"原下议院的绝大多数人全都拥护这位新统治者。

事实上，可以确认，法西斯主义获取政权之后立法的性质并未改变。并没有制定出特别的法令，尤其是在国内政策方面。当然，也有政治迫害，这在后面再谈，但在表现上仍然是原先的那些法律，并没有发布特别的法令，像资产阶级反动势力的其他一些时期所发生的那样。比如，在克里斯皮和佩卢索时期，他们某些时候都实行戒严，建立战士法庭，采取一系列反对革命政党及其领袖的措施。

意大利没有关于特别法庭的法律。当1923年2月成千上万的共产党员被捕的时候，似乎法西斯主义会对我们采取司法性质的攻势，着手实行极端残酷的措施，作出极为严厉的判决，等等。然而我们的处境到头都极其良好。我们还得按照原有的相当民主的法律接受审判。意大的刑法典是扎纳尔代利部长制定的，他是最极端的资产阶级左派的代表人物。这部法典极具自由主义思想，提供了辩白的充分机会；它在对待政治和思想罪方面尤其宽容和灵活。因此，当时我们轻而易举地以下列方式应对了案件：我们十分清楚地懂得，法西斯主义希望摆脱对手，在同我们的斗争中会采用专制的办法。它自以为很正确，希望做到将我们作为企图以暴力手段推翻现有制度来定罪，可是法律中并没有禁止做我们所做的事情。法律禁止的是另外的一些事情，而且法庭并未掌握有声名狼藉的政治阴谋或恶迹昭著的犯罪的证据链，没有提出指控的基础。我们不仅成功地捍卫了这一观点，而且做到了让法庭宣布完全无罪，因为根据现有的法律根本不可能将我们定罪。

这样，审判和警察机关便未能完成所赋予它们的使命。法西斯主义掌控了国家机关，但并未能将其改造过来。因此，它也就无法指望借助于审判程序除掉共产主义的领导人。法西斯主义掌握着陆军和海军，拥有自己的各种恐怖组织，但它没有必要在法制的基础上组建新的武装力量。从我的观点看来，这后一种情况证明了，资产阶级自由主义的保证和法规的广泛性根本不足以保障无产阶级抗争的自由。诚然，在我所提到那种情况下我们基于法律所提供的保障进行了防卫。但是在对方还掌握着法律规定之外的组织，可以依靠它来解决完全不同范畴的问题时，这些保障便化为乌有了。

法西斯主义继续施行先前的民主谎言——自由、平等之类的政策。

这并不意味着没有了针对无产阶级的极为严重的迫害。然而，看看这些蓄意清除工人阶级革命领袖的纯属政治性的诉讼案便可以说，法西斯主义所造成的新局面一点也没有改变资产阶级民主制度原有的阶级体系。然而，任何革命的特征都是政治体系的改变。

现在我想简略分析一下法西斯分子夺权之后所发生的一些事件。

首先谈谈意大利的经济状况。法西斯分子的一个已成为老生常谈的说法是，从1920年持续至1921年的经济危机时期，自政权转入法西斯分子之手的时刻起业已转变为高度发展时期。

他们说：最近两年期间形势稳定，经济生活趋于平衡，秩序完全恢复，总体局势已变得十分有利。法西斯主义制度对社会各阶级都是如此，意大利全体民众都应当感谢法西斯政府的恩惠。这个官方的观点受到被动员起来了的报刊和党所掌握的其他各种媒体的大力支持，这个党将权力牢牢抓在自己的手中。终归这都是一堆谎言，他们大肆加以散布为的是愚弄民众。

实际上，意大利的经济状况很糟糕。至于货币，整个战后时期意大利里拉的汇率从未下跌到目前这样的最低限度。1 里拉仅值 4.3 美分，亦即外汇牌价的波动曲线已达到最低点。可见，法西斯主义并没有改善货币状况。现在墨索里尼提出如下论据：要不是我当政，里拉还会跌得更低。显而易见，对于这样的理由无须认真看待。

法西斯分子肯定地说，没有赤字他们便做到了国家预算的平衡。表面上确实是这样——因为尽人皆知，国家会计部门什么都可以随心所欲地办到。但是他们对反对派专家们所提出的论据却没有作出回答，这些专家们说：如果不是煤炭价格比 1920—1921 年下跌，如果在规定期限内应当清偿的各种债务的会计报表编制得正确，现在的赤字就会比 1920—1921 年度的平衡表更大。

至于经济行情指数，则这里可以指出已经整体恶化。失业率的确比 1920 年、尤其是 1921 年的大规模失业要低，但最近数月的数据表明，失业率正在增长，工业危机并未彻底摆脱。在实业界可以看到相当大的紧张状态：商业正遭受着巨大的困难。近期的情况已为破产统计所证实，这个统计特别具有说服力，因为它提供了较最近数年急剧增加的事实。大城市的生活价格昂贵指数同样上升。整个经济行情正变得越来越不利，根本不能被视为稳定。如果说有什么稳定性的话，那就是法西斯制度的纯属表面的稳定，它可是依靠来自资产阶级的巨大压力实现的。然而官方的各种指数显示，所有各种已取得的成果都不外乎是对无产阶级进行压榨的外部表现，它们的取得仰仗的是无产阶级，而获益的是有产阶级。不应当忘记，这种残酷无情的压迫的事实本身，使我们预见到一场革命的爆发，革命来自那些被以复兴经济状况的名义作为牺牲品的阶级，而经济好转仅仅对大资产阶级有利。

现在我谈谈法西斯政府对待无产阶级的政策。我刚才已经提到过，针对我们的那些政治性的诉讼大案表明了，作为捍卫现有法西斯主义国家的利器的官方法律机构无能为力。但是还对无产阶级发动了其他一系列迫害，在这样的情况下尤其严重：此时我们的敌人可以提起由法典审理的犯罪指控，不是作为政治罪过而是作为普通刑事性质的罪行起诉。法西斯分子与无产者、主要是共产主义无产者之间，过去发生、现在仍然在发生冲突。在这些冲突中，双方都有死伤。如今事情已经相当清楚，即便法西斯主义夺得政权很长时间之后，甚而至于有着确凿罪证的情况下，那些杀害工人的法西斯分子仍然完全逍遥法外；另一方面，在自卫的情况下打死或打伤了法西斯分子的工人们，却遭到严刑判处。专门为出于"国家思想"犯下刑事罪行的所有的人免受惩处并宣布大赦。换句话说，犯有谋杀罪的法西斯分子都适用于大赦，而与此同时，那些出于反国家思想而犯杀人罪亦即参与反法西斯主义斗争的人，却遭到最严厉的惩处。这是一种带有阶级性的大赦。

第二次大赦减少了刑期2—3年；这里应当记住的是，我们的一些同志被判处10年、15年和20年徒刑，还有成百上千的劳动者、工人和我们的共产党员同志在坐牢，他们在与不断发起挑衅的法西斯分子发生武装冲突之后不幸未能跨越国境。我国所建立的制度恰恰是利用种种挑衅手段对工人阶级实行极其残酷的迫害。如果无产阶级试图对法西斯的恐怖活动进行自卫，司法机关便会立即介入斗争，赋予案件非同寻常的性质，有别于旧日对企图危害现存制度和宪法的常规指控。在这方面，形式上还保留着保障共产党、无政府主义运动等的各种保证。然而理论是一回事，实际又是另一回事。

出版的情形也是如此。表面上有着出版自由。任何政党都可以出版自己的机关报。然而警察局长却可以查封任何一家报纸，尽管并没有这种法律规定。至今这样的查禁唯独针对共产党的报刊。我们的日报《工人报》无法依靠运用当地仍然生效的奥地利法律出现在的里雅斯特。他们就这样将奥地利的法律施加于革命者——正是那些在战争期间被称为奥地利人的盟友的革命者，因为他们当年是失败主义者。

还有另外一套利用武装匪帮整垮报纸的众所周知的办法：驱赶编辑部，抵制报纸发送。所有这些手段有时候会使无产阶级报刊的活动完全陷于瘫痪。直至目前，我们的报纸和所有的反对派报纸一样，送达一些城市后便会被毁坏和焚烧掉。

至于工会，则全都处于法西斯政府最严重的压迫之下。工人们被武力强迫加入法西斯工会；不断消灭红色工会的存在空间。不过，所有这些办法都不能迫使群众集聚到法西斯主义经济组织周围——法西斯分子们所援引的数字无非是虚张声势而已。

实际上，无产阶级是被非组织化而不是被组织到工会之中。有时候，群众也参加法西斯工会所领导的运动。因为这是工人获准进行罢工的唯一的办法。某些工人，某些绝大多数人与法西斯工会不发生联系的职业，在内部的工厂委员会代表的选举中大多投票反对法西斯分子，赞成红色候选人，他们被迫以法西斯工团的旗帜为掩护，以便能够进行宣传，争取加入与资产阶级的斗争。个中隐含着对法西斯工会的巨大危险。它们无法阻止罢工，只管愿意与否，都得站到与老板们的法西斯组织进行斗争的立场上来。冲突经常是在法西斯的和政府的机关过问才得到消除。冲突的解决总是违背工人们的意愿——由此而产生不满情绪，出现法西斯工会运动领导人们在最近的一些会议上无法掩盖的危机；由此而招致他们将产业无产阶级组织起来的尝试彻底失败。他们的活动仅限于寻找一个借口（虽然并无这种必要）让红色工会的工作丧失活动能力，使其处于无组织状态。最近一个时期，甚至采取了纯属政府性质的反对自由工会的措施——对工会的行政和内部工作实行国家政权的官方监督。这一措施极端重要,但它对整体状况的改变微乎其微,因为红色工会本来即已被其他许多措施搞得几乎完全无法发挥作用了。

红色工会仍然存在——还有劳动协会、工会联合会、全国总工会,但是这些组织即便在它们与工人群众保持着联系的地方也都丧失了其发挥积极作用的性质。收取会费、吸收新会员的日常工作已变得几乎不可能。恢复意大利工会运动先前的干部队伍同样迄今几无可能。

许多人认为这正是法西斯主义的优越性——没有罢工。对于资产阶级、对于半资产阶级的庸人们而言,这个理由具有决定性的意义。

他们说:1920年还没有法西斯主义的时候,街上每天都可以看到一群群工人——那是罢工、示威游行、发生冲突,等等。如今则既没有罢工,也没有宣传鼓动,工厂里的工作也没有中断,混乱状态已经消失,等等。自然,这是企业主阶级的观点。

不过,罢工仍然在发生,而与此同时,基于法西斯工会、红色工人、政府、企业主之间的相互关系,经常发生一些非常有趣的插曲。

局势远非稳定。阶级斗争仍然存在,其潜在力量正寻求出路并表现在许多极其有趣的现象之中——毫无疑问,尽管阻碍重重,阶级斗争仍将不断发展。

法西斯政府、新的制度也干预那些由国家管理的企业的工人,比如针对铁路工人采取名副其实的恐怖手段。大量铁路员工被解雇。在这种情况下,一度参与过革命政党活动的工人自然统统遭到开除,因为铁路工人组织乃是最左的组织之一。针对一系列依赖于国家的其他企业也采取了同样的措施。

法西斯主义声称:可是我们并没有让无产阶级取得一个巨大胜利——8小时工作日,我们自己颁布了关于8小时工作日的法律。你们能指出通过这种法律的别的大国政府吗?

但是,第一,这项法律所包含的一些特点实际上将8小时工作日的原则化为乌有。甚至在完全按照字面意义执行该法的情况下，也可以大大延长工作日。

第二，这项法律并未得到应用。经法西斯工会知情和同意后，企业主在厂里可以为所欲为。

第三，8小时工作日已经为无产阶级的各组织所争得，对某些类别的工会而言，甚至还实现了更短的工作日。可见，这并不是法西斯主义给意大利无产阶级所带来的优势。

实际上我们都看到了，失业现象正在增加，因为企业主很善于迫使工人干得大大超过8小时。

其他的成果更加不值一提。工人们先前所争得的某些权利、某些自由、在厂里进行宣传鼓动的权利，如今都得服从铁的纪律。意大利工人必须在鞭子之下干活。

至于工人们的物质状况，数据向我们表明，工资在达到相应的生活费用的高度之后，已下降得难以置信（物价与战前相比已上涨四五倍）。工人的生活水平降低了。工厂里恢复了秩序，但那是一种露骨地剥削工人、有利于企业主的反动秩序。某些事例清楚地表明，法西斯分子的活动，甚至那些与工会有关的活动，都得服从于已联合成为工业总同盟的企业主们的指示。

就拿海运工人组织事件来说吧。这个组织处于诸如朱利埃蒂船长之类真正的机会主义者的影响之下，也许正因为如此它才在某种程度上能够抗拒新制度并生存下来。这个组织内部有一个加里波第合作社。合作社打算为国家需要与船主们签订的海洋公约提出一些重要建设。结果产生了明显的竞争。大船东们被迫提出一些对他们大大不利的建设。于是资本家船东集团向法西斯政府发出命令，政府连忙派警察占领了这个组织的处所，从而使其活动陷入瘫痪状态，借口则是地方当局挑起了冲突。

这是一个极为复杂的事件，但其基本意义可归结为：国家机构处于资本家的完全支配之下。意大利的整个工人生活、全部工业活动，都是这一事实的确凿而鲜明的例证：我们所拥有的是一个不折不扣发挥着资本家事务委员会作用这种类型的政府。

同样的现象在与雇佣农业工人的相互关系中也可以看到。法西斯工会在农业地区博梅利纳所进行的罢工的故事颇为有趣。这是一次在水稻种植场工作的"蒙达里齐"即妇女们的罢工。

罢工是法西斯工会知悉并允许的，但结局却骇人听闻。

警察和民警即法西斯政府向罢工的妇女发起进攻，开枪扫射。罢工被以最血腥的方式镇压了下去。

成百上千的事例鲜明地描绘出了现今意大利无产阶级的处境。法西斯主义的工会政策在某些情况下也允许工人阶级投入与资本家的斗争，然而一旦工人与企业主之间爆发冲突的时候，政府便会大力干涉工人的行动。

现在谈谈下一个问题——关于法西斯主义对待中层阶级的态度。

许多事实都证明各中层阶级感到失望。起初它们将法西斯主义当做了自己的运动，当做历史发展的新时代。在它们的心目中，这已经不是大资产阶级及其职业政治家统治的时代，也不是无产阶级专政（其幽灵在1919和1920年吓坏了中层阶级）的布尔什维克革命的时代；这是曾经参与战争并取得了胜利的中层阶级统治的开端；它们应当建立一个威严的组织，将国家夺取到自己手中，实行独特的政策，保障它们的利益一方面不受资产阶级专政的侵犯，另一方面也不受无产阶级专政的侵犯。

这个纲领的虚幻性在法西斯分子夺得政权后认为需要采取的那些政府措施中显露无遗。这些措施不仅针对的是无产阶级，而且也针对各中层阶级，这些中层阶级原以为是它们自己夺得了政权，实现了自己的专政，对此入迷时它们决定进行反对资产阶级、反对法西斯主义革命所推翻的旧有资产阶级制度的宣传。

法西斯分子的各种政府措施都证明，他们捍卫的是大资产阶级（工业、金融、商业、农业资产阶级）的利益，损害的是其他各阶级——不仅是无产阶级的、而且是各中层阶级的利益。

且以住房问题为例，它同等地牵涉到所有这些阶级。战争期间曾实行过延期支付的规定，在提高房租方面对房东加以限制。法西斯分子取消了这些限制。诚然，他们在赋予房东完全的自由之后，也曾不得不重新发布限制其权利的法令。然而这已经是纯属笼络人心的措施，是在第一个法令之后引发了愤怒才发布的。住房危机至今仍然显得极为尖锐。在中小学改革方面也可以同样这样说——按照墨索里尼的说法，这项改革是新政府的所有改革中"最为法西斯主义化的"。中小学改革是由著名哲学家秦梯利筹划的。就技术的观点而言，这次改革具有严肃的深思熟虑的性质。在根据新思想解决中小学问题方面做了非常重要的工作。与此同时，这一改革又具有纯粹贵族的意义，剥夺了工人孩子、各贫困阶级和小资产阶级孩子受教育的机会。教育由于相关的开支巨大，变得只有那些家资富饶的人才能享受。这一改革遭到中层阶级和小资产阶级、甚至教师们的严重不满，如今的教师在物质报酬和纪律制度方面的条件要糟糕得多。另有一个例子。法西斯分子关注官员们的物质状况，调整了工资定额，其中小官吏们的薪金数额进一步减少，而大官僚们的薪俸却增加了，这也成为一个新的不满的根源。

下一个问题是税收，对此我们不可能详加探讨，只能着重指出法西斯政府的阶级性质。政府力求编制一个没有赤字的预算。但同时它又不肯触动资本家阶级。为了增加国家的收入，它除了加重无产阶级、消费者、中层阶级、小资产阶级的负担之外，想不出别的办法。

至于法西斯主义对待农村居民——贫穷农民、佃户等的政策，同样也招致怨声载道。

法西斯分子是工人阶级的敌人,而且他们所带给农民阶级的,除了生活条件的急剧恶化之外,也一无所有。

此前历届政府调整农村税收政策的某些措施,在理论上是通过了,但并未加以实行。而法西斯部长斯特凡尼却恬不知耻地将其付诸实施,而且采取十分强硬的方式,结果现在赋税成了压在小私有者——农民身上甚而影响农场承包者、佃农、雇佣工人收入的巨大负担。公用事业税和地方税过去掌握在社会党人手中,其税收政策针对的是资本家,维护无产阶级的利益。如今的牲畜税以及诸如此类的税收使得小土地所有者的生活极为艰难。酒类消费税不久前略有下调,为的是平息它所引发的极为强烈的不满。所有这一系列税收成了农民生活的沉重负担。

我仅仅根据意大利代表团一位同志的话举一个小土地所有者的例子。他有地12公顷,其中一部分是他的财产,另一部分是他租来的,在总的收支计划为12000里拉的情况下,他缴纳了1500里拉亦即12.5%的税。要想养活他的家人和雇员,这片土地的收入应当是多少呢?

在南方可以看到一个有趣的现象。去年葡萄酒的产量非常大。价格下跌得很厉害。今年不得不将酒以微不足道的价格出售。现在所有的农场主都声称,他们的收入必定会化为乌有。通常,在那些同时种植葡萄和生产葡萄酒的企业里,农场主们都认为葡萄足以抵补生产的全部费用。对他们而言,销售葡萄酒乃是他们赖以生存的纯收入。然而现今的酒价、税赋——所有这一切都使得他们绝对剩余不下任何一点利润。他们已无法养活自己和其他人。庄稼人不得不举债,向富有的农业中心老板和大土地所有者请求借钱给他们;如果他们有自己的土地,则他们只得将其作为抵押。战后即曾颁布过一项法律,禁止提高租金。这项法律被法西斯分子们废除,结果小农户现在要向地主支付比先前多100%——

400%的租费。在这种情况下，贫穷的农民和佃户已变得无法生存。甚至连土地所有者和佃户之间对收成的分配条件也变得有损佃户的利益。为了勉强活下去，小私有者不得不出售自己的一部分土地或者放弃他以一定条件所购买的土地，根据合同，他先向原所有者支付一半价款，其余的再分批清偿。现在他无法继续支付，于是既失去了他所购得的土地，也失去了已经投入的钱。这是对小私有者名副其实的剥夺。战后小私有者都是用高价购买的土地。现在为了弄到钱，他不得不以低价出售土地。我再说一遍，这是大私有者对小私有者真正的剥夺，这样的剥夺正开始成为一种普遍现象。法西斯政府在这方面所采取的各种措施，只是让农业部门的劳动者的处境更加恶化。

并不很久之前，社会党人进行宣传（我们无法完全同意其口号和方式），要求政府广泛开展保健工作，让勤杂工和农业工人也都能参与——目的是减少失业和改善劳动力市场的条件。当前法西斯政府正力求恢复预算，已放弃开展这类工作。显然，这一措施重新将大量工人抛向农业市场，引起了贫困现象再次加剧，农业工人的生活条件更加恶化。

针对法西斯政府的不满情绪正在增长。法西斯分子不断叫嚷反对原有的红色合作社的寄生性，说它们通过向议会施加压力，奉行剥削国家的政策，要求工作，等等。然而现在他们所做的完全是同样的事情。法西斯分子企图借助于自己的合作社（他们掌握着先前社会党人的全部合作社机关）推行同样的政策，却为的是新的法西斯官僚的利益。

这样一来，农民阶级的处境作为法西斯分子的政策所造成的结果，已经变得极端无法忍受，这个阶级开始意识到法西斯政府是何等仇视其利益，于是他们也采取了敌视政府当局的立场。

有的地方已经爆发反对税收和法西斯村社政策的农民暴动。通常，这些暴动都伴随着血腥事件。情况典型的事例都是法西斯分子造成的。

现在我要由分析法西斯分子的社会政策，转向政策的其他方面，比如法西斯分子在宗教问题上的政策。在这方面我们掌握着法西斯主义缺乏理论原则的确凿证据。法西斯主义问世之初，它利用中层知识分子的传统，针对教会提出了反教权主义的纲领，从而击败具有群众性的天主教党，消除其在农村的影响力。

然而随后一个时期法西斯分子就逐渐变成教会和天主教的官方政党，与人民党展开竞争。从历史的理论观点看来，这是一个十分有趣的现象。梵蒂冈有利于法西斯主义。它十分满意法西斯分子改善神职人员生活和在中小学恢复宗教教育的各种措施。墨索里尼曾在瑞士当过一个纯理性主义的小图书馆的馆长，馆中都是一些仅值5分钱的廉价小册子，内容是证明上帝并不存在，讲述教皇们的罪行，记叙一个曾经担任教皇的女人以及诸如此类的胡说八道。这些小册子在数年期间一直毒害着意大利和其他一些国家工人们的头脑。同样是墨索里尼，却又随时诉诸上帝，并且宣称他是以天主的名义掌管意大利。

不过，在法西斯主义与天主教之间存在着根本的对立，梵蒂冈的机会主义政策尽量不予指出，但在法西斯主义与类似基督教民主的人民党的相互关系中却表露了出来。这种对立可归结为，真正的天主教思想是与法西斯主义将民族和祖国奉若神明的思想相敌对的，后者从天主教的观点看来乃是异端邪说。法西斯主义力求将天主教变为意大利的民族思想，与此同时，天主教却奉行普遍性的国际政策，力求在远远超出意大利国界的地方扩大自身组织的道德和政治的影响力。这一有趣的对立现象目前是通过梵蒂冈和法西斯分子之间的妥协来解决的。法西斯分子们以下列方式描述自己在这方面的成就。

从国际政治的观点看来，意大利处于一种非常糟糕的状况。它曾遭到忽略。但是自从政权落入法西斯分子之手，自从意大利拥有一个强有力的政府以来，对它的态度已经改变，它在国际性问题上的分量大大增加了。

不过各种事实说明，在对外政策上法西斯分子只能继续原有的资产阶级传统。实质上什么也没有改变。一开始，墨索里尼敢于占领科孚岛——这一事件同志们全都熟知。但是他迅即放弃诸如此类轻率的举动，转向正统的外交传统的范围。英国和法国的官方大报都说，墨索里尼是一位机智的政治家，在远征科孚岛的幼稚念头之后，已变成了谨慎而明智的外交家。

的确，墨索里尼的政策是意大利唯一可行的政策，这可以说是第二等的政策，因为意大利在世界大国的斗争中所扮演的纯属二流角色。在赔款问题上和法德冲突中，墨索里尼力图保持平衡，对双方中的任何一方都不给予认真的支持。他那频频变换的立场总是得到满意的赞许，时而在法国，时而在德国，时而在英国。

在国内，法西斯主义成功地改变了各种社会力量的相互关系，完全由它作了重新安排。然而同样的问题在国际范围内它便力不从心了，因为世界各种力量的相互关系已超过它力所能及的范围。考虑到尚缺少相应的历史和社会条件，还无法认真地谈论意大利帝国主义。许许多多的事实都特别表现出墨索里尼对外政策的这种无足轻重的性质。有关阜姆的问题以与南斯拉夫达成协议而告终；对待这个国家的侵略性政策代之以妥协与和解。在这种情况下，帝国主义性质的民族主义必须服从国际政治的现实环境。

承认苏维埃俄罗斯也同样证明了，可以在意大利施行极右政策，但将这种政策扩大到国际关系方面则完全是另一回事。

承认苏维埃俄罗斯给意大利无产阶级所造成的是何种印象呢？意大利无产阶级在革命方面受过相当良好的教育。因此他们没有让法西斯报刊糊弄自己，这些报刊一直到某个时刻都不曾停止反复谈论关于布尔什维克、关于俄罗斯的悲惨事件等等令人厌烦的胡言乱语，而在第二天它们却又统一奉命开口说起了相反的话，开始大肆赞扬俄罗斯和俄罗斯政府，当然已经无须谈论那里的什么革命、共产主义，而是声称布尔什维克业已被肃清，俄罗斯是一个像其他各国一样的资产阶级国家，意大利和俄罗斯有着共同的经济利益，俄罗斯和法西斯意大利可以融洽地谈到一起。也曾做过极不成功的尝试，进行这样的比较：我们面对着两种革命，两种专政，对民主进行政治扼杀的同一套方法的两种样式，它们所导致的自然是相似的结果，等等。这样的政治性议论简直滑稽可笑，根本不值一驳：事情的整个实质在于明显的资本主义、资产阶级的利益；因为法西斯分子没有能防止在外贸方面出现不利于工业的状况，因为意大利的资本家们需要外国的市场，与俄罗斯和解完全符合他们的利益。

意大利无产阶级将这一事件视为法西斯分子虚弱而不是革命的俄罗斯虚弱的证明。

我不能不说，在意大利无产阶级对这一重大的国际事件的政治判定中，被掺杂进了某种不愉快的东西。有一些俄罗斯同志评价这一政治行动时和在论证对意大利的友谊方面做得太过分了，这些论证的意思可能被理解为对官方的意大利和伟大政治活动家墨索里尼的友谊。这在遭受法西斯分子迫害的意大利无产阶级中不能不激起一种痛苦的感受。本来应当避免这类多少有些虚伪的口吻，其余的一切也就能得到革命的意大利无产阶级方面的充分理解了。

现在我想谈谈法西斯党机关和国家机关之间的关系，谈谈在这种相互关系基础上产生的一些非常重要的问题，这类问题引发了法西斯分子真正的危机及其组织内部永恒的冲突。

法西斯党的党内生活自其诞生之日起便具有激烈的性质。诚然，事情涉及的是一个极为庞大的组织，其成员多达70万人（民族法西斯主义党支部之内），在如此庞大的组织里冲突是不可避免的。但是这些冲突的尖锐程度和力量之大，在意大利的法西斯主义运动中实属罕见。

一开始党与国家之间的相互关系问题就解决得远非令人满意。在外省任命了一些党员政治委员。他们被赋予在影响国家机关活动方面的某些权力，结果他们本身就成了地方上的政府当局。这种情况引发了一系列冲突，于是这一组织方式经过修改，国家机关系统获得很大的自主性，法西斯委员被召回。

克服这一危机时遭遇了很大的困难。危机并未获得彻底解决，因为法西斯主义运动中出现了两种截然不同的趋势。一部分法西斯分子希望走向全面合法化。他们说：我们掌握了政权，我们有伟大的政治领袖墨索里尼，我们只需执掌政权和尽可能恰当地利用我们的合法资源就行了；整个国家机关都任由我们支配，我们可以任命政府；我们的领袖受到全党信任；党再也不必间接地干预管理事务了。这部分法西斯分子希望放弃暴力，放弃使用不合法的手段，转而进行政党的活动。他们试图依靠墨索里尼，促使他远离极端分子。

法西斯党内的极端主义分子通常是地方组织的领导人，他们获得了一个相当于阿比西尼亚词语"种族"的绰号。"种族主义"是一种与要求占领意大利的军队实行专政相关联的思潮，这支军队是由法西斯"分舰队"组成的。极端分子主张针对所有的反对派开展"第二波"恐怖行动。他们的典型代表就是议员法里纳奇，此人不久之前曾建议对反法西斯分子进行严厉惩罚，直至处以死刑。

法西斯主义内部形成了两个相互对立的流派。极端分子要求对反对派发起新一轮攻势，并且声称：墨索里尼提醒我们，我们尚未完成革命，因此我们便希望将其完成，我们要求允许"向敌人开火，哪怕五分钟也行"，以便将法西斯主义的敌人们彻底消灭。温和派则要求修正，要求密切法西斯分子与反对派的某些代表之间、甚至与诸如劳动总联合会领导人等社会改良主义者之间的关系。墨索里尼至今在这些思潮之间保持着某种平衡，审慎地时而对这一些人、时而对另一些人作出让步。

他维护官僚集团和国家机关的权威,但也不想丧失在那些与国家无关的组织中的影响力,这些组织可以保障法西斯主义的稳定性,保护它免遭革命的攻击。

法西斯分子并没有废除议会,而且正如我已经谈到过的那样,旧议院还数次对墨索里尼投信任票,授予他种种权力和他所想要的一切。尽管如此,法西斯分子依然决定修改选举法。在意大利,存在着不同党派按照简单的比例选派代表的制度。法西斯分子希望保证自己获得多数票。依我看来,他们在旧选举法的条件下也能够很好地做到这一点,只需回忆一番他们所采取的竞选宣传手法便知。按照新法律,拥有最大数量选票的名单只要能达到全国所有选票的至少25%,即有权在新议会中占有2/3的席位。换句话说,为了在议会中占有2/3的席位,必须得到选票总数的1/4。当然,这是在没有另外26%或27%选票名单的情况下,如果有,那么这第二份名单便获得领先地位。

现在有375名议员成了多数制选区的议会名单。出现在其中的人都被认为是墨索里尼所中意的人,因为这个名单无条件地应当获得所必须的25%的选票。这种情况在法西斯党内引发了一系列冲突,因为至少有1万名法西斯的各级领导人要求将自己列入这375名宠儿之中。

法西斯分子们甚至未能保证自己拥有全部议席。选举策略具有双重性。在法西斯组织非常强大的北方采用的是不妥协策略。名单都由法西斯党的党员构成。但是在法西斯分子的组织力量薄弱得多的南方,法西斯分子必须与旧制度的某些代表达成协议,在名单中为他们分派显著地位,在法西斯阵营的新活动家、法西斯党正规干部出身的人与这些可说是意大利政治生活中的传统名人之间确定一定的比例。

选举开始了。我就不详加分析了,不过你们都知道,从未有过如此严重的恐怖行为,它足以使反对派彻底丧失活动能力。事情做得多少有点小心谨慎。法西斯政府考虑到,如若完全剥夺其对手们投票的机会,选举就会失去一切政治意义。同时，它又借助于可以人为地造成某种结果的选举组织。墨索里尼说：我们进行了选举。绝大多数人投了我们的赞成票，绝大多数民众赞同我们的纲领，让我们取得完全合法的地位。从今以后，谁也再无权谈论少数派统治了。

要想明了选举的情形，我们首先应当弄清意大利北方与南方的区别。在北方，法西斯主义的势力非常强大，特别是在农村，还有各工业中心。在那里法西斯主义可以动员自己的选民，安排对投票的监控，亦即几乎彻底让秘密投票的原则化为乌有。但在北方，法西斯主义开展竞选运动时的确并未采取非常得当的措施，而是寄望于自身的力量——它为自己的对手们提供了参加投票的机会。因此法西斯主义在北方只获得了十分微弱的多数（当然，我说的是实际的多数，而不是暗中预定的人为的25%的多数）。在有些城市，比如米兰，与反对派的名单相比，全国名单只获得了少数票。

与此相反，法西斯分子在南方却获得了绝大多数的选票。意大利参与投票的总人数470万；全部选票的一半则为360万，于是我们可以看到，投了法西斯名单赞成票的数量超出这个半数整整100万。而且这是在法西斯分子几乎不具备组织支撑的南方。确属咄咄怪事。

除了土地斗争具有与波河谷近似的性质的某些地区之外，南方从来没有真正的法西斯主义运动。夺取政权之后，一些资产阶级的小团体认为可以追随法西斯分子，以便跻身政府机关。然而南方的这个法西斯组织从未具备坚实的基础，但是偏偏就在南方，法西斯分子却获得了压倒性多数的选票。不过这种多数是依靠极为简单的手法获得的——选举按照法西斯分子所希望的方式进行安排。敌对名单的代表们干脆被驱逐出场，组成了许多法西斯"百人队"，市政当局将选举证提供给他们掌握，要多少给多少，结果这种百人队的成员可以投票30、40、50次。在南方的多数票就是通过这样的方式获得的。选举后墨索里尼认为需要发表一个堪称异乎寻常的声明：南方将会拯救祖国，南方集中了有能力与革命民主进行斗争的主要力量，1919年和1920年南方并未让违反民族利益的分子吸引住自己。墨索里尼不得不大大改变对政治局势的官方评价，归纳起来就是法西斯分子大肆夸耀他们得到全国最先进和文明的北方的支持。不过，墨索里尼在随后的多次讲话中重又回到先前的评价，忘记了将其与官方的选举统计的结论保持一致。

南方的法西斯运动力量薄弱十分明显。在马泰奥蒂事件中，南方以绝对团结一致的态度发表了反对政府的意见。这一事实之所以有意思，是因为它暴露了法西斯主义状况的整个虚伪性。

现在我们来看一看参与选举的另外一些党派。

在谈到哲学范畴的法西斯主义者之前，我们要对早先的国家党作一番分析，它目前已经正式并入了法西斯党。国家党在法西斯运动产生之前业已存在多年；它在法西斯运动的发展中起了重要作用，为这一运动提供了它所拥有的起码的理论知识。接下来应当提到的是以萨兰德拉为首的右翼自由党，该党常与法西斯分子一道参加选举，有时候则与**国家名单**之外的自由主义团体和人士一道参与。甚至与官方的各种名单一起提出一些极端法西斯主义的名单，目的是从那些提供给少数派的席位中再多赢得几席。除了官方的名单和极端法西斯主义的名单之外，也有自由党的一些名单，它们获得政府半官方的支持。还有诸如焦利蒂名单之类的不具有反法西斯性质的一些名单。政府对它们采取中立的立场，并不阻挠从这些名单中提出一些候选人。

在转向评述反对党时，我们首先要强调各议会制政党失败的事实，这些党都倾心于"民主"，先前就议员的数量而言十分强大。博纳尼（极右派社会改良主义者）遭到完全失败；塞扎罗和阿门多拉得到为数极少的拥护者的支持而进入议会——他们两人，特别是阿门多拉，都遭受政府方面的猛烈攻击。人民党同样遭到迎头痛击。在先前的议会中，人民党甚至曾加入过法西斯政府。不过，它总是采取模棱两可的态度，结果因为对新选举法持否定态度而与墨索里尼决裂。于是墨索里尼决定摆脱人民党在内阁中的代表。党的领袖唐斯图尔佐被迫正式放弃自己的职位，虽说事实上他仍然继续掌管党的政策。这导致了某种分裂。党的右派代表群体——底层民族主义者分道扬镳，加入了法西斯名单。党的主要核心依然忠于唐斯图尔佐。以米廖利为领袖的极左部分被清除。党在农村开展宣传，其手法有时让人想到红色组织的行动。人民党内占上风的是符合大资产阶级利益的倾向，其形式就是唐斯图尔佐的模棱两可的中派立场。竞选运动的结果是对人民党的巨大打击。

虽然很小，但就其性质而言颇有意思的一个参选党是农民党。它在意大利的两三个地区提出了自己的名单。这个党由小私有者组成，这些人心怀不满，不愿意将保卫自身利益的事托付给现有的任何一个政党——无论法西斯分子抑或反对派都不行。他们选择了组建自己的独立自主的党。看来，这个运动有着发展的前景，可以在国家生活中发挥重要的作用。

可以称为半无产阶级的小小的共和党所采取的是不太明确的立场，但在思想倾向上与法西斯政府尖锐对应。它赢得了两个席位，以前它在议会中只有5名议员，现在则获得7席。

然后是从原先的社会党中退出的三个党：统一社会党、社会党最高纲领派和共产党。你们都知道，分裂前这三个党在议会中拥有150个席位。现在统一社会党获得24席，最高纲领派22席，共产党人19席。共产党人和追随第三国际的最高纲领派党团一道以无产阶级统一集团的名称提出名单。统一党不仅保住了自己在议会中的地位，而且又赢得了数席，可以说这就是共产党。1921年时它拥有15席，而现在却获得了19席。有一张委任状大概会被撤销，但这并不能改变局面。

如果不谈被兼并的德意志人和斯拉夫人的全国性小名单，就只剩下了**撒丁人党**，也就是数年前在撒丁岛诞生的那个党，它要求即使不能彻底分离，至少也要获得广泛的民族自治。这是一个争取将意大利国家和民族组织分解为一个个单独的组成部分的运动。它可能导致处于不利条件下的国家其他一些地区产生类似的思潮。据说，在巴西利卡塔也即将建立类似的一个党。这个运动也许与产生于都灵的一个纯理论的潮流有关，该思潮建立在自由主义的、某种程度上也是联邦主义的理论基础上之上，并出版《革命自由主义者》杂志。这个群体开展强有力的反法西斯宣传，成功地将一个由资产阶级知识分子、自由工会等组成的不大的核心团结在自己周围。

正如从这一概述中可以看到的，反对派正在分化为许许多多小的群体。我们有必要同时列举那些与竞选运动无关的政治潮流。

我们要指出邓南遮追随者的那个优秀的小群体，他们只等自己的领袖发出信号，便准备采取政治行动。然而邓南遮的抗争最近一个时期具有自相矛盾的性质，从某个时候开始他已经完全缄口不言。这个运动与中间阶级和原军人之中的独特运动有联系，那些人不愿意接受大资产阶级的影响，脱离了法西斯主义，确信法西斯主义已经改变了其最初的纲领，变成了一个纯粹保守的运动。接下来我们要指出一个有意思的运动——"自由意大利"，这是退伍军人联合会中的一个反法西斯的反对派，目前正不断获得巨大的影响力。再下一个是正开展紧张工作的具有反法西斯性质的群体——共济会。法西斯主义的发展在共济会运动中引发了危机，甚至产生了分裂，不过对共济会并不具有严重后果。导致分裂的是，一部分共济会会员试图支持法西斯分子。

法西斯分子开展反对共济会的宣传，墨索里尼作为法西斯主义党的党员，甚至发表了法西斯主义与共济会互不相容的意见，然而在1914年他却对社会主义持有相反的看法。

共济会本身也以相当尖锐的指责回敬法西斯主义。在国外，他们在资产阶级左翼各阶层中成功地进行反法西斯主义恐怖活动的宣传。在意大利，共济会在其极具影响力的小资产阶级和知识分子之中开展地下工作，虽然规模不大，但依然取得了相当重大的成功。

至于无政府主义，它目前在意大利的政治生活中并不起多大的作用。

你们看见了吧，法西斯运动的反对派的情况是何等丰富多彩。

然而，所有这些反对活动，虽说在报刊之类的领域内产生了明显的强烈影响，但在政治和军事组织的领域它们又能算什么呢？它们在也许明天就可能进行的针对法西斯主义的进攻中可以发挥何等作用呢？几乎任何作用也不起。诚然，有一些群体，例如共和党、共济会，它们做出拥有真正的秘密组织的样子，但是并不能认真看待它们的那些声明。

真正重要的是，这是一场颇具意义的社会舆论运动。资产阶级反对派掌握着相当富有影响力的机关报刊；许多机关刊物即便并不正式隶属于各反对派集团，但它们终归十分确定无疑地采取了反法西斯主义的立场。例如，米兰的《晚间信使报》和都灵的《新闻报》都以其虽说并不十分尖锐但却坚持不渝的反对派口吻对社会舆论特别是各中等阶级产生巨大的影响。

这就证明，自法西斯主义夺取政权以来，抗议的情绪已经大大地增强了。

很难从这一观点出发对不同的反对派群体进行分析和评价，但是仍然可以在无产阶级和各中等阶级的情绪之间得出一种鲜明的对比。

无产阶级敌视法西斯主义是出于自身的阶级本性，它把与法西斯主义的斗争理解为采取暴力方式的斗争，这一斗争应当归结为重大的转变，以无产阶级专政取代法西斯主义专政。无产阶级所要求的复仇并非就这个词的庸俗的和感情用事的意义而言，而是一种历史意义上的复仇。

革命的无产阶级认识到，反动势力胜利发展的阶段必将为反对派势力的反攻所取代；它认为，各革命阶级优势作用的恢复，只有在经过一个新的紧张斗争时期、在革命专政取得成功的情况下才能到来。无产阶级期待着这一时刻，以便用加倍的力量回敬它从阶级敌人所受到的各种打击。

各中间阶级中的反法西斯情绪具有不甚鲜明的性质。确有种种反感，看上去似乎很深切，但其基础却是和平主义的思想趋向。在意大利恢复正常的政治生活和充分的言论自由，对这些阶层而言十分符合愿望，但是……不能使用暴力。直接回归准则：法西斯分子心平气和地阐述自己的意见，共产党人对其加以反驳——这就是中层阶级的理想和幻想，它们力求取得平衡，达到民主的自由。

需要对这两类反对派加以区分。其中的第二类对我们的运动造成一系列困难，对此必须加以考虑。

目前，也许真正的资产阶级也都对法西斯主义运动产生了怀疑。在它们的相互关系中可以觉察到某些紧张气氛。我提到过的那两份机关刊物在某种程度上就是这类怀疑的反映。它们说：可否对法西斯主义的政治手段表示赞同呢？我们是否已经陷入了言过其实？我们按照我们的阶级目的建立了应当履行一定职能的机关。它是否超越了这些目标和职能所确定的界限呢？也许，它受到各种事件的外力推动，将自身的活动扩张到了较之必要和有益大得多的范围？意大利资产阶级最有文化的阶层发表意见赞成法西斯主义的新闻检查，赞成它对反动的夸大说法进行查检，担心这类夸大其词会引起革命的爆发。自然，大资产阶级的这些阶层并不隐讳，正是出于自保的目的他们才在报刊上开展反对法西斯主义的运动，争取让其回到法制的范畴，并确保自己能有剥削工人阶级的更为可靠、更为灵活的方法——使用千方百计，哪怕通过对无产阶级作出狡猾而虚假的让步；同时资产阶级的这些阶层并没有停止赞叹法西斯主义的成就，说它恢复了秩序，捍卫和拯救了基本的准则、私有财产权。

夸大资产阶级自由主义反对派的重要性是一种错误。

比如，大汽车厂"菲亚特"的厂长、意大利最大的资本家之一安贝利就是自由党人。但是，如果像一些意大利同志那样过高评价他所担当的反对派的作用，我们便会听到他的工人们的说法，他们会告诉我们："大家感到，菲亚特工厂里的反动努力和其他任何一个由本人加入了法西斯党队伍的资本家管理的工厂里一样厉害。"阿贝利属于更为精明和机智一类的工业船长，他深知激怒工人群众是何等可怕，他常常想起他所经历过的工人占领工厂、竖起红旗的那些难过时刻；他向法西斯分子提出明智的忠告，要更加聪明谨慎地与工人阶级进行斗争。看来，法西斯分子们听从了这些忠告。

马泰奥蒂事件前夕，法西斯主义表现出变左的征兆。正好在此事前夕墨索里尼向反对派发表了一次讲话。他宣称：我们完全可以不预定进行选举，我们完全可以赋予我们所掌握的政权以专政的性质。但是我们决定向全国征求意见。你们不能不承认，全国给我们的回答是完全赞同我们的政策，全国给我们投出了压倒性多数的选票。正是马泰奥蒂对这一番宣称进行了驳斥，肯定地说，从民主和宪法的观点看来，法西斯主义遭到了失败，政府掌握在少数派手中——它那貌似的多数无非是一种政治欺骗。当然，法西斯分子并不同意这样的评价。墨索里尼以下述方式为自己的观点进行论证："根据官方的数据，多数票属于我们。我要向各反对党说上几句话。有两种反对派。第一，共产主义者反对派。我对这些先生们无话可说。他们特别地有逻辑头脑。他们为自己提出的任务是，有朝一日通过革命的途径推翻我们，建立起革命的专政。"我们回答说："我们只能把政权让给更加强大的对手。如果他们想要检验一番我们的战斗实力——那就让他们来试一试吧。至于其他的反对派集团，我们则说：革命暴力不会载入我们的纲领；你们不要准备进行针对我们的起义。你们所要求的是什么呢?你们希望以什么样的手段掌握政权?按照法律,我们在5年期间内可以让议员保持目前的人员结构。不过,如果我们预定举行另一次选举,其结果仍然会一模一样。所以,最好的出路就是和解。也许,我们方面曾有过某些夸大。也许,我们曾超越界限。我们正采取某些不合法的斗争方式,那可是我一向力求以别的更为合法的方式加以取代的。我呼吁你们实行合作。我们会听取你们的想法和建议,寻求一条中间的路线。"

我们都看见了,墨索里尼的讲话是在号召与所有的非革命性质的反对派团体进行合作。他排除在他的邀请之外的只有一个党——共产党人。

不过,墨索里尼已经不止一次宣称过了,可以寻求到与劳动总联合会达到和解的途径,因为它从不搞蛊惑煽动,也因为布尔什维主义从此可以被视为肃清了,等等。

墨索里尼的态度证明,反法西斯的思潮发展得何等迅猛。政府看出了自己不得不向左转。

然而炸弹轰然起爆。马泰奥蒂事件从根本上改变了局面。你们都已熟知事件的进程。

有一天,统一改良主义党议员马泰奥蒂失踪了。家人连续两天等待着他回来。他们报告了警察局。在报纸发表了马泰奥蒂失踪的新闻之后,几个人讲述了他们所目睹的场景。马泰奥蒂被5个人抓住,强行将他扔上一辆汽车拉走了。

舆论大哗。出现了各种各样的推测,说他被绑架了,说法西斯分子重新采用了人身恐怖和杀戮的方法。人们推测,法西斯分子想要强迫马泰奥蒂签署某项声明。绑架的结果将会如何呢?也许,还会有什么进一步的行动?也许,事情涉及的是谋杀?

这个问题的解答归到了政府身上。墨索里尼迅即声明:我们一定会找到罪犯。采取了逮捕行动。大家都明白，马泰奥蒂是被一个法西斯匪帮的成员杀害的，他们与那个依靠法西斯党金钱养活的真正的法西斯恐怖组织有关。

法西斯分子马上采取了这样的态度：这是那些非法手段极其不得人心的表现，我们一直在同这些手段作斗争，墨索里尼也始终对其持反对态度。这是一起个人行为，普通刑事性质的犯罪。我们将针对罪犯采取措施。

但社会舆论并不满意。所有的报刊都不断地证明，对马泰奥蒂的谋杀并非出于个人动机，凶手是一个地下组织和黑帮的成员，这个黑帮不止一次犯下同样性质的罪行，都是在诸如此类的情况下；这些罪行一直未能受到惩处，因为它们没有引发像马泰奥蒂事件这样的反响。

报刊指出，谋杀马泰奥蒂的责任应当从责任这个词的广泛意义上加以理解。它们证明说，汽车是由一家极端法西斯主义报纸《意大利信使报》提供给凶手们的。它们指责四人法西斯理事会的成员之一切萨雷·罗西，攻击内务部长阿尔多·芬齐。根据报刊的指点，逮捕了许多有名的法西斯分子。反法西斯机构的运动呈现出极其尖锐的性质。

由于事情无疑牵涉到谋杀，尽管至今尸体仍未找到，那么谁是杀人犯呢？

这是不是一种政治狂热行为、一起政治犯罪、为了马泰奥蒂在议院的讲话进行报复呢？要么是发生了错误，是蓄意杀人——这样的推测在我看来并非完全没有根据。也许，马泰奥蒂本来可能被扣押一两天，但由于猛烈反抗，犯罪分子不得不杀死他。要么事情涉及到更加难以控制的情况？据说，马泰奥蒂掌握着一批足以证明法西斯政府某些成员叛变行为的文件。他打算将这些文件予以公布。需要消灭这个知道得太多的人。这种推测并不特别合逻辑。任何人都应该想象得到，马泰奥蒂不致笨到随身带着这些文件，至少他必定会将其复制一份。虽然如此，报刊都肯定地说，外交部已经变成了商行，外国资本家可以在它那里购买到任何政府命令。都在谈论给位居要津的官员奉送巨款的事情，例如，辛克莱事件就是如此——那是为了石油租让合同，有了它，外国大公司便获得在意大利开采石油的垄断权。蒙特卡洛的卡西诺银行似乎也花费了巨款，以打点意大利颁布一项法令，使得向在意大利开设公开赌场颁布许可证的事难以实现。由于这两起传言，在法西斯分子们自己的坚持下，芬齐不得不退职了事。

但问题一直悬而未决。是犯了名副其实的政治罪行，抑或是因为需要毁灭关于法西斯政府道德腐败的资料而被迫实施的谋杀？

在这两种情况下，反对派对马泰奥蒂事件的态度有着截然不同的性质，这取决于我所涉及到的反对派是资产阶的还是共产主义的。

资产阶级反对派都说些什么呢？对他们而言，事情应归结为法律程序问题。他们要求法西斯政府惩处罪犯。他们说：我们要求政府不能局限于发现谋杀的直接实施者，我们要求司法当局揭示罪行的整个情况，责任也要落到那些与此案有着某种牵连的上层人物甚或政府成员身上。

应当说，社会舆论所指责的人之中也包括警察总长德博诺将军，他应当辞去自己的职务。这样，我们便可以看出，对于马泰奥蒂事件，法西斯官场的最高层级也不得不予以重视。不过，德博诺依然是"国家警察"的总长。

然而资产阶级反对派却是从司法、政治道德的观点看待事情，其看法的出发点是政治生活的平衡，建立社会和睦的必要性，结束法西斯专政的种种恐怖和残酷行为。

共产党人的观点则迥然不同。对他们而言，马泰奥蒂事件是一个政治和历史性质的问题、阶级的问题，是资本主义进攻、意大利资产阶级防卫的鲜明而无可避免的结果。马泰奥蒂事件的责任应归于整个法西斯党，整个政府，整个意大利资产阶级，归于资产阶级制度，这种残忍的罪行正是该制度的产物。必须响亮地宣布，只有工人阶级通过革命斗争的途径才能根除诸如此类的状况。从我们的观点看来，要根除这种事情，不应当采取法律性质的措施，不能通过恢复法制的庸人手法，而是相反，朝对立的方向重新打破平衡，这只能依靠工人阶级的力量加以实现。起初共产党人会附和所有的议会反对派的抗议之声。但是随即在抗议的理由上出现了分歧，于是共产党人与其他党派分道扬镳。

甚至极端主义者也参加了议会反对派的公共委员会。

我们要指出一个十分典型的细节。共产党人从一开始便提议在全意大利组织一次总罢工以表示抗议，作为对杀害马泰奥蒂的回答。自发的罢工已经到处都在爆发，证明事情涉及的是一次十分严重的具体行动。

其余所有的党，其中也包括极端主义者，都提出宣布举行10分钟的罢工以表示抗议并向马泰奥蒂致敬。这时候发生了一件对于联合党、极端主义者和劳工总联合会，总之，对于所有的反对派都十分尴尬的事情——工业和法西斯工会联合会立即接受这一建议，正式参加示威活动。自然，这一行动便失去其全部意义。事情已变得十分明显，正是共产党人提出了那种抗议方式，它本来是可以向无产阶级提供在事件中发挥重大作用的机会的。

墨索里尼政府今后存续的前景如何呢？

首先，我们应当指出，最后一段时间之前尽管存在着不断增长的对法西斯分子的不满情绪，但他们所掌握的国家军事机关的威力极为可怕，当时没有力量足以推翻法西斯政府。不满不断增长，形势变得越来越糟糕，但是我们距离最后的阶段仍然很遥远。

不过马泰奥蒂事件充当了小小原因引发大大后果的例证。它在很大程度上加快了事件的速度。自然，不应当忘记，这些事件的前提早就以潜在的状态存在于意大利的社会生活之中。法西斯主义的危机迅速增长，法西斯主义制度在道德、心理层面，一定程度上也在政治态度方面,都遭到了彻底的失败。这种失败尚未在政治、军事和政府机关等领域显现出来,然而毫无疑问,道德上和政治上的失败不可能不在最近的将来引发政权的危机。

尽管政府被迫作出了相当重大的让步,比如墨索里尼卸任内务部长之职(让位给原民族主义者领袖、现法西斯党人费杜佐尼),政府仍然掌权。

墨索里尼在参议院的讲话中公然宣称,他仍将留职,遭遇攻击时他将以他所掌握的一切手段自卫。

根据来自意大利的最新消息判断,社会不满的浪潮并未平息。

不过我觉得,就反抗的现实可能性而言,稳定状态已经恢复。马泰奥蒂遇害的两天之后被动员起来的国民警察现已重新恢复平时状态,其成员也纷纷返回平日的工作岗位。换而言之,政府感到危险已经成为过去,但是十分显然,极为重要的事件必定会在不远的将来爆发,比马泰奥蒂一案前夕我们所想象的还要快。毫无疑义的是,法西斯主义的处境必将变得更加困难,同时反法西斯抗争行动的机会也必将成熟。

该如何利用这种突如其来形成的局面呢?我极为概括地阐述一下我对这个问题的观点。

共产党应当特别表现出意大利情况注定了它理应发挥的独立作用,提出这样的口号:清除各种各样的反法西斯主义反对派,以共产主义运动公开的直接的抗争取代它们。正如某些事实所表明的那样,共产主义运动已经成为意大利生活中引人注目的事实。在法西斯主义夺取政权后的一段时间内我们的许多同志被捕。当时法西斯分子们宣称,他们已经消灭了共产主义运动,他们已经彻底清除了革命力量。然而从某个时刻开始,从选举以来,我们党极为鲜明地显示了自身的积极性和生命力。现在墨索里尼不得不在他的讲话中经常提到共产党人。在由于马泰奥蒂事件而引发的论战中,法西斯报刊不断批驳共产党人,总而言之不得不对他们作出回应。

这就引起了对于我们党及其独特任务的普遍关注，我们的任务与其他一些彼此相似的反对派群体的任务迥然有别。

顺便说说，战争期间意大利社会斗争的既往经验，战后在经历了极大失望的群众中直接造成了深入内心的对于社会民主党、左派资产阶级和无产阶级右翼的不信任——这种不信任相当牢固，以致因此想要清除这些集团。这些集团充分表现了它们难以有所作为。唯一没有为这类可悲的结论提供口实的党，就是革命的先锋队共产党。

自然，为了实行独立自主的政策，绝对需要摆脱内在的悲观情绪的心理。

不能向那些对党及其力量满怀信赖的意大利工人说，共产党目前的抗争尝试注定要失败、要破产。

如果我们用事实证明党拥有充分的组织和斗争资源，它是唯一不可能被消灭的党，它的口号和方法对于与垂死的制度进行斗争最为切实有用——我们就能够做到清除所有的反对派集团，特别是社会党和极端主义者。

正是在这个意义上我才说，目前的形势应当充分加以利用。当然，这个任务的完成不仅应当通过辩论，而且主要应当走争取群众的道路。通过这些方法，我们便能达到在共产党的领导下团结善于采取行动的群众、团结工业和农业工人的目的。只有在我们达到了这种团结的时候，我们才能创造出让我们足以向法西斯主义进行直接进攻的条件。如果我们坚决与意大利的各种反对派团体划清界限，我们就应当并且能够完成这一项重大的工作。

很可能，马泰奥蒂事件之后会开始反动势力的第二轮进攻，但这只会意味着革命发展的新阶段。也许，我们会成为反对派和所有公开抗议的集团在这一浪潮前退却的见证者。然而经过一段时间，反对派又会重新登上舞台,法西斯主义将无力单凭刻板地不断施加压力来保住政权。不过也可能出现这样的情况:根据共产党的倡议建立群众组织,抛弃恢复红色工会的口号。也许,我们明天就可以开始这项工作。

机会主义者会拒绝这样的工作。意大利有一些城市,在那里号召工人们返回红色工会完全有可能取得成功。但是因为这种返回是斗争的信号,因为必须具有投入这场与法西斯分子斗争的愿望,各机会主义政党也就没有急于恢复各种无产阶级组织。

如果共产党首先利用有利的时机,及时抛弃那个口号,很可能它便能成为意大利工人重组的中心。甚至在这次事件发生之前的时候,我们的独立自主的行动路线即已是我们所能选择的最为巧妙的方式。

例如,选举期间连非共产党人士都投票赞成共产党的名单,因为这些候选人在他们心目中具体体现了最坚决果敢地反对法西斯主义,最强有力地否定他们所憎恨的制度。

因此,党的独立的立场甚至就是对非共产党阶层施加影响的武器。选举中共产党取得了相当大的成就,尽管政府将主要的打击都针对着我们,既打击我们的选举工作,也打击我们的名单,因为这些名单恰恰具有确切的、特征极为鲜明的政治面目。

马泰奥蒂事件中也是这样,所有的目光都投向共产党,因为它所采取的行动一直不同于其他任何一个反对党。

只有极为明确的、一清二楚的对待法西斯主义和各反对党的行动路线,才会使我们有可能利用国内所发生的演化,战胜法西斯党人的强大势力,内中的原因正在于此。

为了争取农民群众,也应当完成这项工作。

共产党已经与农民阶级有了联系。需要建立这样一种形式的农民组织:它要能为我提供开展工作的机会,不仅在与工业工人相近的乡村雇农当中,而且在佃户、农场主和小私有者当中开展工作,对捍卫这些社会群体利益的组织发挥影响。意大利的经济状况就是如此,任何禁令也不能阻止产生这类组织。需要力争在小私有者中提出这个问题,提出反对剥削小私有者的明晰的宣传纲领,总之,需要与社会党在这个问题上模棱两可的旧有立场一刀两断。

需要利用组建农民政党的趋势,以便从中建立一些半经济组织,用以维护它们的利益;在相反的情况下,如果这些党发挥选举机关的作用,它们就很容易受到外省小城市的资产阶级宣传鼓动员、职业政客和律师的影响。

要是我们能在地区和全国范围内建立保护农民经济利益的组织(它不会是工会,因为私有者工会的想法遭到大量理论上的严重反对),我们便能通过它得到这样一种形式的协会:其中可以获得对工农联盟思想的支持,这种联盟是由共产党领导的,而且只能由它一党领导。

这样,我们的纲领就绝不是一小撮理论家的纲领。

有一些谈论我们的传闻。某些人硬说我们想要成为由那么一小撮人选举出来的少数党,诸如此类。从来没有这种事情。没有谁比我们党更追求以自身的理论和实践消除积极活动的恐怖主义少数派的幻想,造成这种幻想的则是先前的无政府主义和工团主义分子。

我们一直与这类观点进行斗争,所以将我们描绘为什么恐怖分子、一小撮英雄主义分子武装对抗的拥护者,这是完全歪曲了真相。

我们认为,在由我们党列入议事日程的解除白色匪帮武装和武装无产阶级的问题上,必须采取明确的原则性立场。

斗争的成功无疑取决于群众的参与。无产阶级的广大群众懂得,胜利不可能单凭英勇的先锋队的进攻来取得。用马克思主义进行思考的党拒绝接受这种孩子般天真的观念。不过在提出解除白卫军武装和武装无产阶级的口号时,我们应当善于启迪工人阶级:它自己就是斗争的主体。我们必须丢掉过渡政府的幻想,它会天真到以为它向我们提供以议会的合法方式进行活动的机会，或者允许我们在某种程度上以巧妙的手法绕过资产阶级的阵地，通过合法的手段掌握目前还在资产阶级手中的技术和军事机器，畅行无阻地将工人们武装起来，然后发出斗争的信号。这真是一种幼稚而肤浅的见解。

我们坚定地相信，意大利党永远不会拥有了数百或数千名武装的共产党员便展开公开的斗争。我们深信，必须将广大群众吸引到运动中来。

武装无产阶级的问题只有通过革命的手段才能解决。当然，可以利用法西斯主义压力减弱的机会着手组建无产阶级近卫军。但是我们必须打消一种幻想，似乎借助于某种手法我们就能一举掌握资产阶级的事务机关及其武装力量，在向我们的敌人发动进攻之前束缚住他们的手脚。

反对这种使无产阶级革命消沉的幻想的斗争并不是恐怖主义，而是纯属马克思主义和真正革命的观点。

所以我们根本不想成为出类拔萃的少数共产党人，他们打算通过这个小群体的抗争推翻一种社会制度。

相反，我们力求领导无产阶级群众，统一无产阶级的抗争行动，但是我们也愿意考虑意大利工人阶级的革命经验——这种经验告诉我们，如果在成员混杂的一个党（即便那是群众性的政党）或者几个党的偶然联合的领导之下进行斗争，失败便无可避免。

我们力求采取工人和农民的联合行动，但是这支大军的总参谋部和引导作战行动的坚强的手应当是共产党。

必须这样、也只能这样提出问题。

事件可能走上各不相同的比较复杂的道路，但是现在前提条件已经具备，足以将共产党作为整个革命的鼓舞者和领导者来宣传，同时公开地宣布，我们也必须与一切反法西斯的反对派政党一刀两断。

无产阶级必须对此做好准备：当它接近于夺取政权的关头，会再次对意大利资本主义形成威胁，所有的资产阶级分子和社会党成员会与法西斯主义联合起来——我们所面临的斗争前景正是如此。

快结束时，我还要从意大利法西斯主义的实际出发，谈一谈作为一种国际现象的法西斯主义。

我认为，法西斯主义也表现出了向其他国家漫延的倾向。意大利法西斯主义甚至可能对保加利亚、匈牙利（也许还有德国）的这类运动提供了支持。

即使类似的运动可能在别的哪个国家产生，世界无产阶级也必须考虑意大利法西斯主义的教训——但是有必要回忆回忆某些特殊的条件，正是由于这些条件意大利才成了如此可怕的法西斯运动的诞生地。在这些条件中发挥特别重要作用的，是意大利民族的、宗教的和国家的统一。

我认为，这些因素对于动员法西斯主义周围的社会各中间阶级是必不可少的。为了实现这种所谓感情动员，需要充分利用民族的和宗教的统一。

要想在德国建立一个强大的法西斯主义政党，宗教的差异，还有民族的区别，甚至分离主义的倾向，便成为相当大的困难。

对意大利法西斯主义发展特别有利的条件是这样一种情况：在这个战胜国中，虽说胜利的好处并不特别明显，沙文主义思想却过分大行其道。

另一个相当重要的条件与无产阶级的失败有着内在的联系。各中间阶级在一段时间里都在等待，看看无产阶级是否能够取得胜利。当他们看到无产阶级的各革命政党软弱无力时，他们便认定自己能够发挥独立自主的作用，将政权夺到自己的手中。大资产阶级正是利用了这一时机，动员这些社会成员以谋求自己的私利。

考虑到这些理由，我认为在其他国家还没有意大利这样明显表现出来的法西斯主义，换句话说，还没有一个由有产阶级动员中间阶层和小资产阶级相当多的群众以维护自身利益的统一的运动。

别的国家的法西斯主义类型有别于意大利的法西斯主义。这一类型可以被描述为小资产阶级的运动，在一定程度上已经成形和组织起来，就思想意识而言露骨地反动，但与大工业特别是与国家机关并不是结合得那么牢不可破。这个运动可能与大工业的和农业的资产阶级各政党有关联，不过同时各中间阶级和小资产阶级在其中发挥着比在意大利更加独立自主的作用。

这一运动无疑是与无产阶级相敌对的，但是比意大利形式的法西斯主义的危害性要小得无可比拟。

关于我们对待这个小资产阶级运动的态度问题，在我看来应该认为已经获得彻底的解决：想要与之结成任何形式的同盟都是荒谬的。因为这一运动构成了可以借以推行对各个半无产阶级化的阶级进行反革命动员的政策基础。让无产阶级沿着这条道路前进是异常危险的。

一般说来，在其他一些国家与"民主和和平主义时代"相间杂，可能会出现类似于意大利法西斯主义的制度，自然，它会带有各该国固有的典型特征。反动势力和资产阶级的进攻若干时间内还不会有统一的领导中心，还会和参与反对无产阶级的斗争的各种集团发生联系。

人们广为谈论意大利法西斯主义在境外的组织。这些组织是移居国外的意大利资产阶级建立的。议事日程上也有一个关于国际社会舆论评价、关于文明国家反对意大利法西斯主义道德运动的问题。有些人甚至认为，外国资产阶级高尚的愤怒会成为消灭法西斯运动的武器。

共产党人和一般的革命者都不可能赞成外国资产阶级基于对民主和道德敏感的信念的幻想。我们很清楚，那些暂时还处于左派和平主义政治家进程中的地方，将会毫不墨守成规地采用法西斯的行动方式。我们也知道，国际资产阶级只能为意大利法西斯分子的反常行为和针对工人农民的恐怖活动感到高兴。

在反对法西斯主义的斗争中，我们只能寄希望于革命的无产阶级国际。我们面临着一个阶级性质的问题。我们不会呼唤诸如"保卫权利联盟"之类的愚蠢伪君子们的外国民主政党和组织的同情，因为我们不想为一种幻想承担任何责任：似乎它们与法西斯分子有着本质上的区别，似乎外国资产阶级不会针对工人和共产党人施行意大利法西斯那样残酷的迫害。

我们认为反对法西斯主义的起义和反对意大利的恐怖活动的国际运动只能通过革命的武力来实现，原因正在于此。各国的工人都可能遭到意大利法西斯分子的排斥。我们的那些遭到驱逐并在国外觅得了避难所的同志，将会对这一斗争、这种国际反法西斯气氛的形成给予相当大的帮助。

意大利的这些反动和恐怖现象势必激起阶级仇恨和阶级反攻的浪潮，这将会强有力地促进我们在国际范围内的革命力量联合起来，进行反对国际法西斯主义和各种资产阶级压迫的世界性斗争。

**怀恩科普**（主席）：

在对已作的发言进行翻译之前，我想宣读一封我们所收到的发自北京的电报：

"莫斯科。季诺维也夫和洛佐夫斯基收。

来自太平洋沿岸、齐集广州参加自己的首次代表大会的运输工人们，代表荷属印度、菲律宾以及华北和华南的工人，向世界革命的司令部——共产国际第五次代表大会和红色工会国际1924年6月27日的代表大会致以热情的问候。"

罗易同志想要就关于法西斯主义的报告发言。但是我们已经决定不就这个问题进行讨论。因此我不能让罗易同志发言，而是建议他以书面的形式陈述他想说的话，而且他的声明将附入记录并在简报上刊登。

民族和殖民地问题委员会组成一个关于各种殖民地问题的专门委员会，由下列人员组成专门委员会的组成人员见附录。现在就举行这个委员会的会议。斯蒂内尔同志想宣布一个通知。

**斯蒂内尔**（墨西哥）：

5点钟，全体大会开始之前，代表大会将欢迎莫斯科工人大学代表团，全体大会也就会比此刻的人数更多。

（5点前会议休会）

# 第二十四次会议

（1924年6月2日，星期三，晚间会议）

主席：怀恩科普

**怀恩科普**（主席）：

现在请弗赖穆特同志发言。

## 弗赖穆特作关于法西斯主义的报告

同志们，我们今天上午听取了博尔迪加同志关于意大利法西斯主义运动的很有教益的详尽报告。既然博尔迪加同志已经阐述了法西斯主义在世界范围内的本质和特征，我就可以对这点不加涉及了。但是我认为，无论在这个报告中还是你们所收到的印刷本的明岑贝格同志向反法西斯主义斗争中央局的汇报中，都未能十分清楚明确地指出法西斯主义最本质的方面。只要回忆一下法西斯主义产生的历史，我们便可以看到其实质何在。法西斯主义并非别的什么，正是对战后开始的革命运动的反动。这是作为世界大战之后震撼整个欧洲的革命浪潮的反动的反革命最鲜明的形式之一。要想证明这点，只需留意一下法西斯党人的最早一批支部及其产生过程就足够了。我要指出的是：战争之所以结束，不是由于一些规模庞大的军队战胜了另外一些军队，而是由于交战国内部爆发了革命运动；是革命的震荡终结了战争。而现在，资本主义国家最聪明的政治家们则试图借助于法西斯主义的宣传排除布尔什维克的危险,拯救资产阶级制度免于被消灭。这里我只需提一提首席部长劳合-乔治致意大利首相尼蒂的信函即可。这封信曾不止一次刊登在我们第二次代表大会期间的文献之中。

这些在战后执政的和平民主主义政府太软弱,不足以积极地抗拒共产主义革命浪潮的压力。我们都知道,这些和平民主主义政府曾千方百计地试图安抚革命的无产阶级,以求面临革命时屹立不倒。我要提醒的是,资本主义面对灭亡的威胁,为了必须证明无产阶级的要求纯属荒谬而进行的宣传,集中了极其庞大的资金。我要提醒的是,"报效祖国"协会即已筹集了数十亿巨款,而足以证明它如何宣传的则是它的展览会,以及它那些自1918年11月至1920年覆盖了德国所有的大楼、广场等等关于布尔什维主义的巨大标语。为此提供了巨额资金。各民主和平主义政党进行1920年的选举靠的就是这个协会向资本家们征集来的资金,同时也使用从掏国家腰包所得到的钱款。其实,法西斯主义至今依然靠的是这整个宣传、所有这些措施过日子,因为作为法西斯意识形态基础的主要就是1918—1920年革命岁月中所进行的反布尔什维主义宣传的思想。社会民主党充当首倡者;它的最高学术权威考茨基写了一本又一本小册子,这些小册子成百万份地散发给工人们。这是一种独特的分工。反布尔什维克同盟以其宣传标语"布尔什维主义来了,它要毁坏你们的房屋和茅舍"吓唬小市民,唆使他们反对共产主义运动,反对斯巴达克联盟。

考茨基的任务是用大规模的宣传让工人们产生误解。免费发放他的小册子这种做法应该是要让工人们远离革命斗争,这在某种程度上成功了。所有参与过1918和1919年运动的同志都还记得,考茨基的小册子曾经成摞成捆地在工人和士兵委员会中散发。不管各民主和平主义政党如何大力宣传,不管它们采取了各种各样的措施,单凭国家的力量仍然不足以顶住1918年和1919年的布尔什维主义的压力。民主和平主义政党单凭这点无法坚持，于是它们开始搜罗被击溃了的军队的残部，将其投入反对工人的血腥斗争。艾伯特、谢德曼、哈泽的所谓工人政府将此事交给刽子手诺斯克去干，诺斯克的目标则是建立一批由先前的军官和军国主义者的反动旧士兵组成的队伍。你们都还记得这个借助于自愿兵进行反对革命无产阶级的斗争时期，你们都还记得发生在柏林、汉堡、不来梅、杜塞尔多夫、慕尼黑等地的这些战斗，这场内战。实际上，正是在这些地方建立了德国法西斯主义的首批支部和基础。

德国法西斯主义就是这样产生的。在意大利也发生了类似的现象；在占领工厂和当地的社会民主党叛变之后，无产阶级队伍中的反动势力出现了，紧随其后便开始了法西斯主义运动，因此法西斯主义的原因何在已不应该有什么疑问。意大利和德国的法西斯主义是作为反对无产阶级革命起义的反动势力而产生的。

法西斯主义从一开始就是针对社会革命危险的一种反动。资产阶级无论大小全都需要法西斯主义，以维持其阶级统治。社会革命造就了资本主义的反革命。革命的无产阶级应当从这种反革命的方法和形式中为自身吸取教训，因为德国的反革命势力在法西斯主义中经历了自身发展的各种阶段。革命的无产阶级不单是应当从自身的经验中学习，不单是从历史所赋予的机遇中学习，而且应当从反革命的历史中学习，从敌人鲜明、突出的事例中学习。法西斯主义并不像你们手中的印刷版本的汇报材料中所说那样，是什么小市民的政治运动。汇报材料中说，法西斯主义是小资产阶级推行自己的政策的尝试。当然，在某种程度上这是对的，然而法西斯主义的实质并不在这里。博尔迪加同志给我们所作的关于意大利法西斯主义的描述同样如此，也声称意大利法西斯主义是意大利小资产阶级自己确定国家政策的尝试。我再说一遍，这在某种程度上是对的，但是并没有阐明问题的实质。法西斯主义的实质是资产阶级所创造的一种战斗形式，目的是为了在反革命斗争中战胜革命，保障资本主义制度的存续。法西斯主义就是资产阶级手中反对革命无产阶级的武器和工具。当然，小资产阶级、小市民阶级的各种阶层都是这种工具。但是最重要之处并不在此，而是在于这个工具预定用于何种目的，而法西斯主义恰恰是被预定用以维持和保障资产阶级的阶级统治。我们都知道，无论在意大利或德国，法西斯主义在发展过程中都应当参与反对现存国家秩序的斗争、夺取政权的斗争。但是，如果记住了资本主义国家的实质，将和平主义的和其他各种资产阶级的政府与法西斯主义加以比较，你就会确信，它们实际上所追求的全都是同样的目标。所有这些政府与法西斯主义一样，都是为同一个目的服务：保存资本主义制度；差别仅仅在于服务于这一目的的形式和方法。总之，我们可以看到，法西斯主义的实质、它的内容就是反对无产阶级革命运动、反对社会革命的工具，因此我们应当像我们从革命运动的经验中学习那样，也要善于从法西斯主义中学习。

我在这里只是从最普遍的特点上简略地描述德国法西斯主义的各个阶段。可以确定的是，德国法西斯主义在其发展过程中总共经历了四个阶段，一直在不断地变化，并采用绝然不同的斗争方法和形式，结果得以成为它现在的样子。

我们可以这样说明第一个阶段：从艾伯特到卡普，亦即从第一届"革命"政府到卡普政变。我们所面对的是第一批法西斯组织，它们虽然还不具备现今法西斯主义的印记和特征，但它们持续存在至今，而且一直是今天的那些人在领导。

这个时期，作为首批反对革命无产阶级的组织，组成了普费弗、瓦特、门格比尔、埃尔哈特、赖因哈特、勒文费尔德等人的队伍。与这些队伍同时，还建立了一些志愿者队伍、大学生团队，随后又有前军官团队等等。最后，也建立了资产阶级保卫组织："埃舍里希组织"、"奥尔加"等等。最初，这些组织都是经过资产阶级民主政府允许才建立的。它们的建立是为了保卫社会民主党的资产阶级政府，为了保卫资本主义制度。当时社会民主党经常以这种标准的语句发言："社会主义快到来了！社会主义已经到来了！"——他们也知道，这些标语口号骗不了工人们。俄罗斯工人试图通过起义将矿山掌握在自己手中，汉堡的工人也作了让国有造船厂转归无产阶级所有的尝试，德国到处都在进行斗争。这不仅是示威游行和集会，这是夺取政权、争取建立工人委员会、争取士兵委员会生存的斗争。能够扼杀这场运动的只有反动队伍，只有旧军队的反革命军官和将军。

然而这时候的情况却是，这些反革命组织、这些为了镇压无产阶级而建立起来的队伍，并不同意仅仅充当社会民主党资产阶级政府的奴仆，他们自己也想成为局势的主宰。很快就表明，他们一开始便嗤之以鼻的蒙面工匠助手艾伯特，对他们而言并不是他们乐于服从的天生就是的领袖；编筐工匠诺斯克也不是他们认为值得服从的人。作为与生俱来的"天生的领袖人物"，作为名副其实的资产者，他们认为无产阶级及其代表人物应当服从他们，而他们则是"主宰"，世界的中心。

这样一来我们便看到，这些队伍很快就转而试图推翻民主和平主义制度。种种细节你们都一清二楚，我就不必详加分析了。

现在我谈谈法西斯主义的第二阶段。卡普政变让民主和平主义政府和各政府机关极为惊骇。它们不得不着手与它们自己组建的那些队伍进行斗争。它们号召工人举行总罢工。果然，卡普打算施行的军事专政在遭到工人阶级的反抗之后一举崩溃。在这第二阶段中，我们可以在小资产阶级层里看到这样的情形：那些积极主动抑或作为同情者参与过卡普政变的人士，如今在他们的组织被摧毁之后，很快便重新与一些势力汇合，联合成为各种秘密组织。

在这种情况下，便开始出现这类秘密组织向来经常发生的事情。这些秘密的阴谋组织只能使用各种假名,合法地或者主要工作均为非法地混日子,自然也只能局限与民众中的小资产阶级阶层发生联系——它们只有积极进行反对所谓民主制度的斗争才能生存。这时候我们便可以在其中看到一切秘密组织所特有的那些方法和手段:试图发动暴乱,进行突然袭击,还有作为主要斗争手段之一的个人恐怖活动和个人暗杀。在这个阶段期间,法西斯主义认定自己的任务并不是像政变之前那样的反对革命无产阶级的斗争,不,如今法西斯分子所希望的首先是为自己夺得政权,只有在这之后再行反对无产阶级。于是,法西斯分子与民主和平主义制度作斗争,同时他们觉得,他们遭受失败和迫害的罪魁祸首是他们自己的资产阶级阵营中被他们称之为叛徒的那些人。他们并不像先前那样首先向革命的无产阶级发动进攻,而是第一步力求取得政权,推翻所谓的和平主义民主政府。首先他们开始对由他们法西斯分子所产生的小资产阶级的政治领袖实施谋杀。埃茨贝格尔和拉特瑙都是在这个时期被杀害的。这两起谋杀案激起了猛烈的风潮,导致了无产阶级的抗议行动。令我们感到极为惭愧的是,不得不说,这两起谋杀较之此前不久发生的对李卜克内西和卢森堡的谋杀,所引发的群众运动的风潮要更为猛烈。

在第二个阶段即个人恐怖行为阶段,一直持续到德国法西斯主义开始转变为群众性政治运动的时刻,这时候所依靠的已经不仅是先前的那种全凭刺刀的手段。法西斯主义从卡普政变中吸取了教训:不能单靠刺刀。此外,法西斯分子感到,不能通过个人恐怖手段加清除个别对手和敌人的途径取得政权。法西斯主义获得了有充分理由的教训:它明白了,必须从根本上改变自身的整个结构,自身的实质和内容。

你们大家都知道,法西斯分子们最喜爱的一句话是:"为反对马克思主义而斗争";他们将自己称为马克思主义的死敌。但是没有任何一次运动像法西斯主义运动那样证明了马克思主义的正确性。在短短的时间里我们便见证了工人运动只有在其数十年的历史过程中才能产生的阶段和思潮。数年之间，法西斯主义运动的思潮、形式和内容对马克思主义的证实，几乎比工人运动的整个历史还要更为鲜明。工人运动所提出的一切问题，它的全部理论，从最初阶段开始，小资产阶级的方针在共产党宣言和马克思、恩格斯出现之前的种种问题——所有这些问题我们也都亲眼在法西斯主义运动中和法西斯主义的发展中目睹了，这里汇集了工人运动在许多年期间才得以获取到的经验。

法西斯主义在其第三个阶段中正在演变为群众性的运动，对此我们应当予以最大的注意。国会选举之后我们听到了一种意见，说法西斯主义已经根本不像它匆匆看上去那般强大。我想提醒你们不要有一种想法，似乎这个群众运动不是在我们堪称光荣的"共和国"的6年之内兴起的，似乎它是在短短20个月期间发展成群众运动并取得我们所看到的种种成绩的。

现在谈谈法西斯主义发展成群众运动的阶段，并且需要回答这是通过何种方式才得以发生的问题。

法西斯主义着手建立政党首先是在德国南方：在慕尼黑出现了国家工人党。以法西斯主义为基础的第一个政党被它称为工人党。这样，它首先面向的是工人，希望在他们中间为自己的反革命创举寻求战斗的先锋队。第二个党是在北方建立的，这就是所谓"德国人民自由党"。鉴于1813年自由主义资产阶级和大学生解放运动的思想，他们自称"自由党"，认为1922年他们便能够复兴这一运动。这两个党是德国法西斯主义最强大的政治组织。还有一系列较小的组织，但我们姑且将其弃置不论。这两个党将自己的政策建立在德国资产阶级制度全面衰落的基础之上。法西斯主义及其组织所反对的那些政党，实质上就是法西斯主义在它的这个政治时期的接生婆。正是和平主义的小资产阶级政府和党派——社会民主党、民主党和中央党，它们作为执政党，在自己的政策特别是国内政策中，以支付赔款的必要性来证明其对无产阶级和小市民采取反动措施的正确。反对那些愿意履行凡尔赛条约的党派的斗争，乃是法西斯主义在小资产阶级和工人之中所进行的政治宣传最为重要和基本的依据之一。法西斯分子以战争赔款的负担沉重为借口论证自己的对外政策纲领。这里我准备粗略地谈一谈法西斯主义的政治纲领，目的在于表明，法西斯主义正是从这个他们拒绝执行并常常以赔款负担为借口的纲领中寻求最佳的论据。在对外政策中法西斯主义及其政治组织宣布：拒绝凡尔赛条约，对法国和英国进行复仇之战，与政府实行的消极抵抗相反，积极抵抗对鲁尔的占领。在国内政策中，法西斯主义的要求简单地说是这样：反对马克思主义，反对犹太人，反对高利贷资本，反对议会制，拥护条顿人专政。在一个报告中无法区分各种法西斯流派的细微差别。我要指出的是，在德国法西斯主义的状况中，我们可以看到过去几个世纪早已消逝的一些社会阶级的整个历史；法西斯主义力图朝它们倒退回去。法西斯主义内部有一些强大的思潮，它们与基督教进行斗争，宣传回到古老德国的沃坦①崇拜，亦即回复到野蛮时期的文化。条顿骑士团骑士们的理想就是如此。有一些法西斯学说要求回复到祖传的组织，另一些群体则追求君主制，第三类人又否定它。最后这几种思潮比其他思潮更为强大，这就是希特勒运动，它要求实行血统纯正的日耳曼人专政。这种专政为何物，我们在意大利已经目睹了。甚至希特勒就是以墨索里尼为榜样。这些观点及其细微差别的根源何在呢？它们就在历史之中，就在德国中学和大学所培育的思想意识之中。对它们而言，未来就在过去之中。资本主义的文化正在消亡。它已经腐朽，归入了档案馆，弃置于历史的垃圾堆。现在有些人从那里，从这个垃圾堆中

---

① 日耳曼神话中的最高之神，原为风神和暴风雨神，以后成为战神、贸易和航海的保护神。——编者注

挖掘出一些已腐烂和正在分解的早已成为世界往昔的残渣。这表明资本主义文化无力进行新的创造。所谓资本主义文化发源地——大学、高等学校，资产阶级的辩护人即在其中接受教育，它们无非是腐化和堕落的发源地。因此，资本主义是在自己造就自身覆灭的思想体系。

不过法西斯主义也知道，以诸如此类的纲领是无法接近工人运动、接近小市民阶层的先进分子的；所以法西斯分子有其用于工人的纲领，用于各中等阶层的纲领和用于所有人的农业纲领，为的是造就一个群众性的运动。在用于工人的纲领中，居于首要地位的是要求 8 小时工作制，诸如"不要伤害我"之类的东西。这使人想起有人给我们讲述的关于一个法国大企业主的故事，此人属于民族联盟，在最近的议会选举中以候选人身份发表演讲：当工人们在选前动员大会上问他，他如何看待 8 小时工作日问题时，他极为机智地回答说，8 小时太多了，6 小时即已足够。法西斯分子工作时也完全使用的是这种蛊惑性手段。他们所要求的社会保险比迄今人们对这个名词的理解还要广泛得多。此外，还常常听到消灭阶级的空谈。他们一再肯定地说，他们正在为反对阶级之间相互教唆而斗争，在法西斯制度下资本家和工人会组成同一个家庭，并享有同样的权利和义务。他们大谈必须发展与犹太资本和金融资本相反的产业资本。他们鼓吹实行阶级合作，必须建立将雇主和工人团结起来的工业联盟；他们还想按照这一原则建立能恢复社会正义的自己的工会。美国工业巨头亨利·福特就是他们的典范。福特的观点和理想在我国数不胜数的宣传小册子中广为传播。正如对待工人们一样，德国法西斯主义也有用于各中等阶层的特殊纲领，其中他们同样准备用社会保险让它们与工人一样感到幸福愉快。农业纲领的情况也如出一辙。他们在其中教导说，每一个农业工人、每一个农民都应当拥有自己的完全自由的家产，都应当免遭犹太人奴役。总而言之，无论放眼何处，到处都是滔滔不绝的许诺和巧舌如簧的蛊惑煽动。

这就是法西斯主义用以大力争取获得小市民阶层和无产阶级群众的纲领的要点。它的这个纲领早在群众强烈向往法西斯主义阵营之前即已制订完成；在这个纲领的基础上便出现了群众性的法西斯主义运动。现在我来讲，这个群众性运动的主要原因确切地说究竟是什么。可以确定的是，作为群众性运动的法西斯主义在德国醒目地、强有力地登上舞台，是在鲁尔被占领期间和库诺政府时期。1922年10月和11月之前，法西斯主义实际上依然是个秘密组织，其状况我在阐释它的第二个发展阶段时已作过描述。不过，自从拉特被刺杀的时刻开始，履行凡尔赛条约义务的政策的小资产阶级民主制度便迅即开始崩溃。的确，履行条约的政策形成了德国的沉重负担，结果马克贬值异常严重，物价开始飞涨。这种履行条约的政策导致约瑟夫·韦特、赫尔曼·弥勒等人的和平主义民主政府纷纷破产。你们都知道，韦特的政府维持的时间最长。然而，拉特被杀害之后马克以极快的速度贬值，同时国民经济的混乱状况大大加剧，结果这个政府已经毫无抗御的能力。资产阶级内部原来鼓吹不履行条约的那些人愈来愈占上风。在库诺入主政府时他们曾说：这个政府是挽救国民经济的最佳保障，因为库诺在国外受到信任，他作为船东资本的代表，与美国和英国有着良好的关系。库诺政府和不履行政策比履行政策破产得更快。库诺是1922年11月进入政府的，当时1美元值6000马克，而1923年8月他退出政府时，1美元已经等于60亿马克了。没有一个国家事情能达到这样的数字。俄罗斯也不得不牵涉到高额的货币数字的问题，但是俄罗斯所有的计数器、计算机恐怕也根本无法将德国最近期间一个女乞丐需要处理的那些天文数字相加起来。

在库诺政府时期（1922年11月—1923年9月）法西斯主义开展了广泛的、声势极为浩大的宣传活动，它已成为一个群众性的运动。关于这个时期，在代表大会第一项议程涉及德国事件时已作过详细叙述。总之，这个时期不仅法西斯主义在广大群众中赢得了地位，而且革命也再次开始蒸蒸日上。这再好不过地证实了我在报告开头所提出的论点：法西斯主义乃是反革命最重要的组成部分，它传播最迅猛的时刻是在革命运动影响减弱、行动不够果敢之际。可以说，这是革命与反革命之间的竞赛，是两种力量的彼此检验。在上述时期，并不单是共产党人和工人们明白必须发生变革；可惜的是明白得太迟了。资产阶级比无产阶级具有更敏锐的本能和更成熟的阶级意识。现在整个资产阶级都明白，他们已经走到了终点。我只需提一提斯特来斯曼在加入库诺内阁时的话就够了；他说，这很可能是我加入的最后一届议会制政府了，同时他打了这样一个比方：他坐上的是一叶扁舟，不知自己能否顺利到达彼岸，抑或不得不葬身于革命的巨浪之中。一连数星期、数个月，资产阶级都在报纸上完全公开地进行有关内战的争论，并且斩钉截铁地宣称，不能再这样继续下去了。谁善于倾听群众之中所发生的事情，谁就会知道，极大的危险正威胁着资产阶级制度。1923年德国各地所发生的风浪，比1918—1919年的风浪广阔、深入和强劲得多，尽管后者更为冲动、大胆和坚决，不像1923年所看到的群众运动那样小心谨慎、行动迟缓，不过同时也很强劲有力。

  同志们！这个时期共产主义运动悄无声息。我们所看到的是法西斯分子们进行的广泛宣传，法西斯主义面向注定要灭亡的中等阶层，面向已被导致绝望的工人阶层，表现自己的方方面面，以规模浩大的示威游行展示自己的力量。这种情况从1922年11月持续到1923年春。当时发生了无休无止的群众性庆祝活动、日耳曼日等法西斯分子的盛大示威游行，为的是显示法西斯运动的力量、威势和自我觉悟。

  只是在这次反革命的高潮中，革命才做了首次力量检验。1923年春的情况如何呢？当资产阶级自身队伍中的瓦解和衰亡威胁着德国的资产阶级制度的那个阶段，我们共产党人都做了一些什么呢？在法兰克福和埃森的代表会议上，我们谈到了鲁尔被占以来德国所发生的各种事情的全面情况，阐述了经济形势；当然，我们在那里也采取了明确的政治路线。但是就我们方面而言，并没有具体解决我们在法兰克福和埃森会议上所提出的那些问题的实际行动。只是在法西斯主义和法西斯运动到处表现自己之后，我们才开始大力进行反法西斯主义的宣传，并且大约在1923年的3月至7月之间达到最高潮。其顶点就是6月末的法西斯主义日；它在普鲁士和德国的许多共和国遭到禁止，但在另一些共和国则获得准许。尽管屡屡遭禁，工人群众举行活动时十分齐心协力。这次群众性的宣传，这次系统而顽强的法西斯主义工作显示出，法西斯主义只是一些思潮，一旦革命工人阶级登上舞台，它的幽灵便会消失。当时法西斯主义组织在任何地方都不敢出头露面。诚然，即便在那个时候，由于上述那些错误的方针，这次法西斯主义日及其运动的结果并未显现出来。我只是提一提这点罢了。柏林的组织打算在柏林之外的地方——热衷于君主制的波茨坦举行自己的反法西斯主义日；结果却接到命令：你们不要到波茨坦去，因为那里正在酝酿一场血战。当时我们在法西斯主义的斗争中所采用的方法，在本质上有别于我们现在所使用的方法。尽管如此，那次反法西斯主义日仍然是无产阶级针对反革命所采取的最出色的行动之一。

同志们，反法西斯主义日之后不久便发现，共产主义的和革命的运动对于民众中所有那些人士和阶层而言是颇具吸引力之点，这些人面对正在瓦解和毁灭的经济制度，一心寻求类似于溺水者抓住一根稻草那样的出路。我们当时将这些阶层的大量群众和此前被视为法西斯分子成员的那些群众都吸引到了我们的影响范围之内。并不是暂时、偶然吸引他们参加我们的群众大会，不是这样的，我们还让其加入我们的组织，从组织上将他们与革命运动联系在一起。

在你们已拿到的印好的工作汇报和博尔迪加同志的报告里都正确地指出，法西斯主义主要依靠的是小资产阶级的中等阶层、手工业者、所谓的独立农户和独立职业，例如：医生、律师、大学生、中学生，以及全德国将近600万的城市中等阶层，同样也依靠小农阶级，佃户和移民，这些人在德国也将近550万—600万。

在那个大规模示威游行的时期（反法西斯日），在那个我们反对库诺的腐朽制度的检验力量时期，所有那些如今已经投向法西斯主义的动摇分子，大部分都团聚在共产主义运动的周围。

比如农民阶级。季诺维也夫同志在他的结束语中指出，德国共产党最重要的任务之一是借助于宣传小组吸引住小农阶级，将他们团结到革命无产阶级的旗帜周围，或者至少要让他们保持中立。我们应当说，当时我们不仅让农民保持了中立，而且在将他们吸引到组织之中、力求争取他们接受共产主义思想体系、接受无产阶级专政思想等方面，也获得了相当大的成绩。当时建立了一系列农民组织，比如："移民和佃农联盟"，其中心就在柏林，所拥有的地方小组主要分布于存在大地主所有制的各州；"劳动农业联盟"则在中部德国的梅泽堡、西里西亚和萨克森等地建立组织。"移民和佃户联盟"拥有近50万成员，"劳动农业联盟"则有20万成员。它们都采纳共产主义的农业纲领。同时在黑森、巴登和普法尔茨也出现了类似的组织，它们都接近或者加入我们的组织。我们发现，在革命动荡的时刻我们可以很容易地同化这些中等阶层的广大群众，他们曾一度对无产阶级的斗争感到不知所措。我要强调一句，所有这些阶层都不是通过政治宣传而是在积极的革命斗争中争取过来的。中部德国和图林根的小农阶级追随我们的监督委员会，为的是掌握城市的粮食供应权。我还要举出一些组织，它们数周之前在上西里西亚召开了自己的第一次农民代表大会，并从那里向俄罗斯农民发出誓言忠贞不渝的电报，号召坚定地捍卫专政，直至德国小农阶级也获得走上同一条道路的机会。最后我要指出一个组织，它在上巴登武装起义期间积极参与斗争，解除警察的武装，从那时以来一直与工厂无产阶级齐心协力地进行斗争。

诸如此类的现象在中等城市阶层中,在大城市尤其是柏林的小市民阶层中都确定无疑地存在。比如,当无产阶级监督委员会没收粮食的时候,他们便得到了小商人的积极支持。只是我们并未能将这些人组织起来。

之所以需要指出这一切,为的是表明在革命的关头,法西斯主义的领域仅限于旧军队遗留下来的那些地道的反革命分子,或者在大学中造就的资产阶级"知识分子";在这样的关头法西斯主义不可能像最近的议会选举中那样大力发展。

我们在10月里未能开展斗争,这使我们大大地落后了。目前,至少是在选举之前,广大的阶层被法西斯主义争取过去了,其实当时它们对共产主义运动怀着很大的好感。仅仅因为10月间没有发生无产阶级起义,它们对共产主义产生了不信任,这才投入了向他们许下美好诺言的法西斯阵营。

法西斯主义的第三阶段和群众运动的发展在希特勒的政变中归于结束,众所周知,政变发生在10月之后不久,具体地说是11月9日。这次政变中集中体现了这些业已破灭的对共产党人的希望的结果和对法西斯分子的期望;这次政变是法西斯主义运动的顶峰。希特勒政变的过程你们都很了解。我认为,称之为政变是不正确的。在希特勒和国家社会主义者(或者像在巴伐利亚那样,称他们为纳粹)的运动中,我们所涉及的是一场广泛的大规模的起义运动。这并不是政变的尝试,而是广泛的抗议行动,在多少有点健全的政治理智的情况下就应当能达到目的。从这个运动中我们应当得出一个令我们革命战士们极其满意的结论。实际上,在慕尼黑走上街头的有1万名武装起来了的反革命法西斯分子,几个营配置着各种必要的军事装备、形形色色的杀人武器的士兵,他们是世界大战中最著名的德军统帅鲁登道夫组建的。伟大的战略家让他的这几个营开火。结果怎么样呢？他们刚刚开始斗争，没过几分钟，所有这套胡言乱语都烟消云散，无影无踪了。这整个尝试数小时内即已告吹，唯有子弹的呼啸之声。我们可以将这种情况与此前数日发生的汉堡革命无产阶级的那场斗争加以比较。在10月20—24日三天的街头斗争中，200名革命工人坚持对抗1万余名国防军、警察、海军支队等的士兵。三天三夜里这200名革命战士坚持对抗大批的各种杀人武器，对抗用来镇压他们的坦克、机枪和大量刺刀、步枪。这里显示出，一个革命战士比千百个反革命雇佣兵更富于战斗力、自我牺牲精神和高度的自觉。这种对比表明，德国的革命斗争实质上取决于革命战士精神振奋的程度，在与去年10月类似的条件下，如果共产党多多少少发挥出自己的战斗力，革命无产阶级所面临的任务无疑可以完成。总之，同志们，我再说一遍，法西斯主义运动与革命运动的这种对比，给了我们对于革命无产阶级所面临的战斗的希望和信心。

法西斯主义的政治阶段和群众运动以希特勒的政变告终。此后法西斯主义改变了战线（在其基本内容方面），采用另外的斗争方式和形式。法西斯主义在其纲领中仍然载明为反对议会制而斗争，然而在州议会和全国议会选举时它却都参加了。德国的许多选举向我们表明了法西斯主义运动的力量，同时也表明法西斯主义的群众性运动建立在不可靠的基础之上。首先进行的是梅克伦堡、图林根和巴伐利亚的州议会选举。刚才提到的这几次选举都发生在4月6日。而在法西斯主义的故里慕尼黑，法西斯分子取得了极大的胜利；在巴伐利亚的其他一些地区，比如纽伦堡，那里1922年之前并未出现广泛的法西斯主义运动，而现在却比从前强大了。不过早在全国议会选举之前的4月6日至5月4日期间，慕尼黑便产生了巨大的进展。5月4日之前这段时间，法西斯分子失去了转向德国国家党的1/4至1/3的选票。在德国的其他地方并没有这种现象。在资产阶级中等阶层势力最大的各个城市，法西斯主义全都取得了很大的成绩。

不过对工人运动极其重要的则是,法西斯主义甚至成功地渗入了工人运动力量强大的那些地区和领域。它在许多工业高度发达的地区也取得了十分可观的成绩。法西斯主义在选举中获得最大胜利的地方是法兰克尼亚的高度工业化地区纽伦堡和菲尔特。在法兰克尼亚,法西斯主义获得了全部选票的20.3%。紧随其后的一些地区,比如图林根,那里的州议会中社会民主党和共产党已经占据多数席位,法西斯主义在这里也获得了全部选票的10%。普劳恩的结果异常重要;在这个纺织工业占主要地位的清一色的工人城市里,法西斯分子也取得了很大的成果,而这只能用工人们的选票来作解释。我们还要指出诸如哈雷、梅泽堡和劳西茨之类的地区的选举,在那些地方我们一直试图将鲁尔地区矿工的斗争转移到中部德国的产煤地区。这里我们不得不指出,这些先前在革命斗争中表现坚定的广大矿工群众被强行拉入了法西斯组织和与老板"合作"的团体。例如,在海泽利塔尔我们现在连一个无产阶级的、社会民主党的或者共产党的地方小组都没有,然而法西斯分子在那里却到处都有自己的组织。森夫滕贝格和其他一些地区的情况也一模一样。在刚才所提到过的梅泽堡,法西斯分子获得了全部选票的8.8%,在开姆尼茨-兹维考为7.5%,在南汉诺威-不伦瑞克为7.3%,在汉堡为6.1%,等等。博尔迪加同志不能说法西斯主义在意大利已经渗入了工人运动,但是在德国,正如我们所看到的那样,情况恰好相反。我们应当说出事情的真相,不能像鸵鸟一样在事实面前把头藏了起来。在德国,法西斯主义借助于一系列手段,借助于大量的金钱投入,设置民众食堂以及其他一些社会机关,让工人阶级落入了圈套。

同志们,现在我转而谈一谈我们在德国所尝试并发展了的各种斗争方法,阐述德国共产主义运动(无论中央委员会还是我们代表团)现在都同意的一些观点。在法西斯主义运动开始之时,我们像其他一些兄弟党一样，在自己的斗争中犯了一些错误。当卡普政变中法西斯主义运动或者至少是法西斯主义的先行者们发动反对小资产阶级民主运动的斗争之时，斯巴达克联盟起初宣布中立。这是与我们的保加利亚同志去年6月所犯的同样的错误，其时正值针对当时的保加利亚农民政府的反革命起义期间。不过这个错误很快便由斗争中的无产阶级加以纠正了。工人阶级，特别是革命无产阶级，向卡普发出了共产党人理应回敬他的警告。卡普政变期间，工人阶级迅即经由总罢工和消极反抗，转而进行针对反革命的积极斗争，其中包括反对先前的社会民主党反革命政府的斗争，为的是将政权夺取到自己手中。卡普政变期间，我们第一次在德国看见斗争中的工人们的各大群众团结成为一些稳固的组织，第一次在德国听到有关斗争中的革命无产阶级组建了红军的消息。在鲁尔地区，工人们不仅当即发动了总罢工，而且着手解除反革命的志愿分队和国防军的武装，组成了一些武装工人营，在德国建立了第一批红军支部。在开姆尼茨、哈雷-梅泽堡和莱比锡，革命无产阶级也采取了同样的措施；各地的无产阶级都纷纷奋起，不是保卫小资产阶级的社会民主党政府，而是为了掌握自己的命运，开始为无产阶级专政而斗争。

我再说一遍，当时党、斯巴达克同盟所犯的错误，很快便由战斗的革命无产阶级以其积极的抗争加以纠正，因此我们当时并没有遭受由于我们的中立而无可避免地引发的失败和让运动倒退。

其后小资产阶级的民主政府十分巧妙地利用法西斯主义反对革命的无产阶级，反过来又利用革命的无产阶级反对法西斯主义。我们随后的行动中的反对法西斯主义的斗争方式，比如在埃茨贝格尔和拉特被杀害之后那段时间里，并不具备在镇压卡普起义时那样的革命性质和革命力量。共产主义运动更像是追随社会民主党对法西斯主义的抵抗，而不是作为积极的领导力量采取行动。如果说法西斯主义在其与马克思主义的斗争中攻击的是共产主义，如果说它在资产阶级中等阶层中获得了反对马克思主义的胜利，那么它利用的正是社会民主党人所篡改了的马克思主义，考茨基所篡改了的马克思主义——那并不是关于无产阶级解放的学说，而是像改良主义所表述的那样，是关于奴役无产阶级的学说。我再说一遍，如果说在法西斯主义对中等阶层的宣传过程中，这些阶层将马克思主义者与社会民主党人混为一谈，那么其原因就在于，我们在整个这场斗争中的策略很少，少得可怜，与社会民主党的各种反动措施相比，具有不彻底性，吞吞吐吐。我们不善于或者没有力量独立自主地进行反对法西斯的斗争，而这种独立自主是必不可少的。

这在埃茨贝格尔被杀害以及拉特被刺杀之后的抗议行动中表现得十分明显和严重。我们现在不得不事后对一度在共产主义运动中广泛运用的那些与法西斯主义作斗争的方法进行研究和讨论。

我们在共产国际各支部中最广为人知的、最引人注目的宣传经验，就是拉狄克关于施拉格特之事致德国法西斯党人的那封信，同时还有他在执行委员会扩大的全体会议上的讲话，那也是他通过全会向德国法西斯党人讲的。这次讲话在发表的当时在我们德国的队伍中便受到各不相同的评价。当时即已形成了反对派，他们认为或者感觉到这是一种错误的方法。

为什么这种方法是错误的呢？关于施拉格特的那封信在某种程度上是法西斯主义运动的一种道德上的辩解，它仿佛为之辩白似的，一直在强调法西斯分子的抗争，其中也包括针对战斗中的无产阶级的抗争。这简直是一封致"勇敢的反革命士兵"的信！在德国共产党人的和法西斯分子的报刊上，为此进行了意见交换，而且提请注意共产党人和法西斯党人之间建立联盟的可能性，哪怕是暂时性的联盟也罢。如果注意到我在上面所论述的法西斯主义的实质，那么事情就很清楚，法西斯主义与共产主义之间有一条形同水火的巨大鸿沟，它们之间的联盟是不可能的事。同时我还要提醒你们，当时在报纸上的文章中也谈到了"道路的共同部分"。而关于施拉格特的信件和讲话中以及与之相关的报刊文章所表现出的这些倾向,我们现在认为同样偏离了我们在反对反革命势力和反对法西斯主义这种特殊的反革命势力的斗争中应当运用的那些方法。诚然,这种错误的方法起初使我们能够或者说使我们必须与法西斯主义进行讨论。然而问题并不在于能够讨论,而是在于如何讨论、向阶级敌人针锋相对地提出一些什么样的论据。我们在德国的群众大会上开展了十分强大而广泛的宣传;会上我们与法西斯主义展开辩论;会上我们可以判断出什么样的手段能够最强烈地影响这些中等阶层。我们认定,共产主义运动、共产国际、执行委员会扩大的全体会议和历次代表大会的决议等所作的正确表述,比任何联盟建议对中等资产阶级各阶层和小农阶级的影响都要重大得多。

比如,我们讲述我们关于凡尔赛条约的论点和呼吁,关于鲁尔被占领,同时说明苏维埃俄罗斯是唯一的不赞成强盗般的凡尔赛条约并且公开反对它的国家,我们便在这些群体中赢得了对共产主义运动极大的好感。

同志们,那个十足机械的判断的情况也完全相同,它认为在德国要么是共产主义专政将取得胜利,要么就会是法西斯专政。11月份我们的中央委员会中也有人鼓吹:法西斯主义已经取得了胜利——这也证明这个机械的判断是错误的。他们过高地估计了法西斯主义,本来应当称之为中等资产阶级国家形态的专政,被他们当做了法西斯主义。这就造成了反法西斯斗争中的错误政治判断和错误路线。

我作一个归纳:无产阶级只有在斗争中才能达到将自己从资本主义的奴役下解放出来的目的,它要能达到这一目的并不是在与法西斯分子结成的同盟之中,而是在与他们进行最激烈和坚决的斗争之中。只有具备为反对反革命势力而斗争的最积极和强烈的意志,只有在为了无产阶级专政、为了苏维埃俄罗斯而进行的斗争中,只有在这种斗争中法西斯主义才能被战胜。

还有一个问题。共产国际设立了反法西斯主义斗争局,该局有着自己的德国书记处,担任领导人的是明岑贝格同志。这个局出版了大量关于法西斯主义的文献。但是这些文献和书记处的整个活动,与共产主义运动的政治领导、与我们各个国家的中央并没有任何联系。这个书记处在其大量的宣传材料中,写了一些我们在政治上不能同意的东西,例如,我们不能在自己的斗争中使用议会选举之前所出版的那些文献,因为我们在全党之内都原则上采取与这些文献所根据的观点不同的另外的观点。有一个小册子,其中收集了一些关于法西斯主义的极为有趣的材料,但它将法西斯运动称为"革命的"运动,说这个运动恰恰能够为反对现存国家政权的斗争提供革命性的帮助。这本小册子还包含着其他一些谬论。这样的材料我们不可能在宣传中加以运用。因此我们要求该局应当服从我们进行反法西斯宣传的各国党的政治领导。认真听过我发言的人,都会确认意大利的和德国的法西斯主义之间有着本质性的区别。所以,应该有可能根据不同国家的条件组织安排宣传。我们要求的并不是取消这个局,而是让它服从各个国家党中央的领导。

现在我转而谈谈无产阶级反对法西斯主义的斗争形式。首先,这就是关于统一战线的问题。这可能只是自上而下的统一战线,工人们进行革命斗争的统一战线。反对法西斯主义的斗争只能够是借助于种种革命手段和方法的斗争。这应当是思想方面、组织方面和军事方面的斗争。和平主义的、温和民主主义的思想不仅仅是对卑劣的对象毫不中用的手段,它不仅是一种酸甜水,而且它妨害和阻碍真正的反法西斯斗争。无产阶级反对法西斯主义的斗争,只有在革命的共产主义的领导下并在共产主义思想的基础上,只有依靠共产主义的方法和战斗手段,才能进行下去。另外的道路是没有的。这里就出现一个共产党人与社会民主党人联盟的问题,社会民主党人似乎像共产党人一样,也是法西斯主义的敌人。社会民主党很多时候都对法西斯主义大声斥责,怒不可遏,装作是它不共戴天的敌人。我们往往落入口头英雄主义的圈套。我要再次提醒记住埃茨贝格尔和拉特被杀害后的那场运动。当时我们忘记了一点,具体地说就是往后在我们的斗争中应当最具有决定性意义的一点:社会民主党和法西斯主义就是相同的社会职能的两种手段,两种工具。无论社会民主党还是法西斯主义,在极端残酷无情的资本主义专政期间都有着相同的任务,确切点说就是保障和捍卫大资产阶级对无产阶级的专政。社会民主党和法西斯主义乃是大资产阶级对革命无产阶级实行专政的斗争和夺取政权的斗争的工具。总之,社会民主党和法西斯主义尽管表面上相互争吵,却并不是两个对立面,而是彼此血肉相连。因此,社会民主党永远也不可能成为革命无产阶级在反对法西斯主义斗争中的同盟者。社会民主党的实质和角色,它在无产阶级革命时代的使命,都使得它要站在法西斯主义一边。反对法西斯主义的斗争,这不仅是反对白色专政的斗争,同时也应当是反对小资产阶级民主政治、反对社会民主党人所宣传的"马克思主义"的斗争,社会民主党人将无产阶级解放的学说、革命的马克思主义变成和平主义的马克思主义和对无产阶级的奴役。这场斗争应当成为反对社会民主党和争取革命的马克思主义的斗争。在反对社会民主党的斗争中,我们一定要为无产阶级的阶级斗争,把那些构成法西斯主义群众运动基础的一切个人和群众争取过来。

在法兰克福党代表大会上我们转而采取真正革命的策略,会后我们在反对法西斯主义的斗争中也迅即完成了一次转折。我们提出了与先前不同的口号:无论哪里有法西斯分子集会示威,我们都要大力加以阻止。我们发动了名副其实的革命游击战争。我们党原先的中央委员会,布兰德勒和拉狄克之流,在莫斯科这里散布了各式各样的无稽之谈和可怕的故事,为的是诋毁我们现今的斗争方式。他们信口胡诌在哈雷和菲尔斯滕瓦尔德的"失败",这些说法只不过是表明,这些人是明白或者希望明白反法西斯斗争的实质和趋势的。这些说法根本不是反对我们和我们的方式的证据，只不过是向我们真切地表明，说这种话的人们本身很少懂得真正的革命斗争的实质。批评我们的人说，共产党人在那些地方遭到了迎头痛击。然而谁要是希望千方百计逃避打击，这种人就根本不应当进行斗争。问题就在于，我们所进行的并不是口头的、书面上的斗争，而是手握武器的真刀真枪的革命斗争。这就是真实的和虚假的革命者之间的区别。我们的队伍中还有许多不健康的东西。哈雷和菲尔斯滕瓦尔德的斗争之后我们那里也有人发声，说这次斗争对党没有好处，因为遭受打击的那些同志失去了工作能力。但是，如果问一问斗争的一些参与者，却会得到各不相同的回答。一些人说：这很糟糕，我们遭受了打击，我再也不参与这种事情了。这是我们这棵树上的枯枝朽叶，他们为革命而斗争已习惯于按照庸人的方式，心平气和，文质彬彬，开会通过一些决议就行了。但另外一些人却回答我们说：这事好极了，我们虽然遭受了很大的打击，可是我们本身也实施了更加强有力的打击，我们夺得了旗帜，让铁路停运，解除了警察的武装，等等，一句话，干得出色极了。另外的这些人就是这样说的。这是真正的革命者，这是我们当中目前正在成长的革命战士的新一代；他们所看到的革命并不是群众大会的决议，并不是成群结队的游逛，也不是群众自发性的感情冲动，他们都懂得，革命大多是在长期的顽强斗争的基础逐渐成熟，从一条条小溪流变成声势浩大的运动。如今来自德国的消息表明，哈雷和菲尔斯滕瓦尔德的斗争并没有让群众丧失信心：由于我们的共产主义力量动员起来了，法西斯分子的新勃兰登堡代表大会事实上以警察和法西斯分子的流血失败告终。我们的反对法西斯分子的战士数量并没有像假革命者们所预言的那样减少，而是增加了。在这场革命的游击战中，真正革命者的营垒逐步形成，迄今基本不曾有过的各种可靠的机构亦已建立起来。这是德国革命发展中极大的进步。

不过，反法西斯斗争还有另外一项重大的政治意义。斗争中，口头上的反对法西斯主义而"斗争"的社会民主党人遭到无情的揭露；他们不得不在这个过程中显露出自己的真面目。社会民主党的部长们和警察总监们允许法西斯分子示威游行，却禁止共产党人的反示威游行。泽韦林、艾伯特、里希特、赫辛以及其他一些社会民主党的资本主义专政保卫者，借助于他们的警察、国防军等驱散工人的抗议示威，与此同时他们自己却与法西斯分子一起示威游行并保卫这些人。

社会民主党领导人与法西斯分子的这种统一战线，比我们所有的群众大会讲话和所有的宣传材料都更好地表明了社会民主党的历史使命。这对工人们是一种生动而直观的教训。它比我们所有的宣传都重要得多。另一方面，法西斯主义以这种与社会民主党人和自身的警察护卫者们的统一战线同样败坏了自己的名声。法西斯分子们仿佛是在与社会民主党作斗争，实际上是在请求艾伯特和泽韦林为反对共产党人提供保护。法西斯分子声称他们是在为反对"犹太"国家而斗争，实际上是在向"变吝啬了"的社会民主党求助。这像炸药一样在他们的队伍中发挥了作用。他们对自己和胜利的信心产生了裂痕。

最后，是这次斗争的第三个政治方面。我们党的报刊几乎全部被扼杀了。群众大会要么被禁止，要么无法举行，因为我们的演说家大部分已转入非法状态或者正在坐牢。在这种情况下，广泛而详尽的宣传几乎是不可能的。我们发表政治性的讲话极为困难。但是面对我们与法西斯分子的斗争，哪怕是小城市里的各种资产阶级报纸也不得不对它加以报道。就这样，共产党似乎在社会舆论中不再存在了，似乎已经消失了，实际上它却突然作为一支巨大而可怕的力量出现在大家面前。那些被认为已经死去的人猛然之间复活了，迸发出健康和力量，对此作出了证明。当然，参与这场斗争的总共只有那么两三千名共产党人。但是在第二天，三四千万读者却在许多报纸上读到这样的大家标题："共产党人与法西斯分子斗争"，或者"共产党人与警察的流血冲突"，以及其他一些诸如此类的有关军事行动的综合报道。所有的工人都看到了，共产党人是确确实实、认认真真反对法西斯和反革命势力的唯一的力量。这赋予了我们极大的荣耀，为我们赢得了极大的同情，是任何宣传、即便最自由的报刊和集会都无法办到的。这样，现在我们正在进行的反对法西斯主义的斗争就是教育德国无产阶级队伍中的真正革命一代战士的最好方式，同时也是共产主义的革命宣传的极好办法；尽管批评我们的人说了许多丧气的话，我们也不会放弃它。

我们这里是从其有限的历史作用和有限的社会功能来评判法西斯主义，因为较之资产阶级制度的其他各种组织，它是一个独立的运动。至于资产阶级社会及其具有阶级性的各种政治组织，尤其是社会民主党，运用法西斯主义的斗争方法来反对革命的无产阶级，那又是另一回事。人们常常将这些组织与法西斯组织混为一谈，而且宣称这是法西斯组织的胜利。我认为这是完全错误的一种做法，使得无法对定义进行准确的社会分析。这种研究超出了我的报告的范围，我就不加以涉及了。

请允许我再谈谈法西斯主义进一步发展的某些前景和可能的未来。当然，不可能预言法西斯主义会走上这一种或者另一种道路，对它的未来作出这样或者那样的推测。只能从它的实质，从它的社会构成，从它的社会、经济和政治结构，得出某些一般性的结论。在阶级意义上任何情况下都是一个整体的法西斯主义的内部矛盾，各不相同的阶级、经济和社会利益的矛盾，所有这一切都是法西斯主义中腐朽败坏的因素。大资产阶级和小市民、大地主和工人们的截然不同的利益之间的桥梁不可能长期持续存在。像意大利那样法西斯主义已取得胜利的地方，它很快便会先是趋于破产，然后走向内部瓦解。刚刚从意大利传来的消息称，那里的人们已经在公开谈论墨索里尼垮台，谈论反对法西斯制度的工人们的群众性大罢工。我赋予意大利的这种转变以巨大的意义，那里的法西斯主义已达到权力的巅峰,那是资本主义国家内任何别的制度都从未达到过的。但愿大意大利能展开一场健康而强大的群众性的共产主义运动,让那里的法西斯主义寿终正寝。能够战胜法西斯主义的只有在战斗中久经考验的真正准备好战斗的共产主义。如果没有共产主义,意大利的危机便会以小资产阶级的民主主义与法西斯主义的有害妥协告终,这种妥协会让"民主主义"成为法西斯主义罪行的共犯,却不能消除法西斯主义。对意大利和那里的法西斯主义运动而言,近期的前景就是如此。如果达成这样的妥协,那么法西斯运动便还将在该国持续很长的时间。继意大利之后,德国的法西斯主义势力也愈来愈强大。但是在这里法西斯主义很少有机会(至少就近期而言)达到在意大利那样的大权独揽的统治地位。因为这里有极为强大的无产阶级革命运动。法西斯主义目前在德国做到了加入政府的目的——既进入了各个部,也进入了议会;因此它需要展现自己的真面目,公开拥护大资产阶级的制度,而这必然会在拥护者面前损害自己的名誉。然而即便在德国,这种情况要成为可能也可能是在这样的情况之下:如果共产党能够借助于真正的革命战略,表现出斗争的意愿,将小市民和已被逼到绝望的工人群众团结在自己的旗帜周围,使这些群众产生对共产主义运动的信赖。凡是法西斯主义已成为群众性运动的地方,共产主义要战胜它,都必须明确地采取行动,坚定地向已经被唤醒的群众表明,出路和获救只能寄望于共产主义。

最后,我再次归纳一下:法西斯主义乃是资本主义解体时代和无产阶级革命时代反革命的阶级形式之一。它在这样的一些地方正在变成一种群众性的运动:这里的无产阶级业已投入夺取政权的斗争,但是,由于革命的经验不足和缺少革命阶级政党的领导人,并未能组织起无产阶级革命,大力发动和利用群众,直至建立起无产阶级专政。法西斯主义就是大资产阶级反对无产阶级的斗争工具。它在那些国家手段不足以保护资产阶级免遭革命无产阶级伤害的地方是一种非法的斗争手段。不过就其结构而言，法西斯主义是一种小资产阶级运动。大资本主义日益加强的集中、托拉斯和辛迪加正在不断遗留下一堆堆尸体（小市民阶级），作为这一社会变革进程的牺牲品，法西斯主义就利用这些尸体充当抵挡社会革命进攻的街垒。

我还要说一说有关共产党人与法西斯主义斗争的情况。反对法西斯主义的斗争应当由共产党人根据法西斯主义的历史任务和实质及其社会结构来进行，所使用的方法和手段则一方面要能够和确保从政治上战胜法西斯主义，另一方面要能够回击它对革命无产阶级的武装进攻。我列举一下这些手段：

**A. 政治方面：**

（1）共产党的真正革命的战略和政策，要能让资产阶级的中等阶层和小农阶级产生对共产主义的信任，这种战略和政策要让他们产生和加强一种信念：文化、社会和经济问题只有通过无产阶级专政才能解决。

（2）要向工人阶级系统地阐明法西斯主义反革命的和敌视工人的性质。

（3）要系统地向小市民阶级和小农阶级阐明资本的集中正威胁着让他们的处境无产阶级化，阐明法西斯主义的大资本主义功能。

（4）奉行积极的对外政策。开展斗争，反对帝国主义的和平条约、赔款问题、国际联盟的讹诈等等。向群众阐明帝国主义的对外政策的实质及其对劳动群众的致命后果。

（5）力争劳动者的各个阶层在反对法西斯的斗争中结成统一战线。

（6）反法西斯宣传要听命于各国的党中央。使用标语、口号和在报纸上进行详尽的宣传。

**B. 组织和军事方面：**

（1）建立针对武装的法西斯主义的武装保卫队伍：无产阶级百人

队、工人战斗队等。

（2）反对法西斯分子的示威——有武装保卫的反示威。

（3）反对法西斯恐怖行为（毁坏工人的、印刷所的以及其他的房屋，谋杀工人和他们的领袖，等等），组织针对法西斯分子及其领袖、印刷厂和企业的总罢工，为反对运用镇压手段对工人实行大规模的恐怖而斗争。

（4）从企业中驱逐法西斯分子，开展怠工，消极反抗，在那些有法西斯分子工作和利用这些人进行监视、从事奸细活动的企业中开展罢工。

（5）阻止铁路运送法西斯军队。举行集会和游行。

（6）解除法西斯分子的武装，没收其武器和军用装备仓库。

同志们，我觉得用这12项我已经列举出了共产党人反对法西斯主义的各种战斗措施，它们在实践中（至少在我们德国）表明是正确的。自然，还有许多别的战斗手段，要视某一个国家的斗争过程及其阶级斗争的特殊结构而定。譬如，克拉拉·蔡特金同志在1923年6月的执行委员会扩大全会上所作的深思熟虑的报告中和当时所通过的详尽的决议里，都提到了另外一些手段。顺便说说，这个决议还要求在那些由法西斯分子掌权的国家实行经济抵制。我的任务只是指出任何一个共产党在自己的国家里都可以运用的反对法西斯主义的斗争手法，甚至于在那些共产主义运动力量很弱小的地方也行。因此，我向你们提出的是一种最低纲领。

同志们，从我的报告中你们可以看到，在那些初次建立革命的共产党的国家，在那些革命的无产阶级仅仅才在寻求和制定革命的斗争手段和方法的国家，在那些革命的战斗队伍还需要学习的国家——在那里反对法西斯主义的斗争可以成为一项极为美好的事业。这是一种"恶始而善终的力量"。的确，即使没有法西斯主义，也应当把它臆造出来，为的是向无产阶级表明,只有武装斗争才能战胜武装的反革命。从反对法西斯主义的斗争中,我们应该学会最终也是无产阶级解放斗争通向胜利的道路的那些手段和方法。为推翻法西斯主义而与之进行的斗争,同时也是在国际范围内推翻资产阶级制度的斗争。(掌声)

(会议休会)

# 第二十五次会议

(1924年6月3日,星期四,早上会议)

主席:什麦拉尔

### 莫斯科无产阶级大学生致代表会议的贺词

**托尔加绍夫**(苏联):

同志们,我代表莫斯科无产阶级大学生代表会议向共产国际第五次代表大会致敬。(掌声)

我受我的无产阶级大学生专业组织同志们的委托,向代表大会的代表们表示感谢,他们参观了我们的代表会议,同时还出席了我们的红色大学生专家和工人预科学员的毕业庆典。

关于我们俄罗斯大学生,国外不时散布许多无稽之谈。我要提醒的是,无产阶级大学生们在自己的代表会议决议中坚定地宣布:"代表会议一致拥护在列宁主义旗帜下召开的第八次党代表大会的各项决议,并且确定,这种团结必定能保证无产阶级革命的进一步巩固和列宁遗训的胜利。代表大会向列宁主义的旗手俄国共产党中央委员会致敬,并且保证:无产阶级大学生准备为实现伊里奇遗训而斗争的事业贡献出自己的全部力量。"

代表会议之前数日,红色莫斯科的无产阶级大学生与苏维埃政府一起,在展览馆区的列宁广场上举行了红色专家的毕业庆典,在那里,面对工人群众和共产国际代表大会的代表，今年毕业的5000多名高等学校红色大学生和3000余名工人预科学校毕业生充分意识到自己对于工人阶级的义务，齐心一致地宣布，他们一定会运用自己的全部力量，将所学得的知识投入自己在农村和城市的工作，以促进国民经济的恢复，将国家的文化提高到应有的水平。他们声明：今后我们的道路就是与工人阶级一道走十月的斗争之路，与工人阶级一道在列宁的旗帜下前进，决不后退，直至列宁主义获得最后的胜利。

我们的大学生就是这样。我们在国内战争的6年期间，在无产阶级革命的6年期间大大地向前进步了。我们已经不是十月革命刚刚开始的时候那样的人了。

很遗憾，我们在西方大学生中间所看到的情形却不是这样。在西方大部分大学生跟着工人阶级的敌人一起走的时候，我们大多数人，几乎是所有的人，却同工人阶级一道前进，在我们的司令部——共产国际的领导下，为实现列宁同志的遗训而努力。

我们以俄罗斯大学生的名义向共产国际代表大会提出请求，希望你们，同志们，就地见证我们有着专门组织的大学生是多么齐心协力地和工人阶级一道前进。我们也请求各国的工人群众，请他们尽快组织好自己的无产阶级大学生，和他们一道团结在共产国际的周围。

我们不能说我们大学生大家都像一个人一样。我们也有个别的一些单位可以说是禀性难移。不过苏维埃共和国的环境对这些人很不适合，所以他们变得越来越少了。

当我们的劳动共和国出现什么问题的时候，无产阶级大学生们都会不约而同地作出反应，努力将自己的力量投向这个方面。当提出关于国防、关于建立化学工业的问题时，无产阶级大学生们整个受过专业训练的集体都会齐心协力地采取可靠的措施。在俄国共产党内进行辩论的时候，无产阶级大学生们都密切关注这一辩论的进程。

我必须指出，我们当中的某些人，某些个别的单位，有时也表现出一定的动摇，但是压倒性多数的无产阶级大学生都坚信，一直在列宁同志领导下前进的党通过这次辩论会变得更加强大，更加友爱。我们的信念也完完全全地证实了：第八次党代表大会众口同声地一致确认了过去和现在都坚定地执行列宁同志路线的中央委员会的路线是正确的。

末了请允许我再说两句。我们莫斯科的无产阶级大学生希望，当西方的大学生来到我国了解了苏联的工作之时，他们会在其他国家亲自证实我们与工人阶级的紧密团结。我们深信，在共产国际的领导下，革命的浪潮终将唤起那些群众：很遗憾，他们至今在黄色国际的领导下过着痛苦的生活。我们知道，工人阶级在未来还面临着许多斗争，它所面临的并不单是与世界资产阶级进行搏斗。我们确定不移地声明，在这场斗争中，在工人阶级与帝国主义者和资本家的未来的搏斗中，苏联的无产阶级大学生将会和共产国际站在一起。只有同它一道，我们才能取得劳动对资本的最后胜利。共产国际万岁！世界无产阶级革命万岁！（掌声）

**什麦拉尔**（主席）：

现在请柯拉罗夫同志作关农业问题的报告。

## 柯拉罗夫作关于农业问题的报告

同志们，从第二次代表大会开始，几乎每一次代表大会都讨论农业问题，不过每一次都是从一个新的方面着眼。比如，第二次代表大会是全面讨论共产国际在农业问题上的纲领和路线，第四次代表大会制定了农业问题方面的行动纲领，而第五次代表大会则要关注农民运动以及对农民群众的政治和革命力量的评价。

各国共产党都是群众性的政党，我们所致力的无产阶级社会革命只能是群众行动的结果。问题在于，这些群众何在？我们所注意的是城市的无产阶级。但是，除此之外还有农村里的群众。只需看一看数字就明白了。

在英国，只有9%的劳动者从事农业。这是世界上最工业化的国家。在比利时，这个百分之比达到23。在保加利亚，农民占劳动者的83%：这主要是一个农民的国家。德国有将近29%的人在农村中工作；丹麦为82.6%；意大利为59.4%，这同样是一个农业国。挪威的农民占29.8%，法国41.2%，荷兰29%，瑞士31%，瑞典50%，奥地利（说的是先前的奥地利）56.8%，匈牙利与克罗地亚、斯拉沃尼亚一起（战前的匈牙利）63.3%，西班牙56.3%，美国33.2%，日本64%，中国60%，当代南斯拉夫80%。

但是这些数据还不够。从阶级区别的观点看来，还必须进行分析。以几个典型国家为例，我们就可以得出如下的结果：

在德国，29%在农村工作的人中有12%是在自家的产业内工作，13%是半无产阶级，而75%是工人和职员。你们都看到了，德国的农民问题主要在于争取农业工人。

在法国，41.2%在农村工作的人约为850万，其中60%是雇工，40%是为自家工作。可见法国的农民问题在于，不仅要争取农业工人，而且要争取小佃户和自耕农。

在南斯拉夫，确切地说是克罗地亚和斯拉沃尼亚，85%的居民从事农业，其中72%是不超过5公顷的地块所有者。所以，这要么是半无产阶级，要么是小佃户，要么是很小的私有者。在波斯尼亚和黑塞哥维那，86%的居民从事农业，其中77%拥有不超过5公顷的土地。在塞尔维亚（指先前的塞尔维亚），84%的人从事农业，其中55%拥有不超过5公顷的地块。在斯拉沃尼亚，占70%的农民中50%的人拥有不超过5公顷的土地。

现在来看看日本。在这个远东国家，64%的居民是农民，其中70%是小佃户或者同时也是小私有者农民兼佃户。89%的私有者拥有不超过2公顷的土地。

从上述的资料可知，我们应当争取的大部分劳动群众都在农村里。

同志们，历史已经向我们表明了农民阶级对于革命的重要性。众所周知，以往城市的所有革命运动都是资产阶级借助于农民镇压下去的。例如巴黎公社。巴黎公社之所以被战胜，首先是因为没有一个能指明革命目标、能组织和引导斗争的革命党；第二，这点也同样重要：公社全然不熟悉农村。这就是资产阶级能够发动农村反对巴黎工人的原因。同样的事实在1905年的俄国革命期间也可以看到，当时彼得格勒、莫斯科和其他一些城市的强大的工人运动就是被哥萨克和士兵、实质上也就是被农民镇压下去的。

这个历史经验为所有伟大的革命作者首先是卡尔·马克思所承认，马克思在他的巴黎公社历史研究的天才著作中，揭示了农民阶级在镇压巴黎人民革命中的意义和作用。最优秀的法国马克思主义理论家之一保尔·拉法格在他1888年所写的《革命之后》一文中也注意到这一经验，当时关于公社仍记忆犹新。在这篇文章中我们读到："为革命争取农民群众，在法国乃是社会党最主要的职责之一。为此应当采取下列措施：撤销抵押贷款和所有的债务，废除赋税、招募新兵"等等。这篇文章成为了将农民阶级吸引到革命方面来的完整的最低纲领。

同志们，初期社会党人对革命传统记忆犹新，他们的这个观点是逐步形成的。在第二国际的极盛时期，两种相互对立的倾向的斗争使社会民主陷于分裂：一方面是坚守既有学说的教条主义倾向，另一方面是修正主义倾向。坚守既有学说倾向最杰出的代表之一是普列汉诺夫。他在发表于1901年的文章《无产阶级与农民阶级》中，关于无产阶级和农民阶级的相互关系是这样写的："然而为了让小佃户站在社会民主党的旗帜之下，需要有这样一个重要的心理条件：他们必须确信小农经济已经过时，这种生产方式应当让位于集体经济。换而言之，他们必须抛弃小生产者的观点，接受无产者的观点。

但是在这一转变尚未完成之时，在佃农还力争确保自己作为小生产者的生存地位并提出这方面的要求之时；在他们所追求的并不是社会革命（集体生产和经营），而只不过是某些改革，这些改革又仅能延缓大资产阶级的胜利发展或者限制其扩展范围之时——直到这个时候他们都不会成为社会民主党人，他们在社会民主党的队伍中也无事可做。假设社会民主党支持诸如此类的要求，这样它就会落入与自己的基本任务完全相矛盾的境地，这种任务根本不是支持资本主义的发展，恰恰相反，而是出于社会革命的利益利用这种发展。"同志们，正如你们所见到的，坚守既有学说的正统的社会民主党相对于修正主义者而言是完全正确的，修正主义者们希望重新考虑社会民主主义的学说，迎合无产阶级和社会民主党与资产阶级和资产阶级政党合作的需要。正统的社会民主党人作为马克思主义者和坚守既有学说的人，他们否定这种可怕的倾向，是完全正确的。但是，当资本主义进入了衰落时期，已经不可能发展，而只会垮台的时候，这种学说就不再是马克思主义的了，它已变成反革命的了，所以仍然坚持这一观点的社会民主党是在干反革命的勾当……如果在共产党的实践中这个学说还能得到某些共鸣的话，这就意味着我们所遇到的是社会民主党的和反革命的残余。

同志们，让我们来看看列宁是如何教导我们的。在俄罗斯正处于资产阶级民主革命前夕的1905年革命期间，他明白为革命争取农民群众的重要性，便提出了无产阶级和农民专政的口号。在工人和农民帮助下实现的俄罗斯资产阶级民主革命应当是西方社会主义革命的开端。当1917年俄罗斯的社会主义革命条件成熟的时候，他又用无产阶级和赤贫农民专政的口号取代了先前的无产阶级和农民专政的口号。无产阶级和贫农专政应当成为俄罗斯国内社会主义革命的工具。俄罗斯农民在十月革命期间所发挥的作用尽人皆知。

总之，19世纪和20世纪所有的革命和所有的革命运动的经验，都表明了农民群众对于革命的重要性：决不可轻视他们。他们的作用是双重的：第一，共产党人如果忽视农民，他们在采取革命行动的时刻便会失去农民们的支持；第二，他们向资产阶级提供了将农民群众用来反对工人、反对革命的机会。

革命变革可以不为外省所知、不为农民所知便能在巴黎、柏林实现的时代业已过去。资本主义制度成功地建立了自己的政权，并在所有的社会阶层中巩固无论是道德和政治的还是军事和行政的影响力。

为了真正实现自身的解放和革命，无产阶级必须争取获得农民阶级的好感。

共产党和共产国际有责任寻求到联系农村、联系贫农群众的手段，吸引他们一部分人倒向革命，积极参加革命运动，同时中立另外一部人；只有这样，才能让资产阶级失去发动农村反对无产阶级和革命的可能。

特别应该对法国的同志们说：回到拉法格的传统吧。

同志们，是否已经具备能够争取到农民群众的客观条件了呢？

对于这个问题，整个共产国际都会作出肯定的回答。

我们听取了瓦尔加同志关于美国农业危机的报告。

战争期间某些欧洲国家的农业大概都获得了好处。农民也获得了好处。但是现在我们发现这些国家的危机已经临近，那会使农民们失掉他们在短暂的振兴时期所获得的各种好处。

经济环境之后居于第二位的是政治环境。我们到处所看见的是，反动政治势力逞凶，不仅针对着工人，而且针对着所有的劳动群众。即便在法西斯主义暂时尚未获胜的所谓民主国家，农民阶级也都已经感受到了白色恐怖的打击。农民最基本的权利和政治自由处处都受到严重威胁。

在民族问题起着巨大作用的那些国家，各种形式的民族压迫重新出现。到处的资产阶级都利用权力，通过间接税将战争的种种负担和后果转嫁到无力反抗的农民群众身上。在所有的国家我们都看到租金在不断地上涨。

最终，新战争的威胁变得越来越现实。这并非空言。大大小小的所有国家都在加紧进行武装。目前各资本主义国家的武装都优于1914年前夕。它们都在认真地备战。任何时刻都可能爆发战争，这种情况对农民有着很大的影响。

在某些国家，资产阶级试图通过土地改革缓和战后在农村里显现的革命激情。然而所有这些土地改革（当前这也是不争的事实）都以欺骗告终。革命的直接危险刚一消除，各个政府便想方设法取消他们数年之前被迫采取的所有让步措施。

同志们，还有一个让农民群众的意识革命化的重要因素——这就是俄国革命的榜样。给了农民土地的俄国革命是一个极其重要的道德和政治因素，对其他国家有着强烈的影响；这个因素吸引他们、推动他们走向革命。俄国革命是工人和农民联盟的结果，这使欧洲和美洲的农民开了眼界，让他们走上与各国城市劳动者结成联盟的道路。

俄国革命和苏联建立之后，工农政府就不再是空洞的口号，而是一种现实，一种由历史条件所确定的产物；这些条件已经在一个伟大的国家里实现，而且在其他的国家里实现也为时不远了。

由革命和工农政府所实现的苏联各民族的解放，对东方和殖民地各国人民的社会思想状况也具有重大的影响。

最后，各资本主义大国对苏联的承认，不得不与它达成协议，这同样使得农民群众的觉悟革命化。

战争期间农民沿着革命的道路跨出了最初的步伐。在战壕中无产者有了向他们灌输革命思想的机会。早在战争期间我们即已参与了工人和农民反对战争的共同斗争。士兵和农民们开小差。举行起义，做出了反对战争纪律和资产阶级法律的各种各样的行为举止。不过，最主要的还是，战后几乎在所有的国家，特别是在中欧，都掀起了声势浩大的革命运动的浪潮。

在德国1918和1919年的革命运动中，我们看到农民们清楚表现出的参与热情。在巴伐利亚，农民在宣布苏维埃共和国成立的过程中发挥了巨大的作用。奥地利、匈牙利、捷克斯洛伐克、巴尔干各国、罗马尼亚和意大利的情况也是如此——在所有这些国家，战争都引发了行政机关的瓦解和经济、政治、社会方面的危机。

只需再提一提农民群众的两种革命运动就足够了：一方面是东方各国和殖民地，另一方面是俄国革命。我们的议事日程上有一项是专门为东方的革命运动设立的。所以我就暂且不讨论这个问题了。

还可以看到一个事实：农民阶级已表现出了对政治上组织起来的倾向。诚然，早在战前即已存在一些农民组织。在许多国家，农业工人都曾组织进工会之中。可惜的是，在许多国家，特别是在法国，农业工人的组织并未做出很大的成绩。它在目前也仍然很落后。在某些国家也有小佃农的组织。例如，在意大利、日本、美国等国。接下来，第三，在某些国家还建立了农民协会：比如克罗地亚、保加利亚、奥地利、德国、挪威、瑞典等国。第四种类型的农民组织也广为人知：各种各样的合作社，农业协会。最后，在一些东方国家，例如朝鲜，在外表上的宗教组织的幌子下，存在着一些联合组织，包罗了主要为农民的广大群众，却追求的是特殊的政治目的。比如有一个以"通天路"的名称作掩护的组织就是如此，它拥有不下二三百万成员，所追求的正是朝鲜人民摆脱日本帝国主义枷锁的民族解放。

战争期间和战后，随着农民群众的革命化，也发生了他们的组织的重新配置和他们倾向的激进化。

比如在德国，1919年从巴登农民协会分裂出了小私有者和中等私有者农民协会，参加了选举并提出了自己的6名州议会候选人。紧接着，该协会又被大私有者击败，被后者的政治经济力量的优势所压倒。不过从那时以来已经又组成了新的小农、中农协会，并且于去年加入了国际农民理事会。

在德国，去年10月几个贫农、佃农之类的组织建立了一个联合组织，拥有不下百万会员。它也表示赞同工农联盟，并且加入了国际农民理事会。

在法国，同样发现建立了一些带有布尔什维主义性质的农民联合组织。出席莫斯科国际农民代表会议的就有1922年成立于蒂勒的农民联合会的代表瓦泽耶同志。

在美国，小佃户早已建立了佃农党；它变得越来越激进，亲近工人党即共产党，愈来愈成为美国的工农政府这一口号的拥护者。

在捷克斯洛伐克，农民党甚至与社会民主党以及其他一些资产阶级政党共同执政；诚然，担任该党首脑的主要是富农分子，这些人决定党的政策，但是所谓"棺材派"越来越显露出独立的激进左翼的面目。这一翼就是一个小农激进党。

捷克斯洛伐克农业工人工会对共产党的好感和该工会的布尔什维克革命精神广为人知。

喀尔巴阡罗斯农民的革命精神也众所周知，这种精神在最近一次选举期间显现无遗。

在波兰，维托斯的富农党掌权，它执行既反对工人阶级又反对贫农革命运动的反动政策，现在已经发生了分裂，其左翼（小农阶级）分离出来成为一个独立的党派。

在波兰还出现了其他一些贫苦农民的联合组织，全都宣布了工农联盟和工农政府的口号。

在意大利，1921年发生了大规模的农民运动，席卷了所有的农业地区。农业工人，主要是小佃农，构成了意大利农业居民的大多数，事实上已夺取了农村地区的政权。然而这场运动很快便被粉碎了。其原因尽人皆知。第一，改良主义的社会民主党不能向这一运动指出一个政治目标并将其导致最后的胜利。失败的第二个原因则是，改良主义在工人和农民运动之间挖出了一道鸿沟；这就使得法西斯分子得以孤立它们，分别对它们各个击破。

在克罗地亚（赫尔瓦次卡），农民共和党几乎团结了所有的农村居民。由于受到群众对领导的自相矛盾的和平主义政策不满情绪的影响，这个党已经与工人们接近起来。不久之前我们欢迎了这个党加入国际农民理事会。这一事实证明了克罗地亚农民群众的革命化，证明了在南斯拉夫，特别是在克罗地亚，开展革命斗争的可能性。

现在谈谈以斯坦博利斯基为首的保加利亚农民协会。斯坦博利斯基惨死，主要是他的目光短浅的小资产阶级政策的结果，这种政策未能区分工人阶级和资产阶之间的界限，不懂得与工人结成联盟的重要性。他死后，农民们受到这次失败的影响，彻底懂得了与工人阶级实行革命联合的必要性。工农政府的口号得到了全体农民的赞同。这样，对于保加利亚的革命运动而言，前景十分美好。

再谈谈日本。日本有着佃农和很小的私有者的广大阶层。俄国革命后在该国的农村激发了政治斗争甚至革命斗争的愿望。日本有个农民协会，拥有不下10万会员，主张与工人联合。该农会参加过国际农民代表会议，并加入了国际农民理事会。

不久前又建立了另一个更具革命倾向的农民协会；它满怀布尔什维主义精神，在农民中传播布尔什维主义的口号。好在正如应该预料到的那样，这两个一直与工人阶级并肩进行政治斗争的颇为革命的组织，已经联合成为统一的贫农联合会。片山潜同志在他的一篇文章中引用了一系列事实，证明日本的小农和佃农所进行的斗争，这种斗争不仅反对地主，而且反对封建高官显贵和大银行、大工业资本家的政治统治。

为了结束这一点，我应该说，在东方的许多国家也都组织了农民政党，例如在印度，在爪哇岛，等等。

农民组织的革命化，必然会导致农民阶级的政治和革命力量的联合，导致建立农民国际。我们都了解国际农民理事会建立之前在这方面的种种尝试。例如巴伐利亚农民的尝试，斯坦博利斯基曾力图建立绿色国际，等等。然而所有这些尝试都遭到了失败。这是不可避免的，因为它们企图从政治上联合世界粮食市场的经济竞争者。

只有政治组织的革命化，消除富裕农民的主导权，才可能做到国际范围内的联合。

所有这些事实都表明可以争取让贫农参与革命，减轻共产党在农村的任务。但是相互的接近应该由共产党和共产国际采取主动。如果共产党和共产国际不尽一切努力将农民们吸引到我们一边并与他们建立起政治上和组织上的联系，农民是不会自己主动接近我们的，所看到的他们追求联合的愿望也就会化为乌有。

所有的共产党都承认这一点，然而遗憾的是，我们并未看到在这方面做出真正的努力，或者在最好的情况下，这种努力仍然是不够的。

我试举德国为例。在最近这次农业地区的选举中，选票的分布情况是这样：在波美拉尼亚，50%的人投票赞成德国国家党，也就是赞成一个资本主义和君主主义的党，这个党最近就会与法西斯分子达成谅解，以便扑灭无产阶级革命运动。共产党仅仅获得8.6%的选票。社会民主党尽管对农民群众抱着确定无疑的敌对态度，却也获得了19%的选票。

在奥得河畔的法兰克福，民族党获得40%的选票，共产党仅仅获得6.89%，而社会民主党则获得20.4%。

在东普鲁士，民族党得票40%，共产党11.6%，社会民主党15.3%。

在各农业地区，民族主义者平均获得全部选票的40%，与此同时共产党人仅获6%—8%。

这些数字说明了什么呢？说明德国共产党对农村缺少关注，在农村所做的工作不多。

目前在德国正在开展一场法西斯主义运动。我知道德国的同志们对这个问题抱着乐观主义的态度，但是在我看来，这种乐观主义极其危险。这个党所获得的两百万张选票说明它将来可能会获得胜利。的确，法西斯党已经为小农和佃农提出了具体的要求。它提出了没收大土地所有者的一部分土地并在小农之间进行分配的口号。这样，法西斯分子便制订出了土地纲领。民族主义者至今尚未着手此事。不过，如果这两个同样仇恨共产主义和革命的党在最近期间彼此达成谅解，不应该感到惊奇。这对德国的无产阶级革命将会构成很大的危险。

法国的选举同样表明了共产党在农村的积极性不足。共产党成功地吸引了广大工人群众。它改善了在无产阶级中的工作方法。但是它有一个很大的缺点：党没有制定出农村工作的纲领和方法。当前共产党乃是无产阶级的政党。然而随着革命运动的发展和危机的深化，正如拉法格所说，共产党必须寻找到通向农民群众的途径，用他们的语言同他们讲话。

法国农业工人的广大群众甚至还没有通过工会组织起来。农业工人联合会相对而言还很弱小。这说明工会工作很薄弱。原因我们都很清楚。不过必须对此加以强调，为的是让法国同志们采取措施加以消除。

请允许我引用拉法格另一篇文章的片断，这篇文章所涉及的是社会党在农民中的纲领和工作。该文写成于1897年,标题为《法国的社会主义》。拉法格是这样写的:"工人党保证自己在城市中具有一定影响力的同时,也力求将反动分子的声称绝不可能接受社会主义的农村吸引过来跟自己走。"接着,拉法格分析了法国土地财产的分配情况,他说:"尽管与工业财产的分配状况不同,土地财产的分配极其有利于社会主义的宣传。不管哪里,只要有经验丰富的宣传人员,善于同农民们谈论他们的利益,谈论一旦他们试图与大所有者展开斗争便会遭到的不幸,这样的宣传则一开始便会很快取得成效。"现在谈谈罗马尼亚。

罗马尼亚的农村居民人数众多。那里有一次,确切地说是在1907年,已经发生过农民起义。战后农民们组建了一个党。但是他们受到了资产阶级的蛊惑煽动,被利用于反革命的目的。至今罗马尼亚的农民仍然对共产党的追求格格不入。

这是谁的过错呢?当然是共产党,它直到最近一个时期依旧不懂得争取农民的必要性,没有在农民阶级中进行工作的纲领,实际上在农村里毫无作为。现在,在共产国际的影响下已有很大的变化。但是需要做的事情还很多。只有将来才能向我们表明,这个党是否能吸取历史的教训。

关于南斯拉夫共产党,也差不多可以说同样的话。1919年和1920年,这个党在国内取得了很大的成功;农民的好感完全在它的一边。但是自此之后这种好感彻底消失了。农民群众脱离了共产党的影响。克罗地亚的农民,甚至一部分无产阶级,纷纷涌入共和农民党的行列,这一责任在一定程度上应当由南斯拉夫共产党承担。

目前共产党已经懂得了大力争取农民阶级的必要性。这一工作可望帮助它重新赢得自己先前在农村中的阵地。

现在谈谈捷克斯洛伐克,该国的农业问题和争取农民的问题也具有极为重要的政治意义。捷克斯洛伐克共产党需要重视在共和国各地的农业工人中加强其宣传和政治组织工作的必要性。

我现在转而谈谈各国共产党都应当遵循的为革命争取农民群众的策略问题。

这里需要对两个问题加以区分：

1. 争取群众，就其本身而言，即争取尚未组织起来的方向不明的群众；

2. 我们对待农民的经济、政治和其他各种组织的策略，这些组织几乎各国都有。

在第四次代表大会上曾讨论过关于争取群众、关于争取农民的行动纲领的问题。但是至今我们对农民组织却几乎未能加以注意，因此我们也尚未确定我们对待这些组织的策略。

季诺维也夫同志的报告中曾简略地阐述过我们争取农民阶级的策略，主要根据的是俄国共产党和俄国革命的丰富经验。

我已没有任何必要重复就这个问题已经讲过的那些话了。

农村中的生活条件在不同的国家迥然而异，而且极其复杂。很难制定出可以运用于所有的国家、适合于各种条件的普遍的规则。在这方面我们应当遵循十分灵活的策略，要能适应不同国家的各种各样的条件。

在制定我们在农村中的活动纲领时，我们应当注意条件的这种多样性和各种独特的事实，这些事实能使群众革命化，激发他们对政治的兴趣，基于这种兴趣便可以将这些群众吸引到无产阶级的革命运动中来。

我们能够提出的只有一条共通的规则：行动纲领任何时候都应该是具体的，不应该包含群众无法理解的任何抽象的表述。农民拥有实用的、讲求实惠的智慧，抽象的思想感动不了他们，只有在他们的重大利益的基础上才能够吸引住他们。

在谈到我们对待农民组织的策略时，首先我们要着重分析一番农业工人的工会组织。我们对待这些组织的策略是由我们的工会策略决定的。但是在这方面要着重强调一种可能性：通过小农群众影响农业工人，反过来，又利用农业工人们在贫苦农民中进行革命宣传。

小佃农的组织是另外一种组织类型。这种组织有着工会的某些特点，但也有一些将其与工会区别开来的特点。一方面，必须力求让它们与农业工人工会的关系密切起来，另一方面，又应当在它们与共产党之间建立直接的接触，并让它们加入国际农民理事会。不过为了达到这种结果，共产党人必须深入这些组织，在其中建立支部，力争将这些组织的领导权夺到自己手里；我们应当与它们建立自下而上和自上而下的统一战线。

第三是几乎各国都有的小农组织，农民协会。就大部分而言，这些组织拥有不同类别的社会成员。我们应当如何对待它们呢？

我们的任务是用它们来夺取富农分子的领导权，将其交给贫苦农民。这就意味着，我们应当深入到这些协会中，力争将它们吸引到农民国际中去。

至于农业合作社，我们也应当在其中实行与此相近的路线，即共产党人力争打入这些组织内部，在其中建立派别，革命的或者敌对的一翼，努力排挤掉富农分子，确保其领导权掌握在革命农民手中，最终将这些组织吸收进农民国际。

关于其他的各种农民组织——文化的、体育的，等等，同样也可以这样对待。

当我们与纯粹政治性质的农民协会即农民党打交道时，问题便变得复杂起来。

农民政党在捷克斯洛伐克、波兰、保加利亚、罗马尼亚、克罗地亚以及其他一些国家都有。对待它们，我们应当遵循自下而上的统一战线策略；借助于这个策略，我们可以接近已组织到这些党中的群众，与他们对话。不过我们也应当提出一个问题：会不会在一定的条件下对这些党采取自上而下的统一战线策略也会成为可能的、有益的、甚至必不可少的事情。

例如，统一战线在对待保加利亚农民协会时便是可能的和必需的，该协会中的群众已经普遍革命化了；他们希望与工人们一道前进，反对资产阶级，为通过革命的途径夺取政权而斗争。对于克罗地亚的农民共和党和美国的农民党等，也可能运用同样的办法解决问题。

然而问题依然十分复杂，不能一定要让所有的国家、在所有的情况下都用同一个办法解决问题，而不考虑特殊的经济和政治条件以及农民群众革命化的程度。

共产国际应该建议各党仔细研究每一种个别情况下的具体条件，在此基础上制定自己的策略，但又不忽视最终的目标——让群众的意识革命化，并且引导他们与无产阶级结成革命联盟。

第一次国际农民代表会议之后在莫斯科建立的国际农民理事会具有重大的政治和革命意义。共产国际和各国共产党应当欢迎这一创举。

该理事会努力将所有的农村劳动者的组织聚集在自己周围，给作为战争和经济危机后果而在各国自发产生的农民运动提供革命的方向，这种努力应当得到共产国际和各国共产党无条件的大力支持。

我们应当将这个正在成长的国际组织视为各国共产党在其伟大革命工作中的同盟者和助手，这项工作就是为了与工人阶级结盟和进行社会革命而将农民群众彻底争取过来。（暴风雨般的掌声）

**什麦拉尔**（主席）：

现在请特兰同志发言，他要以法国代表团的名义发表一项政治声明。这之后我们便开始就农业报告进行辩论。

## 特兰以法国代表团的名义发表政治声明

在我们讨论期间传来一个消息:法国社会党人投票赞成关于占领鲁尔的拨款预算。这样,法国社会党人公开撕下了自己的假面具,这可是他们从战争以来所不曾干过的事。法国代表团从这个讲坛上在国际无产阶级面前揭露法国社会党人的真面目。

此刻我向你们宣读的宣言是法国代表团所一致通过的,我们相信,它确切地表达了法国党共同一致的意见。

下面就是我们的宣言:

### 法国代表团宣言

法国社会党人犯下了反对鲁尔无产阶级、反对德国无产阶级和全世界无产阶级的新罪行。

为了在新形势下恢复1914年"神圣同盟"的叛变性政策,他们在法国议会投票赞成关于占领鲁尔的预算拨款。

这样,他们使得法国帝国主义资产阶级能够向它的军队提供刺刀、机枪和大炮,以便为准备共同联合起来加紧对鲁尔无产阶级进行剥削的英国、法国、德国和比利时资本主义效劳。

10、12和14小时工作日,同时降低工资,法国军国主义、德国警察和德国法西斯主义的联合力量针对鲁尔的罢工和工人组织采取武装行动,这些就是欧洲和全世界的资产阶级加强进攻的出发点。

法国帝国主义资产阶级的军队持续占领欧洲最重要的矿业区鲁尔,也意味着反对德国无产阶级从资本主义桎梏下解放出来的最小尝试的政策仍在继续。

法国的社会党人为了支持赫里欧政府和坚持与这个左派联盟政府实行可耻的幕后合作,毫不动摇地执行首先是反对德国无产阶级、然后也反对全世界无产阶级、反对革命的政策。

这样的行径应该让至今仍然处于他们的社会民主党影响之下的那些德国工人擦亮眼睛了。

德国社会民主党人不肯揭露自己的法国同谋者，因为他们同样是在利用工人阶级为恢复资本主义制度而工作。他们永远会同法国那些将鲁尔工人阶级出卖给国际资产阶级的人待在同一个国际里。

总之，第二国际的实质已暴露无遗。一方面，它为反对无产阶级的资本主义的利益服务；另一方面，它也反映出了相互竞争的各帝国主义国家不可调和的矛盾，那些让整个资本主义世界四分五裂的矛盾使得它陷于四分五裂。

这里比任何地方都更清楚地显示出了第二国际的分崩离析。

1914年之前，在大部分社会党内都几乎没有异议地通行一条原则——拒绝对国家预算投票。

法国社会党人彻底改变了这项原则，加入与资产阶级的神圣同盟，对用于占领鲁尔的拨款投赞成票，他们公开地效法德国社会民主党领袖和英国工党政府的事例，跟随着走上背叛的道路。

1923年1月11日之后，法国社会党人当即在议会中发言反对占领鲁尔，声称他们准备以总罢工与此进行斗争。

这只不过是一场议会的滑稽表演。

此后不久，各改良主义国际没有遭到法国社会党人的任何抗议，便拒绝了共产国际和红色工会国际关于举行西方劳动者总罢工以反对占领鲁尔和战争威胁的建议。

法国社会党人只是在口头上与占领鲁尔进行斗争，声称接受专家建议便可以导致终止这种占领。

简直是一场选举前的装模作样，目的就是让工人们能投左派联盟的票！

这个联盟撤换彭加勒只不过是为了在实质上继续奉行民族联盟的政策。

现在社会党人同时既支持专家计划，也支持续占领。他们附和赫里欧，而赫里欧自己则继续干着彭加勒的勾当。

法国社会党人和第二国际越来越显明地表现出自己是资产阶级的工具，被用来通过剥削和压迫鲁尔、欧洲、全世界的无产阶级以挽救资本主义。

我们面前所展现的历史时期里，反对资产阶级的斗争、反对专家计划的斗争日益成为与变节背叛的社会民主党国际的一场无情战斗。

共产国际应当从社会民主党国际手中将那些仍然受它欺骗的工人争夺过来，引导他们投入决定性的斗争，反对从法西斯主义到社会民主党的一切资本主义力量。

在这场斗争中，法国和德国的共产党日益紧密团结，在共产国际的领导下，一定能带领无产阶级取得革命的胜利。

打倒资本主义制度！

反对专家计划和占领鲁尔！

世界革命万岁！

**什麦拉尔**（主席）：

在翻译特兰同志的宣言之前，请台尔曼同志发言，就这一宣言的问题发表声明。

**台尔曼**（德国）：

法国代表团的宣言证明我们代表大会作出的关于世界大事进一步发展的分析是正确的。我们关于世界形势的讨论结果尚未在提纲中作出表述，但这场讨论已经在最近的各种事件中得到了非常强有力的印证。法国社会党人在鲁尔预算拨款问题上的立场一下子便完全彻底地揭穿了"新"民主和平浪潮的真正本质和这个时期第二国际要完成的任务。我们面对的是国际资产阶级为挽救资本主义的斗争的新形式以及社会民主党人的背叛行为，同时面对的也是反革命势力绝望的、激烈的同时也是血腥的斗争。专家们的反革命计划目前已成为一个中心点，围绕着它集中了所有的反革命的希望和力量。反对它的斗争不仅是法国共产党人的任务，而且是整个共产国际所有支部的任务。我认为，如果我在这里与特兰同志一起再喊一遍这些口号，那么我所表达的正是代表大会的感情：反对专家报告和占领鲁尔！打倒社会民主党叛徒们的第二国际！打倒资产阶级民主和平主义的骗子们！世界革命万岁！

## 就农业问题进行的讨论

**什麦拉尔**（主席）：

现在我们开始就农业问题进行讨论。根据主席团的建议，代表大会决定今天结束这次讨论。我认为，我们应当遵守这一决定；不能每天都改变自己的决议。至今我在限制发言时间的问题上多少有些迁就，但是现在我认为，必须更加严格地要求遵守内部程序的规则。名单上有6位发言人。我认为，那些希望发表意见的同志已经登记了，所以可以截止发言人名单了。对此有反对意见吗？没有。这样，发言人名单就截止了。

同志们，为了让6位同志都能发表意见，就需要将发言方的翻译不安排在讨论期间，而是在会后。有反对意见吗？没有反对意见。

请已经登记的同志准时到场。那些轮到发言却不在会场上的同志就失去了发言机会。

**阮爱国**（越南）：

法国的殖民地占地面积达到10241510平方公里。这些属地总人口达55571000人，遍及4大洲。无论种族、气候、风俗、传统、经济和社会发展状况等如何不同，各殖民地的两个共同情况使它们变得相同起来，并且在将来可以达到团结一致，共同进行斗争。

1. 经济状况。在所有的法国殖民地，工业和贸易都极欠发达，居民仅仅依靠种地为生，95%的当地人是农民。

2. 在所有的殖民地，当地人在同等程度上都是法国帝国主义资产阶级系统性掠夺的牺牲品。

要全面分析每一个殖民地的农民的状况，我没有时间。因此，我仅限于列举几个例子，以提供关于当地农民状况的一点概念。

我从我最熟悉的我的祖国印度支那讲起。

在法国人征服这个殖民地的时候，战争将农民们赶出了他们的村庄。事后他们回到家里之时却发现，自家的土地已经被紧随胜利之师而来的承租商们所占有。连那些自古以来当地人就居住和耕种的土地，也都被瓜分掉了。这样一来，安南农民就变成了农奴，被迫为外国东家耕种自家的土地。

在这种不幸的人们中，许多人不愿意服从霸占者所定出的不可思议的难以忍受的条件，抛弃了自己的土地，开始在全国流浪；法国人将他们诬为"海盗"，千方百计地缉捕他们。

以这种方式窃取的土地分发给了承租商。根据简单的申请，承租商便获得了有时超过20000或25000公顷的土地。

这些承租商不仅无偿地获得土地，而且还获得了经营土地所需要的一切，包括人力。政府当局提供一定数量无偿劳动的苦役犯供他们支配，或者用武力强迫农村为种植场主提供工人。

与强盗般的政府当局一样的，还应当指出的是教会。仅仅一个天主教传教士团，便拥有交趾支那全部耕地的1/4，为了获得这些土地，传教士团采取了贿赂、欺诈和暴力等难以置信的手段。这里有几个例子。利用歉收的机会，传教士团向农民们放债，同时要求用他们的土地作为抵押。贷款的利率奇高，农民们没有可能偿还，只好将自己的土地留归传教士团所有。传教士团以形形色色的犯罪手段获取各种机密文件，败坏政治活动家们的声誉。传教士团利用这些文件作为讹诈的工具，便可以得到他们所希望得到的一切。它与大资本家们一道建立一些公司，经营那些无偿获得的租让企业和从当地人那里窃取的土地。它的代理人个个都在政府中身居高位。它像种植场主一样，极其残酷地剥削"教徒"。传教士团的另一种手段是收罗乞丐，强迫他们开垦生荒地，许诺在他们之间分地。但是垦荒刚一结束，土地开始有了收成，传教士团便宣布土地属于它所有，并驱逐那些用自己的劳动将荒地变为良田的人。安南农民既遭受官家的压榨，又遭受自己的精神"庇护者"的劫掠，连他们仅仅剩余的很少一点东西也无法平平安安地享有。土地测量员强行造成不正确的测绘，为的是让农民为实际上不存在的地块付费。土地税逐年增长。刚刚不久之前，政府当局夺走安南人的数千公顷矿区，分发给投机商，还派出飞机防止掠夺的受害者暴动。

遭到盗窃和驱赶的倾家荡产的农民们试图将生荒地变为稻田。然而荒地刚刚开垦好，当局便将其霸占，强迫农民按照当局所定的价格赎买。谁要是出不起钱，就会被毫不留情地驱逐。

去年尽管全国都惨遭水灾破坏，土地税反倒猛然提高了30%。

除了导致破产、不成比例的税收之外，农民们还承受着无偿劳役、人头税、食盐税、强制性贷款、义务认购等等的沉重负担……

在阿尔及利亚、突尼斯、摩洛哥，法国资产阶级奉行同一套强盗般的掠夺政策。所有富饶的可灌溉的土地都被宣布为殖民主义者移民所占有。当地人被驱逐，他们不得不在陡峭的山坡上或者很难耕作的土地上寻觅栖身之后。金融企业、投机分子和大官僚们彼此之间瓜分殖民地的土地。

直接和间接交易的结果，阿尔及利亚和突尼斯的银行1914年以2500万法郎的资本获取了1225.8万法郎的利润。

摩洛哥银行的资本为1540万法郎，却在1921年获利1753000法郎。

法兰西阿尔及利亚公司占有32.4万公顷最富饶的土地。

阿尔及尔总公司则占有10万公顷。

一个私人公司获赠5万公顷森林,而卡弗泽磷酸盐和铁路公司则获得5万公顷矿场以及这些地段周围2万公顷的优先权。

一个法国前议员获得了价值1000万法郎的1125公顷矿场的租让合同,每年给他带来400万法郎的收入。当地人是这些矿山的所有者,却只获得一公顷每年数生丁的收益。

法国的殖民者消灭了集体所有制而代之以私人所有制。同时也消灭了小私有者,为大承租商谋利益。法国殖民者剥夺了当地农民超过500万公顷最富饶的土地。

15年期间,卡比利亚的农民被掠夺了192090公顷土地。

自1913年以来,摩洛哥农民每年被掠夺的可耕土地达12500公顷。自从法国的"维权"战争获胜以来,这个数字上升到了14540公顷。

目前1070个法国人掌握着摩洛哥的50万公顷土地。

像他们的弟兄们一样,安南农民、非洲农民也承受着过于沉重的负担、无休无止的劳役,支付同样力不能及的税负。他们之贫困难以描述。食不果腹迫使他们以野生植物和腐烂的种子充饥,因此居民中伤寒和结核病肆虐。甚至在大丰收的年景下,也可以看到农民与狗争夺城里人的残渣剩饭。一旦收成不好,农民们便只能纷纷暴尸原野和道路。

在法属西非和赤道非洲,农民的处境更为恐怖。

约40家公司占有这些殖民地。一切都属于它们:土地,自然财富,居民的生命。居民们甚至无权替自己干活。他们必须为公司干活,永远只能为公司卖命。为了强迫他们无偿地劳动,公司采取种种超乎最大胆想象的暴力手段。土地全部被没收,很小的地块也只给那些完成了规定劳役的人。缺少最必不可少的食物引发各种各样的疾病,导致居民的高死亡率,尤其是在儿童中间。

另一种手段就是将老人、妇女和儿童抓为人质。这些人质被关押在窝棚里，对待他们的态度可恶之极，常常虐待他们，用饥饿加以折磨，动不动就加以杀害。在某些地方，还有数量与干活的人数相当的永久性人质，为的是警告干活的人休想逃跑。为了不耽误种植场的作业，当地人被禁止及时翻耕和播种自家的田地。由此造成殖民地十室九空的经常性饥荒和瘟疫。

如果某些部落得以摆脱承租商的桎梏，避入森林中逃生，那么他们就注定会像动物一样生存，以草根树叶为食，死于疟疾和恶劣天气，与此同时，白人害得他们的田园荒芜，村庄变为废墟，以此作为一种镇压手段。下面是一名军官的公务记事簿的摘录，以悲惨的简洁语言鲜明地描绘了土著农民所受的种种迫害：

讨伐戈伊拉万村：
讨伐法诺夫·库诺，村庄被破坏，种植园被摧毁；
讨伐别卡尼斯，村庄被焚毁，3000棵香蕉树被砍伐；
讨伐库阿，村庄被毁，种植园被扫荡一空；
讨伐阿比马法利，房屋通通焚毁，种植园被毁坏；
讨伐埃萨姆法米，村庄被毁。
讨伐博姆河沿岸各居民点，村镇悉数焚毁。

主宰着意大利、西班牙、英国和葡萄牙等国的非洲属地的，是同样骇人听闻的劫掠、毁灭、屠杀和破坏的制度。

在比属刚果，1891年的人口为2500万，而1911年仅有850万了。格列罗和卡马两个部族在前德属非洲已经彻底消失，8万人在德国占领期间、1.5万人在1914年"镇压"期间遭到杀戮。法属刚果1894年有2万居民，1914年仅剩下9700人。在一个有10000人口的州，仅仅过了8年，到1910年就只剩1080人；在另一个州，4万黑人中有2万人在两年内被消灭，半年期间又有6000人被杀害和致残。

欣欣向荣、充满生机的沿河各个地区，经过15年即被变成了一片荒漠。已经发白的骷髅遍布一个个绿洲和被毁的村庄。

侥幸活下来的人处境也很可怕：庄稼人的小块"保留"地也被剥夺，手工业者干不成手艺活，牧人失去了自己的牲畜。马塔别列人本来都是一些畜牧行家：英国人到来之前他们的牛多达20万头。两年过后便仅剩40900头。格列罗人原有9万头牲畜，12年间德国人夺走了其中的一半之多。类似的情况比比皆是——在所有那些被白人的文明伤害的黑人国家里都是如此。

为了结束我的简单介绍，且引一位黑人的话为证，他名叫勒内·马朗，是《巴图阿拉》一书的作者。他说："赤道非洲当年人烟稠密，盛产橡胶，遍布各种各样的种植园，母鸡和山羊不计其数。短短7年，即遭到彻底破坏。村庄变得空寂无人，种植园消失殆尽，鸡和羊被消灭一光。本地人由于不断从事力不能支、毫无报酬的徭役，身体虚弱到已无力耕种田地，多少干点儿农活也办不到。疾病丛生，饿殍遍地，死亡率迅速攀升……而他们原本是一个强壮勇武的民族后代，吃苦耐劳，坚韧不拔……那里的文明已荡然无存……"

为了对这种悲剧性的情景作一补充，我还再说，法国资本主义会毫不犹豫地让所有的地方都遭受饥荒，只要这能给它带来好处就行。在许多殖民地，比如留尼汪、阿尔及利亚、马达加斯加等等，粮食作物的种植已经被法国工业所需求的其他农作物所代替。这些作物对种植场老板更为有利。这促使殖民地的生活费用价格飞涨，随之而来的便是饥荒。

在法国各殖民地，贫困现象日益严重，不满情绪也在增长。当地农民的起义已酝酿成熟。在一些殖民地已经发生了数次起事，但每一次抗争都遭到血腥镇压。如果说这些农民目前表现消极的话，那么原因应当从缺少组织、缺少领导人方面去寻找。共产国际应该帮助他们组织起来，应该为他们提供领导人，向他们指明通向革命和解放的道路。

**瓦尔加**（苏联）：

季诺维也夫同志在他的总结性讲话中指出，在 62 个就他的报告作了发言的人中，没有一个不在应有的程度上提到农民问题。在场的代表中也有少数人对这个问题的兴趣不大。这是事实，因此我们便面临着一个任务：如何对此进行补救。单凭责备不足以纠正这种状况。

我认为，这种缺少兴趣的最重要原因之一是，一些同志对这个问题不够熟悉。大多数同志仅仅与工业无产阶级有联系，他们缺少必要的知识，而知识无疑能增强他们对这个问题的兴趣。这已经在第四次代表大会上得到确认，因此执行委员会让我更加深入地关注农业问题，并在国际范围内加以阐明。现在已经出版了相应著作的第一卷，但是我必须指出，各党的同志缺少兴趣在这一工作中也表现了出来。我举几个具体的例子。我通过罗斯默将手稿转交给让·雷诺同志，并曾不止一次请求他亲自关注这个问题。我恳请他至少在手稿付印之前对之发表一点意见。然而至今我也没有收到他或者法国党任何人的任何回应。

类似的困难也发生在与德国党特别是与它的土地部的共同工作之中。与作者无数次试图吸收这个部在其工作中进行合作相反，他始终未能实现这种合作。我举出这些现象是因为，一些最负责的同志对这个问题缺少兴趣已影响到了这项工作的质量。由于我们还需要出版关于其他一些国家情况的两卷，我才请求在场的同志们高度关注此事，并在工作中对我施以援手，提供某些相关问题的材料，对行将出版的著作提出建议和批评。要是这也办不到，则我自然无法保证工作会做得很好，符合各个党的要求。

之所以需要出版这样的书还因为，正如柯拉罗夫同志所强调的，只有这样，我们在农村居民——雇工和农民中开展工作，面对农民阶级和企业工人们的各种具体问题时，才能感到脚下有着坚实的基础。在这方面，较之在工业工人中的工作，我们更加需要了解现有的各种相互关系。同志们，为什么是这样呢？早在第四次代表大会上我就格外提请与会者关注，对农民阶级和农村居民而言，最大的特点就是他们的阶级本性不够明确。在工业中我们十分确切地知道谁是雇工，谁是小业主，谁是资本家，并且也知道从一个群体转变而为另一个群体是不可能的，与此同时，在农业中我们所看到的却是从一个群体转入另一个群体、从一个阶级转入另一个阶级的连续不断的链条。

这种可能性的根据是，农业的基本因素是土地，而土地可以在不对生产整体上造成特别损失的情况下进行瓜分。小农能够轻而易举地成为中等或者大的业主，一块一块的土地可以增加，也可以被夺走，在这种情况下对经营并没有丝毫的破坏；然而在工业中，无论是瓜分大企业或者扩大小车间使其变为大工厂，从技术上讲都是不可能的。由此便产生了阶级界线的某种模糊性，迫使我们求助于对各种最重要的关系进行更加详细的研究，如果我们希望获得更为明显的结果，这是十分必要的。

同志们，在这里我还想谈谈另外一点，这一点在纲领委员会讨论农业问题的过程中曾引起很大的注意。这里所说的是，如果有个资本主义国家中的农民运动十分强大，要求赎买大地主们的相当大一部分土地，共产党应当怎么办？共产党人是否应当反对这样的运动？是采取中立的态度还是支持这一运动？

同志们，我认为，共产党人应当像第四次代表大会提纲所规定的那样支持这样的运动，同时牢记这时候自己的目的是提高农民们的要求。比如，如果农民们谈论的是按合适的价格分到土地，共产党就说："我们支持你们，但是我们要提出更广泛的要求——没收土地，免费分配给农民。"

带有左倾激进主义倾向的同志担心，农民获得土地之后就不再是革命的因素了，所以我们不能支持农民在资本主义制度下获取土地的要求。

这是政治上极其危险的一种理论。我们共产党人不能向历史指定它的发展道路：我们不能同时组织一场无产阶级的和农民的革命，这场革命一旦建立起无产阶级专政，便会将土地交付农民无偿使用。但是我们也不能袖手旁观：为了同样的理想，我们应当在无产阶级掌握政权之前承担起将农民运动进行到底的风险。这样的策略是必要的，因为如果我们不肯支持农民阶级关于土地的要求，我们便无法争取到他们的广大阶层。当我们与农民踏上同一条道路，将他们的要求提到更加革命的高度，只有在这种情况下，我们才能指望将农民阶级沉睡中的力量吸收到革命方面来。

**戈尔东**（苏联）：

我想提请大家关注柯拉罗夫同志报告中所欠缺的一些东西，具体地说就是，当柯拉罗夫同志说代表大会应该为我们在农民阶级中的工作作出指示，作出具体的指示时，我却在他的报告中根本见不到这种指示。柯拉罗夫谈到具体工作时，含混地指示说应当组织农民协会，应当将小农阶级的工作与土地和森林工作者联盟联系起来，应当组织合作社、农民协会等等，而至于农民阶级的政治组织，则应该有自下而上的统一战线策略。然而应当在这方面做些什么，他却没有说。正是在这点上需要作出回答，我们对现有的农民政治组织、对那些正在建立的组织态度如何。我对这个问题的意见会在委员会中详谈，现在只是想强调一下，希望不要误解我，以为我不属于那些准备为组建农民党进行宣传的同志之列。当布哈林同志说我们确有这样的同志之时，我就想他指的是我。我不赞成农民党的宣传。我们不应当进行这样的宣传。但是需要考虑到事实：农民党的确存在，它们甚至还加入了农民国际。现在各国的农民阶级都在建立或者要求建立农民政党和一般的农民组织。代表大会应当作出回答：它的态度如何，共产党人对这样的党、组织和建立它们的尝试。这就是问题的实质所在。在我们走近农民阶级的时候，一分钟也不应该忘记，农民问题并不是列宁主义的核心。列宁同志将农民阶级作为同盟者对待。列宁主义的主要之点是无产阶级专政。应当将其作为同盟者对待,应当利用农民阶级中蕴含的革命力量。不应当以为,到处的农民阶级都会自发地靠拢我们。在农村的封建主义关系的地位已为资产阶级关系所占据的西方,我们并未能支配这种强大的因素,用以团结农民群众,给予他们土地,促使他们反对资产阶级。那里应当考虑的是,我们不能寄望于农民的自发势力。我们首先应当联系的是那些走我们的道路、明确要求摆脱资产阶级影响的农民阶层和农民组织,我们应当将这一运动用来反对资产阶级,争取以这样的方式削弱敌人的阵线。代表大会应当对这个问题作出回答:我们对农民阶级及其政治组织的态度如何,共产党人在农村的政治任务又是什么。

我们在许多国家都发现,农民正脱离资产阶级阵营,从政治上组织起来。力求将这种意愿引导至成立经济组织,那恰恰意味着阻碍这一运动,而这种运动正是我们在许多国家求之不得的。譬如,在德国我们最近一个时期就发现这样一种现象:当德国农民阶级强烈要求建立政治组织的时候,我们的德国同志却说,不,只能建立经济组织。结果,德国的同志们为反对农民而斗争,他们在农业地区没有提出哪怕是农民共产党员的竞选名单,也不开展争取工农联盟的宣传。无怪乎同一时间与严重削弱了资产阶级的农民们的这种追求进行斗争的正是塞克特,结果我们的同志倒与塞克特结成了统一战线,迫使农民阶级转入法西斯分子的阵营。这是不能容许的。关于共产党对待农民政治组织的态度问题,第四次代表大会应当作出回答,因为,否则我们就只能说空话,在我们的实际工作中原地不动。

**布林戈尔夫**(瑞士):

与瓦尔加同志一样,我也应当说,这里对农民问题的谈论速度太快了。其实,这个问题与关于国际形势和纲领问题的工作报告一样,都是代表大会最主要的问题之一。无论如何主席团本来应该选择一个适当的时机用来讨论这个问题，以便我们能有机会更为仔细和详尽地加以磋商。

在第二次代表大会上，曾经有一个农业委员会在列宁同志的主持下开展工作。这个委员会制订了一系列提纲。这些提纲一直为各国支部所认可，但是实际上为将其实现所做的工作很少。在某些国家至今几乎毫无行动。仅仅限于建立一个隶属于党的中央委员会的农业部，该部也可能制订了相应的纲领，但是一切也就到此为止。瑞士的情况同样如此。不过，除此之外我们还能向工人阶级分析和说明资本主义的经济状况，我们还可以在资本主义总的形势的基础上分析农业问题，并且让工人们、也许还有一部分农民都能懂得这种分析——正如我们向工人阶级意识中灌输对资本主义经济形势的正确理解一样，我们也应该学会同农民们用他们自己的语言谈论他们的处境。我们必须懂得，我们不可能借助于那些我们在工人阶级中进行宣传鼓动所使用的术语去接近农民阶级并将他们争取过来。同志们，这些问题必须仔细加以讨论，不能在两三个小时内便将其了结。

如果我们不能用农民自己的语言同他们讲话，那么我们的纲领就只会停留在纸上。对那些有着强大的农民组织的国家尤其可以这样说。这些国中居于首位的便是瑞士。虽然瑞士是个小国，但它有高度发展并已联合为强大组织的农民阶级。这个阶级不仅在经济方面组织得很好；近年来由于战争引发了震荡，农民的政治意识也发展得相当迅猛。居于瑞士农民阶级领导地位的是劳尔博士，他作为农民领袖的活动具有国际意义，他不仅在瑞士，而且在国外，都激发了争取实现他所提出的目标的运动。这一运动的主要口号之一便是斗争，与过度工业化进行斗争，回归独立自在的经济。劳尔不但与德国的海姆博士保持联系，而且也到巴黎参加各种会议，以便在国际范围内组织安排宣传自己的思想。必须给予这类现象以一定的关注，因为劳尔宣传的性质和方式都颇为有趣。这里也曾谈论，只有用实际可行的建议才能吸引农民阶级。但是必须说，农民，至少是瑞士的农民，不仅能接受实际可行的建议，同时也容易变成种种蛊惑性口号和乌托邦式的建议的牺牲品。这种现象的实质在于，领导人们能够将整个资产阶级国家机关用于支持农民经济的目的。要是劳尔及其追随者不能将整个资产阶级国家机关引入运动以支持农民经济并为农民夺回某些财产，那么瑞士的农业性工业就会强大得多。由于这个灵活的策略，劳尔得以在小农和中层农民阶级中激发一种信念，似乎他和瑞士联邦政府真的是在维护整个农民阶级的利益。实际上劳尔只不过是大农业主和农业银行亦即农业资本家的代表。在南部德国和符腾堡也成功地施行了同样的政策。

我们应当如何在农民中进行宣传呢？这是一个非常重要的问题，可是遗憾的是，西欧的代表也并未就这个问题在会上发言。柯拉罗夫同志当然十分熟悉近东农民的生活环境，但他却并不太熟悉德国、瑞士、法国等国的环境。我们至少应当听一听法国的哪怕一个代表的意见。

我们必须做到对我们在西方和东方农民中的宣传鼓动的性质和方式加以区别。在南德意志和瑞士，分配土地的问题并不起作用。那些地方我们面临的任务是：如何让农民免除按照抵押贷款的比例交纳费用的负担，如何将他们从资本家兼地主的魔爪下解放出来，如何保障他们的农产品保持稳定的价格。对这个问题需要加以全面的讨论。其次需要在那些居住在工业中心的中农、小农中、工业工人生活在农业地区的地方的农民中，利用工业工人做宣传员。我们确信一个经验：尽管有人在农民中进行反对工人阶级及其要求的狂热宣传，我们还是在瑞士关于8小时工作日的全民公决前夕，在那些位于大工业中心附近的地区中，将相当一部分农民吸引到了工人方面。这无论如何也是我们在宣传和争取农民方面的胜利（争取农民是为了有利于实现工人阶级的目标，最终也有利于实现共产主义的目标），是一次不容低估的胜利。如果我们有计划地、怀着革命的自觉进行这种宣传，它就不会没有成果。

在这里常常重复一种错误的意见，认为俄国革命在西欧对小农和中层农民具有革命性的影响。相反，我们完全没有能力向农民们提供有关俄国农民阶级革命前和革命后的状况的材料。西方的农民阶级并没有思想准备，所以不能接受共产主义的宣传。在这方面我们不应当对此前的工作成就抱任何幻想。必须有计划地向农民介绍有关俄国革命的各种材料。共产国际、宣传鼓动部，特别是国际农民理事会在这方面的任务就是仔细斟酌，对于在东方和西方的农民阶级中进行宣传而言，什么是可以和必须做的。我能够涉及的只是某几个点，还有许多重要的和本质性的东西需要讲。毫无疑问，在任何情况下都应该这样讲：在农民阶级中开展工作，将农民阶级争取过来以利于实现无产阶级革命的目标，这构成了列宁主义牢固的基础。工农联盟——这就是我们的列宁同志工作的世界意义之所在。其次，我们与法西斯主义斗争的胜利，同样取决于我们在农民阶级中的工作的胜利。

我们在农民阶级中的宣传尚未建立在十分坚实的基础上之前，各国共产党尚未完全清楚地理解应当以何种方式方法进行这种宣传之前，工农政府这个口号的第二部分就只能是动听的空话而已。

**阿姆特**（美国）：

农业问题是共产国际所面临的最重要的问题之一。我只想指出足以说明美国农场主们目前的危机状况的不多几件事实。

第一，必须指出，1910年美国有1200万人在农业部门挣工资，占获取独立工资总人数的33%。柯拉罗夫同志所掌握的只是1910年的统计数据，而不是1920年的。1920年在农业中就业的人数，并没有按照人口增长的比例增加，反而减少了，只有1095万，仅占拥有独立工资的总人数的26%。农场总数为640万个,其中92.5万个属于人承租人。

对于当今农业状况极为典型的是,在工业工人20年间达到900万时,在农业中就业的人数仅仅增加了5%。20年间美国农场的产量提高37%,但在农业中就业的人数只不过增加5%。这就说明,美国农场主们的劳动生产率大大提高了。美国农场主采用改进了的现代耕作方法。他们使用汽车、电话,支配着大量拖拉机。因此欧洲人便倾向于认为,这些人都在享福。但是如果我们看到美国农场主已经被逼到何等可怜的境地,我们就会相信事情恰恰相反。根据下列数字即可对此作出判断:农场主总数中,以全部或部分所有权身份拥有自己的农场者占62%,而38%的人只是承租者。从1880年至1920年,承租人的比例从25%增加到38%。因此,尽管运用改进了的耕作方式,全靠土地所有者的"开恩"才拥有耕地的农场主的数量却一直在增加。博尔迪加同志指出,意大利的农场主自身收入的12.5%用于纳税,但美国的农场主则须缴纳16%。从1914年至1919年,各种税款增加371%。换句话说,国家在公开地掠夺美国农场主。然而农场主们不单饱受沉重的税收之苦;他们还得为将农产品从自家农场运到市场支付高达货价34%的运费。他们必须为自家粮食的保管和分选向仓储公司交纳10%的费用。他们是中介和交易经纪人的受害者,结果只剩下他们的农产品价值50%不到的份额作为他们的劳动报酬。其实,这还不单是他个人的劳动,而且是他全家人的劳动。目前世界市场上农产品的价值如此之低,以致美国农场主只能靠相当于工业工人平均工资的1/3来养活自己全家。

另一个典型的事实就是,当今在美国实质上并没有一个固定的农场主阶级,这从下面的数字即可看出:25%的美国农场主拥有自己的农场不足一年;22%是2年到7年;17%为5年至7年。换句话说,65%的美国农场主拥有自己的农场不足10年。

1922年我们见证了一些著名的现象。这一年中，25万农场易主，这就意味着18%的农场主被迫卖掉了自己的农场。这自然也会影响到资产阶级不同阶层的状况。1923年破产了578家农业银行，而今年前7个月即达423家，大部分都是由于美国农场主无力偿还抵押贷款所致。1919年抵押贷款数额已高达14亿多美元。1920年这一数字增加到40亿美元，而1924年则达到78亿美元。此前我曾经说过，农场主们既无力交纳税款，也无力偿付抵押贷款的利息，无论国家还是银行，追索欠款的事连想也别想。

美国有将近400万农业工人，其中60万是在南方的大甜菜农场和棉花种植场干活的儿童。农业工人中有180万是农场主的子女，而真正的农业雇用工人仅略多于200万。这些工人尚未组织起来。其中仅有1.1万人参加了世界产业工人工会。大部分农场主都站在各大保守组织一边。另一些具有革命思想倾向的农场主已经组织起来，主要是在中西部和南方，那里的经济状况极度恶化。美国的农场主也许是美国劳动大众中最受压迫之人的一部分，他们对托拉斯、铁路垄断公司、银行和其他所有剥削他们的掠夺者满怀愤怒。结果，这便激起了一场巨大的政治运动，虽说目标有点模糊，往往还极其模糊，但终归是一场浩大的政治运动。许多农场主已开始争取获得政治权力，并且的确在一个州里掌了权，但是又被银行家们逐出了"华尔街"。不过，由于工人阶级对政治抗争产生了强烈的兴趣，由于出现了争取遭受剥削痛苦的工人和农场主进行合作的强大运动，我们成功地在不同的一些州里建立了农工党。必须明确肯定美国共产党的功劳，是它理解贫困农场主们的危急情况，成功地充分利用了这一情况。在这些由共产党倡议而面世的农工党内，农场主和工人们进行最亲密的合作。这些农场主不怕共产党人，他们在许多州内都这样表示。他们公开宣称："我们是布尔什维克"。是的，他们是公开地这样说的，并且知道这意味着什么。同样应当指出的是，美国的农场主并不认为自己是农场主,而是农民。

我还应当指出一个事实:三K党是一个现今和未来的法西斯组织。它主要在中西部的农场主中招募代理人,并成功地将他们团结在一个可观的组织里,所以如果我们不加强在他们之中的宣传,不尝试着向他们灌输正确的思想,那么他们便会被反动派利用来反对日益成长中的美国无产阶级运动。

**沃尔夫**(墨西哥):

同志们,共产国际在那些经济基础主要是农业的国家中面临着一项十分困难的任务。比如像在保加利亚这样的国家,一些农民政党正在夺取政权。这些农民政党常常提出向农民作出很大让步的纲领。在墨西哥出现了一种局面,其他国家的同志们可以从中吸取极富教益的教训,他们很快便会处于我们眼下在墨西哥所处的环境之中。

在我们国家,政府给农民分配土地。半社会主义、半小资产阶级的黄色政府向农民提供土地,将大地产分成许多地块。我们今天的亦即你们明天的任务,就是确定与一个相当明智的政府打交道时应当遵循的路线,力争用分配土地部分地安抚农民。为了让我们能够明白为何政府会给农民分配土地,就需要稍稍回顾一番墨西哥的历史,因为我认为你们对它并不熟悉。

墨西哥的印第安人在西班牙人征服他们的祖国之前,一直是像原始共产主义制度下所做的那样耕种自己的土地。土地私有制并不存在。土地都归那些耕种和暂时耕种的人支配。耕种土地的人拥有使用权,而不是所有权。当西班牙征服者来到墨西哥的时候,他们立即试图破坏原始共产主义制度。例如,科尔特斯便为一己之私抢先占据了面积达25000平方英里的土地,其上分布着22个村庄,11.5万人口,男人、女人、儿童悉数被他变作奴隶和农奴。他的事例被纷纷效仿。其他许多西班牙征服者和贵族也获得了类似的大地产。这种将大面积的土地集中于一人之手的趋势在 300 年期间一直没停过。19 世纪中叶，全国土地总面积的半数属于当地天主教会所有。这时候自由资产阶级奋起反对教会，夺取它的土地。同时，资产阶级也将自己的打击针对印第安人，即便在 19 世纪，印第安人依然在原始共产主义的基础上拥有一些土地。原村社的土地被集中到少数人手里的现象，在迪亚斯时代仍在持续。他担任总统 30 年，在这 30 年中他将大部分国有土地分到了私人手中。例如，在**瓦哈卡**州，他将 3200 万公顷土地分发给 4 个人，在另外一个州，他将 200 万公顷交给了 1 个人，还有一个州里，将 500 万公顷给了 1 个农业公司。时至 1910 年爆发革命，大部分州里 95% 的居民完全没有了任何土地。

在一些州里土地高度集中，以致 98% 甚至 99% 的农村居民成了失地农民。在爆发了土地革命的莫雷洛斯州，3 个人占有了全部土地。土地革命的一个典型特征就是，革命的领导人萨帕塔尽管自 1910 年起即已参与革命，却并不仅仅是一位政治革命家。他对成为其他一些起义原因的许多问题不感兴趣。他感兴趣的只有重新分配土地的问题和捍卫明白易懂、极为具体的纯粹共产主义的纲领。他追随马德拉发动的革命（这场革命由美国石油企业主提供经费，受到当地资产阶级支持），因为马德拉许诺给农民分配土地。然而马德拉尚未给农民分地就被打倒了。于是萨帕塔加入再次发生的一场新的革命并不断参与其后的历次革命，追随他的农民们推翻一个又一个总统。

1917 年俄国革命爆发的时候，萨帕塔当即高度评价其重要意义。我这里有一封他写给他的农民队伍一位指挥员的信件，其中说，俄国革命对于俄罗斯意味着什么，我们的革命也就应当对墨西哥农民同样意味着什么。这位农民领袖提出了农民阶级与工人阶级的革命分子结成联盟的建议。1919 年他被杀害了，但是凶手们并未能扑灭土地革命。

现政府明白其前任们倒台都是由土地饥荒所引起，便为自己提出将这种土地奇缺现象减少到最低限度的目标，这使我们面临为共产主义运动制定全新策略的任务。现政府给15000个村子中的3000个分配了土地。它分发了200万公顷，并打算分发得更多一些。这已经不是一个小数字了，但是如果考虑到墨西哥巨大的面积、农民的人数和土壤的贫瘠，就必须承认，这次政府的改革并不是真正解决墨西哥土地问题的开端。每一个村庄平均获得约5000英亩，结果每一个户主分别摊到3—5公顷，视土地的类别而定。现在我们再来看墨西哥共产党在农村的工作问题。我们面临着以最恰当的方式与这个小资产阶级的黄色政府进行斗争的任务，这个政府似乎对工人抱着同情的态度，具有明确的社会主义倾向，给农民分配土地，然而尽管如此，它却并不能解决农民问题。为了顺利地与之进行斗争，我们提出以下的纲领。

1. 我们反对给个人分配小块土地归私人所有。我们坚持，由于土地的性质各异，农民的贫困程度不同，水源不足，农具缺乏，急需灌溉设施，同时也考虑到至今主宰着印第安人的原始共产主义的思想意识——我们坚持将大地产整体交付给固定附着于该地产的农民们，以村社的方式大规模地对土地进行耕作。印第安人对原始共产主义思想的偏爱促使他们赞同我们的观点，抵制在单独的个人之间将土地瓜分为小块归私人所有。但是另一方面，欧洲农民却拥护私有制，力争成为小私有者。

小土地所有制就生产率而言大大落后于大规模经营，而我们在印第安人中的宣传却十分成功，以致一向在这个问题上与我们进行斗争的农民党的代表们不得不在最近制度的纲领中承认，将大地产以整体的形式交给村社进行合作耕种是一件势在必行的事情。

2. 我们谴责政府，说它只是有条件地将土地分给农民，使他们听从最后的司法判决的摆布，而这往往导致在两三年期间内官司不断。

3. 我们反对将所谓国家土地分配给农民。政府宁肯分配这些土地以取代已经在耕种的地块，但是由于国有土地的收获量很差，同时对其进行清理、添置灌溉装置和运输产品都需要开支，由于农民们都很穷——这些国有土地根本无法由农民们进行耕种。

4. 针对政府的口号："每个人都有权获得一块土地"，我们提出一个相应的口号："每个人都有权获得他能够耕种的全部土地"。

5. 我们在农民党内建立我们的支部。博尔迪加同志说，我们经历过了共产党人应当在其他政党内建立派别的时期。然而我们在农业党内建立支部的工作获得了如此巨大的成就，以致该党现已准备分裂为两个集团，其中一个赞成与工人运动中的共产党人士结成同盟，而另一个则赞成与黄色社会民主党人士结为同盟。由于我们的活动，这两个集团都不得不承认必须与工人运动中的某些人士联合起来。

6. 我们提出了工农政府的口号，尽管掌权的是小资产阶级的社会民主党，这个口号仍然在农民中得到热烈的反响。我们让农民阶级看到，这个政府并不是工人和农民的政府，因为工人农民并不能监控它，也没有组建它，不可能撤换它或者向它发布命令。我们特别强调了这一事实：农民和工人无权监督军队。我们向农民们说明，工农政府掌握政权应该意味着武装工人和农民，解除其他阶级的武装；工人和农民们都明白了这个道理。

7. 我们还指出，现政府所实行的分配土地的合法方式和归结为法律判决的做法，永远不会导致农民们分得多少像样的土地面积，从而证明，土地必须由农民们通过武力夺取。

8. 由于连续不断的起义，墨西哥农民阶级大部分已经武装起来。我们要求农民们保留自己的武器，在需要时用武力加以保卫。这种宣传是我们在农民中的工作的基础。

总结起来，可以概括地这样描述我们的工作：政府分给农民小块的土地，同时却不分给农民农具，没有灌溉设施，不向农民们提供必要的贷款——面对这种必须与政府进行斗争的情况，我们在研究未能满足农民们的具体需要的基础上提出一套纲领，力争自下而上地建立反对派，向农民们指出最近期间的目标：夺取土地而不是领取土地，夺取大量的优质的土地，全墨西哥的农民阶级都要永久保存武器。

**波佩斯库**（罗马尼亚）：

同志们，我们罗马尼亚的农民既不是小私有者，也不是自由工人或者农场主，因为他们并不完全是自己土地的所有者，因为在三次连续起义之后所提供给农民的土地，是他们在没有让与权的情况下取得的，而且这些土地质量很差，收益不多，是以最昂贵的价格出售的。土地是售予他们的，而且数量不足。由于1864年颁布的那部所谓"运动保护"法，如果农村需要人手，农民是不能离开自己的村庄的。同样由于这部法律，如果农民与地主约定他要干多少天，如果村长不采取最有力的措施让农民履行所约定的事项，则村长会被处以一个月的拘禁或者罚款1000列伊，同时他还得支付地主由此所遭受的全部损失。所以我们罗马尼亚的农民像多勃罗贾努-格里亚称呼的那样，是"涅奥约巴格"即半奴隶。农民的地位还有一个特点，就是我国农民和地主之间的关系是实物关系，亦即农民向地主交出半数的收成，或者必须为地主干若干天的活。这种实质上的实物关系在某些方面被货币的形式所掩盖，比如，已商定农民为2公顷的地支付租金4000法郎，但应从这一数额中按最低价格扣除若干天收获的劳动，若干天播种的劳动，等等，结果就成为一种货币外壳掩盖下的实物关系。这种关系在罗马尼亚一直保持至今。

这部在外国同志看来难以忍受的"劳动保护"法，目前在罗马尼亚仍然有效。所谓伟大的土地改革并未消除、反而巩固了这种半奴隶制度。问题在于，罗马尼亚的寡头统治竭力让农民在任何情况下都不能获得超过5公顷的土地，在该法的一个条款中事先即已规定，必须考虑到农民将来按直系亲属关系可能继承到的那些土地。法律中规定，这5公顷土地在最后转手之前5年内也不得转让。这个期限过后可以出售，但只能出售给国家或者拥有不超过80公顷土地的农民。

将土地出售给农民时按照的是最高价格，条件是预付20%的地价，对土地分配情况经常进行"检查"，结果是废除他们的份地……对贫苦的农民而言，这种交易是最大的不幸，会导致他们遭受富农们的奴役。而对寡头统治而言，让农民除了给地主当雇工不可能有别的生存方式，这当然比什么都重要。所以，寡头统治力求通过这项法律巩固奴隶制。至今农民与地主之间的关系在旧王国中，甚至在多布罗加、特兰西瓦尼亚和比萨拉比亚，都仍然是这样：一半收成地主拿走，只有一半留给农民，亦即仍然是一种实物关系。仅仅在某些地方通用货币形式，即按比例支付1000至2000列伊现金。改革也给富农、军官、官员、神甫等人分配土地，他们都是剥削农民的人，因为这些大人先生们之中谁也不自己耕种土地，他们都是以地主那样的苛刻条件将土地租给农民，所以他们都热衷于保留现有的制度。

特别是，在被兼并的那些州里也都给官员、军官和政府的各色代理人分配土地，那里的土地都是从当地贫苦农民手中夺取而来（根本不付费），目的是建立移民土地储备。

罗马尼亚寡头统治通过许诺给予农民土地、牲畜、犁铧和选举权，竭力安抚农民阶级，为的是腾出手来摧毁城市里的工人运动，然后再回过头来击溃农民阶级。土地改革为地主大开方便之门：改革交由寡头统治的工具官僚们施行；政府在改革中让贫民从中一无所获。另一方面，全部国家支出都成为农民的沉重负担。

战后，罗马尼亚社会民主党更改了战前的口号：从"用债券有偿征用"的口号取代"普遍无偿征用"。它以此显示它是维护农民利益的。

战后罗马尼亚寡头统治为了欺骗农民、使农民永远从属于它，建立了一些政党，具体地说就是阿韦雷斯库将军的"人民同盟"和人民教师米哈哈基的"农民党"——其中后一个至今在农民中仍然享有威信，这个党要求更广泛地提出土地问题，对所有的犯有贪污和其他龌龊罪行的人进行审查、惩处。这个党如今已背叛农民，公开寻求与其他的寡头统治政党结盟。

农民党的右翼与特兰西瓦尼亚的民族党合并，是富农、城乡知识分子的政党，现在谋求执政不单是为了保住自己现有的地位，而且是为了一旦在现今处于半奴隶地位的农民和城市工人开始为改变罗马尼亚的制度时，以拯救祖国的名义镇压这个运动。毫无疑问，他们会以最强有力的方式着手此事。这个叫做民族农民党的政党扮演了法西斯分子在别的地方所扮演的角色。

当前罗马尼亚的农民阶级正在无产阶级化，但是这一进程已经发展到何种程度却很难说，因为一方面根据法律土地不能出让，另一方面，农民们却在利用各种各样的方式出让土地，例如，他们将其以长达30年的期限租给富农。因此，在罗马尼亚很难说清农民阶级的社会构成，很难说拥有土地比如1—5公顷的农民有多少。很难说清这一点还因为没有统计资料，要是有，那也根据的是并不符合实际的数字。

罗马尼亚共产党正努力研究农民阶级的情况，希望与农民以及农民党建立联系。在这方面已经作了两次尝试。第一次是以共产党方面的建议的形式提出建立与贫民阶级和农民党的统一战线，以援助保加利亚法西斯主义的受害者。第二次则是以致农民党的呼吁书的形式，建议不要与各资产阶级政党建立联盟，而是与共产党一道组成工人和农民的统一战线。农民党人拒绝了这一建议。但是罗马尼亚共产党努力帮助农民党的左派。该党的右翼叛变并与民族党合并之后，在罗马尼亚一定能够建成一个与共产党结成统一战线的真正革命的农民党。

在我国，由于存在着全靠宪兵的武力维持的半农奴制度，农民阶级与共产党的联系十分薄弱。不过，如果共产党能够将大多数情况下都是农村出身的城市工人很好地组织到强大的工会和共产党之中，如果党能够派出有组织的工人到农村去与农民们联系，派去裁缝、鞋匠等工人留在那里为农民服务，如果党能派遣一些新同志到各个集市去，争取让城里的工人下乡与农民们密切来往，那么这种联系就一定能建立起来。

党一度打算为农民出版定期的机关刊物，但是并未成功，因为我国闻所未闻的恐怖活动猖獗。例如，现在就有报纸传出消息说，我们的一些同志毫无理由地遭到枪决，我们的报刊被置于不受法律保护的地位。

我深信，罗马尼亚共产党一定会尽一切可能发动这个国家的农民阶级。我们希望，在农民国际的帮助下我们必定能做到这一点。我只是希望你们能注意到，我们的条件非常艰难，因为半农奴制度过去和现在都注定农民生活贫困、缺少文明、没有文化和政治上无知，另一方面，这种制度也使得知识分子和城市工人道德沉沦。

（会议休会）

# 第二十六次会议

(1924年7月4日,星期五)

**主席:怀恩科普**

**博尔迪加**(意大利):

现在欢迎叶戈罗夫同志发言。

## 向代表大会的致敬和代表大会的回敬

**叶戈罗夫**(苏联):

亲爱的同志们!以共产国际命名的工农红军战术射击高等学校里,目前有300名学员即将完成学业,他们是未来的红色指挥员,学习的是如何消灭世界资产阶级——这个学校派我前来向第五次代表大会的代表致敬。

红色指挥员们要我转告你们,我们在弗拉基米尔·伊里奇·列宁的领导下投入战斗,并且取得了胜利;这一点通过苏联的例子便可以看到,红旗正在它的上空自豪地飘扬。

我们怀着同样的顽强精神,准备投入推翻全世界资产阶级的战斗。在列宁主义的旗帜下,我们必将取得这场胜利。我们红色指挥员在这里立下誓言,只要我们的上级共产国际发出第一声召唤,我们便会英勇顽强、奋不顾身地痛击资产阶级。

我们随时准备证明我们对革命事业和对我们的上级——共产国际的忠诚。

世界革命的司令部共产国际万岁！

世界革命万岁！

**博尔迪加**（意大利）：

为了表达整个代表大会的情意，我要感谢发言者的革命问候。共产国际殷切寄望于红军，寄望于保卫无产阶级国家苏联的这支武装力量。我们希望不久就能与这些同志握手，不仅在这里的代表大会上，而且在与世界资产阶级公开搏斗的战场上。

## 就罗马尼亚的白色恐怖通过抗议决议

**塞利耶**（法国）：

同志们，罗马尼亚的白色恐怖在我们党的队伍里造成了新的牺牲。主席团提议通过以下抗议决议："来自罗马尼亚的电报称：喀琅施塔得地区（特兰西瓦尼亚）共产党书记伊莱赫同志被'秘密警察'的密探们在政治刑讯室内卑鄙地杀害了。这种野蛮的残杀，是罗马尼亚资产阶级灭绝工人阶级先进部分传统制度的结果。与此同时，在布加勒斯特、基希讷乌、锡比乌、多尔塔诺的监狱中和日拉瓦要塞中，数十位同志正在以绝食结束自己的生命；迫使他们这样做的资产阶级力图以这样的方式摆脱他们。

代表大会惊悉这种针对罗马尼亚共产党和工人运动的罪行，现以共产国际的名义抗议罗马尼亚大贵族和资本家的寡头统治，他们被边境和国内革命运动的高涨吓破了胆，企图通过加强白色恐怖来避免革命。

代表大会向英勇的罗马尼亚共产党和工人阶级致以兄弟般团结的敬

礼,并且表示确信:罗马尼亚无产阶级及其阶级的党在将来也会像过去一样,沿着革命的道路前进。"

抗议决议获得一致通过。

**怀恩科普**(主席):

现在请柯拉罗夫同志就农业问题致结束语。

## 柯拉罗夫就农业问题致结束语

我想以大会上就农业问题进行讨论的方式,再谈谈三点意见。第一点与我们的农民纲领的一般问题和详细内容有关。我已经指出过农村条件的复杂性和多样性以及由此而产生的我们的行动纲领中考虑这些条件的必要性。不言而喻,土地问题会在我们的纲领中占据主要地位,至少在尚未解决这一问题的国家内是如此。众所周知,在俄罗斯,土地问题连同反对战争的斗争将农民群众带上了革命的道路。

在那些尚未对大地产进行瓜分的国家,土地问题将会起到同样的革命作用。

在匈牙利和罗马尼亚,在波斯尼亚和马其顿,在西班牙和意大利,都有许多大地产,这个问题在我们的纲领中应当居于首位。首先需要消灭封建主义以及封建所有制所遗留下的一切;在许多国家都还有皇家土地、委托遗赠土地、寺院教堂土地、宗教团体的土地,等等。但是在许多国家也存在着资本主义的地主大庄园。

社会民主党,一般说来整个资产阶级,无疑都会反对没收和瓜分这种大规模的土地财产。共产党不应当害怕提出关于没收农业中的资本主义大庄园的问题。在某些国家,比如在匈牙利,土地所有制大部分具有资本主义性质,这个问题会具有决定性的意义。

关于这个问题的理论方面，我们已经听取了布哈林同志的说明，我就不再重复了。我们都已经懂得，革命也会有它的生产费用。从资本主义过渡到社会主义将会让人类付出相当大的费用；其中一部分就是瓜分一定数量的大地产所造成的。但是对我们而言，能够以这种方式发动农民群众投入革命斗争才是决定性的因素。

其次，出现了一个农具的问题。在无地的农民之间分配土地是远远不够的——还必须让他们有耕种这些土地的可能，亦即还应当向他们供给农具。我们应该在我们的纲领中提出没收大产业的农具的问题并无偿地在农民之间进行分配。

在一些国家中，资产阶级已经进行了土地改革。没有理由说这些改革到头来都只不过是一场骗局：改革中所实现的各种事情如今资产阶级都在千方百计地努力加以收回。对这个"改革"的强烈批评也应当在我们的行动纲领中有所反映。只是向农民们指出这些改革的狭隘性和欺骗性质是不够的。还必须促使农民们提出扩大这些改革的要求，亦即没收地产和农具并无偿地将其分配给农民。这些改革让农民背上了债务包袱的地方，应当动员他们拒绝支付。拉法格在其论述社会革命的文章中早就说过，必须废除农民阶级的抵押借款和其他各种债务。诚然，在某些国家这类战前的债务由于货币贬值已经大大缩水，比如在法国，农民们几乎全都摆脱了旧有的债务。然而此后又出现了新的债务。例如在美国，所有的农场主都背负着战前还从未达到的大规模的债务。有关债务的问题也应该在我们的行动纲领中占有一席之地。

农业危机向农民阶级提出了一个与资本垄断进行斗争的问题。小农正在变成大资本家投机活动的牺牲品，资本家们以低价向农民收购农产品，却以高得多的价格转手向消费者进行销售。

在各国都可以看到的"剪刀差"现象，应当为每一个国家单独进行研究和解释，同时必须载入我们的行动纲领的还有因"剪刀差"而产生的后果，确切地说，就是必须与工业的垄断地位进行斗争；这种垄断正是工业品无限涨价的原因，而且这类价格越来越超过农产品的价格。

美国的同志们向我们指出，美国农民仅仅获得自己劳动产品20%的价值。其余80%都成了生产费用、代购代销开支，落到了工商业大资本家、铁路公司等等的手中。

现在谈谈合作社问题。

正如布哈林同志向我们所描述的那样，合作社必将发挥巨大的政治作用。合作社应当成为各国共产党手中的斗争工具。我们的具体任务就是从富农手中夺取合作社，让其为小农服务。应当在我们的纲领中列入一项要求，要国家从物质、政治和财政上对小生产者和小消费者的合作社予以支持。

关于同战争危险进行斗争的问题，在各国获得愈来愈大的革命和政治的意义。随着战争危险的增加，各国共产党反对战争和与军国主义进行斗争的宣传必将在农民群众中得到越来越大的反响，并且将他们吸引到我们的队伍中来。

最后，政治制度的恶化，人民群众的基本政治权利被剥夺，在许多国家肆虐的白色恐怖不仅针对着工人，而且针对着农民——所有这一切也为工人和农民共同斗争创造着条件。一系列具体的问题都与这一斗争相关联。在许多国家，都还有战争期间被判决有罪的人；都有涉及土地改革、涉及1918、1919和1920年的农民革命运动等问题而被判决有罪的人。在这些国家里，全面实行大赦的要求也可能吸引农民与工人阶级共同进行斗争。

这就是那些应当在我们的行动纲领中获得一席之地的具体而实际的问题。自然，各国的共产党不可能在自己的纲领中无一例外地接受和发展这几点；需要仔细而周详地研究农民阶级的生活环境。

接下来我要着重探讨第二个问题,具体地说就是共产党与农民群众接近的方式问题。这首先是宣传;这是共产党应当经常加以安排的事情。

在许多国家中,共产党仍然在遵循社会民主党和第二国际的传统,局限于在工人中开展宣传。这就出现了一个问题:需要一些专门维护农民利益的报纸,需要出版让农民感兴趣的土地问题方面的小册子和传单。我应当根据经验予以补充:在许多国家,共产党对这些任务都有着特殊的理解。有一些自称农民报、理应在农村进行革命斗争的报纸,却主要在研究农艺学。在德国,与莫斯科第一次农民代表会议的记录一起,出版了一本关于肥料的小册子。其实,农民的农艺学教育我们可以放心地推迟到稍后的时间进行。现在并不是忙于此事的时候。现在我们面临更为迫切的任务,这些任务最让农民阶级感到利害相关,足以让我们起而行动。

各共产党都应该建立社会委员会,以便在农民中开展宣传鼓动。它们应当在农业地区召开代表会议,组建当地的专门委员会,任务是在农村进行斗争和宣传鼓动。

但是能在农村宣传中发挥特别重要作用的,则是建立一些具有战斗精神的支部。对这个问题应当特别引起各国共产党的注意。农村缺乏精神力量。共产党有义务为其提供;如果在当地找不到这种力量,就必须从外地加以引进。配备有文学作品和其他各种宣传品的优秀的宣传员小组,应当在星期日和节日里到农村去,在那里就各种令农民群众感到不安的问题大力进行宣传。我们的宣传在任何情况下都不应该是抽象的。相反,它应当集中在各种具体的问题上,哪怕是具有地方性质的问题也好。每一个村庄、每一个农业地区都各有其农民们面对的迫切问题。必须研究这些问题,并将其用于我们的宣传。

不应当以脱离实际的教条主义的观点看待这些问题。必须根据群众本身的利益和理解寻求切合实际的解决办法。

同志们，由于农民与工人之间的革命联盟是我们在农村进行宣传的目的，我们就应当将我们的行动致力于随时实现这种联盟，让农民成为工人阶级的天然盟友，与共同的压迫者进行斗争。为此首先必须同时在工人中宣传农民的要求，让这些要求得到工人阶级的认可，反过来，也在农民中宣传工人阶级的要求，向他们表明共同保卫工人和农民利益的可能性。其次，每当我们提出一个与工人有关的政治问题时，都必须考虑到它会对农民群众产生何种影响，会在他们中间得到何种反响。必须学会同等地考虑农民和工人的利益，将它们联系起来，在群众面前和资产阶级面前，将其看做彼此有机地联系在一起的利益。再次，必须组织安排工人和农民的共同抗争行动。应该同时在农村和城市就这些共同的问题展开斗争。必须吸引城市工人参与农民的行动，而近郊村庄的农民则参加城里工人的行动。总之，应当通过斗争和抗议行动使工人和农民们习惯于捍卫他们的共同利益。

第三，我简要地探讨一下从组织的观点共产党对待农民阶级的态度问题。这个问题是我提出来的，但是有一位发言人也对其有所涉及。

在许多国家，我们都与尚未组织起来的涣散的农民群众打交道。在这种情况下我们应当如何行动呢？首先我们当然应该在他们中间进行宣传鼓动。但是这还不够：必须从组织上巩固我们业已获得的影响力，需要有一些相应的组织。是否可以认为共产党是我们应当吸引农民参加的唯一的组织呢？对这个问题不难作出回答。共产党的阶级基础始终是工人阶级，所以改变我们的党的基础本身，为无组织的农民群众敞开大门，是在冒险。这很清楚，根本无须争论。但是在这种情况下是否可以将已经受到我们的宣传鼓动影响的农民留在任何组织之外呢？如果这样做，我们也冒着风险，他们可能会再次落到资产阶级党派和社会民主党的影响之下。无疑需要提出关于农村中的组织的问题。

根据需要，我们应当支持、建议甚至创立一种什么样的组织形式呢？当然，谈不到在农村里建立单独的一个党。我们没有必要建立农民党。共产党既是农民群众的也是工人群众的政治领导者。我们力求让共产党的影响力无论在城市或农村都具有压倒性的优势。所以，我们需要也有可能将农民组织到一些经济团体中去；农业工人进工会，小农场主进农场主的组织，小生产私有者进贫农协会。我认为，从共产党的观点看来，这种解决办法是唯一可能和正确的。

不言而喻，创建或者支持已经建立的经济性质的组织，我们绝不是拒绝吸收它们参加政治斗争。相反，我们应当教育农民群众从维护他们直接的经济要求转变为政治性质的要求。我们应当将政治灌输到这些组织之中，在类似的情况下运用统一战线的策略。在某些情况下有必要结成联盟和同盟，特别是在地方选举和解决地方问题的时候。

然而，同志们，问题也涉及是否需要同时组建农民政党？我认为，对这个问题我们应当作出否定的回答。不行，任何时候都不行。自然，这并不排除在一定的条件下支持政治性质的农民联盟的可能性。在保加利亚，当同时身兼经济和政治组织的农业联盟遭到反革命势力的猛烈进攻之际，共产党曾帮助它重新组织起来，党的这种做法大大促进了其威信在农民群众中的增长。

已经在保加利亚存在的工农联盟任何力量都不能消灭，其主要原因之一恰恰在于保加利亚共产党对农业联盟所表现出的友好态度。

同志们，这就是想提供给大家讨论的一些意见。我认为，农民问题必定会在各国引发一系列极为复杂和困难的问题，需要引起各国共产党的特别注意和仔细研究。

最后，我同意瓦尔加同志所说的话，必须加强我们对农业问题的关注，加强争取农村与工人阶级结成革命联盟的工作。

**怀恩科普**（主席）：

现在请温根同志作关于青年的报告。

## 温根作关于青年的报告

同志们，共产国际已经是第三次在自己的世界代表大会上研究在青年中的工作问题，亦即共产主义青年为了争取全世界的青年工人和农民而开展工作的问题了。青年共产国际极为珍视共产国际在这方面对于它的关注，同时清楚地了解由此而产生的责任。不过我觉得，在这方面我们还应当更进一步，我认为今后各国共产党也应当更加关心对共青团的积极支持。第五次代表大会首次向各国共产党提出，将共产党的布尔什维克化作为中心任务。我想，同志们，在青年运动方面各国共产党也可以向我们的老布尔什维克近卫军——俄国共产党学到很多东西。我甚至认为，各个共产党对待青年运动的方式、它们支持共青团活动的方法、它们争取青年工人群众的方法——这些对于确定各共产党所达到布尔什维克化的程度，都是极为重要的。这无疑并非夸大其词，因为青年共产主义国际的问题不仅仅是青年的问题，不仅仅与共产主义青年有关系。这里，在这次代表大会上，我们应当公开地说，关于争取工人青年的问题对共产国际而言，乃是共产国际的未来的问题，是关系到共产国际新一代的问题，是关系到各国共产党干部的接班人的问题。因此，让我们向俄国共产党第八次代表大会学习，这次大会认真而明确地提出在工人青年中的工作问题，作为有关党的接班人的问题，有关无产阶级苏维埃共和国未来的建设的问题。

在这个报告中，我首先要涉及三个方面：1. 最近一次共产国际世界代表大会和之后青年国际第三次代表大会关于在青年中的工作的决议；2. 青年国际基于这些决议所进行的工作中得到的结果和教训；

3. 青年国际未来所面临的任务。

你们都知道，我们两个国际的最近两个世界代表大会都是在革命运动可以说陷入一定程度衰落的时候召开的。这种衰落首先表现在资产阶级不断加强的攻势、工人阶级从已经夺取的阵地上急速后退和其他诸如此类的现象。你们都知道，由于工人阶级革命运动的这种衰落，出现了某些因素，譬如，工人阶级这时候已不像大战结束后的最初数年之中那样坚决果敢地连续不断地奔向共产国际了，已不那么坚定不移、心甘情愿地投入斗争了。

类似的现象我们也可以在那个时期的工人青年中看到。工人青年在战争结束后的年代，尤其是在世界大战期间，都站在反对帝国主义战争和资本主义制度最坚定的战士的行列之中，怀着极大的热情大批地涌入无产阶级革命的首批队伍，成为最富于自我牺牲精神的优秀战士，他们的广大阶层都处于共产主义运动的影响之下——而在革命浪潮低落的时刻，他们却表现出战斗意愿和政治兴趣薄弱。这在我们的运动中表现为一系列现象，首先是较之最初数年我们运动的影响力下降了（尽管就数量而言我们的运动并未减少）。这也表现在我们的组织的数量增长停滞了，诸如此类。这还表现在我们的各级组织的政治兴趣和革命初年所进行的政治工作的积极性都降低了。由于各种事件，工人青年的队伍中开始产生强烈的政治冷漠态度，同时也着手寻求新的途径，以更好地团结劳动青年，引起他们的兴趣，争取他们。在这个寻求新的方法争取劳动青年的过程中，出现了一系列不正确的倾向，这些倾向更加减弱了共产主义青年组织的政治积极性，它们企图将共产国际的活动仅仅局限于理论性和教育性之类的工作。许多人将我们组织中的这些现象与青年共产国际第二次代表大会和共产国际第三次代表大会的决议联系起来。这种解释当然是不正确的。并不是决议不对，不对的是错误的阐释和执行，因为工人青年队伍中已经发生了变化。

我们的第三次代表大会注意到上述现象和以往的经验，提出了一个任务：将第二次世界代表大会关于使共产主义青年组织变为工人青年的群众性组织的一般决议具体化。

第三次世界代表大会的决议大致可以用下列方式加以归纳：**共产主义青年团应当在自己的社会结构方面、自己的工作内容和方法方面成为工人青年的群众性组织。**

在这个意义上，第三次世界代表大会最重要的决定就是在工厂支部的基础上改组共产主义青年组织。我们从来不认为这一决议是组织问题。对我们而言，在工厂支部的基础上改组青年团首先是改变共青团组织的性质和实质。

这尤其表现在，与上述改组的同时，我们还力求改变我们的运动的社会成分，此前它无论如何也是不能令人满意的。我们的这些组织还未能充分代表无产阶级青年最重要的那些阶层和大工业的青年工人。这种不能令人满意的社会构成，正是所谓衰落时期的动摇比以往更为严重得多的原因，如果运动拥有一个在大工业中就业的青年的坚强核心，便不会如此。

那种最重要的和发挥领导作用的部分由青年手工业者、职员等人构成的组织，不仅具有脱离在大工业中就业的缺乏训练的青年的倾向，而且也有着完全不同的不纯粹是无产阶级的思想体系。这自然会影响到它的活动。

在我们的第三次代表大会上，曾经就改组的问题进行了长时间的严肃的辩论。结果发现，存在着反对改组的重重阻碍；这些阻碍一方面出自共青团20年来以地区组织作为基础的传统发展方式，另一方面也存在着妨碍这种改组的一些客观困难，尤其是在大城市之中。

有关我们的共产主义青年团工作方法的最重要的决议是：共产主义青年团应当比以往更加积极地参与工人阶级的斗争和解决共产党的原则

性实际问题。共青团应当在军队中孜孜不倦地开展有计划的工作,维护在资产阶级猛烈进攻时期特别遭受威胁的工人青年的利益。

同志们,在对过去进行总结的时候,我们可以说,我们的第三次世界代表大会的决议连同共产国际第四次代表大会的决议已经完全实现了。这首先表现在我们的运动在数量上的增长。但是我们的运动的加强不单是在数量方面,它内心深处也变得更加积极,更为坚强,更具战斗力。各个组织,直至其成员的广大阶层,全都变得更有工作能力,表现出了更大的工作意愿。它们参与工人阶级的斗争,参与各种政治问题的解决,解决德国共产党和共产国际内部原则性和实质性的分歧时变得更为积极有效。同样,它们在维护工人青年利益的工作中的主动性的日益增强。当然,我们不能说最近期间所获得的成就(后面我还要谈到)全都归功于我们第三次代表大会好的决议,也不能完全归功于各个组织执行得好。自然,这些成就大部分应该用报告所总结的这一时期重新加强了的政治发展势头作出解释。青年共产国际第三次代表大会和共产国际第四次代表大会之后的这个时期,充满了一个接着一个日益使政治局势尖锐化的事件。一开始是鲁尔被占领,接着是灿科夫的国家政变,德国发生的反对库诺的罢工,保加利亚的九月起义,德国和波兰的十月事件,英国的"工人政府",日本空前的迫害行动——所有这些都是世界政治的发展阶段。自然,这种发展主要是构成了共产主义青年组织和青年共产国际工作的背景。这种实际活动的成果、运动在数量和组织上的成就,都证明了最近这次世界代表大会关于工人青年工作的决议的正确性,尤其是在工人阶级的斗争变得更加紧张的时期;因此,我们在关注这次代表大会所指出的前景的时候,可以有把握地说,青年共产国际最近一年中的高度发展并不是暂时的,今后也仍将继续。

我们最近这次世界代表大会的决议,为青年共产国际胜利地带领各国团组织继续沿着向工人青年的群众性组织转变的道路前进创造了前提条件和可能性。它们如果能将工人青年变成自觉的刚强的战士，直接参与工人阶级争取解放的斗争，解决共产党和共产国际的问题，它们便一定能达到这一目的。在过去这个时期，我们活动的中心有着三个任务：第一个（这是理所当然的）是参加工人阶级的斗争和共产党的斗争，解决共产国际的各种原则性的实际问题；第二个是军队中的工作和与新战争的可能性作斗争；第三个则是将共青团组织的组织基础和重点向工厂转移的工作。

如果我们仔细地以评判的目光看待过去的这个时期，我们便完全有权利说，共青团组织、青年共产国际通过运用正确的方法，加紧参与了工人阶级的斗争。当然，这个报告中不可能介绍，在每一种情况下、在不同的国家里，青年们应当以什么样的形式参与工人阶级的斗争，参与解决共产国际原则性的实际问题。因此我仅限于简略地谈谈这方面的国际活动，也涉及某些极为重要的国家。

最重要的国际抗议行动之一是世界代表大会之后不久开展的反对占领鲁尔的斗争。我们完全有权说，我们所进行的与这一事件相关的工作属于我们最重要、最出色的成就之列。德国和法国的共产主义青年团于鲁尔被占领之前即曾在这两个国家开展过一场声势浩大的政治运动，当法国部队进入鲁尔之际，迎接他们的已经是我们的宣传画和其他各种宣传鼓动材料，呼吁法国士兵不要反对德国无产阶级，而要与他们友好相处。我们所努力争取的是在鲁尔州和其他被占领的德国地区内，建立德国工人与法国士兵的联盟，以达到粉碎法国和德国帝国主义的计划的目的。

为了活跃这次运动，我们在著名的法兰克福代表会议之前不久举行了反对战争和军国主义的国际宣传周。这个宣传周取得了良好的效果。鉴于这次反对战争和军国主义的运动，青年共产国际向两个青年社会主义国际建议结成统一战线。正如所预料的那样，建议被拒绝了。这倒有助于我们拆它们工作的台，向它们的成员揭穿它们的假面具，促进它们成员的减少，使其队伍发生分化瓦解。

与鲁尔被占相关的国际工作取得了一系列重要的成绩。它不单是在法国占领军中成功地进行的共产主义工作，而且也是对我们的运动能否参与工人阶级的斗争的一次考验。我们经受住了考验，胜利地踏上了一条新的道路。这条新道路给我们的运动、我们的成员的广阔阶层和工人青年的队伍注入了极大的活力。

第二个重要的政治运动，是在汉堡代表大会上争取将两个青年社会主义国际联合起来结成统一战线的运动。这次运动的理由不可能非常充分，因为它是在反对军国主义运动之后紧接着开展的，但也仍然为我们带来了许多重要的成果。由于这次运动，我们得以在德国和奥地利的社会主义青年中开展积极的工作。在德国国内局势激化的情况下，这项工作有助于社会主义青年组织影响力的下降，使这个青年组织产生动摇和分化。正是在具有决定意义的数周之内，新建立的青年社会主义国际暴露出它是工人青年事业明目张胆的叛徒。这让我们取得了很大的胜利。

鉴于德国所发生的各种事件，我们与共产国际共同在共青团和工人青年中发起了一场巨大的国际运动。这场运动的结果，提高了共青团的积极性，促进了它在数量上的增长。

我们还积极参加了于十月溃败之后在德国和俄罗斯开展的辩论。我们力求让我们的团员了解与辩论有关的各种问题，力求让他们正确理解这些问题，拥护俄国共产党的老布尔什维克革命战士，拥护共产国际的路线。

这是青年参与工人阶级的斗争和解决共产党原则性的实际问题至关重要的国际时机。此外，所有的共产主义青年团都参与了它们国家所进行的斗争和解决最重要的争论问题，这些问题在最近一年期间正是共产国际和一些党内的辩论话题。

我只提一提保加利亚，该国的青年在灿科夫政变之后当即承认了共产国际路线的正确性，当即动员一切力量在本国的党内推行这一路线。保加利亚的共产主义青年在九月事件期间初期一直坚持让共产党人接受并组织这场斗争。九月政变之后，保加利亚青年继续进行积极的斗争，为的是利用共产国际和保加利亚共产党从事件中所吸取的教训。

我还要提一提那个宣言，在宣言中我们的共产主义青年团对弗罗萨尔危机（最近一次世界代表大会之后迅即获得解决）采取了共产国际的观点，并且动员自身最优秀的力量以共产国际的精神解决危机。

在**挪威**，共产主义青年团会同挪威工人党少数派组成一个核心，在挪威工人党中开展了反对中派主义和社会民主主义各种思潮的斗争，争取将该党真正变成共产党。为此我要指出，在瑞典，我们的青年团属于坚持共产国际路线最积极的战士之列，从不畏惧霍格伦同志的攻击，一直为实现共产国际的决议而斗争。

各共产主义青年团的积极性，它们对工人阶级斗争的积极参与，不仅在欧洲得到了增强。在美洲，在东方，在中国、朝鲜、蒙古——到处的共产主义青年团都置身于政治生活的中心，按照共产国际和青年共产国际为这些国家工人阶级所制定的路线进行工作。

考察以往在这方面贯彻执行最近一次世界代表大会决议的情况，我们可以说，在共产主义青年团应当如何参与工人阶级斗争和解决共产党各种有争论的问题方面，我们目前已经有了相当正确的标准。不过以往我们也发现一些不正确的倾向。一方面，有一种倾向认为共产主义青年团的政治工作是一个局部的专门性的任务。这表现在团的其余工作，它们在教育、经济和工会方面的活动，在争取农民青年方面，所有这些都具有非政治的性质。青年共产国际向来即与这类倾向大力进行斗争，始终力争让每一个青年共产党人都清楚地懂得，共产主义青年团的整个工作都是政治工作，也就是说，经济和工会方面的工作、教育和其他各个方面的工作基本上都应当具有政治的性质，都应当与工人阶级的斗争有着联系。在完成所有这些任务的过程中，共产主义青年团都应当将工人青年变成积极的参与者和工人阶级的战士。

近一年来所表现出的另一种倾向在于，将政治工作视为共产主义青年团的主要工作。这同样是一种错误，因为对我们而言事先已经很清楚，我们的全部工作都具有政治的性质，但也不能认为政治活动是主要的任务。首先，这会将其余的所有活动分割开来，将其打上非政治的印记。其次，正是这种分割赋予了政治活动以特殊的性质，不同于共青团的各种所谓任务。而这种政治积极性恰恰是共产党的一个方面。因此，在宣称政治积极性是各国共产主义青年团主要任务的倾向背后，隐藏着我们在青年共产国际第二次世界代表大会和共产国际第三次世界代表大会上清算过的那种倾向，具体地说，就是将共产主义青年团变成起领导作用的、政治上独立自主的政治组织。

尽管有着这些偏向，我们还是可以断定，今后我们仍然应当沿着共产主义青年团所开辟的道路前进，参与工人阶级的整个斗争；在我们的政治积极性不足的那些地方，我们应当予以加强，首先应当抓紧对共产主义青年团团员和工人青年的政治教育。我们所采取的总的方针是正确的；所以在将来我们也应当加以坚持。

现在我再谈我们的工作取得成功的第二个方面——在军队中的工作，反对可能发生的新战争的斗争。我此前联系到鲁尔被占领已经谈到过青年共产国际的这一工作。与鲁尔被占领密切相关的工作，是在广大士兵群众中的第一位的工作。

考察一些青年团在这方面的活动，我们应当说，许多团尚未在军队中开展持久和系统的工作。在为数不多的开展了这项工作的团中，法国共产主义青年团在运动中的表现堪称榜样（我们可以骄傲地谈论这一点）。这个团已经着手在军队中建立支部，定期出版士兵报，以生动明了的形式阐述士兵群众的问题和需要。该团在士兵中坚持进行经常性的教育工作，目的是为了工人阶级的解放斗争而争取军队。

在挪威和瑞典，最近一个时期的工作也做得很好。我们在美国和英国的工作已初见成效。但是要说真正的国际工作，我们还应当做得更多。到我讲述我们所面临的任务时，我会更详细地涉及这些问题。现在我谈一谈我们以往工作中一个极为重要的方面：在工厂支部的基础上改组共产主义青年团。我们最近这次世界代表大会就这个问题所通过的决议提出了下列要求：各国共产主义青年团都应当在各种工厂中建立共产主义青年团支部；它们应当将自己的团的活动重心转移至这些支部，最后则应当将按地区原则建立组织转型为以工厂作基础进行组建。这些指示的目的，一方面是为了改变社会成分，加强我们运动的无产阶级核心，另一方面则是要建立我们各个团与劳动青年广大群众的密切关系，从而改变我们工作的整个性质。

这最后一点对共产主义青年团的改组增添了重要意义。转变我们共青团工作的性质，亦即由脱离工人们的斗争的共青团工作转变为直接参与企业中工人阶级的斗争，转变为动员工人青年投入这场斗争，让共产主义青年团的团员们在运动的这一新的基础上，与产业工人青年广大群众建立起更为直接的联系——所有这一切都迫使共青团将自己的全部活动和企业中青年共产主义者的工作具体化，而且由于和工厂里的青年工作有了直接的联系，共青团也开始进行完全不同性质的宣传。

我已经指出过了，在进行这一工作的过程中，思想上的和客观上的困难是相当大的。说来有趣，现在正当各国共产党面临在工厂支部基础上进行改组的问题之时，我们又听到了我们的团员和代表在第三次世界代表大会上对我们提出的那些依据和反对意见。那些关于这次改组无法完成的理由，关于在按照住址和企业的划分建立组织时会出现的种种困难——所有这一切如今又成了反对各个党在支部基础上全面改组的最重要的论据。我们不怕这些困难（不过，也从来不曾否认困难的存在），我们已着手将其克服。

首先必须大力开展有计划的工作，让所有的团员树立新的思想方向，以便他们在意识上和意志上对改组做好准备。对我们的团员进行思想上的再教育的这个时期延续得相当久，我们甚至可以说，延续得简直太久了。这首先是因为，在某些团内并未能很快消除对抗情绪，甚至在高层也是如此。只是在经过了长时间的系统的工作之后，才得以说服上层人物，向全体团员提出了以工厂支部为基础的改组问题。

现在，在这场思想上的再教育胜利结束之后，我们可以认为主要的困难已经克服，我们已经能够顺利地、系统地开展这方面的工作了。我们应当表扬我们的三个极其重要的团所取得的重大成就（我就不提俄罗斯共青团了，它早就已经是建立在工厂支部上的了，我主要局限于谈论西欧的运动）。首先，德国、法国和捷克的共青团在这方面都已取得相当实质性的成果。我们的德国共青团率先克服了自己队伍中的种种困难，在我们的第三次世界代表大会之后仅仅过了数月便开始了在最重要的工业地区建立工厂支部的工作，将主要的组织活动转移到了企业。初期的成绩十分可观，大大促进了我们共青团的整个工作活跃起来，工作采取了其他各种形式，变得与青年的生活和工人的斗争更加联系紧密了。同时，德国共青团在数量上也大大增长了，从28人增加到7万人。诚然，在巨大的经济兼政治危机袭来之际，德国的这一工作稍有削弱，特别是由于我们在工厂中的团员大部分被解雇，从而破坏了我们的组织在工厂中的基础。

我们在法国也取得了很大的成果，那里的共青团在大部分企业中已经有了自己的组织。

在捷克斯洛伐克同样如此，诚然，该国的共青团只是在去年秋天才开展工作，但是现在同样向前迈出了一大步，建成了100余个支部；此外，这一运动无疑还将继续。

在其余的团里，我们则无法举出这方面的重大成就。思想教育的第一步它们已经完成，但是大规模地实际进行却尚未开始。不过如上所述，我们在整体上可以认为我们在这方面的工作成绩极为巨大，特别是因为与改组相关的辩论迫使我们在团员中进行更加积极的工作，在有关青年参与工人阶级斗争的问题上采取更为具体的立场，更加具体和直接地接近无产阶级青年的生活。

这是具有决定性意义的第一项成就，甚至超过了某些团的具体成果。第二项成就则是，我们的活动和我们的精力迫使一些共产党高度重视这个问题，并且亲自研究以工厂支部为基础的改组问题。在德国、法国、捷克斯洛伐克都是如此，虽说我们正是在捷克斯洛伐克，曾经遭到来自共产党的对我们组建工厂支部的最强烈的抵制。

在这次代表大会上，我们可以有着充分的根据向各国共产党也提出这一问题，因为青年共产国际在自己的这一活动中已经获得了理论和实践上的重要经验。

从我们的这项工作中可以得出一些什么样的教训呢？

在工厂支部的基础上进行运动的改组时，必须事先彻底弄清工厂支部的性质和实质。我认为这是积极、顺利开展工作最重要的前提条件之一。有一些迹象表明，某些组织认为工厂支部并不是我们的运动的基础，而是类似于工会、体育、合作社分部之类的机关。也有迹象表明，党内的情况同样如此。对于这样的理解，需要从一开始便采取针锋相对的坚决措施，进行深入认真的教育工作。首先需要清晰地确定，工厂支部应该构成我们的运动的基础本身，从地区组织转变为工厂组织的各种辅助形式只能是次要性的，永远不应该获得与工厂支部享有平等权利的机关的性质。

第二个重要教训是必须对工厂支部的活动具有充分明确的认识。原来，工厂支部的主要工作一度被认为是经济工作，亦即动员工人青年在企业中进行斗争，因为这确实符合具体情况。这种倾向事先就应当予以清除。必须坚决地确定，工厂支部所从事的并不是经济领域的工作，亦即动员与企业主进行斗争，争取改善地位、工厂里的卫生条件，等等。支部所进行的实际上是以前地区组织所进行的工作。这里不便阐述这个论点。我们将在讨论这个问题时对之进行实质性的分析。

第三个教训可归结为，建立工厂支部应当以全面的改组为目的。如果我们不这样做，那么建立工厂支部的工作或迟或早将会减弱、停顿，其成果便会烟消云散，彻底丧失。这项工作的最主要的经验就是如此。

在其余各个领域，我们的运动近期内不可能开展足够紧张的工作。

在争取农民青年方面所做的工作特别少。更为令人沮丧的是，青年共产国际本来是一个非常广泛的组织，因而有着大量的机会将青年农民和农业工人接收到自己的队伍中来，吸引这些很难接近的人参与工人阶级解放斗争的事业，让他们走上这场斗争的道路。

我们完成得不够好的第二项重要工作，是对我们运动的成员进行政治教育和培训工人青年广大群众的活动。这首先是力量不足所致。

在经济和工会工作方面，除了少数例外情况，我们也做得很少。在最近一次世界代表大会上，我们提出将工人青年与资产阶级的进攻和阿姆斯特丹分子的叛变行为进行斗争作为最主要的任务，然而实际上我们在这方面造成了许多疏忽。其原因是：我们参与工人阶级政治斗争程度的增加耗干了我们的主要精力，此外，关于工会工作的问题存在着许多模糊不清的认识，结果这一工作的高度政治性质未能引起足够的注意。

总的说来，我们终归还是能够确定我们工作中的群众组织的方针。第一，我们的运动在数量上得到了加强，第二，它变得日益团结和积极，最后，沿着转变为统一领导的国际组织的道路迈出了重要的步伐。这在各方面都表现了出来；顺便说说，也表现在我们的报刊有了明显的改善，它们号召进行斗争，在工人青年广大群众中扩大我们的影响。我们的报刊这种改进表现在其发行量的增长、其内容的完善和相应的影响力的增强。

我要简要地引用我们的运动数量上增长的数据，这是我们发展为群众性组织规模上的增长。过去一年中在俄罗斯，我们团员的数量从42万增加到70万；在德国，从2.8万增至6万（这当然是在十月斗争之前；十月失败之后，由于被查禁、内部分歧、地下工作时期组织性不足，由于大规模的失业，团员数量已跌至4万）；在法国，从4000增至7000；在意大利，从2000增至4500；在美国，从2000增至5000；在捷克斯洛伐克，从8000增至13500；在蒙古从1500增至3000。

这是一些非常重要的数据。我们不可能引用所有的数据；在我看来这也不必要，因为所引用的这些数据已足够典型的了，而且已涉及了我们国际的最重要的一些青年团了。

我们并没有夸大我们各个团数量增长的意义。但是这种增长终归是重要的，何况恰恰就在同一时期，青年社会主义国际失去了自己的大量成员，影响力和重要性也降低了。此外，这个国际受到资产阶级的公开支持，而此时我们的17个团却不得不一直在不合法的艰难条件下工作，即便"合法"的那些团也经常遭受迫害。

再谈谈各国共产党和青年共产国际之间的相互关系。我们应当指出的不单是某些国家中的政治分歧，比如在瑞典、挪威和捷克斯洛伐克，部分地在巴尔干各国，都是如此；而且应当指出在同一方面的各种困难：可以看到，一些共产党对青年共产国际采取不折不扣的消极态度。只有不多的几个党例外，比如德国党和法国党。我们也应当指出，第三次世界代表大会关于青年共产国际组织上独立的决议并未得到充分执行。我指的是波兰。在保加利亚，只是在最近一年期间才在组织的意义上获得了独立，在六月和九月事件之后才导致整个运动的全面改组。在其他一些国家，比如在瑞典，由于政治上的分歧，发生了组织性质的干预。还很少发现在重要的工作领域有着来自共产党的对青年共产国际的真正支持，比如在军队中的工作方面，在支持青年的经济斗争方面，在吸引青年参与共产党的斗争方面，在为教育和培养工作提供力量方面，等等。关于青年共产国际和各共产党之间相互关系的问题，常常是完全形式主义地提一提。相互间派一些代表参加会议，仅此而已。而且连这种事也并不总是发生，常常为此出现许多困难。我认为，这方面的情况今后应当有个根本性的改变。我已经说过了，关于共产主义青年的问题不单是青年共产国际的问题——这也是未来的最重大的问题之一，是关系到共产党的接班人、关系到这些党的负责工作干部的培养问题。

共产党给予青年共产国际以实际的支持，这应当被视为所有共产党的一项重要任务。我们认为，这种支持应当是各国共产党自觉地对青年共产国际进行帮助，将其视为党的学校，为党提供接班人的学校，视为在各个党的领导下党完成重要工作的忠实朋友。

各国共产党最重要的任务之一就是在各方面给予青年共产国际以坚定的支持。

只能再用不多几句话来谈青年国际的任务了，因为我的时间已经快用完了。最近一个时期的经验和所做工作的相当良好的结果，我认为可以让我们有权宣布，没有必要根本改变我们所采取的基本路线。我们只需加快工作的速度即可。我们应当更出色更努力地进行工作，基本的路线第二次世界代表大会已经为我们制定好了。我们的任务大致可以这样来描述：

青年共产国际应当更加坚定地继续努力完成它在列宁领导下开启的事业。我们将在提纲中详细地提及这一点，这份提纲大概今天就会分发给你们。你们都知道，列宁同志很少直接涉及青年共产主义运动。但是你们也知道，列宁在两个具有决定性意义的问题上，为我们的工作作出了极为宝贵和重要的指示。比如，在反对军国主义工作的问题上，他在世界大战期间曾号召在我们队伍中进行几场大辩论，其间许多同志作出了不正确的回答。列宁同志纠正了开初时的错误路线，为我们在军队中和反战斗争方面的工作作出了一系列明确的指示。列宁同志的第二个重要的直接指示涉及我们运动的任务，这一运动是无产阶级斗争和创造的学校。依靠这一指示，我们逐步制定出了我们运动的基本方式方法。

在我们的提纲中，我们对中心任务所作的表述大致是这样：

青年共产国际应当成为列宁主义的一些青年团，亦即不遗余力地努力掌握列宁的遗产，培养一批批战士，他们不但能够手持武器为共产主义事业而斗争，并且会成为精明的宣传员和新世界的能干的建设者。转变为列宁主义的组织过程中最重要的任务，对我们而言首先在于，比此前更加努力地坚持走通向工人青年群众性组织的道路，争取青年群众，将现在还远离我们、部分处于社会民主党影响之下的青年工人（城市的和农村的）吸引到我们一边来。只要有意识地大力吸引他们参与工人阶级的斗争并向他们提供共产主义战争所必需的列宁主义装备，我们便能够达到这一目的。我们在我们的提纲中详细论述了关于"列宁主义青年团"的口号，所以，考虑到时间已到，此刻就没有必要对此着重进行探讨了。

为了变为列宁主义的组织，我们还要尽量吸取以往的教训。第一，我们今后也将在各国共产党的领导下参与工人阶级的斗争，在工厂支部的基础上改组我们的团，在军队中开展国际性的（亦即在所有的共青团的参与之下）工作，在军队中建立支部和一些地下组织，它们在战争期间就能够帮助我们做好内战准备，击溃资产阶级。第二，我们应当用列宁关于战争不可避免、必须将其转变为国内战争的学说，对抗社会民主党的和平主义的漂亮空话。此外，广泛开展切合实际的经济和工会工作，维护青年工人的利益，争取农村青年，这些也都是我们极为重要的任务。我们必须消除资产阶级的社会民主主义体育青年团的影响，必须在自己的队伍中系统性地进行内战的准备，在党的领导下进行有计划的教育工作。所有这些加在一起，就意味着完成成为列宁主义共青团的这一任务。

同志们，最后我还要说上几句。青年共产国际所完成的工作，属于共产国际各支部所做的最为重要的工作之列。当我们在这里的世界代表大会上向你们宣称今后我们也要竭尽全力完成你们给我们提出的和我们自己所提出的各项任务时，我们就已经以此做出了众所周知的保证。既然现在我们为自己所提出的任务是成为战斗中的无产阶级青年和农民青年（他们正在自己的阶层中造就为我们难忘的导师列宁的伟大事业而奋斗的战士）的列宁主义组织，那么我们就可以请你们相信，我们说这话绝不是为了哗众取宠。我们向你们许诺并且发誓，一定要把我们的组织变为容纳全体工人青年、为列宁主义而工作和斗争的强大学校；我们不仅要促使青年工人研究列宁的宏大学说，掌握它，继续宣传它，我们也要让他们加入在列宁的旗帜下解放全世界的被压迫阶级的战士们的队伍。工人阶级的近卫军——青年共产国际也将永远是通向列宁主义的布尔什维克化的世界组织道路上的先锋队。（掌声）

## 就大会议事日程进行的讨论

**怀恩科普**（主席）：

在进行简要的翻译之前，我们要以主席团的名义发出下列通知和提议：

星期日将举行莫斯科工人庆祝代表大会的游行。代表大会的闭幕式于星期一举行。

今天翻译完温根同志的发言之后，将由梁赞诺夫同志作关于尚未出版的马克思和恩格斯著作的报告，其后则对关于这个报告的决议进行表决。

明天我们开始着手工会问题。关于工会的讨论和决议的制订，主席团提议交由执行委员会扩大全会进行，因为我们没有时间对这个问题进行详细的讨论了。

然后，明天上午还有组织和章程委员会的几个报告。

星期一，10点是蔡特金同志关于知识分子问题的报告。建议对这些报告也不经讨论和翻译即予以通过。然后则是几个委员会的报告，是这样一些尚未介绍过的内容：

1. 经济提纲和政治委员会的策略与政治提纲。
2. 民族与殖民地问题委员会的决议。
3. 农业委员会的决议。

然后是意大利、俄罗斯和英国委员会的报告。其他一些委员会的报告，已经部分决定转交执行委员会的扩大全体会议。

然后，星期一将在大剧院庆祝代表大会闭幕，通过反对战争的宣言，选举执行委员会。

我们的提议就是这一些。

按照议事日程，现在由格施克同志发言。

**格施克**（德国）：

关于工会的问题对我们德国人来说是一个政治问题，我们刚刚听说，为报告确定了两位报告人，我们必须不经过讨论便通过这些报告。从预定两名报告人一事，我们便可以断定在这个问题上存在着分歧。这些分歧应当在全体会议这里就加以澄清。我代表德国代表团以最坚决的态度反对拖延这个问题，反对将其交由执行委员会扩大全会进行讨论。我们要求就在这里对该问题加以讨论。

**怀恩科普**（主席）：

我以主席团的名义宣布，该问题不能未经辩论即行讨论。辩论将在执行委员会的扩大全会上进行。

根据议事日程，现在请埃尔科利同志发言。

**埃尔科利**（意大利）：

意大利代表团支持德国的建议，同时认为，这个问题具有极为重要的意义，无论如何也应当在代表大会的全体会议上进行讨论。

**麦克马纳斯**（英国）：

英国代表团同意在代表大会全体会议上就工会问题展开辩论的建议。我们也坚持这样的意见：这种辩论中有着许多对共产国际每个支部都具有头等重要性的材料；看起来，似乎第五次代表大会急于结束工作。原封不动地将最重要的问题之一留了下来。因此，我以英国代表团的名义表示支持德国代表团所提出的异议。

**弗赖穆特**（德国）：

德国代表团建议停止争论，开始表决。

**怀恩科普**（主席）：

主席团建议在听取完几个报告之后再解决有关辩论的问题。我们听完报告后，可以就主席的提议进行表决并作出关于辩论的决定。

（表决以举手的方式进行）

**怀恩科普**（主席）：

结果不明显，我们还是按代表团进行表决吧。

**季诺维也夫**（苏联）：

同志们，我发现我们的一部分德国同志对辩论的问题非常不满。看来，有些同志认为我们是在找借口不想辩论。我以俄罗斯代表团的名义声明，我们原来打算在执行委员会的扩大全会上讨论这个存在争论的问题。但是如果你们不希望这样做，我们很愿意准备好在代表大会展开这场辩论，所以我提请代表大会作出相应的决定。

**怀恩科普**（主席）：

现在开始对主席团关于在听取报告后再对辩论问题作出决定的提议进行表决。

主席团的提议以 563 票对 142 票的多数获得通过。

这之后，请什瓦哈诺夫同志代表巴库市以列宁同志命名的纺织厂的工人致祝词并向法国代表团授旗。

## 巴库市一纺织厂工人向法国阿吕安纺织厂授旗及法国代表团的答谢

**什瓦哈诺夫**（苏联）：

同志们，巴库市列宁纺织厂的 500 名共产党员和 1500 名非产工人委托你们，法国共产党代表团，将这面红旗转交给我们的同志——法国阿吕安革命的纺织工人。

无产阶级的巴库是苏联共产党在东方的前哨阵地。它的革命意义对整个共产国际都是很大的。在革命的巴库无产阶级中，我们厂的工人占有重要的地位。他们永远站在巴库无产阶级与资产阶级进行革命斗争的最前列。早在 1904 年我们所举行的第一次总罢工期间，我厂的厂主、阿塞拜疆著名资本家塔吉耶夫就将我厂称为"危险火焰的洪炉"。自那时候以来，我们的队伍在20年的斗争中一次也不曾惊慌失措。1920年我们和巴库的全体无产阶级一道，用无产阶级的革命火焰烧毁了资产阶级最后的残余，消灭了突厥民族资产阶级的统治，在我们家乡建立了苏维埃政权。我们的共产党支部已经有18年布尔什维克党龄。在它的领导下和我们伟大导师列宁的旗帜下，我们随时投入战斗并且节节胜利。目前我们正在列宁的旗帜下恢复生产。我们的生产已经提高到战前的规模。请收下我们的带有我们伟大导师列宁同志肖像和苏联国徽的战斗旗帜，勇敢地投入粉碎法国资本主义的战斗，尽快同我们联合起来。在你们的斗争中请永远记住，唯一正确的胜利道路就是无产阶级最伟大的天才列宁同志所指出的道路。沿着这条道路向前进，你们一定会胜利。

我们节节胜利的革命的阶级斗争万岁！

法国共产主义无产阶级对资本主义的胜利万岁！

法国共产党万岁！

共产主义国际万岁！

**波雷**（法国）：

同志们，我以阿昌安劳动者的名义，以北方全体纺织工人的名义，向以列宁同志命名的纺织厂的工人们表示最热烈、最真诚的感谢，感谢他们所赠送的美好的礼物和向北方英勇的纺织工人的衷心问候。（掌声）

我国的纺织工人得知这件礼物时一定会感到理所当然的骄傲。你们所交给我们的旗帜不可能落入更加优秀的人之手。阿昌安的纺织工人一直在不遗余力地最坚决地与组织严密、残酷无情的厂主进行斗争。如阿昌安的纺织工人经历过100余场战斗，100余次罢工，几乎全都以胜利告终，尽管这是在与实力强大的工厂主组织、与联合了法国北方所有纺织工业企业主的所谓鲁贝图尔宽纺织财团进行斗争。不过，这个强大的组织所遇到的可是一个不久之前还在公开的战斗中战胜过它的名副其实的对手。能够战胜法国北方这个企业主组织的唯一的工人组织就是阿吕安的无产阶级。参加那场北方工人们永远不会忘记的示威游行的有2万名工人，他们从全省各地赶来支援阿吕安同志们强劲而坚决的斗争。

我们回国后向阿吕安的纺织工人们转交这面旗帜，必定会引发一场新的声势浩大的示威游行。我们要号召北方所有的工人都参加这场示威游行。工人们无疑会听到这一号召，因为他们一直在密切注视着俄罗斯无产阶级的生活；为了对俄罗斯无产阶级表示尊敬，他们一定会成群结队地参加授旗仪式。

我要再说一遍：这面旗帜不可能交到比阿吕安无产阶级更为优秀的人手里。要是万一不幸阿吕安和整个法国北方的同志在严酷的斗争中发抖了，他们的队伍开始动摇了，那么我坚信：只需向他们出示这面旗帜，就足以让他们以更加高涨的革命力量和勇气重新投入与厂主们的无情斗争。

受托转交这面红旗使我们充满了自豪感。请允许我在结束发言时向列宁纺织厂的工人们致以敬意，并且像举行授旗仪式时阿吕安工人们一定会做的那样高呼：

列宁工厂的工人们万岁！

全世界的纺织工人无产者万岁！

世界革命万岁！

（暴风雨般的掌声）

（会议休会）

# 第二十七次会议

(1929年7月5日,星期六)

主席:怀恩科普

**怀恩科普**(主席):

现在请洛佐夫斯基同志发言。

## 洛佐夫斯基作关于共产国际在工会运动中的策略的报告

在共产国际的历次代表大会和历次执行委员会扩大全会上,都必定会提到我们的工会策略。这说明我们在这里需要对共产主义策略最为复杂的问题之一作出回答。

实际上,工会在工人阶级的斗争中所发挥的是什么样的作用呢?从前这是反抗剥削的机构,战争期间和战后受到资产阶级的影响,变成了资产阶级国家的附庸。它极其缓慢地逐步摆脱资产阶级和改良主义的影响,只是现在由共产党人控制之后,才变成向资本主义制度进攻的机构。

工会是党与工人阶级的天然联系。只有通过这个齿轮,党才能够将整个工人阶级带动起来。这就是共产国际始终密切关注工会运动问题的原因,这就是共产国际第五次代表大会当前需要认真研究这个问题的原因。

不应该忽略的是，工会的产生（在大多数国家）都先于党的产生；因此在评价一个国家工会运动的传统和特点时，必须从该国的社会经济结构的特点出发，这些特点对工会组织的结构和策略的影响至为巨大和深远。

工会是一个特别广泛的群众性组织。比工会更广泛的只有苏维埃。因此，向自己提出了为社会革命争取群众的任务的共产国际，必须对一个问题作出回答：如何利用这个群众性的组织来实现共产国际所面临的目标？

以往的几次代表大会上也曾解决过这个基本问题。从这一视角研究过各种策略问题。不争取工会，就无法解决争取群众的问题，而且这不单是在工会拥有千百万工人的那些国家，甚至在工会运动还处于萌芽状态的那些国家，比如在东方国家，也是如此。

不应该忘记，工会是阶级意识不断觉醒的工人们的天然集结站。这些集结站（实际上就是组织中心）无论多么小，对整个工人阶级都具有重大的意义，谁若置身于这个组织之外，谁就不能在其中建立基础，谁就永远无法掌握工人阶级。

在这方面极为典型的就是英国各社会主义政党的遭遇，它们与工会比邻而居，却始终是一些宗派主义集团，对国家政治发展的影响微不足道。目前全世界的工会内有数千万工人——这都是工人阶级的优秀分子。因此共产国际的历次代表大会，尤其是第五次代表大会，自然会对共产党人在工会运动中的任务表示关注。

为了确定我们近期的路线，首先需要弄清当前世界工人运动的状况。共产国际是在一定的社会经济环境中进行活动的，考虑这个环境是它各方面活动的先决条件。目前世界工会运动的状况总体上具有下列特点：

1. 工人的整体退却已经停止。在许多国家，工人阶级业已转入反攻。特别是在英国，最近数月的特点是经济罢工的浪潮汹涌，其中的每一次罢工都有着巨大的政治意义。在工党政府一直充当资产阶级利益毫不含糊的捍卫者角色的情况下，这些罢工的政治意义尤为重大。即便在工人阶级处境极为困难的德国，矿业工人最近这次防卫性罢工也可以认为是很成功的：击退进攻者——这便可以视作胜利，特别是对于尚未从所遭受的十月和十二月失败中恢复过来的德国无产阶级而言。挪威长达6个月的罢工，既没有将工人阶级、也没有将其工会压垮。在某些生产部门甚至还成功地提高了工资。在法国，我们在今年初也有过一系列进攻性的罢工。总之可以认为，总体退却的时期已经结束，我们所看到的是积极性的恢复，经济冲突数量的增加，防卫性和进攻性战斗的激化，这都增加了资本主义国家政治上的不稳定性。

2. 各国工人阶级最近这两年的斗争，强化了统治阶级与改良主义工会上层人物之间的联系。政治上的工贼行为变成了经济上的工贼行为，于是我们看到了大量在改良主义工会运动领导人帮助下被夭折了的冲突。当工人群众对改良主义者们的压力变得太过鲜明的时候，改良主义者们偶尔也投入斗争，但他们竭尽可能让斗争快一些终止。抑制罢工的久已有之的方式之一，是在罢工期间和各种斗争最尖锐的时刻举行"民主表决"之类。近来工会的上层人物在法国、英国、挪威、德国以及其他一些国家都扮演了这种工贼的角色。可以有充分根据地谈，改良主义完成了自己的一个循环：从保卫祖国开始，以保卫集体的和个人的企业主的利润告终。

3. 以阿姆斯特丹国际闻名于世的改良主义工会国际性组织，早在鲁尔被占领期间即已显示出它的软弱无力和协约国本质。通过国际联盟劳动委员会进行改变的幻想，阿姆斯特丹国际的代表们当着企业主和"中立国"政府代表的面定期发表关于社会法制美景的谈话——所有这一切都证明，阿姆斯特丹式斗争手段空洞而浅薄的性质迄未改变。阿姆斯特丹国际尽管在口头上抗议,却支持对鲁尔的占领。现在它像抓住最后一根稻草似的抓住专家委员会的报告,希望这些专家通过扒掉德国人民一层皮,能够建立安抚欧洲和让资本主义关系正常发展的基础。

4. 阿姆斯特丹国际及其各国组织的这种工贼角色,不能不加大群众的不满。当前的特点是共产国际和各国共产党在工会中的影响力不断增强,同时这种影响也反映在共产党和革命少数派在无产阶级经济斗争期间作用的增长。在这方面极为典型的,不单是反对派早已在工会运动中发挥着重要作用的德国所发生的大规模罢工,而且还有英国的罢工。整整一系列"非正式罢工"亦即违背工会头头们意愿所进行的罢工,都是在共产党人直接参与下发生的。无怪乎所有的保守报刊现在都对英国共产党发起追击。英国共产党通过工会深入群众,而这对资产阶级及其改良主义而言乃是最大的威胁。如果拿法国来说,则我们可以看到,在此期间法国共产党和统一劳动联合会在群众中的影响大大地增强了。世界上没有一个国家共产党在群众运动中的作用没有增长,对共产党人的态度没有成为迫切的问题。甚至在日本、中国和印度,对待共产党人在工会运动中的态度问题也都提上了议事日程。

这种共产主义对群众的影响的增长,在工会国际的成长中也有所表现。这里我就不引用数字了,在另外的地方我再引述,不过我认为,本次代表大会的每一位代表都知道,工会国际早就走出了它问世早期曾作为"国际宣传委员会"的那种状况。工会国际已成为一个国际性的组织,而且它成为这样的组织当然是多亏了共产国际和各国共产党在工会运动中所做的工作。

5. 共产主义影响在工会中的这种增长,使得改良主义者反对"共产主义捣乱分子"的斗争极端尖锐化。所有的改良主义报刊都充满威胁之词,这种威胁倒更像是对共产党人的抱怨,仿佛是共产党人在破坏工人运动。甚至在不久之前对共产党人的态度还很宽宏大量的英国,现在也开始将共产党员开除出工会。改良主义分子在对共产党人施压的同时，还加强了反对苏维埃俄罗斯和俄国革命的斗争，因为对他们而言（这倒是完全正确的）共产国际、俄国革命和工会国际本质上都一样。

除了来自改良主义者的对共产主义运动的疯狂进攻之外，阿姆斯特丹国际内部也企图让共产党人驯服，将他们变成所谓左翼的工具。这种鞭子加蜜糖的方式想必能将阿姆斯特丹国际从无可避免的瓦解中解救出来。然而事实证明，解体的进程毫不停顿地向前发展，任何臆想也无法将阿姆斯特丹国际从瓦解中解救出来。

6. 阿姆斯特丹国际的这种演化（该组织的上层人士变作法西斯反动势力的工具，某些国家里阿姆斯特丹分子扮演了工贼角色）不仅使群众产生了将叛徒们逐出无产阶级队伍的愿望，而且在某些工人阶层中造成了对赢得工会感到绝望的情绪。这种绝望情绪在德国显得最为鲜明，不仅表现在退出工会，而且表现在试图提出"新策略"；不过顺便说说，这遭到了德国共产党法兰克福党代表大会的否定。尽管如此，这些情绪和感受依然很强烈。

7. 由于各资产阶级政府的内外政策毫无成效，在无产阶级和农民阶级的广大群众中产生了不满，导致在一些国家中（英国、法国、丹麦）建立了左派（半社会主义）政府，这些政府只得将通过左的社会主义的花言巧语以掩盖和粉饰资产阶级的旧有政策作为自己的任务。这样，我们所面对的就是改良主义的幻想重现，国际联盟和国际劳动委员会的"二度青春"，指望这些"左派"政府能够消除和解决帝国主义无法解决的矛盾。在彭加勒和寇松的蛮横无理的粗暴攻击之后，则是麦克唐纳、赫里欧诸位先生以及英国和法国政府的其他关怀者和捍卫者，他们一边援引《人权宣言》，一边搜索他人的腰包。话说得各不相同，所干的事情却一模一样。尽管如此这也反映出了群众的进步，对他们已不能用老办法进行驾驭了，所以才需要这类新的"口号"甚至"社会主义"的许诺，借以遏制不满的隐隐躁动着的群众。

所有这些基本的特征，我们在制定我们的工会运动策略时都需要加以注意。共产国际的策略是由不得不在其中活动的环境所决定的。我们面对着的是一个特殊的环境，一系列新的因素因而必须权衡，我们的旧策略中什么对今后仍然适用，什么需要加以抛弃，有什么新的东西需要引进我们斗争的方式方法之中。

争取团结的斗争口号以一条红线贯穿于共产国际的全部活动，因此自然要提出一个问题：这个口号是否已经老化？它是否已经过时？团结并不是目的，而是达到目的的手段。共产国际和共产党从来不以盲目崇拜的态度对待团结问题。证据是：各个共产党本身就是通过分裂从一些旧的党派中产生的。对组织抱盲目崇拜的态度根本不合布尔什维主义的本性，所以如果说共产国际在数年期间一直坚持为团结而斗争的口号，那么这并不是出于什么抽象的盲目崇拜的理由，也不是出于对形式的崇拜，而只不过是因为**工会运动的团结是开展共产主义工作的最佳舞台**，能够为争取群众创造最为有利的条件。向来共产国际都只是以这样的观点看待这个问题，也仅仅为此它才一直主张工会的团结。从这个原则出发，共产国际以最坚决的方式表示反对破坏工会的口号，并针锋相对地提出了争取工会的口号，因为要争取群众就非争取工会不可。

不过，争取工会——这是什么意思呢？对于这一点，即便现在也仍然存在着一些误解。有一些同志，他们说："我们永远也无法争取到工会，因为反动官僚一定会以这种或者另一种方式坚守自己的阵地。"毫无疑问，官僚们不希望沦为少数派，他们正在并且将会竭尽其所能地争取（哪怕在形式上）保住自己的多数派地位。然而争取工会并不意味着争取反动官僚亦即机关。争取工会的意思是争取群众——工会的会员，在这方面任何反动官僚、任何忠诚字据（德国）都不足以阻碍共产党人扩大自己在群众中的影响。这里我就不准备引用列宁论述革命者是否需要在工会中工作这一问题的光辉篇章了。代表大会的全体成员都熟知列宁的非凡著作《共产主义运动中的"左派"幼稚病》一书，无疑还记得论述那里形成的"**工人贵族**"，"他们**抱有行业的、狭隘的观念，只顾自己，冷酷无情，贪图私利，形同市侩，倾向于帝国主义，被帝国主义收买，被帝国主义腐蚀**"① 以及与之进行斗争的方法的那些篇章。我以另外一种方式提出问题：共产党人应当带着有关工会运动问题的什么样的口号深入群众？这方面可能有两个口号：要么是团结，要么是分裂。不可能有中间立场。法兰克福代表大会前德国共产党在这个问题上的缺点就在于，它采取了中间立场。它不主张团结，但同时也不主张分裂，它还不反对退出工会——换句话说，它没有任何一种工会政策。退出工会，从其中逃离，这并不是退会者积极性的标志，而是绝望的标志。如果说这对非党员工人而言是可以理解的，那么这对共产党员说来就全然不可理解。当一个共产党员置共产国际和共产党的决定于不顾，说他再也不可能（！）留在工会之内时，那么我就可以断言这是一个糟糕的共产党员，因为他准备用焦躁不安取代我们的共产主义路线。对党而言，最糟糕的事情就是在一个问题上"有几个政策"，因为这意味着根本没有任何政策。这种情形我们最近数月期间可以在德国共产党内看到，这不可能不削弱对工会运动的影响力。因此，逃避，或者更尖锐点说，简直就是从党派遣自己的党员前去的战线的上当了逃兵，这应当受到共产国际严肃的坚决的谴责。我再说一遍：在这个问题上，其实也像在所有的问题上一样，对党而言最危险之处就在于——它的党员不受组织制约。

这个问题与另一个问题密切相关：既然我们为团结而斗争，既然我们反对破坏、主张争取工会，那么我们应当针对退会的人和针对置身于

---

① 参见《列宁全集》中文第 2 版第 39 卷第 31 页。——编者注

工会之外的工人提出什么样的口号呢？必须提出这样的口号："回到工会去！"我知道，比如在德国，这会遭到强烈的抗拒，许多工人会说："干吗我要给官僚们交钱？为了让他们执行反共政策吗？"但是，同志们，这样的问题从会费的观点出发是无法解决的，只能从我们所面临的总的政治任务的观点出发。"回到工会去"首先应该是对党员提出的口号。一个置身于工会之外或者认为从事这样平淡无奇的工作有损自己的尊严的党员，并不是真正的共产党员。这是不懂得工会在工人阶级斗争中的作用和意义、不懂得足以将党与群众联系起来的方法的共产党员。"回到工会中去"和为团结而不懈地斗争——这是对所有的共产党都起着指导作用的事情。

那么，对那些工会运动已经分裂、存在着几个平行的组织的国家，比如法国、捷克斯洛伐克等等，又该怎么办呢？这时候可否提出"回到工会中去"的口号？当然不可以，这种情况下，这样的口号就不适用。这时候的中心口号应当是——**通过共同的代表大会求团结**。为团结而斗争不应该是形式主义的，团结不应该像一个与工会运动中的任何严肃的运动都毫无联系的、形式主义的建议一样随意提出来。如果我们只是不时发表一些关于我们对团结怀着崇高感情的声明，这样做很少有什么用处。争取团结的斗争意味着在所有的工厂和企业中为恢复工会运动的团结而进行经常性的坚决斗争，意味着普及团结的思想，需要在工会运动分裂了的地方召开代表大会。任何情况下都不应该将团结的独占地位拱手送给分裂工会运动的改良主义者。这会对工人运动造成极大的伤害，阻碍共产党的发展，无疑会使我们脱离争取工人阶级大多数的工作。不过为团结而斗争也并不意味着，即使在改良主义者分裂组织的时候，仍然像鹦鹉学舌般地反复念叨"团结"这个字眼。这样做所意味着的并不是共产主义，而是拜物教。往往（而且很频繁）有这样的时候：需要以团结的名义召集从工会中被开除了的、退了会的和分离出去的工人并将他们组织起来。但是问题在于我们以什么名义去召集、团结这些工人。是为了保存和闲置这些小工会呢，还是为了团结相当数量的工人之后，引导他们更加坚定地投入今后争取团结的斗争？

因此，"争取团结"的口号并不与需要（在某些情况下）建立平行的组织、巩固并最大限度地加强这种组织相矛盾。任务恰恰在于，要让这个组织在这个根本性的极端重要的口号下开展其下一步的工作。

在共产党的队伍中有时会产生寻求团结工人的理想的新方法的意向。这些真诚的"探索者"认为，改良主义的全部弊端就在于工会的组织结构，如果能找到一种新的组织形式，就能让工人阶级的广大阶层脱离资产阶级。对理想的形式的这一类探索发生在美国。1918年德国的十一月革命之后，这种探索当即以特别的力度恢复，并不时在这个国家重新出现。有一段时间，这种现象的形式应该就是"联合会"。最近一年中开始热衷于生产联合会，而且一些同志赋予"生产联合会"这个词本身以某种神秘的性质。他们觉得，生产联合会在任何时间、任何地点和任何条件下都可以建立。

这些探索的原因完全可以理解。改良主义上层人物的叛变行为是如此严重，它促使工人产生了另寻出路的念头。目前我们有着各种各样的组织形式：从车间和小团体的联合委员会到广泛的混合联盟和生产联合会都有，这些五花八门的工会组织形式的产生当然绝非偶然——工会的组织形式，虽然非常缓慢和大大滞后，但通常都是跟随着企业主的组织形式的产生而产生的。资本集中的速度进展越快，企业主的横向联合组织与纵向联合组织的联系越紧密——工人群众中对整个工会运动集中起来的需求，对建立能提高战斗力的密集的工会的需求，对将一个托拉斯和康采恩管理之下的所有生产部门联合成一个工会的需求，也就越高。

工会运动从车间联合会起，经过集中的生产联合会，发展到包含各个生产部门的统一的工会。但这是一个漫长的过程，在工会运动的过程中很少能够跨越过某些阶段。跨越某些阶段，径直从车间联合会转变为包含各生产部门的统一工会的尝试，目前我们在捷克斯洛伐克倒是可以看到。可以认为这种尝试最终会成功吗？仅有一半的概率。要能万分之万地实现，只有在我们的同志成功地囊括了大多数有组织的工人的时候。然而这种尝试本身无论如何也是有意思的，如果我们企图将全世界的所有组织都来个一刀切，那我们就成了书呆子。有一点倒是明确的，就是重心并不在于组织形式，而在于工作的内容，因而必须与认为生产联合会本身就能解决一切困难情况这种莫名其妙的信念作斗争。法兰克福党代表大会和德国共产党站出来反对这种幻想，做得很正确。

必须为将车间联合会改造为生产联合会而进行激烈的斗争，但是工会的集中被工会官僚们用来压制地方上的主动精神，不许工人阶级施展自己的力量的地方——在这样的地方，则需要为反对这种中央集权制而斗争，为地方组织争取更多的自由。最主要的是应当记住，工会并不是工人运动的一种出于偶然的形式，并非任何时候都可以摆脱它、任何时候都可以用另一种形式取而代之。

阿姆斯特丹国际的大势早已不妙，这种不顺遂的状况在其最近的维也纳代表大会上显现得特别严重。现今的阿姆斯特丹国际是什么呢？就是处于协约国际职业革命家政治领导下的民族组织和具有民族秉性的组织的总汇。自其问世之日起直至最近期间，阿姆斯特丹国际一直是国际联盟的装饰品和世界大战战胜国的工具。阿姆斯特丹国际一贯极其坚定不移地执行自己的这一路线。阿姆斯特丹国际内早就存在着危机，但在最近一年半中危机已经在更大的程度上激化。使得种激化加剧的，首先是各国共产党和工会国际组织工作的影响的增长。这种状况引起改良主义的价值在劳动力市场上的行情普遍下跌。

鲁尔被占领之后，阿姆斯特丹国际的一些领导人，尤其是费门，开始表态并证明阿姆斯特丹国际的缺乏成果和软弱无能，这时候它的危机便显露了出来。然而这些领袖们仅只部分地明白了这种软弱无能的原因。他们并不明白或者不想明白最主要的一点：一个其国家利益高于国际利益的组织是不可能成为国际的。阿姆斯特丹国际的左翼尚未充分领会这个浅显的真理。毕竟阿姆斯特丹国际内部的斗争尖锐化了，首先是围绕着统一战线的问题：**同谁一道前进——是同工人阶级的左翼呢，还是同资产阶级的左翼？** 阿姆斯特丹国际的右的部分当然选择同资产阶级一起走，而阿姆斯特丹国际的左翼则宣布希望与工人运动的左翼结成统一战线。

这些矛盾在最近的维也纳代表大会上表现得特别鲜明，会上这个组织的种种腐朽衰颓、分崩离析景象暴露无遗。从维也纳代表大会上所提供的数据可以看出，阿姆斯特丹国际联合 22 个国家（其中 19 个欧洲国家），会员总数 1600 万人。如果抛开德国、法国、意大利等国夸大了的数字，我们就可以看到，往昔数量上的实力已经消失了。**至于质量上的亦即政治上的实力，则阿姆斯特丹国际从来就不曾有过。**

在阿姆斯特丹国际的代表大会上，在两个问题上显现出了矛盾：对待俄罗斯工会的态度和按生产部门组建的国际与阿姆斯特丹国际之间的相互关系。实质上，这两个问题乃是一个问题，因为按生产部门组建的各个国际与阿姆斯特丹国际之前的整个斗争，正是由于前面这些国际对待俄罗斯工会的态度而产生的。

在阿姆斯特丹国际的代表大会上，占据首位的问题之一是组织问题：按生产部门组建的各个国际的自治限度如何，它们是不是阿姆斯特丹国际的一部分，它们是否有权接纳与工会国际有着内在联系的工会，等等。不过贯穿所有这些组织方面的争论的红线，仍然是那个旧有的让阿姆斯特丹国际陷于分裂的政治问题：是与各革命工会结成联盟呢，还是继续奉行对待国际联盟和国际劳动委员会的旧有方针？表面上左翼似乎获得了满足：按生产部门组建的各个国际的 3 名代表现在已进入阿姆斯特丹国际的主席团（费门、库克和斯密特）。某些表述有所缓和，但实际上取得彻底胜利的是右派。他们获得了按生产部门组建的各个国际的承认：阿姆斯特丹国际是所谓合法的拥有全权的国际组织；他们做到了让按生产部门组建的各个国际被视为阿姆斯特丹国际的一部分。接着他们又做到了在关于对待俄罗斯工会的态度问题上执行自己的路线。与此同时，他们还重申了自己旧有的各种决定，这些决定的意思可归结为：俄罗斯工会只有在承认阿姆斯特丹国际的纲领和策略的情况下，才能被允许进入改良主义的教门。所通过的决议指出："代表大会建议委员会在足以确保国际工会联合会尊严的情况下，继续努力让俄罗斯工会根据国际工会联合会的章程和决议加入该联合会。"关于这个决议唯一可以断言的是：就其伪善程度而论，它绝不亚于这次代表大会的其他决议。

如果说在存有争论的问题上作出了其政治用意欺骗不了任何人的较为缓和的表述的话，则在其余的各个问题上仍然照搬的是先前的决议。仔细观察阿姆斯特丹国际的各种工作，我们就会发现，这个改良主义墓地上的生气是何其稀少。例如，有关8小时工作日的报告人梅尔滕斯硬说现在万事大吉……招摇撞骗、多嘴饶舌的莱昂·茹奥以反对战争和军国主义的"斗争"为己任，却向代表大会提供了一个堪称厚颜无耻的犬儒主义典型的报告。他援引富兰克林、让·雅克·卢梭、帕斯卡尔、饶勒斯、康德、诺曼·安杰尔、韦尔斯甚至圣奥古斯丁的话说，战争是件坏事情，却将自己的全部注意力集中在新的《国际法》上。这部新法律的炮制者当然是国际联盟及其下属组织临时的"裁军委员会"。

茹奥围绕着自己转了十万八千里圈子，许诺举行防止战争的国际罢工之后，当然无法对鲁尔被占领和潜在的战争危险不闻不问。谈到鲁尔时，这个骗子做了如下告白："与莱茵河畔所发生的事件的重要性相比，可能阿姆斯特丹国际以及加入它的那些极其引人注目的中心的行动显得软弱。我们在这里不打算指出那些可能会使反对占领鲁尔的总罢工完全无效的技术性？原因，也不想指出那些使得法国和比利时工人除了抗议之外无法采取任何行动的政治条件了。"总之，这位阿姆斯特丹国际的代表在以罢工诱惑工人们之后，却说是"技术性的原因"和政治性的理由阻碍了比利时和法国的工人在需要的时刻举行罢工。

我们怎么能够保障在战争爆发的时候不致出现更严重的"技术性原因"呢？这些技术性的原因都是些什么？为何茹奥先生向我们隐瞒他的叛变行为的技术？我们要代他说明这一点。这些"技术性的原因"就是，比利时和法国的改良主义者先生们与本国的资产阶级密不可分，他们支持赔款合法而且必要的观点，比利时党和工会许多最著名的活动家一开始便表示赞成占领的合法性。总而言之，原因就在于，法国和比利时的社会爱国主义者过去是资产阶级的奴仆，至今仍然是这样的奴仆。不过既然是这样（这毫无疑义），那么我们又何来的保障，能让他们过上一两年就能消除他们的这些技术原因？这样的保障是没有的。相反，他们仍将继续奉行迄今一直所奉行的政策，这倒是完全有保障的。我不准备引用关于这一问题的维也纳代表大会的决议，同样也不详谈其他的各种决议。我认为，这一事例已经完全足以表明这个"唯一的国际工会组织"的价值了。

你们都知道，阿姆斯特丹国际的代表大会上形成了主要在关于俄罗斯工会问题上表态的左翼。可是，后来又怎么样了呢？

左翼都指出了他们的什么样的建议呢？在这次代表大会上，左翼代表方面曾经哪怕做一做尝试和暗示以抗议专家委员会的结论吗？他们曾提出过足以让反战斗争具备现实的基础的什么建议吗？曾经从革命的视角试图批评阿姆斯特丹国际的整个活动吗？根本没有这类事情。辩论集中在组织问题上，而最重要的则是基础本身，那才是构成阿姆斯特丹国际的灵魂的东西——而所有这一切都遗留在了左翼的视野之外。

既然左派和右派都不肯提出认真改变策略，不愿发表反对强盗般的凡尔赛条约的意见，既然他们同意专家委员会的结论，不肯与和平时期战争的狂热反对者和军事行动期间的战争拥护者作斗争，左派和右派究竟有什么区别？难道不针对整个组织还能挽救阿姆斯特丹国际？提出所有这些问题，便足以对它们作出清楚的回答。左翼一直在寻求治标的办法：它以为用橡皮膏和班螯膏就可以治好腐蚀阿姆斯特丹国际机体的脓包。

其次，我们不应当忘记，在一致通过的关于对待工人阶级政治运动的态度的决议中，左派和右派一起说过这样的话：

"在所有的政党之中，至今只有坚持政治民主和社会主义立场的各国工人党在议会中大力维护工会的要求。因而工会对社会民主党最为亲近。各国共产党力求控制工会。它们希望遵照共产国际的命令夺得对工会的领导权，以便利用组织起来了的工人群众达到自己的党的目的。**它们否定工人阶级的工会斗争，诋毁工会运动，在反对工会的斗争中不择任何手段。**许多国家中工人运动的分裂以及由此引发的**经济和政治方面反动势力的加强，都是由它们一手造成的**。共产国际建立了红色工会国际，目的是与国际工会联盟进行斗争并将其消灭。各国的工会被迫对此采取防卫措施。它们不得不防御这种事情：通过建立共产党支部和由共产党或其他一些党派试图以制造分裂的办法，使得工会组织遭到破坏，从而让工人阶级在反对反动势力和资本主义的斗争中丧失自己最好的武器。"

就这样，左派们指责共产党人搞分裂，指责他们成就了反动势力，说他们否定工会斗争，诋毁工会，等等，等等——却又若无其事地向共产党人寻求支持。

阿姆斯特丹国际的左翼需要永远牢记，我们对他们进行支持并不是我们的生活和生存的唯一任务。既然这符合革命的工会运动的利益，我们就会这样做。我们各国的革命工会可以向左翼公开地提议结为真诚的联盟。但是真诚的联盟只能建立在明确的纲领的基础上。1923年5月我们在国际运输工人代表会议上已经制定出了这样的纲领，只等着左翼将其付诸实施了。我们并没有听到消息说这个5月份所通过的决议曾提上阿姆斯特丹国际的代表大会。我再说一遍：我们准备结成真诚的联盟，我们不想玩弄政治手腕。我们要公开地对阿姆斯特丹国际的左翼说："让我们在各国的革命工会之间以国际运输工人代表会议决议作为基础订立同盟吧，让我们在行动上结成联盟，反对工会运动中的分裂，反对法西斯主义，反对赔款，反对战争，不过，让我们斗争吧，而不要一直空谈。"

但是，如果左翼始终这样自相矛盾、模棱两可地与右派同行，还能有什么国际工人运动的真正的联合？总的说来，阿姆斯特丹国际内部发生了什么变化没有？**左翼应当认真考虑如何反映出广大群众中的进步。**这个左翼的自相矛盾和模棱两可的态度，并不会妨碍我们看清一个极其重要的事实：正式加入了阿姆斯特丹国际的群众已经不再是一两年前那样的人了。就拿英国的工会运动来说吧。现在，在麦克唐纳执政数月之后，左派的言论在群众中获得越来越大的反响，这绝非偶然。同样并非偶然的是，左派珀塞尔当选为工联总理事会主席，库克则当选英国矿工联合会总书记。英国工会运动中关于工会改组问题、关于合并为生产联合组织、关于国际行动的必要性等等的争论更加激烈，这也事出有因。工会的上层反映出了群众中的深刻的进程。英国的工会运动由于国内多年的经济危机，目前正经历着重大的进展。群众的意识在寻求出路。英国工人运动一向都给自己提出的是直接而实际的目标。这些目标现在也要依赖萎缩了的经济。工党政府不可能履行所作出的那些承诺，于是民主的和议会的幻想像秋天的落叶一样纷纷飘零。

左倾便由此产生。共产党人可以公开地说，我们随时准备同希望与资产阶级作斗争的工人们联合起来。共产党人从来不否定采取共同行动。他们向来珍惜哪怕极其微小的进步。

既然阿姆斯特丹国际的一部人向左转,我们就应当对此认真看待并且宣布,我们准备伸出手来,恢复国际工会运动的团结。

关于以何种方式才能实现这一点,我们在执行委员会扩大的全体会议和工会国际等三次代表大会上都谈到过了。现在讲一讲我们工作的一些缺点。仔细了解我们各国共产党的工作并确认共产主义的影响无疑在不断增长的同时,也必须指出我们工作中的一系列缺点,如果我们希望让我们的影响继续增长,便无论如何也需要对其加以消除。我这就简要地陈述一下我们工作中的缺点,同时各党的代表也可以用实际的事例对我的说明加以补充。

我们的所有弱点和不足总体说来可以归纳如下:

1. 首先,许多国家的共产党都尚未在工会中建立派系。这有着诸多的原因,每个党对这一点都可能作出许多有意义的说明,但事实终归是事实——许多国家还没有党团。有一些党对工会的工作完全漠不关心。例如荷兰和比利时两个共产党,它们至今仅仅限于搞宣传鼓动,在改良主义工会中组建少数派方面毫无作为。我这里只是以荷兰和比利时做个例子。它们可以举出其他一些党作为借口,这些党也并不比它们好多少。这就是共产党工作中的一个主要弊端。至今一些共产党仍不认为在所有的工会中建立派系是自己最重要的任务,至今我们还不能将群众的好感变成组织和政治的资本。

2. 第二个缺点(极为重大)是,我们的各处共产党刚一获得工会的领导权,便认为自己的工作已经结束。既然工会的领导权(管理委员会、主席和书记)都在我们的手里,有些同志就认为派系工作是无用的。在共产主义的工会里干嘛还要建立派系呢?但这种推理是完全错误的。正是那些领导权属于共产党人的地方需要建立共产主义的派系,否则共产主义的影响本身就将取决于书记或者主席的良好的愿望，这些人会感到自己完全独立于党外，因为没有足以执行党的决定和决议的力量，亦即没有能集中共产主义影响的派系。我们在许多国家看到，一些被视为共产党领导的工会一旦某个领导人与党决裂，便会落入旁人之手，其原因正在于此。如果自下而上都有派系，就不可能出现这样的情况。

3. 在许多党内都可以发现的第三个缺点，就是以轻蔑的态度对待同时形成的一些组织，诸如荷兰的全国农业工人协会、比利时的"劳动骑士团"、美国的工人联合会等待。这些分裂而成的小组织团结了一定数量的具有革命思想倾向的工人，他们一心一意地希望建立自己的并立的组织。对此应该进行斗争，但需要通过对革命工人进行再教育的方式开展斗争，而不应对这些组织不理不睬。特别是对于比利时和荷兰这样的小党而言，那些组织并不像这些党的领导核心所描述的那样"一钱不值"。如果注意到正是这些国家的改良主义工会几乎没有开展共产主义的工作，那么我们就会发现，对这些组织的态度都是由于对整个工会工作采取错误态度所致。

4. 并列的革命组织许多国家中都存在，其中包括德国（工联、独立工会），有关它们的问题不应当机械地进行解决。当然，必须反对将大工会分裂为小集团，但是当它们已经出现的时候，就应当通过派系对它们施加影响，让这些组织执行与党本身同样的政策。关于并行独立工会的问题，应当像在德国对改良主义工会内的反对派所做的那样，通过行动委员会或工人委员会将它们团结起来、建立联系，从而获得解决。只有团结所有这些小工会，让它们与改良主义工会内的反对派建立联系，才能将这些组织变成为恢复工会运动的团结和提高共产主义在群众中的影响力的工具。

5. 在一些国家中，有一种将自己的全部注意力集中于革命工会的倾向（法国），在同时并存的改良主义工会中什么也不做。另一方面，在分裂存在的情况下，希望尽可能快地将所有赞同革命的总工会中心的人都从改良主义工会中争夺过来。这两种倾向都是错误的，都违背我们的利益。特别是在那些存在着两个平行的中心的地方，共产党应当开展最强有力的工作，争取在改良主义组织中建立支部。只有通过我们在改良主义组织中的工作，我们才能达到恢复团结的目的；这种情况下放弃在改良主义工会中建立自己的支部，会缩小共产党的影响范围，阻碍和延误工会运动团结的恢复。这样就不能合理地从改良主义工会中分离出一个个工人群体并让他们转入平行的工会之内，目的是在其中推行我们的路线，为贯彻共产国际的基本原则而斗争。

6. 需要认真关注的下一个问题，是工会工作人员独立于共产党的问题。法国一直是这方面的典型国家。最后一个时期，所有的党员，无论其在何种部门工作，在应当服从的党的纪律方面，取得了相当大的进展。遗憾的是，这并不是单纯的法国现象。在有着古老的工会运动和年轻的共产党的所有各国，这类相互关系普遍存在。从事于工会运动的共产党员感到自己主要是工会工作者，而不是共产主义者。这种倾向非加以克服不可，因为纯工会主义根本不是什么好事情。对每个共产党员而言，党乃是至高无上的，将工会组织与党组织对立起来，或者将工会工作者与党对立起来，都只能导致破坏共产主义运动和工会运动。甚至在德国，在这个基础上还产生工会运动部门的某些共产党员的独立政策。对这些共产党员而言，党归党，工会归工会。必须为反对这类无政府主义思潮而进行坚决的斗争，这类思潮在严重斗争的时刻会造成极大灾难的危险。如果工会工作者在比较和平的环境里感到自己是独立于共产党的，那么党还有什么保障能让这些工会工作者在社会斗争尖锐的时刻不会执行独立于党的政策？党与它在工会中工作的党员之间的这种相互关系，可能会导致革命的挫折。

7. 在许多党内我们都发现工会的宣传过于远离现实。这些党局限于提出一般性的口号和一般性的政治问题。当然需要向群众提出一般的政治问题，但是要团结工会中的反对派，就不能仅仅在一般性政治主张的基础上进行。**需要有一般工会的主张和按生产部门组建的工会的主张**。在德国，最近一段时间在英国以及美国，都在为每一个生产群体制订行动纲领，而且这些行动纲领就是共产党在就业于相应生产部门的工人中开展工作的基础。所有的党都应当转向这种体制。是时候了，要让工会中的每一个派系都能提出自己的行动纲领和对该工会和该生产部门存在的那些问题的答案，与改良主义者相对抗。在共产党没有具体地对待这一问题之前，它的影响力不可能提高。共产党人应当在每一次罢工、每一次冲突、每一次斗争之中都持有自己的意见，并且让这些意见为群众所知悉。对待超出了各该工厂范围的问题的态度也应同样如此。只有在将我们的策略这样具体化的条件下，我们才能够不断提高我们对群众的影响力。

8. 工厂委员会方面的情况极为糟糕。德国开展了比较广泛的工作，但即便在那里，如果我们举出已经做出的工作，也会发现仍然很不够。德国的工厂委员会缺乏日常的行动纲领。这些工厂委员会随着不满情绪的浪潮成长，群众的浪潮刚一平息，它们也就开始收缩。共产党人对工会具有影响力的下一个国家是捷克斯洛伐克，但直到最近那里的工作仍然很不够。最近召开的工厂委员会地区代表大会表明，这里的共产党有着十分巨大的影响力。除了德国和捷克斯洛伐克之外，总的说来谈不到工厂委员会。法国所举行的那些代表大会都是工厂代表的大会，但并不是工厂委员会的代表大会。这是一些极为重要的代表大会，因为他们为建立工厂委员会打下了基础。所有这些党的共同缺点是不善于利用群众的和经济的冲突，在斗争最紧张的关头建立起工人的代表机构。全体工人所选出的罢工委员会或行动委员会可以作为建立工厂委员会的出发点。那些错过了群众性冲突，未能建立工人代表选举机构的党，是犯了一个很大的政治错误。

9. 我们的各国共产党正在开展反对车间和合作社倾向的不够充分的斗争，其实这些倾向在我们的工会中也存在。就拿法国的革命工会运动来说吧。它是按照改良主义的工会运动类型构建的。另外十来个国家的情况也完全可以这样说。车间倾向往往主导着许多共产党人的头脑，然而党组织对此却不甚关注。在这种情况下共产党员就会说，如果他们执行将许多工会联合成更大的工会的路线，他们就会丧失对群众的影响力。这常常只是一种借口。实际上许多共产党员尚未意识到开展反对车间倾向的严肃斗争的必要性，因为他们还得将与资产阶级的斗争本身想象为游击式的冲突和个别的口角。

10. 可以举出许多例子，说明我们的一些党对召开整个工会的和生产部门的代表大会准备得极为糟糕。有些时候共产党在这样的代表大会上甚至未能组成派系。有时候共产党派系不知道它是在和社会民主党人一道投票，它不善于提出反建议。这不仅说明了代表们的水平，也说明党的中央委员会对代表大会的准备不够认真。工会代表大会的准备工作很差是许多国家的典型特征。对于代表大会成果的利用和阐释方面的情况更糟糕。然而这类行动发挥着很大的作用。在各种代表会议和代表大会上，可以而且必须以共产党人的名义提出行动纲领，然后在好多个月期间将其在党员中加以普及。

11. 反对阿姆斯特丹分子的分裂活动及开除共产党人的斗争还很不够。当然，党在自己的报刊上发表了抗议，但这太少了。我不知道有哪个党将自己的反对开除的抗议传播到了工厂并将成千上万的企业和工厂吸引到了抗议运动中来。我并不知道有这类事实。然而与开除行为作斗争却只有通过这种方式才有可能进行。唯有使用这类办法才能够保护自己免遭官僚们的攻击。每一个工人都会懂得，必须坚决反对仅仅因为持不同有意见就将他的阶级兄弟赶出组织。我们的运动很快便纷纷停顿下来，虽然开展了，它们也不够有力，不够广泛，不足以左右群众。在一些党里可以看到，对待可能发生的开除过分神经紧张。我曾听到这样一种说法："要是我们加强我们的工作，我们就可能被开除。"避免开除最好的办法，那就是不做任何共产主义的工作，然而众所周知，这并不会写进共产国际的纲领。自然，我们不应该提供开除的口实，可是自己的路线我们无论如何也应当执行，哪怕工会官僚们进行什么样的挑剔，提出不合法的要求。社会民主党的官僚们的任何迫害都不能够也不应当阻碍我们开展自己的工作。

12. 在如何回答工会官僚们要求递交忠于阿姆斯特丹国际原则的保证书这个问题上，德国党内有时也产生动摇。有些同志从道德的观点对待这一问题。然而大家很快便确信，这个问题应该由党替大家解决，而不应由每个工会工作者单独从道德的考虑出发去解决。德国共产党政治局就这个问题对ADGB（全德工会联合会）改良主义的极端保守分子的回答，一下便消除了许多共产党人的各种疑虑，而在改良主义们一方，则这个回答也打消了他们要求提交对阿姆斯特丹原则的忠诚保证书的兴致。

13. 在有一些党内可以看到，对企业、工厂委员会和工会就是统一战线的天然领域这一点估计不足。这里需要在实践中运用统一战线。这里在工人们所面临的种种日常问题上，可以用体验来显示他们与我们的对手之间的差别。这里需要特别努力地不断提出行动一致，建立贯彻全体工人大会决议的混合委员会，等等。如果我们能将企业、工厂委员会、工会变成我们争取建立统一战线的舞台，如果在发生经济冲突的时刻我们特别着力地对工人们强调我们建立统一战线的愿望，仅仅意在为工人获取一定的成果和好处，我们就能够在很大程度上消除改良主义者的影响，这些人对无论什么样的反对资产阶级的行动都害怕到极点。这是吸引群众加入统一战线最好的和最简单的方法。

14. 许多党对工会工作的意义和作用估计不足，表现在中央机关不够重视工会工作。没有好的工会宣传鼓动文献。党的报刊关注的是普遍性的问题，留给工会活动的地位无足轻重。对此可以举出成千的例子。这是我们共产党内最常见的毛病。这些事实证明，尽管工会在工人阶级的斗争中作用巨大，相当一部分同志却尚未意识到这种作用，其中那些还需要获得影响力的小组织对这一点考虑得最少。看来正是在这些组织里工会运动的问题应当占有显著的地位，然而却不是这样，而且工会的报刊也并不对我们的共产主义文献特别感兴趣。必须坚决结束这种状况，因为在我们尚未创建严肃的工会报刊、尚未拥有宣传鼓动方面的工会文献之前，我们便没有能力消除改良主义者的影响；数量众多的改良主义和资产阶级的报刊，需要有严肃的革命的工会报刊与之相对抗，否则争取工会的事便会长年累月地拖延。

15. **不过，我们在工会中的整个共产主义工作主要的和中心的缺点，还是至今在企业和工厂中缺少共产党支部。**在我们未能在企业中建立共产党支部之前，在我们尚未将每个生产部门分散的共产党员联合起来之前，**在我们还不是从这些支部出发建立我们的派系之前，我们便无法将工会中有组织的工人群众争取到手。**这不仅是个组织问题。关于企业中的共产党支部的问题。不能指望在没有我们的这些基本机构的情况下推动工人群众投入战斗。要是有人问我，我们的工会工作的弱点根源何在，我会毫不犹豫地回答说：**弱点的根源就在于工厂和企业中缺少共产党支部。**

共产国际和共产党最近期间在工会运动中的任务是什么呢？从以上所述已经完全清楚，应该朝哪个方向开展我们的工作。我们的工作路线的要点可以简略地归结如下：

1. 首先，必须着手建立真正的派系。关于派系的问题已经有了足够长久的历史。共产国际从其刚刚建立之初即已提出了工会中的派系问题。但是如果十分客观地审视我们在这方面的情况，那么我们应该说，绝大多数国家的状况都糟糕透了。改良主义者在"打倒共产党的派系和支部！"的口号下，既在政治运动中也在工会运动中开展斗争。从这一点就应该得出结论：必须建立派系，并且要组织得让对手无法消灭它们。需要自下而上地建立派系，并且在所有的真正的工人组织中全部建立，而且派系的建立、发展和产生影响只有在积极干预工会的直接活动的过程中才有可能。按生产部门、地区和在全国范围内建立派系，应当与加强对于在工会运动中工作的党员的监督同时进行。在我们的各个党尚未让自己所有党员的工会工作服从严格的监督和纪律之前，始终无可避免地一方面出现一些偏差和混乱，另一方面也会有社会民主党人对我们思想上的坏影响。

2. 工会的工作重心应当转向群众，亦即转向工厂和企业。由此自然会注意建立工厂委员会。目前我们在这方面的情况如何呢？如果不算德国，则只有工会委员会的萌芽状态，然而，没有工会委员会就休想领导更多的群众和战胜资产阶级。尤其需要反对建立工厂委员会的替代组织的企图。工厂委员会是各该企业全体男女工人选举产生的机构，这在我们开展运动的过程中必须加以注意。必须根据某一工业部门的条件，不仅按地区、而且按最重要的康采恩（电力部门等）建立工厂委员会联合组织。这样的联合组织可以在工人阶级的政治和经济斗争中发挥更大的作用，而工厂委员会最重要的任务就是积极参与这一斗争。考虑到工会的上层人物在许多情况下起的都是工贼的作用，必须让工厂委员会成为自身工作的据点，要注意的是，它们应当作为将整个工会运动改组为集中的生产联盟的基础。在尚未建立的地方建立工厂委员会，在已有工厂委员会的地方使其革命化——这是各国共产党极为重要的一项任务。失业问题，原料和财政资金的存量，对生产的监督，对工人的集体供应，等等——这些都应当成为工厂委员会的工作和活动的基础。此外，还必须在不同国家某一生产部门最大的一些工厂委员会之间建立直接的联系。

3. 工会上层人物的工贼作用向各个共产党和工会少数派提出一个建立领导经济斗争的战斗机关的问题。最近数月德国的经济矛盾和冲突表明，如果我们不希望丧失对群众的影响力的话，就必须在这方面表现出主动精神。这应该怎么做呢？这时候组织严密的当地地区的和生产部门的派系可能发挥很大的作用。领导机关应当在斗争的过程中陆续建立。如果工会的上层领导人反对罢工，那么最适合的办法就是开展罢工特别委员会或领导经济斗争的行动委员会的选举运动。在那些没有工厂委员会的国家，发生经济冲突的时候极其有利于建立工人阶级的这种代表机构，而且这些工厂委员会可以作为建立领导经济斗争的战斗领导机关的框架和基础。在与企业主发生群众性冲突的时刻建立罢工委员会和战斗领导机关，只有在这样的情况下才能为我们带来符合愿望的结果：那就是如果党对造就工会干部能进行系统性的工作的话。总之所有的党都应当认真关注关于工会干部的问题。绝大多数工会官僚反对我们，这对任何人都不是秘密，同时，现代工会是分支机构相当众多并要求具备专门知识的组织。必须开办一系列学校和学习班，让普通工人们充分了解工会运动的基本问题和在无产阶级与资产阶级的经济斗争中自然而然产生的那些问题。

4. 在工会运动没有分裂的各个国家，与少数派一起形成了相当数量的独立自主的联盟和小团体，它们在大多数情况下都归共产党人领导。这样的独立联盟，我们在德国、美国、比利时、荷兰等国都有。对于所有这些联盟，党的任务是什么呢？要继续在旧有的改良主义组织中开展自己的工作，最大限度地扩展在工会内部建立派系和少数派方面的组织和政治工作，同时必须团结所有的独立组织，以某种形式将它们与各少数派联系起来。直至目前，我们在这方面仍然很不协调。少数派和派系的工作是一个方向，独立的联盟则是另一个方向，因此，同一个党的党员工作时常与方向相反。必须终结这种状况，而这只有在一种情况下才能办到，即我们开展一场运动，将所有的独立组织联合成一体，让它们与改良主义工会内部的反对派建立联系，让所有的党员（无论他们在什么部门工作）都执行同一条党的路线。德国党实际上就是这样对待这个问题的，但是即使在他们那里问题也并未彻底解决，不协调的现象依然存在。有许多联盟还处于已建立的反对派集团之外。需要努力让任何一个联盟（无论其多么小）都不至于置身于共产党的领导之外——它们全都应当由我们的共产党的组织网所包罗。

5. 一个非常棘手的大问题是，我们在工会内部的各个派系与工会运动内部的反对派左翼人士之间的相互关系。是否需要开创一个反对派运动？是否应当像各国所做的那样使它形成一个组织？如果应该，又如何形成？众所周知，我们有几种反对派组织形式。在德国，我们拥有派系，随后又有独立联盟。在魏玛代表会议上曾经作过建立反对派组织的尝试。在奥地利，我们有反对派联盟，共产党人和左派非党工人都加入其中。在美国，少数派运动采取的是工会宣传联盟的形式，它必将沿着形成自身的组织界限的道路前进。在英国，事情目前也正朝着形成反对派本身的方向发展。可见，凡是共产党在工会中开展了工作的地方，任务都是将不满的左派分子统统围绕着派系联合起来，而且这种联合取决于一系列现在很难预先估计到的条件。有一点是明确的：共产党的任务不单是支持业已存在的反对派运动，而且要帮助它、推动它，让群众模糊的不满变得清楚而自觉，赋予这个运动一种组织上的形式，这会不会是魏玛代表会议类型的宣传联盟、反对派联盟——全都取决于各该国工会运动当地的条件和特点。形成和增强反对派，将尽可能多的非党的或左翼社会民主党的工人吸引到我们一边来的策略，在工会国际行动纲领的基础上团结他们,这是所有共产党的最重要的任务。

6. 团结反对派的这项工作,必须在切合实际的主张的基础上进行,这些主张则应不仅根据国家、而且根据生产部门的不同而变化。应当利用广大群众的不满来反对工会官僚们的叛变行径。对官僚们的揭露应当具有系统和不间断的性质。不能让这些先生们有任何喘息的机会。他们在战争期间和战后的一切作为,全都应该让广大群众一体周知。需要让所有的工人群众全都参与对这些先生们的行动的监督。如果党能够吸引广大群众关心工会运动领导人过去和现在的叛变活动,那么每个工人都会明白"叛徒官僚们从无产阶级组织中滚出去!"这一口号的合理性。这个口号应当在群众中广为人知。必须让这些先生们最大限度地"声名远扬"。这些叛徒越是"声名远扬",就能越快地将他们逐出工会。

7. 这一点儿也不会妨碍我们一贯争取团结的斗争。共产党人随时随地都主张维护工会运动的团结。这不仅针对我们在工会内开展工作的那些国家,而且也针对工会运动已经分裂的国家。在那些存在着平行组织的地方(法国和捷克斯洛伐克),始终应当坚定不移地将我们恢复工会团结的愿望提到首位。众所周知,这个问题在法国曾进行过认真的讨论。改良主义者提出了"自下而上的团结"的口号,这意味着革命的工会加入改良主义的工会,而且这个口号提出的根据是,改良主义的联合会认为自己是法国工人阶级唯一合法的组织。统一劳动联合会做得对,提出了一个与这个伪装合法的口号相对立的口号:在按比例选派代表的基础上通过召开代表大会等方式,将两个联合会合而为一。在那些有着平行组织的地方都应该提出这样的口号。如果能保证联合代表大会真正反映出力量的对比关系,共产党人就准备恢复工会运动的团结。共产党人在面对依然处于组织中的少数地位并为自己的思想而斗争的可能性时不应当退缩;我们也应当向改良主义者提出同样的要求。全部实质就在于,改良主义者在各种条件下都想处于多数地位,众所周知,这并不特别容易。他们的分裂路线和分裂政策正源于此。

8. 消极地退出工会，对于共产主义运动是一种很大的危险。与这一现象应当进行坚决的斗争。数月期间我们在德国即曾有过这种倾向。法兰克福党代表大会表示反对这一类倾向，然而它们尚未得到克服，德国共产党内还存在着此类倾向，而且许多共产党员认为，退出工会意味着持续贯彻左派的路线。实际上消极退会毫无左派意味。有的只是神经过敏，还有就是被列宁称之为"左派"幼稚病的东西。如果共产国际看重这种倾向，则我们在任何一个国家都无法建成真正的共产党。早在1920年德国即有这类倾向，共产国际已将其克服。同样是在德国，许多党（德国工人共产党）把自己的策略建立在退出和分裂工会的基础之上。这个工人共产党现今何在呢？它不存在了，之所以不存在，就是因为它在德国工人运动的这个最重要的问题上采取了错误的立场。不仅应当反对从工会中逃离，而且需要提出"回到工会中去"的口号，无论神经过敏的同志们对此会说些什么。

9. 现在我们面临着一个特别迫切的问题：将未加入组织的人组织起来。之所以产生这个问题是因为，工人群众涌入工会的洪流早已停止。相当广泛的一些工人阶层由于种种原因（失业、经济危机、官僚们的叛变等等）退出了工会，在那些未加入组织的人比例向来很高的国家，现在没有组织的工人的比例相当大。略举数例即可显示出在未加入组织者中的工作的重要性之大。德国有工业和农业无产阶级约2300万人，目前已加入组织的人约1000万，英国的工业和农业无产阶级约为1600万—1700万人，已加入组织者不过550万。在美国，工业和农业的工人为2600万—2700万，已加组织者不足400万。诸如此类。这些数字表明，我们面前所展现的活动领域是何等广阔，不仅在工会之内，而且在工会之外，都是如此。但是如何才能将未加入组织的人组织起来呢？建立新的工会吗？这就不适当了。这些人的最佳组织形式是工厂委员会和按企业组成的委员会。这既适用于已退出工会的工人，也适用于尚未入会的那些人。将工人团结在工厂委员会周围，在斗争期间建立特别罢工委员会和领导机构，等等——这就是联合广大尚未组织起来的群众的方式方法。不言而喻，在那些没有工会的生产部门（比如，美国就有过这样的生产部门），必须着手建立工会，不过，集合各种力量的天然据点通常都是工厂委员会。

10. 我们的共产党通常都在工人中均衡地开展工作，不论其专业如何。同时，我们又必须从无产阶级全体群众中挑出某些劳动部门予以特别的关注，考虑到这些工人在面临的阶级战斗中的作用。例如，运输、矿业、冶金、化工、电力和天然气工业的工人，就能够在工人阶级夺取政权的斗争中发挥非常巨大的作用。许多党对诸如邮电职员等还抱着怀疑的态度，它们说："值得团结这些当官的吗？和他们能干些什么？"可是，邮电工作人员，特别是无线电工作人员，在激烈斗争的时刻能够起到巨大的作用。必须善于这样分配自己的力量，这样安排自己的工作：将最大的努力用于组织运输业、电力、天然气、有线和无线电报、矿业、化工等方面的工作人员。如果我们的共产党不能在近期内为自己在这些劳动部门建立实质性的据点，那么，即便在其他的国民劳动部门赢得了多数，社会革命也是不可能的。应当以共产党在团结国民经济这些至关重要部门工人们的活动中的成效来衡量它们的成绩。

11. 为了创造各国工人共同行动的前提，为了反击资产阶级报刊持续不断的沙文主义的挑唆，克服改良主义上层人物的民族局限性，就必须着手在两三个国家之间按照生产部门建立一些特别委员会。比如说，法德矿工委员会，德国波兰铁路员工委员会，德国捷克运输工人委员会，法国意大利海员委员会，等等。除了这类生产部门委员会之外，还需要联合所有生产部门工人的一些委员会。这类各生产部门工人的组织（英国俄罗斯委员会、俄罗斯波兰委员会，等等），在斗争最紧张的关头对于团结和动员工人可以发挥巨大的作用。1923年3月的法兰克福代表会议提出了组织这种团体的口号。遗憾的是，各共产党并未实现这项决议，其实该决议中有着十分重大的组织和政治含义。应当对此进行认真的思考，并且记住：只有增强和巩固这类组织网络，我们才能够真正阻止国际冲突，创造不同国界各方同时一道采取行动的可能性。

12. 对殖民地国家的工会运动施加影响，对共产党而言是一个十分重大的问题。直到目前这方面的工作还做得很少，而同时我们却看到改良主义者方面一直企图向殖民地渗透。比如，英国工联就正在接近印度工会。麦克唐纳在英国召开帝国劳工代表会议，应邀赴会的也有各殖民地工会的代表。荷兰改良主义者们很愿意将荷属印度置于自己的思想影响之下，等等。改良主义者们的这一切尝试，恰恰就是宗主国对被奴役民族加帝国主义影响的一种独有的特殊方式。我们各党在这方面都做了些什么呢？就以法国、英国、荷兰等国的党来说吧。我认为，我们这几个党都很难对此作出肯定的回答，用于殖民地文献几乎没有。如果各共产党今后仍然在这方面一切依旧，那么我们在这个最重要的问题上就会与社会民主党没有任何区别。共产党应当非常密切地关注殖民地工会运动的生成和发展，与力图将殖民地和半殖民地国家的工人组织扼杀于最初的萌芽状态的本国资产阶级进行无情的斗争。只有在那时候被奴役国家的工人才能相信：如果他们在殖民地独立于宗主国的口号下开展自己的工作时，我们的党是真正愿意帮助他们的。这个口号也能够让我们进行反对民族主义倾向和种族偏见的斗争，这些倾向和偏见在殖民地和半殖民地国家的工会运动中常常有所反映。尤其重要的是，共产党要揭露宗主国工会官僚们的帝国主义政策，不但在宗主国本国内，而且在殖民地内都要进行揭露。

13. 我们还有几个国家，在它们那里工会独立和自治的口号仍然享有几分威望。在这一口号下，正进行着反对共产国际、工会国际和俄国革命的斗争。在法国和西班牙，这种理论处于更加成熟的状态，两国的无政府主义者集团与法西斯主义集团相互勾结，进行着反对共产党的激烈斗争。党应该对这个口号作出的独一无二的回应，就是加强在群众中的工作，在实际工作中密切与那些处于工团主义共产党人影响下的工会组织的关系。无政府主义分子甚至企图建立自己的国际，并且将为工人运动摆脱共产党的强势影响而斗争确定为这个国际和那些分散在一些国家的小团体的活动基础。必须让工会运动摆脱无政府主义的混乱状态，而要能做到这一点只有在一种情况下，即：共产党人有计划地不断将这些无政府主义的糊涂虫驱逐出他们所占领的阵地，共产党人永远走在为自己的局部和总体要求而斗争的工人阶级的前头。

14. 总的说来，我们对自己的敌人还了解得很少。我们了解他们的政策，但是很少了解他们的组织是如何建立的。同时，富有战斗力的企业主联盟很值得进行研究。所有的企业主组织通常都在全国范围内联合，掌握着巨额资金，通过成千上万渠道对工人组织施加影响。企业主们在我们的阶层中有一些付酬和不付酬的奸细。他们还有一系列机构，其结构和活动我们都不了解。它们的工作只是在发生矛盾和冲突的时候才显现出来。企业主组织与新闻界和法西斯组织有何联系，它们对于工会运动领袖们产生了何种道德上和物质上的影响——所有这一切我们都知之甚少。然而众所周知，了解对手是斗争胜利的前提。我们必须结束对待此类重大问题的心安理得的态度。不仅应该研究对手，而且应该在党和工会内建立反间谍机关。需要了解我们的敌人，只有我们了解了企业主组织的全部底细的时候，我们才能够准确地判定我们的对手的抵抗力和与之斗争获胜的机会。

15. 末了，最后一个需要予以注意的问题——这就是保持与应征入伍后的工会会员们的联系。法国工会内即曾有过所谓"亚士兵"。这是工会影响应征入伍的会员自身的一种方式。现在这种联系哪里都不存在了。然而这种联系需要保持。它需要通过青年组织和工会组织加以保持。工会应当关心，不要让它的会员脱离工人阶级。需要建立什么样的联系方式呢？方式可能十分多种多样。应当向自己提出这个任务，任务的完成则应根据每个国家本身的条件而定。在不可能建立这种合法联系的地方，它可能就成为非法的方式，但是无论如何也应该有联系。在水手中间、在海军的水兵和海员中间建立和保持这种联系尤为重要。在这方面我们都做了些什么呢？少得可怜，然而事情却很清楚，比如说我们没有在英国海军中建立真正的联系之前，英国资产阶级就会觉得自己坚强无比，牢不可破。必须认真抓一抓这件事，必须让每一个党都对这个问题进行通盘考虑（从组织上和政治上都加以考虑）。这里不宜详加论述。如果我们在原则上看法一致，其余的事也就会迎刃而解。

总的说来，共产国际和工会国际所面临的任务就是这样一些。我们自然而然会向自己提出一个问题：共产国际是否应当改变自己在工会运动方面的策略？我们可以斩钉截铁地对此作出回答：不。第五次代表大会应当确认以往历次代表大会在这方面的决议。我们必须完全公开地承认，路线是正确的；过去所做的工作尽管有着种种缺点，却已经取得了巨大的成果，如果说我们在许多国家业已成长的群众性的组织，那么只能归功于这一工会运动的策略。策略并不需要改变，它需要的是更加完善，更加明确，使其更为灵活，并提出新的问题，等等。只有在这种情况下才能做到这一切，即：各个党都懂得工会对于工人阶级夺取政权的斗争具有极其巨大的意义。工会并不是偶然出现的组织，它在工人阶级的斗争中占有确定的地位，在社会革命的关头必将发挥巨大的作用，有朝一日社会革命成功之后，还会发挥更大的作用。之所以必须十分清楚地说明，不掌握工会，亦即不掌握处于工会中的工人群众，社会革命就没有可能，原因正在于此。工会无论多么不好，它终归在总体上团结了工人最积极的部分的优秀分子；工会之外剩下的是欠积极的分子，因此应当坚定不移地大力进行掌握工会的斗争。工会官僚们的叛徒行径不应当让我们局促不安。这些先生们还能干些别的什么呢？他们一步步地堕落，但尽管如此，工人群众依然还信任他们。还有千百万工人，不但追随这些阿姆斯特丹分子先生们，而且追随天主教徒、新教徒，甚至大资产阶级政党。必须考虑到这种情况，不应当陷入绝望、悲观，无论如何都应当有计划地安排工作。每一个共产党员都是革命的战士。我们有一条绝不后退半步的路线，其实共产主义正在沿着节节上升的路线前进。这就是我们丝毫不能从所采取的决定后退并要将争取工会的工作亦即争取群众的工作进行到底的原因。

## 通过反对战争和社会叛徒的宣言

**怀恩科普**（主席）：

在开始翻译之前，有几个通知。

反对战争和社会叛徒的宣言业已提交主席团。有关修改的几条建议亦已经过讨论。因此现在已有了定稿。主席团提议发表整个主席团签署的宣言。要是没有反对意见，提议即被视为通过。

现在请第10步兵师的代表古特曼同志发言。

## 第10步兵师的代表古特曼向大会致贺词以及大会的答谢

请允许我代表在其自身的战斗生活期间向纵横整个苏维埃俄罗斯、经历了与国内外敌人的斗争的第10步兵师，向世界革命的司令部——共产国际第五次代表大会致敬。（掌声）

第10师像红军所有的部队一样，现在正在进行另一种工作——为国际范围内的斗争造就新战士的骨干人员的工作。苏维埃俄罗斯的全体战士都受到为全世界各国人民的兄弟情谊而斗争的国际主义精神的教育。第10师在苏维埃俄罗斯北方地区的边远乡村,在伟大苏维埃共和国的各个偏僻角落进行着这样的工作。

我们第10师深切地关注世界无产阶级去年秋天的那场斗争,尤其关注德国无产阶级的斗争,特别是汉堡工人的斗争,他们采取极为英勇的行动,捍卫无产阶级的利益。我们为汉堡工人们的斗争感到欢欣鼓舞,为他们在斗争中胜利抑或牺牲的热切愿望赞叹不已,特此向汉堡的工人献上一面锦旗,希望在十月失败之后他们能够重新奋起,彻底消灭自己的敌人,赢得他们为之不惜流血牺牲的东西。(掌声)

**洛佐夫斯基**(苏联):

在此表达了苏维埃俄罗斯整个劳动红军情意的第10步兵师的代表同志们,请你们以共产国际第五次代表大会主席团和整个大会的名义,转告你们第10师和整个红军的同志们,在共产国际旗帜下前进的各国工人和共产党人都密切关注着红军的工作和斗争。他们憧憬着将他们所有的战斗群体全都变为扩充了的红军。他们坚信,当西方爆发战斗的时候,俄罗斯无产阶级,无论武装的还是非武装的,一定会在这场革命斗争中给予他们各种支援。部分俄罗斯无产阶级、部分俄罗斯劳动人民现在已经站在红军的旗帜之下。但他们与劳动的俄罗斯血肉相连,骨肉相亲。你们在红军中所做的不仅是苏联劳动者的工作,而且是全世界劳动者的工作。这就是各国共产党对下面这一点深信不疑的原因:俄罗武装的和非武装的无产者(那些尚未武装的也必将武装起来),一定会给予很快即将爆发并席卷全世界的革命斗争以真正的支援。让社会革命的战士们(共产国际的武装队伍)都知道,红军在这些未来的战斗中就是他们的支柱。

**迈因策尔**（汉堡）：

同志们，我以汉堡工人的名义，向曾在俄罗斯进行过英勇斗争的第10师表示衷心的感谢。同志们都知道了德国十月事件的情况。我们欣然接受你们的礼物，将它看做俄罗斯革命无产阶级与汉堡革命工人结成联盟的特殊标志，汉堡工人在十月事件中深信俄罗斯无产阶级会支援他们的战斗。如果不在德国进行革命，那么我们与俄罗斯工人和农民一样的希望就会遭到破灭。这些希望被当时的德国共产党的领导人们辜负了。但是我们通过法兰克福党代表大会和其后德国事件的整个过程，尤其是我们在世界代表大会上的声明，表明我们无论如何再也不愿意继续干旧中央委员会的那些事情了，我们希望在新的中央委员会领导下再也不致遭受十月事件中那样的失败，其实，那也算不上失败，因为它更加坚定了工人阶级的意愿。我们接受这面旗帜，不把它当做感谢的标记，而是当做我们在汉堡十月事件中履行了自己的革命义务的标记。我们代表汉堡的工人们宣誓，我们一定会在所有的抗争行动中将这面作为象征的旗帜高举在队伍的最前列，跟着它，必将赢得不单是在德国而且是在全世界的革命的最后胜利。

**台尔曼**（德国）：

同志们！我代表主席团请你们关注红军第10师，该师通过自己的代表向世界代表大会讲述了，它在国内战争的艰苦日子里如何与俄国资产阶级、与力图推翻无产阶级专政的各资本主义国家的帝国主义者作斗争。第10师的代表告诉我们，待在汉堡轮船上的水手们看到德国革命火红的旗帜之时，全体俄罗斯无产阶级，尤其是红军，都急切希望跨越过波兰，前往支援德国革命。因此，我觉得我们可以代表代表大会的代表们和主席团宣布说，红军不仅过去是，而且将来也是世界革命的后盾。我们要收下这面旗帜，对那些作斗争的忠于与俄罗斯工人、农民和红军的战斗联盟的同志表示敬意，向那些在斗争中牺牲了的或者仍然身陷囹圄的同志致敬。我们接受这面旗帜，将它作为革命自由的象征。我们将会名副其实地奉行列宁同志的革命战略和斗争方法。世界革命最近将来的阶段会表明，德国的工人们根据自身的经验和所吸取的教训，亦已懂得必须支援俄罗斯的无产阶级。德国革命必将实现世界革命的胜利，让资产阶级在德国和俄罗斯的联盟面前发抖吧！我在结束发言时要向红军的同志们说，世界代表大会的代表都懂得你们的礼物的含义。代表们知道，红军已经无须在本国进行革命斗争了，但是它随时准备在需要的时候出发迎接世界革命。它将与我们一道前进，它将与我们一起为自由而斗争！（掌声）

## 祝贺克拉拉·蔡特金的生日及她本人的答谢

**罗易**（印度）：

同志们，我要表达这里在座的所有人的情意，宣布我们有幸向我们敬爱的克拉拉·蔡特金同志祝贺她的生日。

她有着捍卫工人阶级的英勇的战斗经历。她的名字与各种历史事件和无产阶级斗争的发展联系在一起。我们很高兴看到她在无产阶级革命最近阶段置身于我们中间。我们在祝贺克拉拉·蔡特金67周岁时希望，我们还能多年向她致贺。我们希望她在实现她终生为之奋斗的目标时还会和我们在一起。代表大会向老英雄——世界无产阶级的斗士致敬，希望无产阶级集会庆祝世界苏维埃共和国成立之时，还能看见她在自己的群体之中。

**蔡特金**（德国）：

同志们，我只想说几句话，让你们明白我为什么回避。这并不是出于什么个人特有的感情,而是因为这类正式的庆贺,像通常的说法那样,有违我的整个身心。我已经年迈,这是我个人的不幸,而不是功勋。如果说我整个一生,从我有理智的生活之初开始,便一直在为党、为革命的理念而奋斗的话(而我可以真诚地说,我生命的每一分钟都是如此),那么这是我一生的幸福。我并不将此视做功勋,而是看成一种自然而然的事。

我是在老威廉·李卜克内西言论的强烈影响下参与运动,走向工人的。我破釜沉舟,与资本主义世界决裂,成了革命的一兵。作为革命的一兵,我站在你们中间,并且将永远站在你们中间,直到最后一息。不过我认为,每一个男人或者女人都理应得到这样的庆贺,无论他们是否67岁,或者大一些,或者小一些,如果他们认为自己是社会主义者或者共产主义者,如果他们真正斗争过的话。因此,同志们,我要将你们全部亲切、友好、兄弟般的情意转致所有那些效力革命时牺牲了的,抑或仍在为革命工作和斗争的人们,他们一直投身革命直至获得胜利,哪怕这一胜利需要跨过他们的尸体才能到来。(掌声)

**怀恩科普**(主席):

现在请黑克尔特同志作报告。

## 黑克尔特作关于共产国际在工会运动中的策略的报告

洛佐夫斯基同志的讲话有一个核心思想:工会问题是共产主义运动的一个极为重要的问题,同时也是有利于苏维埃运动的问题。既然工会问题是一个极为重要的问题,那么就必须高度认真地加以对待,以免在这方面犯错误。

如果我们想弄清我们在工会问题上应当做些什么?那么毫无疑问,

必须清楚了解目前工人阶级运动和经济前景的状况。

洛佐夫斯基同志说，今年的典型特征是工人阶级全面退却的停止。下一个典型特征，他认为是工会官僚们与资产阶级的联系已经昭然若揭。

同志们，我们能不能完全同意对形势和工会官僚的这些评价呢？关于第一点，我觉得，无论我们多么不情愿，**但很遗憾，我们无法同意说工人阶级的总体退却已经停止。**

诚然，在许多国家我们都看到，在资产阶级的总攻之下出现了一片风平浪静的景象，也许，这只不过是貌似风平浪静；在某些国家中我们也看见，工人们正在进行争取改善自身状况、争取改善劳动条件的斗争。但是我们依然应当说，总体上资产阶级针对工人阶级的进攻仍在继续。如果拿那个已获得大批国家工会领袖赞成的专家方案来说，则接受这样的专家方案，就其后果而言是意味着企业主们针对工人阶级的进攻仍在顺利地继续进行。如果接受了专家方案，就完全排除了德国无产阶级改善现有的艰苦劳动条件的可能性。相反，9小时工作日必然将变为10—11小时工作日，而工资却会降得更低。

德国工人们能否单独抵挡住这次进攻呢？我敢肯定不能，他们缺乏这样的力量。但这却意味着，在我国延长工作日和缩减工资必定会影响其他一些国家的劳动条件。因为要想让德国这样的工业大国长期与诸如英国、美国、法国这样的劳动条件更艰苦得多的工业国同时存在，这完全是不可思议的。因此，如果在德国施行专家方案，其他国家的企业主必定也会以对劳动者的猛烈进攻作出响应。这样德国工人就会退化为世界工贼的角色；而且由于他们的软弱就只得服从，他们就会促使其他国家劳动条件的恶化。正是这一点一再迫使我们德国共产党人不断指出战争赔款问题异乎寻常的重要性。我们听到了英国共产党代表大会上所做的声明，说英国几乎所有的工人都拥护专家方案。从法国我们也听到了工人阶级针对专家方案的认真响应。这是为什么呢？因为各国工人都认为，这一方案意味着和平。工人阶级仍然被和平主义的浪潮所裹挟，他们不希望战争。这个浪潮目前还在无产阶级中不断增强。我们十分清晰而明确地在德国看见这一景象，那里由于这个改良主义、和平主义浪潮在工人阶级中间的增长，改良主义在许多领域都获得了巩固自己阵地的机会。

这样，同志们，我认为，如果我们想要为我们未来的工会工作寻求到一条非常清楚明确的路线，我们就不应当那么乐观地看待形势。

洛佐夫斯基同志接着又说，当代的典型特征是红色工会的共产主义影响在各国迅猛增加。我希望这是真的。然而我无法以绝对的把握确定这一点。我有一种感觉，在许多国家我们的影响都增长不足，我们目前正感受到一种万马齐喑的氛围。这种情况并不一定会持续很久，但是必须十分清楚明确地看出危险，必须清清楚楚看到，和平主义的浪潮已经席卷了工人阶级，失败多年之后革命运动并不像我们所希望的那样猛烈爆发。十月失败和专家方案始终会对革命运动产生压制、阻碍的作用，直至其他国家的无产阶级广大群众明白事情的全部实质为止。

同志们，洛佐夫斯基同志从这些情况得出结论说，我们应当认为我们以往的工会策略是正确的。我们在有一点上同意他的说法：基本上应当认为共产国际第二次代表大会所通过的我们原先的策略是正确的。我们必须大力强调这一点。但是并不是仅仅出于洛佐夫斯基所列举的原因；还可以举出完全不同的一些原因，具体地说就是在不同的条件下和不同的国家中运用这一策略时所获得的经验。

洛佐夫斯基在自己的发言中说，在德国大家没有正确理解争得工会的必要性。许多德国同志似乎确信争得工会就是争得工会的机关、出纳处，等等。于是当他们发现他们争取不到这些的时候，他们似乎便逃避了，德国革命运动中就开始出现严重的动摇。我们不能否定我们国内确有极为严重的动摇，我们也知道我国的动摇必定会影响其他国家的运动。我们十分清楚地懂得这一点。但是我们不可以简简单单地对我国的动摇作出解释。我们应当阐明其原因，而原因则极为多种多样。

去年由于工会领导人的政策之故，德国无产阶级的劳动条件大大恶化了。针对工会官僚们的异常强烈的敌意开始发展，这在某种程度上也是针对整个工会的。不过我们也经历了革命运动到处蓬勃开展，结果导致反库诺的那场罢工期间德国工会官僚们部分地甚或几乎彻底地丧失了他们对在工会中组织起来的和尚未组织起来的群众的影响力。柏林的工会上层人物与群众没有任何接触。如若8月间我们有足够的力量继续开展运动的话，按照我确定无疑的看法，我们就能够驱逐掉工会的官僚们。然而8月之后我们所看到的却是，由于各种各样的情况，我们的地位开始恶化，我们的力量逐步削弱。十月失败之后德国无产阶级倍感沮丧期间，情况更加恶化。工会官僚们利用这种状况，彻底站到了资产阶级一方；他们投票赞成包围状态，赞成特别权力法，这部法律使资产阶级能够根据自己的斟酌调整劳动条件。

工会官僚们出卖了工人阶级。这引发了在德国前所未见的退出德国工会的风潮。这次风潮起因同时也是源于国家所遭受的巨大危机。通货膨胀危机引起货币在一周内贬值6—7—8倍，结果在14天期间，从工人的钱到中央收款员的钱、缴纳的各种费用，直至工会的现金，全都彻底失去价值。工会遭受了财务破产，无法继续领导运动，会员一时星散，失业不断增加。

这个时期，我们曾试图将工会从工会官僚们手中夺取过来。为此目的召开了魏玛代表会议。魏玛代表会议并不是在十月事件之后才想到与工会官僚们进行商讨的一次会议，它在十月事之前即已召开。我们当时认为，在魏玛我们能够在胜利之后结束德国的一个著名阶段。由于这个前提条件并未出现，我们在魏玛陷入了窘境。我们的纲领变得无法实现。工人阶级冷漠地看待斗争。截至去年年底,经工会组织起来的人数减少了一半。这样的土崩瓦解,德国的工会运动还从未经历过。从中引发的结论,不仅我们的德国同志得出了,其他国家的同志也都做出了。

为了说明由于德国条件所形成的局势,我想提出三点意见。

首先,我们在12月末收到一些法国同志的来信,他们在信中向我们写道:在这种危急情况下,他们想给我们提出忠告,任何情况下也不容许分裂工会;根据自身的经验他们断言,这会将我们导致灾难,并劝告说仍然要为工会的团结而奋斗。法国同志们很好地理解了局势。

几乎是在同时,俄罗斯工会主席托姆斯基同志在该工会召开的会议上说,德国工会已无可救药,没有活路了,应该灭亡。

既然一位杰出的工会领袖在这样的时刻都提出诸如此类的忠告,这可不是小事,既然你眼见得别的国家的同志在最重要的问题上都感到严重动摇,绝非小事一桩。在同一个时间洛佐夫斯基也写道,我们未必能够避免分裂。这同样不是足以导致消除我们队伍的动摇的劝告。(洛佐夫斯基:"我在哪里写过这样的话?")

在法兰克福党代表大会期间出版的《国际》杂志上;文章写得已经很早了。

我并不是因为洛佐夫斯基和托姆斯基同志的判断而责备他们。我们完全理解,同志们看见臭名昭著的坏蛋们残害德国工人组织,将它们出卖给资产阶级和资本家,就可能说没什么指望了,就可能说要分裂了等诸如此类的话。

我认为,给我们提出了最好的忠告的是法国的同志们。1月17日我们回复他们表示同意,尤其同意蒙穆索同志的声明,同意在目前的形势下无论如何也不许分裂工会。

1月17日之后发生了几起重要事件。1月18日全德工会联合会通过决议,要将每一个组建派系、在工会中开展革命工作、散布共产主义思想的共产党员开除出工会。事情并不仅只限于威胁。某些工会已经接到了极为严厉的命令，让在它们的代表大会上无情地执行这一决议。

我们的队伍中产生了动摇，全德工会联合会发起猛烈进攻，一些很优秀的工会领袖态度不明朗，而在德国大家很喜欢听从他们的意见，此外还有关于工会问题的一月决议。我请大家，特别是洛佐夫斯基同志（我并不认为他负有责任，因为当时他不在），仔细看看这个决议，其中并没有说不应该建立平行的组织，反倒把建立平行组织、联盟等看做吸引来参加组织的工人们的好事。同志们没有看到后果，没有看到这可能会导致工会运动的分裂。舒马赫之类的同志（而我们有许许多多这样的人）因此而获得了分裂的行动自由。该决议不仅非常含糊，不仅没有提供好的建议，结尾的那句话说得更加过分，确切地说就是声称：我们根本没有统一的路线，我们应当随时适应具体的形势。

舒马赫说：我们要坚持最后的那句话，适应具体的形势，分裂工会。

结果，我们的工会运动中便产生了极其严重的动摇。我们要把话讲完。我们参加法兰克福代表大会时，对工会问题多少有些绝望，因为当时如果进行全体投票表决，大多数会员都会宣布：退出工会！——这已成为正确的口号。然而法兰克福党代表大会的决议实际上帮助我们摆脱了危机，如果我们今后也强调会上的决定，那么我国的形势对我们而言还会更加改善。不过不单是好的决议帮了我们的忙，切身的经验也对我们大有助益。

我国现有的那些独立的组织，只有一部分是缺乏耐心的革命人士的产物，它们大部分都是阿姆斯特丹分子活动的产物。无论我们如何努力工作，如果阿姆斯特丹分子想要抛弃我们，终归有那么一天，整批整批的会员、积极的工作人员，甚而所有的地方团体都会被排斥掉；事情甚至会发展到整个整个的地区也被排挤出阿姆斯特丹派的组织。这种由阿姆斯特丹分子的活动所造成的局势，导致在德国产生了一系列理论：第一，洛佐夫斯基所论述的旧的组织形式已不合用、必须创造新形式的思想；其次，阿姆斯特丹组织的结构本身给头目们提供了实行这种政策的可能性；只需改变结构，则一切都会完全改变。

德国都有一些什么样的组织，它们又提出了一些什么样的想法呢？

我简单地谈谈这些独立的组织。首先是体力和脑力劳动工作者联盟，该组织诞生于5年前的莱茵—威斯特伐利亚矿工的大规模斗争期间，成立的目的是出于建立一个能解决一切问题的统一组织的需要。在这个组织中，我们同样与它的理论家们进行了极为激烈的斗争。现在经历5年痛苦的体验之后，终于让它走上了正轨。这个组织放弃了先前的思想，它承认，以那样的思想是不可能建立起各级组织的。

其次是被开除的建筑工人们的组织。它在许多革命工人的头脑中激起巨大的幻想，具体地说就是似乎一小群过去和现在都执行革命工会战略的坚定的工人，就能够战胜资本主义，从而清除掉阿姆斯特丹分子。同志们一般都弄不清能办到这点的客观条件。这些幻想植根于许多工人的头脑中，他们以为像开姆尼茨建筑工人组织这样的组织是一种典型，它由于自己的罢工战略，能够比阿姆斯特丹分子更好地领导工人们。受到夸大了的开尼茨事例的影响，许多缺乏耐心的同志试图建立类似的组织、类似的零散组织机构。几乎所有的这些小组织都是我们与阿姆斯特丹分子进行斗争的产物，这种斗争以后来我们应当加以团结的一两个或者更多的组织被开除而告终。但是这类独立组织的存在，导致形成一种新的思想——组织上的利己主义，对许多工人而言，这些组织已经不是我们与阿姆斯特丹分子斗争的产物，不是某种临时性的、不合心意的东西，为了回到共同的路线（当然是在更高的革命基础之上）而必须加以清除的东西。他们并不打算经历这个阶段，不，他们认为这些组织就是崭新的平行工会的萌芽。从这些组织中一再发出号召：退出工会！我们党为这些组织感到极为头疼。在本次代表大会上我们将高兴地听取这一理论最热烈的护卫者之一舒马赫同志的发言，代表大会也就有机会讨论，这些观点中什么是对的、什么是错的。在研究这些独立组织的时候，我们不得不指出一个特别的现象：工人贵族小集团的形成。例如，在柏林就有个所谓车工联盟。这个联盟的成员们说，金属工业工人联盟并不是一个能很好地捍卫他们的利益的组织；他们联合成为一个具有专业技术的工会团体，是想取得更大的成果。担任这个组织的领导者，都是在德国革命运动中发挥过相当重大作用的人，比如理查·弥勒。这些人不懂得，这类工人贵族集团的形成会使工人们陷于分裂，给资本家们帮大忙。我们应当与这些工人贵族集团进行十分艰巨的斗争。

但是应该从这些独立组织的存在中吸取什么样的普遍教训呢？这些独立组织只有在某种良好的条件下才能维护自己的成员的利益。在它们名下通常都有阿姆斯特丹派的托拉斯，它们的成员则被赶到马路上。因此，它们没有追求扩展的倾向，倒由于客观的困难而趋向缩小。它们并没有成为革命运动的领导组织，甚至与自身的愿望相反，落到了每一场运动的后面。它们不可能独立地发起一场运动，更不可能独立地领导运动，不管愿意不愿意，只能成为阿姆斯特丹派工会的附庸。这样所产生的一个具体的后果，就是我们在阿姆斯特丹派运动中的影响力的减弱。我举一个例子为证。在柏林，我们多年来在铁路员工组织中都享有威望。依靠我们对他们的影响，我们一直可以在那里发起运动。现在由于阿姆斯特丹分子所奉行的策略之故，我们的革命分子遭到驱逐，只好单独组织起来，我们的这些组织已经没有能力对运动施加积极的影响了。我们丧失了阵地并非出于领导同志们的过错，而是由于客观的困难。

还有一个例子。我们可以指出，1920年开姆尼茨建筑工人组织有能力夺取一系列阵地，这个被开除的建筑工人组织的工资要比改良主义工会占优势的各州更高。但是，由于企业主全面进攻期间局势恶化，我们的同志不得不转入防御，而且是在遭受严重威胁的阵地上。客观的困难确实比革命的激情、这些组织的团结和力量增长得更快。这些独立组织的悲剧就是如此。我们应当清清楚楚地看到这一点，否则就会走到完全错误的方向。

关于未加入组织的人的问题非常重要。洛佐夫斯基涉及了这个问题，他说，在法国只有10%的人置身于工会组织之中。德国未加入组织的工人的人数在最近数年中大大增加了，可能比1922年多出两倍以上。我们一些同志由此得出结论说，需要将这些工人团结到新的平行组织之中。可是我们已经知道，这些平行组织干不出任何好事，只会增加我们的困难。洛佐夫斯基同志说，我们应当将他们收罗到工厂委员会内。这话早在有名的一月决议中就已经说过了。我们已经尝试着这样去做了，然而至今我们所取得的效果完全是反面的。也许，这要归因于目前德国工厂委员会运动还很薄弱。如果说除了德国和捷克斯洛伐克，工厂委员会在任何地方都无法摆脱困境，那就证明企业主是在对工人发动进攻，否则工人们就能建立起这样的机构。不过即便是在德国和捷克斯洛伐克，工厂委员会运动也遭遇到严重的威胁。为什么呢？每一次罢工之后，工厂委员会都会垮台。如果工人们提出新的名单，企业主们就会说："好极了，这样我们就知道所需要赶走的人了"，于是便将这些人通通开除。为什么今年在德国许多地方爆发了如此英勇的斗争呢，可以说，在德国还从来没有进行过如此勇敢和奋不顾身的斗争——尽管如此，我们为什么还是损失了许多最优秀的人物？我要提醒大家，在雷姆沙伊德这个共产主义的堡垒，我们却不能推选出革命的工厂委员会；工厂委员会都落入了基督教社会党人手中，因为最优秀的人物已经在斗争期间毁掉了。无论如何，我们现在发现，我们开展的斗争越多，损失的好工人也就越多。最主要的则是，工人们根本不愿意充当候选人，他们说：如果选上了我，我就会被开除出企业。因此工厂委员会运动日益减弱。这一点必须承认，否则不可能有正确的结论。我们应当根据我们所做的试验明确地说出这种情况。

现在谈谈另一个重要的问题。洛佐夫斯基同志只是提了一提，这就是关于生产联盟的问题。接二连三遭受失败的工人们产生一种想法：创造一种新的组织形式，可能成为工人阶级斗争节节胜利的基础。生产联盟在德国已经成为一个口号。我们的许多同志怎么会想到建立这样的生产联盟呢？我已经谈到过这点了：围绕着一个小小的组织机构，聚集了越来越多的工人，建立了几个组织，于是发展而为生产联盟。但是如果你去问同志们，这个生产联盟与阿姆斯特丹分子的工会本质上有何不同，则他们什么也回答不出来。洛佐夫斯基同志已经告诉我们了："统一劳动联盟就其组织形式而言，与劳动总同盟毫无区别。"

我们应当明确地指出，生产联盟不能通过这种实验的方式组建。它们只能在无产阶级所进行的大规模斗争中建立，在斗争中才能废除旧有的组织形式。它们囊括了一个企业中的所有工人，将整个工业部门的工人团结在一个组织里。生产联盟是建立在比企业里的工会更为广阔的基础之上的一种高级组织形式。它的内在实质是什么呢？其实质与企业里的工会绝然不同。工厂委员会是这一组织的基本柱石。工厂委员会的结构和实质都有所不同。它不可通过实验的方式建立，它只能在工人阶级的伟大斗争中建立，成为这一斗争必要的、无可避免的结果。

同志们，现在谈谈反对派的团结。在德国我们为团结反对派的问题深感苦恼。很难让一部分仍在工会内、一部分已在工会外建立了新的联盟的反对派团结起来；困难在于缺少对于我们应当做些什么的统一的认识。我们耗费4年时间，争取做到反对派协调一致地开展工作。曾经两次在代表大会上解决这个问题，但是我们并未达到这方面的团结合作，其原因不是由于遭到抑制，而是因为这种合作根本就是不可能的事情。

现在我们已经让德国的反对派联合了起来。我们找到了开展工作的平台。对待这些联合起来了的反对派,无论是工会的成员还是置身于工会和工厂委员会之外的,我们都可以调配力量,开展活动,筹备运动。现在我们有一个全国劳动委员会。并非所有的人都同意我们所做的事情。比如,舒马赫同志和他的许多朋友就是这个协会的对头。他们对于我们应当做些什么事想法完全不同。但是我们认为,我们所觅得的平台适合德国的情况:我们的工会运动至今处于分裂状态。

同志们,现在转而谈谈一个最重要的问题。须知工会并不是一种漫无目的的组织。工会的目的就是维护、改善工资和劳动条件。因此一切组织上的和实际上的问题都应当从这些组织所进行的斗争的角度加以看待。这是毫无疑义的。这里我想提请代表大会注意在德国所获得的某些经验。

居于我们整个工会运动特别是革命工会运动的中心的,是争取8小时工作日的斗争。我们都知道,如果这种工作日在德国被取消,那么其他国家的工人也会失去它,还有更广泛的群体也将遭遇这种不幸。

因而我们应当重新夺回失去了的阵地。为此我们需要有明确而统一的策略,需要有坚定而明确的观点。去年12月,在无产阶级重大失败的影响下,企业主们延长了鲁尔矿工们的工作日。工会头目没有征询工人们的意见,便取消了采矿工业的7小时工作制。这在德国工人中造成了极大的沮丧,结果企业主们在千百个地方的千百个不同的职业中都使得工作条件更加恶化,工人们却毫无动静。这造成了我们完全错误的判断:我们以为,在这种形势下工人们既没有战斗力,也没有斗争意愿,如果再过两三天斗争仍然不能获得决定性的结果,那就大概输定了。这个错误的判断也决定了我们对待我们所面对的各种问题的态度,于是我们未能准备好进行斗争。我们期待着自动的、自发的斗争。

莱茵的工业无产阶级将我们领出了迷途。1月、2月和3月,70万工人参加了8个星期的斗争,莱茵无产阶级以此证明,工人们还是有战斗能力和斗争意愿的。这对我国共产党，同时对其他一些国家，都是一个十分重要的教训。我们不应当悲观，我们应当正确地利用工人们的战斗力和战斗精神。不过为了正确地运用这种战斗力，我们应当扎实认真地准备斗争，不能让其以徒劳无益告终，因为每一次新的失败在当前的形势下都会导致新的沮丧。

像莱茵—威斯特伐利亚斗争这样的尝试，我们在完全不同的地方再一次进行过，那是在沿海地带，造船工人们在长达15个星期期间一直坚持斗争。随后又在路德维希港发生了英勇的斗争。这场斗争尤其表明，工人们的战斗精神是不折不挠的，他们彼此掩护，顽强抵抗。不但如此，工人们经过5—6个星期之后已经准确地知道斗争将以失败告终；他们意识到，他们不可能取得反对苯胺资本家的斗争的胜利，因为其他的工人不来支持他们。但是他们认识到，这样的斗争之后的失败才是名副其实的失败，于是他们又坚持了9个星期。代表大会的参加者大概都还记得，1922年在路德维希港也有过类似的斗争。当时工人们罢工5个星期；在这次斗争中他们获得了十分充分的支持。当时我们以为，斗争被工会官僚们平定之后，工人们一定会成批地转向他们。然而这种情况并未发生。我们的组织缩小了，我们只能召集起很少一些人；尽管得到我们所提供的支持——还是失败了，瓦解了。而现在斗争之后我们所看到的完全是相反的情形。这一次我们未能向工人们提供任何支持，他们还从未在斗争中像现在这样挨饿。尽管如此，斗争之后我们看到的是与我们的紧密团结。这意味着，如果我们正确地领导斗争，不允许发生幻想，工人们即便在失败的情况下也不会丧失勇气，仍然会满怀信心展望未来。

现在我转向按次序为第四次具有极其巨大意义的斗争，即莱茵—威斯特伐利亚的、上西里西亚的和萨克森的矿工们的斗争。

我们当时就知道，随着十二月合同的到期，企业主要求降低劳动条件。对我们而言，一开始就很清楚，这场斗争对于德国的甚至国际的未来，整个工人运动具有很大的意义。这场斗争是可以预见的。它必定是在签订新的合同之后开始。日期我们已经知道，因此我们便根据莱茵州罢工和路德维希造船工人罢工的经验对斗争进行准备。工会官僚们不同意进行这次斗争。但是我们已经进行的准备工作是如此充分，足以在工人中发起这场运动。不过这里我要作出一点说明。考虑到这场斗争的意义，我们曾试图将运动扩大到德国最重要的一些职业，扩大到铁路工人和金属工业工人。但我们未能成功。另一个不足是，未能召开国际矿工代表大会，让各国的矿工运动联合起来。捷克斯洛伐克的同志们给我们写信，说他们希望我们获得这项工作的成功。法国矿工工会来信说他们不会参加，因为类似的提议一年前曾被红色工会否定。我不明白，在类似这样的条件下同志们怎么可以下决心这样干！

英国工人领袖库克比我们队伍中的一些人能更好地理解形势。他给我们回信说，他本着我们的提议的精神与阿姆斯特丹派联系，可是未能取得所希望的结果。要是我们为协调这次运动做更多的工作，也许会导致另一种效果。何况这样的故事并不新鲜。法国同志们在前年的萨尔工人大罢工期间，即曾有过北部各省、摩泽尔和中部省份的大规模罢工。他们自己一度已经体会到协调运动的必要性。因此我不明白，这些同志怎么能不肯与我们联合起来。这一点必须在这次代表大会上讲明，以便日后同志们不致仅限于表示成功的祝愿。

在今年我们所开展的斗争中，我们发现一些问题：是否应当分裂工会，是否应当建立新的组织，抑或应当如何将工人们联合起来——只要斗争一爆发，这些问题便统统退居次要地位。借助于我们的战斗机构的领导，我们便得以影响运动并对其进行领导，特别是在上西里西亚和萨克森，那里矿工斗争的领导权都在共产党人的手中。在鲁尔，我们在这点上并未能完全成功。主要的问题是让工人们对斗争做好思想准备并对他们进行领导，而不是在组织问题上开展实验。斗争中发现，未加入组织的人就性质而言已不像先前的未加入组织的那些人了——他们都能像已经加入组织的工人们一样英勇地进行斗争。

我们的工人从最近这场斗争期间工会官僚们的叛变行为中吸取了一些什么教训呢？反对工会的情绪是否增强了？我要回答说：没有。尽管工会官僚们叛变了，工人们，特别是在他们进行了最英勇的斗争的上西里西亚，都萌发了一种意识：必须回到组织中去，让官僚们不能将其变为充当工贼的组织。上西里西亚工人们所学到的，并不是诸如舒马赫之类的某些缺乏耐性的革命者认为应该学到的东西。

这次经验让我们得出什么结论呢？我们应当力图做到的不仅仅是让工人们准备好开展运动并对其进行领导，而且要领导得更加得当。由此可见，我们的最重要的任务之一便是制定罢工的战略，其中应当运用各个不同国家的全部经验。如果我们能制定出这方面的良好的领导措施，则其他环境下具有极大意义的组织问题就会退居次要地位，仅只保留它们应有的意义；比例便会恢复。

在德国，我们在这方面都学会了一些什么呢？

工人们比以往更加明确，应当以针对企业主的直接抗争行动为目标，希望与旧日的迟缓、犹豫、模棱两可的策略彻底决裂。群众性的示威游行为罢工运动注入了积极因素。萨克森工人1923年以自己的积极行动为新战略提供了重要时机。

其次我们发现，妇女如今发挥着另一种作用。从前都认为，罢工期间妇女只会妨碍男人。现在德国的妇女站出来告诉男人，她们再也不应当为了如此之低的工资而干活。妇女们普遍为罢工者承担警戒的任务。在路德维希港，尽管处于戒严状态，室内不允许5人以上聚会，她们却带着孩子为我们夺回了一条街道。妇女们与工贼警卫队进行武装斗争。就这样，妇女们为我们的斗争动员了起来。罢工期间组建指导员小队是一个极其重要的事例。这在德国是一种新方式；也许，其他国家早已这样做了。卢塞尔多夫春季大罢工期间，我们党的同志组成一个个2—5人的小组挨门挨户地向男人和女人们说明为什么要进行斗争；应当如何进行，需要如何与工贼作斗争。这些指导员小队部分情况下也使用橡皮棒进行工作，为的是揍工贼们的屁股，如果他们的头脑听不进劝告的话。运动变得如此活跃，使我们远远超越了组织问题的界限。

我想提请大家注意另外一个方面：关注国际工人援助会和消费合作社。国际工人援助会可以成为革命斗争的坚强支柱。我们应当发展这项事业。对工人消费合作而言，也是同样如此。必须大大加强与这些组织的联系，使它们能够成为真正的战斗机构。这方面我们还有许多疏忽之处。

还有最后一点意见：近来我们在自己的斗争中有机会更加看清战斗中的无产阶级与农村居民的联系；在上西里西亚、萨克森、莱茵州，在所有这几次罢工中我们都看见，小农和农业工人准备加入与战斗的城市工人的联盟，为他们提供食品。这应该加以利用。如果不这样做，我们就不可能开展革命的工会工作。

我们基本上同意洛佐夫斯基同志今天的发言，即：我们应当继续执行先前在第二次世界代表大会上所通过的工会策略。我们同意应当让派别工作和工厂委员会的工作比迄今为止变得更加活跃。我们同意这样做并且强调，没有企业中的支部便根本无法认真开展革命的工会工作。我们同意将无产阶级最重要的工会力量集中起来，比如联合成一个矿工、运输工人和铁路员工政治联盟。在这个问题上，我们在德国犯了错误。我们对我们的俄罗斯同志们的劝告听取得不够。我们敦请其他的国家吸取这个教训。其次，我们在关于必须将工作首先集中到最重要的范畴这一点上意见一致。随后在我们的运动中再次得到证实，一个榜样比一千次夸夸其谈的演讲更具有说服力。如果我们不在实际的事情上向无产阶级表明我们比别的人更善于领导他们，那么我们漂亮的纲领就毫无用处。在关于未加入组织的人的问题上，我们同意洛佐夫斯基同志所说，应当让他们回到原来的工会组织，但这不可能是一个简简单单的过程，这是一个需要有充分准备的过程。俄罗斯同志对法兰克福党代表大会期间德国工会的形势深感不安。洛佐夫斯基同志从德国归来后曾说，他回到祖国时心情比任何时候都更为沉重。我说过，我怀着较为乐观的心情，因为最大的困难我们已经克服了。如果我们不致因为特殊的情况重新陷入困境，我们就会立足于坚实的基础之上。我们认为，现在我们已经重新部分地站稳了脚跟。我们坚信，我们一定会不仅重新夺回自己去年曾经占据的阵地，而且还会额外夺得一些新的阵地。这对于那些革命运动尚未充分发展的国家将会是一个榜样。

结束时我还要讲几句关于维也纳代表大会的话。据说，阿姆斯特丹分子在那里组成了左翼，其中似乎发生了明显的左转。如果这是真的，我们对此自然会高兴地表示欢迎。但是我要不懈地提醒防止抱有幻想。在德国，我们战后经历过工会工作者迪斯曼、奥夫豪泽等人的这类向左转运动。这种运动比在英国更为根深蒂固，甚至还导致以凌厉的攻势夺得了金属工业工人工会。但是在历次的工会代表大会上都只能使人深信，这些左翼阿姆斯特丹派头目与右派一样丑恶。他们甚至对无产阶级革命思想的发展产生更加有害的作用，因为工人们都说："是的，要是迪斯曼能做他想做的事情，情况还会更好。"由于寄望于这些左派工会领袖，工人们同意放弃利用熟悉的阵地。我们不应当再次陷入这类严重的错误，将政策建立在这种向左的转变上。如果不会有比这种转瞬即逝的向左转更加切合实际的因素，那么德国代表团的团员们就会认为（而且也许是德国党99%的党员们的意见），我们不应该转变，因为那可能让我们处于极其危险的境地。我们希望,要是不致发生这样的情况,我们就能够坚定、明确、积极地制定出革命的工会策略,它将成为红色工会国际和团结在共产国际中的革命分子反对阿姆斯特丹派及其政策的斗争中的范例。(掌声)

(会议休会)

# 第二十八次会议

（1929年7月5日，星期六，晚间会议）

**会议主席：怀恩科普**

**怀恩科普**（主席）：

现在请舒马赫同志发言，他并不是作为德国代表团的代表，而是以个人的名义讲话。

## 舒马赫同志就工会运动问题的发言

同志们，我面对代表大会人数极为众多的会议开始我的发言。这证明各国代表团对工会问题怀有很大的兴趣。首先要作一点说明。主持人宣布说，我不是作为德国代表团的代表，而是以个人的名义发言。这个介绍是正确的，不过对比应当加以补充。我在这里发言是受了柏林的许多工会的委托，它们已联合成为"独立工会联盟"，现今拥有2万名会员；他们在各种会议上都曾讨论过工会问题。

共产党想要做些什么，共产党已就工会问题通过了一些什么样的决议呢？我手中有一份记录，其中包含在法兰克福一致通过的关于党的近期任务的决议。我们在里面读到了些什么呢？"德国共产党希望动员革命的工厂委员会，建立革命的生产联盟，以便在夺取政权之前建立经济斗争的机构，而夺权之后则掌握无产阶级恢复经济的群众性机关。"

在法兰克福党代表大会决议的这句话中，关于组织生产联盟的问题已经以具体的形式提了出来。这样，如果洛佐夫斯基同志今天宣布不需要上述联盟，那么这就不符合法兰克福代表大会的决议，不过（我要承认这点），该代表大会的决定可能被世界代表大会所取消。由于大多数党员同志据我推测都是根据翻译了解的法兰克福代表大会决议，现在我引用该决议另一处极为重要的地方。那里说：

"谁退出工会，谁就是在减轻改良主义者们的工作负担。必须加强在工会中的工作，以便吸收尚未加入工会的工人群众，对他们进行政治教育，引导他们追随德国共产党。谁不遵守纪律退出工会，谁就是在危害党和革命。"

首先，这里还应予以证实，独立工会无论在全德国还是在柏林，至今都在违反法兰克福党代表大会的决议。我要提醒大家注意这个决议的第一部分，确切地说就是，革命的生产联盟在夺取政权之前即应建立，为的是夺权之后作为共产主义国家的经济和政治建设的基础。我现在接着引用1924年4月15日公布的直接提到工会运动的决议。我估计在目前情况下所有的代表都读过这份决议。因此我不准备在这里将其完整地宣读了；我只是向你们提一提下面这一点：

"因此，党为此应当同时在自己的工会工作中就团结企业内未加入组织的、退会的和被开除的工人开展最强有力的最必不可少的工作。在团结未加入组织的和被阿姆斯特丹派开除的工人方面的这些预备性工作，应当在全德范围内统一进行。"

可见，法兰克福代表大会就未加入组织、被开除和退会的工人的问题通过了一系列决议；这些决议连同那项原则性的决定，对德国共产党而言都是必须予以执行的，至少在共产国际代表大会之前是如此。

是否提出过一个问题：这些法兰克福决议通过之后，它们在德国工人群众中起到了什么作用？我敢肯定（我知道，我的德国同志们不会无条件地同意这点，但是我可以用种种证据来充实我的论断），总之，我敢肯定，在法兰克福代表大会上我们左派取得了对布兰德勒的胜利，主要是因为我们无情地揭露了布兰德勒在十月事件中的过失。然而我还要肯定地说，法兰克福代表大会几乎全体一致接受了左派的路线，主要应该用德国共产党的领导人和工会工作者在工会问题上所作的让步来解释。

请看这个证据。1924年3月3日，亦即法兰克福党代表大会之前，举行了德国金属工业工人工会代表和扩大的党团理事会的会议，这次会议上，与会的拉贝、黑塞和维希涅夫斯基等同志提出了下列建议并获得一致通过：

"金属工业工人工会扩大的党团理事会和与会的各企业负责工作人员听取了关于卡塞尔工会代表大会的报告并宣布，整个世界观将我们与改良主义者们区别开来，卡塞尔代表大会的工作过程再一次清楚地、明确无误地证明了改良主义者追求分裂的意图。**改良主义者大多数代表在工会大会上的行为，更加促使群众大批逃离工会，而不是阻止这种逃离。**由于注意到这些情况，以及发现德国金属工人工会的许多处于反对派影响之下地方分会**会员也大大地在减少**，扩大的理事会和与会的企业负责工作人员认为，最重要的任务（这里只谈最主要的）就是立即着手在企业中将未加入组织的工人以生产联盟为基础、借助于革命的工厂委员会组织起来。"

所通过的这项决议还加上了下述附件：

"鉴于经济组织对于工人阶级而言在政治上必不可少，而当前的经济斗争总是与政治上的要求相关联，所以这种斗争只能由坚持革命的阶级斗争立场的组织来进行。"

我们认为，这项决议至今仍然具有效力，其实际的前提条件依然存在。正是这项决议导致在法兰克福代表大会上形成了左翼的多数派。

还有两个证据。在柏林举行过德国共产党全权代表的两个重大的会议，一个在克利姆斯大厅，一个在瑞士花园。独立工会在就工会问题作了签署之后，在会上提出了表述得很明确的几条建议。我只宣读获得会议通过的那几点，其余的则被7票之差的多数所否决。

所通过的建议是：

"全权代表会议要求在来得及安排的最近期间召开工会代表大会。应当参加代表大会工作的有……"

随即列举了参加者，接下来引人注目的是这句话：

"代表大会在确定政治路线之后，应立即着手建立生产组织，对各种问题进行统一的领导。"

这是在近千人参加的德国共产党负责干部会议上通过的。

下面还有。在柏林和勃兰登堡召开了地区工人代表大会，将近200名代表出席。要是我没有弄错的话，这200名代表中有170—180名地道的共产党员。这次代表大会研究了即将召开的全德工人代表大会的问题。代表大会前夕举行了共产党党团会议，寻求在代表大会上的统一的行动路线，对外部显示统一的面貌。选举了一个由6名同志组成的委员会，3人来自所谓中央工会部流派，3人来自所谓柏林独立工会流派。拉贝同志也名列该委员会中。

委员会一致通过决议……（黑克尔特："反对恩德勒！"）并不是这样……（黑克尔特："是这样决定的！"）

并不是这样的。委员会一致通过了我们都已经知道的政治观点：

"1. 委员会将这类吸引人的做法理解为'将未参加组织的人组织起来',这将为长期对所有的工人施加思想和组织上的影响提供可能性,为革命做准备。

2. 凡是有追随'强制执行委员会'的独立工会的地方,根据从该委员会所获得的指示,这些工会在全国范围内都享有在属于职业和生产群体的未加入组织之人中的行动自由。

3. 为此目的,由全德工人代表大会所组成的中央委员会出版全德国统一的会员手册,其中附有用于每一个工业集团的同一样式的会员证。

4. 工人代表大会闭幕后不迟于4周必须着手出版材料并在未加入组织的人中开展工作。

5. 在工人代表大会由于某种原因不能召开的情况下,柏林和勃兰登堡地区代表大会应选出一个组织委员会,不迟于6周之后实现上述纲领。"

这表明了什么呢?这表明,在法兰克福代表大会之前和其后若干时间内,曾向德国共产党的党员们开出支票,而现在有些人却不肯兑现这张支票并力图否认自己曾在上面签名。不过,这并非易事。事实俱在。谁也不能加以抹杀。

能说明我的论断有理的,还有德国代表团的备忘录、洛佐夫斯基对收回提纲的回信(这些你们都知道,我就可以不加引述了),也有独立工会(这在当时都是一些缝纫工、细木工、铁路工人和装订工人)的声明,这些工会要求:

"建立具备战斗能力的理事会和团结一致的上层领导的工业组织是绝对必要的。因此,工会不认为自己是有素养的完美的组织,而只是未来的工业组织的萌芽和核心。从这些看法出发,它们要求:

1. 德国共产党应当全力支持现有的独立工会成为工业组织的努力。为了成功地抵抗资本的集聚,必须在德国共产党的帮助下在全德范围内以各种反措施回应改良主义者在分裂活动方面的各种措施。"

这就是独立工会所采取的立场,所以,亲爱的弗里茨·黑克尔特同志,我敢断言,至今德国共产党的大多数党员仍然采取的是同样的立场。

**黑克尔特**(德国):

别再讲一些童话故事了,这些话连你自己也不相信。你最好讲一讲自己在干出这一套不成体统的事情方面的活动。

**舒马赫**(德国):

等一等,轮到你说话的时候,不会忘掉你的。

因此我认为,我已经说服了,法兰克福党代表大会前夕所开出的支票还期待和要求支付。

现在有些人声称,特别是洛佐夫斯基同志在他的报告中声称,独立工会(他甚至点了我的名)主张必须退出工会并立即在全德范围内建立联盟。

首先我要指出,德国所有的与独立联盟有着内在关系的工会都不止一次口头和书面声明过,它们并不想抢夺老工会的会员,但是根据法兰克福代表大会的决议把未加入组织的、退会的和被开除的人团结到一个联盟之中,以便将其变作生产组织,它们都将此视为自己的权利和义务。既然洛佐夫斯基同志宣称:"不需要生产联盟,我们用不着要新的斗争方式",那么我们就可以说:这是假话。我们绝对需要各种新的斗争方式,法兰克福决议正是在寻求革命斗争的新方式;尽管我们认为这些方式是不符合实际的和不可能的,但是依然有着对新方式的追求。黑克尔特很好地描绘了阿姆斯特丹派工会官僚们的市侩习气。在这方面他已经努力多年,任何心怀忌妒的人也得承认他的这一点。只是还有一点未能得到证明,具体地说就是,认为阿姆斯特丹派不会以加倍的力量继续施展自己的手法。最近几天提供了一系列新的例证。不允许俄国党的代表参加斯德哥尔摩建筑工人代表大会，捷克斯洛伐克代表被隔离并逐出代表大会。德国"职员中央理事会"通过决议称，共产党员无权担任官员，这样便制造了权利的双重标准，而该决议却以85票对40票的多数票获得通过。《红旗报》在报道这项决议时指出："然而正是现在我们要着手争取这个理事会，着手其中的斗争"，不过我认为，朋友们，"职员中央理事会"很快就会终结这场斗争。作为资本主义的工会组织，理事会一定会毫不留情地执行这一决议。许多成员都从该会被开除。他们会怎么办呢？这个问题变得越来越迫切。（黑克尔特："就是说，另立门户？"）

被从工会中开除的人应当与未加入组织的人一道建立新的组织。这是很明显的事情。他们应当这样做还因为，这符合法兰克福代表大会的决议。

在论述工会问题上令人吃惊的动摇不定时，洛佐夫斯基同志谈到立字据的事并且认为，他改变了问题的焦点，声称应当立下各种字据。那样老工会官僚就不会知道他们该怎么办了。咳，他们太清楚地知道他们该怎么办?!工会的中央委员会充分表明了这点。如果说有动摇不定的现象，那正是在有关字据的问题上。1月里职员工会的会员接到立字据的命令，3月你仍然未立，尽管《前进报》令人遗憾地证实，3月的情况与1月时略有不同。许多会员被开除。

我们（至少在我们德国党内）没有明确的统一的路线，要么就是遵循一条固有的路线，周而复始，墨守成规。

这样的政策引起了可怕的混乱，洛佐夫斯基的那些文章和托姆斯基的许多讲话更加深了这种混乱。所以后来在独立工会中寻找替罪羊的时候，人们就说：我在独立工会的口袋里翻了个遍，其实我要找的那头驴，它就蹲在这里（指了指洛佐夫斯基同志）。这并不是人身侮辱，我只是想说得形象一些。

我还想批驳一个见解。法兰克福代表大会上通过了一项不正确的决议；黑克尔特，部分地还有洛佐夫斯基，现在一再对其加以重申；我们认为这个论点是错误的，即：在抗争期间没有坚强的组织也可以开展群众性的斗争，通过工厂委员会者除外。我们坚持革命的观点，斗争主要是一个政治问题。但是它多半是一个组织问题。在有着历史悠久、组织上训练有素的工人阶级的国家，政治斗争只能借助于有组织的方式才能获胜，可以利用现有的方式，或根据需要创造新的方式。最近几个月的斗争（这一点黑克尔特无法否认）之所以遭受失败，恰恰是由于阿姆斯特丹派有着坚强的组织，我们无法以类似的组织方式与他们相抗衡。（座中有人说："我们要建立工厂支部！"）

工厂支部也并不是能够进行长时间的政治和经济罢工的组织。为了这个目的始终需要尽量争取利用组织。（黑克尔特："这只有成衣匠联盟才能办到！"）

亲爱的弗里茨，要是你愿意的话，最后还可以说：罗森塔列尔施特拉斯（？）的职员联盟。

这样，我要说，这就是我们的观点；我们坚持认为，独立组织受到我们党的支持。黑克尔特论说，独立工会在一定的条件下借助于有利的形势可以为自己的会员争取到某些东西，但是它们有着退缩的倾向，注定会无所作为。对此我的回答是：工会就没有这种倾向吗？当然也有。旧工会同样没有能力而且根本不想进行斗争：所以它们一直退缩，已经不再是反对资本主义的突击力量了。我们的任务就是支持独立工会，使它们变成核心……（坎德尔从座位上说："汉堡缝纫工人工会！"）……成为具有政治目的和经济基础的未来各种组织的核心。许多独立工会都不能很好地前进，这绝非偶然（在这一点上黑克尔特和洛佐夫斯基是对的）。但是个中的原因不单在于这种退缩政策及其反对资本主义的政策，而且在一定程度上是由于德国共产党小心翼翼地力求尽快地将这些独立工会彻底消灭……（叫喊声："好！"）……为了证明自己的理论，便使用这种任何情况下都是十分廉价的手法。这是任何一个蠢人都会干的事，为此并不需要一个有组织的党。

总之，我要说：共产党人如果没有被从旧工会中开除的话，就应当完成自己在其中的任务，而哪里有独立工会，哪里的共产党员就会被开除——他们应该在独立工会中工作。在人们还不能理解这一点的时候，就不要为独立工会中的罪人们伤心。洛佐夫斯基和黑克尔特同志，赠给你们一句格言："我的过错，就是我最大的过错"。你们错就错在工会未能得到发展。我认为我已经证明了，独立工会希望按照那个著名的纲领开展自身的工作，而为此它们就需要得到共产国际的积极支持。（坎德尔："对了，还有你的工资政策吧！"）

我认为，无论矿工联盟中的独立工会还是"联合"独立工会都应该执行工资政策。但在这方面你什么也不懂。（坎德尔："我的名字可不叫舒马赫！"）

所以我说：我们的任务和我们的要求就是，要千方百计带领群众投入斗争，投入运动。如果我们为此而运用法兰克福党代表大会的决议（想必共产国际代表大会也赞同这些决议），那么我们便是置身于时至今日不仅德共而且共产国际都一直让执行的一条路线上了。

我不能像洛佐夫斯基和黑克尔特同志那样详细地谈论其他国家的情况。我仅限于清楚地讲述德国的状况，并且想补充一点，希望接下来能够提出另一个问题，即：在我看来，反对生产联盟的洛佐夫斯基同志的立场与在一定条件不允许这些联盟存在的黑克尔特同志的立场之间是有差别的。黑克尔特同志说：生产联盟只有在与企业主的斗争中才能产生。这是对的。不过它们也可能在未来与企业主进行严重斗争的时候产生。它们还可能在为斗争积蓄力量的所谓安定时期产生。我且举几个新建立的生产联盟为证。"联合会"现在改造成为矿工生产联盟。"联合会"内部产生了一个新组织——金属生产联盟，它应该集中的是金属工业工人。此外，没有单另的独立工会的一些群体也可能和应该是属于"联合会"。那又怎么样呢？可不能想方设法将一些联盟彻底消灭，又去建立另外一些。这不仅在德国、而且在其他各国都会引起概念的混乱。洛佐夫斯基同志在提到金属工业工人反对派的活动时声称：奥斯特洛夫斯基违背了党的路线，他应该受到谴责。我不清楚洛佐夫斯基同志是否知道，奥斯特洛夫斯基奉党之命将未加入组织的人们组织进一个会费较低但已经要有会员手册的战斗组织，结果此事长时间内都无法办到，而党和柏林组织的这一倡议到头来是需要建立柏林金属工业工人生产组织。在这方面奥斯特洛夫斯基并无过错，他是遵命行事。这道指令获得了进一步的发展。这一来，就印证了一句俗语的正确："第一步任随你，第二步就不行了"。（洛佐夫斯基："难道这就是主要问题？"）第一步是和柏林地区委员会一起走的，而第二步就自动地按第一步行事了。

在有一点上我同意黑克尔特的看法。他要求一定要建立战斗无产阶级的联盟，这在德国（我认为在其他国家也一样）绝对有必要。我们欢迎这些话，但我们也希望黑克尔特同志一视同仁，不要否定柏林的独立组织建立联盟，将其视做什么可怕的不可能的事情。

我现在对德国独立工会的问题作一总结。我们不会鼓吹退出工会；谁也不能证明我们做过这种事。但是我们要肯定地说：来加入组织的那些人不应当由工会委员会进行组织，被开除的和退出工会的人不应当被收罗到各式各样松散的组织之中。他们可以、有权和应当组织到工会里，以便成为生产组织。（座中有人说："那么党员同志呢？"）

党员同志不应当在组织之外袖手旁观。他们应当组织起来。有独立工会的地方，他们应当加入；没有，则应当留在旧工会里。（笑声。黑克尔特："这该多简单呀！"）

我是说，对我们独立工会而言，问题已经够清楚的了。

还要简单说说德国国外的形势。洛佐夫斯基同志……对不起，是主席团主席，宣布说洛佐夫斯基的提纲已经收回，无须在共产国际代表大会上对此连续进行讨论。主席团的这一宣布受到齐声叫好，获得大家的赞许。但是我要指出，这样宣布并不能解决问题。我要指出，俄罗斯工会与英国工会领袖之间所展开的会谈至今仍在继续，这次会谈并不局限于俄罗斯，对于全世界的工会团体也会产生影响。要是他们能够将全体工人团结到具有统一的斗争方式、保留着共产主义面貌的统一的工会之内，那么俄罗斯同志们所迈出的这一步就很好。要是像我们所担心的那样出现相反的情况，要是阿姆斯特丹分子像他们常干的那样又给我们一耳光，那么这对工会、对工会团体、对全世界的工会运动，都会产生极其严重的后果。

辩论已经开始。洛佐夫斯基同志在德国的党报上就这个问题发表了很详尽的文章，我想在德国党内和德国的工会团体内辩论都方兴未艾。这种辩论不应取消，可以一直进行。我们希望，这次辩论可能产生的害处不致超过俄罗斯同志对它所期望的益处。

我这就结束并再次强调：我这里所说的话并非个人意见，而是独立工会的意见，团结了2万工人的柏林联盟的意见。

**怀恩科普**（主席）：

现在请瓦勒纽斯同志发布一个讯息。

瓦勒纽斯宣读中国城市合作社全权代表大会给代表大会的致敬信。

（会议休会）

# 第二十九次会议

(1924年7月7日，星期一)

主席：格施克

### 就工会运动问题进行的讨论

**泽利希**（德国）：

同志们！我们的每一次代表大会都研究工会运动问题，这表明了共产党人在工会中的工作对于革命的意义。今年我们认为这个问题尤其重要；现代经济发展的整个特性就是它的基础。洛佐夫斯基同志在他们报告中断言资产阶级的进攻重又暂时停顿，工人们正在转入进攻。这并不完全正确。依我看来，黑克尔特同志说得对：资本主义进攻的停顿仅仅是暂时的。德国的局势，专家方案及其在德国的施行，都会使得资本家更加强烈地反对工人，从他们身上榨取专家方案让德国负责支付的款额。由此必然得出结论：阶级矛盾会变得更加尖锐，发生大规模的经济斗争，不仅在德国，而且在其他国家都是如此。这些斗争决定了共产党人在工会运动问题上的立场。像资产阶级与工人阶级之间的矛盾一样，工会的革命分子之间，亦即共产党人与改良主义领导人之间的矛盾也会变得更为尖锐。不过我们知道，我们只有在夺得这些斗争的领导权并且将其牢牢掌握在手中的情况下，才可能胜利地进行经济和政治斗争。因此目前我们的责任就是尽可能地留在工会之内，亦即留在工人群众中间。不过我们不应该忘记，改良主义的工会官僚——社会民主党人已将维护资本主义制度作为目标和原则，因此，如果共产党人夺得斗争的领导权，这些人对待工会内的共产党人的态度必将变得更加恶劣。

所以，他们着手将共产党人开除出工会便完全可以理解；这在德国目前已经可以看到了。这种情况招致了平行组织的建立；最近一个时期，它们在雷姆沙伊德、柏林以及德国的其他许多地区纷纷成立。要阻止这一势头并不单单取决于我们，事情的进一步发展也取决于社会民主党的和改良主义的工会领导人；他们为了保住自己的阵地和不致放松对工人的控制，而且整批整批地开除，从而引起了工会的分裂。

但是如果我们听从以舒马赫为首的一些德国同志的劝告，那样我们就会犯极大的错误，他们建议将一心盼望着工会分裂的改良主义的工会官僚们的这种罪行变为美德。如果我们自己提出口号："退出工会，建立自己的平行组织"，这会成为我们在德国所能犯的最大的错误，因为这会使我们更加脱离工人群众。我们在德国已经看到的是，当我们处在工会之内发挥我们的影响力的时候，我们的斗争就取得了与置身组织之外时全然不同的胜利。最近数年我们在德国最重要的工业地区——鲁尔矿区的矿工中就有着鲜明的例证。舒马赫肯定地说，我们在那里执行的是与柏林不同的路线，在柏林我们拒绝建立平行的组织，而在鲁尔则脱离"联合会"另建了两个工业工会——矿工工会和冶金工人工会。然而事实却截然不同。"联合会"（体力和脑力劳动工作者联盟）是由于1919年发生的那场斗争的结果而面世的，当时各个革命政党在工会问题上还没有明确的统一的路线。这个"联合会"现在在莱茵—威斯特伐利亚地区所发生的事情，只不过是对旧有错误的纠正。莱茵—威斯特伐利亚的工人们都明白了，脱离改良主义者所领导的矿工工会是错误的。现在工人们学会了某些东西，正在纠正这一错误。四年之内，我们在"联合会"里为执行共产主义的正确策略而斗争，亦即争取将那些小的独立组织吸引到共产国际的共同路线上来。经过4年的长期工作，我们终于成功地让今年6月22日举行的"联合会"代表大会接受了这一点，现在工人们自己认清了，小组织不应当将自己视做目的本身，而应当视作整个工人运动的一环。因此，我们只有对"联合会"代表大会上所通过的决议表示欢迎，该决议中说：

"体力和脑力劳动工作者联盟全德非常代表大会号召所有的革命工会：
**请留在自由工会之中！**
**请为了群众的革命化和争取各个组织而在其中工作吧！**"

我们看到，在这方面工人们也都从以往的错误中吸取了教训，现在正沿着我们的路线前进。今后我们在德国还面临着重大而艰巨的战斗。所以我们无法理解某些俄罗斯同志的意见：必须改变我们在这方面的整个政策。如果有些同志在英国工会运动中发现了左翼并借助于它认为能够实行另一种政策，那么我就认为他们是想错了。要是他们的追求目前可以实现，那当然只会大大损害我们在德国的工作。因此，我们十分高兴的是，我们的俄罗斯朋友稍微改变了这方面的观点。他们以此减轻了我们在工会中的工作难度，也减轻了我们与一些倾向的斗争难度，在这里充当这些倾向的代表就是舒马赫同志。无论如何，现在我们在德国也必须竭尽全力执行共产国际的路线。当然，洛佐夫斯基同志对共产党人在德国运动中的工作的批评是对的，因为健康的批评只会有助于工作。然而同时洛佐夫斯基同志也应该考虑到，在德国我们不得不与如此数量众多和力量强大的工会官僚们作斗争，与如此庞大的工会机构作斗争，这样的情况世界上其他任何一个国家都无可比拟，这就极大地增加了我们的工作的难度。

但是尽管存在着这种种困难条件，只要我们有着斗争的意志（而最近的这次党代表大会证明了这一点），我们就一定能够克服最近一段时间所暴露出来的那些弱点，我们的工会也一定会变得比此前更加有条不紊、协调一致和坚定不移，使得我们能为革命争取到工会中的工人群众。

**科恩**（捷克斯洛伐克）：

同志们，是否像洛佐夫斯基同志所确信的那样，工人们在经济斗争中的总体退却已经结束？抑或认为暂时还不可能遏止资产阶级的进攻的黑克尔特同志是对的？虽然我们认为关于工人们整体退却的表述夸大其词，但是总的说来我们可以确认（至少对于我们不得不经受资本家们猛烈进攻的我国而言），最近一年来已出现了工人们转入进攻的尝试。一年之前的矿工罢工期间，我们已经看到，由于共产党人的影响，资本家们的计划部分地被打乱，未能完全实现。从那时以来我们观察到，在许多情况下，例如坦瓦尔德纺织工人和伊泽拉山区玻璃工业工人斗争期间，尤其是由共产党人和工会总联合会布拉格纺织分部所领导的斯洛伐克纺织工人的斗争期间，各处的工人都试图转入针对资本家的进攻。工人们终于确信，他们必须防止资本家的进攻。这暂时仅只是一些尝试，当然还谈不到工人们的进攻，但是如果不及时力求将这些个别的尝试联合起来并准备工人们的总体进攻，我们就会成为很糟糕的战略家。至少，捷克斯洛伐克的形势就是如此。

再谈谈工会的策略。我们可以直截了当地说，洛佐夫斯基同志所提出的策略是完全正确的。借助于工会运动团结一致的口号，我们最容易深入群众。但是如果我们看不到真正执行争取工会的策略最终会导致处于我们影响下的广大群众被改良主义者排挤出工会这一事实，那就很可笑了。如果我们事先不在各地做好准备，以便事后将这些群众从组织上团结起来，那就会犯下不应该犯的错误。洛佐夫斯基同志对此是这样表述的：现在比日后革命期间同时与改良主义者和资产阶进行斗争，更容易将改良主义者赶出工会。同志们，革命当然是一项十分艰辛的事业，不过，当革命期间改良主义者和资产阶级被工人阶级战胜的时候，那么这种事的发生并不是靠的民主手段，而是靠机关枪。沉溺于可以靠民主手段赶走改良主义者的幻想是很危险的。自然，我们需要抓住工会中群众的民主幻想，借此将他们拉到我们一边来。但是不应当沉溺于幻想：我们能一举干掉改良主义者；相反，必须在改良主义者将群众从工会中排挤出去的时候，将这些群众从组织上联合起来。同志们，我们已经有了一些由于改良主义者的分裂手段而产生的工会。国际工会总联合会就是我们这些工会的组织基础。虽然这个联合会已是新工会的组织基础，但是我们无疑仍然要坚持让还在改良主义工会中的我们的同志留在那里，今后继续进行强有力的派别工作，以便争取留在其中的群众，将他们吸引到我们的革命工会中来。

我不想隐瞒，在这个问题上我们存在着分歧。我们的一些工会工作人员认为这一策略是错误的，以为所有的共产党人都应该退出改良主义工会，进入红色工会。我们党要以最坚决的方式同这种倾向作斗争。它坚持让我们的同志今后继续在改良主义工会中执行争取的策略，以便不仅将个别的工人，而且将群众吸引到红色工会中来。可是另一方面，有些同志过于死板地解释争取工会的策略，看不见我们已经拥有一些构成革命运动组织基础的革命的工会。这也是错误的，不适合现有的形势。共产国际业已知悉的布尔诺决议注意到了这种情况。在昨天所公布的策略提纲中，我们要求在工会的策略中准确无误地贯彻共产国际的口号。我们要求共产国际和工会国际给我们作出明确的指示，告诉我们，它们是否赞同我们的布尔诺决议。至今我们尚未收到对这个问题的回复。我们被告知，总体上它们是同意我们的决议的。但是我们需要知道，共产国际和工会国际对我们的这个决议的态度如何，因为那样我们才好从各个方面坚定不移地贯彻布尔诺代表会议的这一决议。

同志们，我还要谈一谈德国。我们得到一种印象，像至今所做的那样对待组织未加入组织和被开除的工人的问题是很危险的。黑克尔特同志正确地指出，将未加入组织和被开除的工人围绕着工厂委员会联合起来，根本不是解决这一问题的办法，因为这里实际上任何组织也没有。不过，另一方面，黑克尔特说得也对，将未加入组织和被开除的人联合到一些无非是阿姆斯特丹派余党的小工会中，同样达不到目的。但是黑克尔特同志并没有说在这方面应当做些什么，仅限于反复强调，无论这种还是另一种办法都不管用。在我们看来，非常需要在全国范围内将未加入组织和被开除的人们集中地联合起来。

我还想提一提国际协同行动的问题。这无疑是一个极为重要的问题。恰恰是在鲁尔矿工罢工期间我们得以确信，我们没有矿工、铁路员工等的国际行动委员会是何等悲哀。在鲁尔的矿工罢工期间我们热切地期待我们能同我们的德国同志们团结一道。我们号召工人们参加和德国工人们的共同斗争，但是很不幸，我们与德国没有联系。（喊声："可你们是得到邀请的！"）

我也要谈谈此事。黑克尔特同志，我们曾经受到邀请，但作为回应仅仅寄出了一封祝愿成功的书信。实际上事情是这样：有一位同志本来要去柏林，却已经来不及赶到那里了，因而未能成行。但是在罢工期间，我们接到通知，要我们到一个萨克森城市会面。捷克应该有两名铁路工人、两名矿工和一位中央委员出席。他们按时出发了；我本人代表中央委员会到场，可是德国同志方面谁也没有来，只有东萨克森的几位同志。来自鲁尔的矿工、铁路员工的代表和上萨克森、德共中央委员会的人，一个也没有。自然而然，我们便对东萨克森的同志们说：我们同你们并不接壤，我们的邻国是德国。于是我们商定在捷克的领土上重新会晤。然而即使参加这次会议，来自德国的同志也很少。最主要的是，德国党中央仍然谁也没有来。我只想指出我们所需要的东西，确切地说，就是要有常设的国际行动委员会。

最后谈谈工厂委员会运动方面的问题。大家都公认，在捷克斯洛伐克像在德国一样，存在着工厂委员会的运动。黑克尔特同志说过，工厂委员会运动只存在那些整个工人阶级都参与运动的国家才有可能发生。这是对的。但是难道不是时而这里，时而那里，到处的工人们都参加了运动吗？只不过是疏忽了，未能将此利用于工厂委员会运动而已。一年之前的10月内，我们曾用德国事件发起工厂委员会运动，但是德国失败之后，这一运动便化为乌有。在鲁尔斗争期间我们再次成功地让其起死回生。我们对工厂委员会的期望很大，因为我们知道，它意味着实行自下而上的统一战线策略。因此我们将根据我们的力量，为发展这一运动而继续工作。

**塞马尔**（法国）：

同志们，法国代表团不打算在这里充分地讨论洛佐夫斯基同志的提纲。它认为，在工会国际代表大会上会有足够的时间对这个问题进行辩论。

但是有一个重要问题它希望引起代表大会的特别注意。这就是在国际范围内有机的团结的问题。

我们在这里要对洛佐夫斯基同志批评我们党的工会委员会一事作出回应。

毫无疑问，工会委员会在法国还很弱小，不具备很大的影响力。但我们终归可以说，党在这方面做了大量的工作。仅仅在塞纳一个省内就有3个工会委员会，32个地方分部；在外省我们建立了70个联合委员会和32个地方委员会。这些开创性的工作和各个委员会在最近一个时期的工会运动事件中所发挥的作用，都是以表明各委员会的工作是抓得很认真的。

至于融入产业联盟之事，则我们已在法国的各大工会中实现，由于法国工团主义的传统，我们在这方面遇到很大的阻碍。

不过，在缝纫工人和纺织工人工会中，统一的进程已经完成，细木工和运输工人工会的情况也是如此。我们现在即将着手建立统一的运输工人联合会。

说到共产党人在改良主义工会内部的活动，则我们承认还很薄弱。但其中的原因是共产党在改良主义工会中的整个力量都很薄弱。我们只是在纺织工人工会和北方地区表现出了积极性。只有在那些地方，共产党人才在改良主义工会内部开展了工作。不过我们知道，由于这些工会内的共产主义人士不多，我们很难在那里进行有成效的工作。

同志们，现在让我们来看：我们在法国和整个共产国际内所面临的团结问题。

法国的改良主义领袖像世界各地一样，总是对我们说："既然你们革命者赞成组织上的团结，那么为什么你们不在国际范围内提出这个问题？"每一次我们在法国提出有关工会运动的团结的问题时，我们都会得到改良主义者的头目的这种回答。因为我们应当不仅向法国的工人、而且向全世界的劳动者表明，工会国际和共产国际并不反对、而是赞成工会运动的团结，我们曾不止一次表示过这个意愿，现在则应当以具体的建议向他们显示，如果他们希望工会运动团结起来的话，我们愿意为他们效劳。

我为我们的德国同志在国际团结问题上的主动感到惊讶。对我们而言，这种团结是一个策略问题，就像关于统一战线的问题一样，我们认为，团结的策略乃是争取那些追随改良主义领导人的群众的一种手段。我们认为，为了揭发这些领导人多次的叛变行为，必须深入到受了自己的领导人欺骗的改良主义群众之中，而如果像博尔迪加建议我们的那样将自己孤立起来，我们就办不到这一点。要是我们像在贝壳中那样封闭

在共产党内，那么在任何情况下我们都不可能将广大群众吸引到为了共产主义而进行的斗争之中

博尔迪加同志在他们的发言中说："法西斯主义虽然实行戒严和恐怖活动，但它并不是更为传统的反动势力，它是一种更为现代、更为狡猾、更为久经战斗锻炼的运动，它一直在寻求工人群众的支持。"

依我们之见，现在要想建立一个完美无缺的党、思想上很强但战斗力薄弱的派别还不是时候（较之其他任何国家，意大利尤其如此）。我们认为，像在各个国家一样，意大利也很需要一个群众性的党，我们坚信，只有通过相应的适合于具体情况的策略争取到群众，才能建立这样的依靠工人群众的党。

博尔迪加也说过，统一战线的基础不应当在政党中去寻求，而应当在共产党人能够争得领导权的工人阶级的其他组织中去寻求。我们对此无法理解。在这种情况下，不在工会中工作的共产党人需要一种特殊的策略，在这些工会内部工作的意大利共产党人也需要一种特殊的策略。这是从博尔迪加本人的说法得到的必然结果。

情况需要时的自下而上和自上而下的统一战线策略，世界范围内的组织上的团结，这让我们觉得是两种策略手段，其目的正是为了深入工人群众。我们不明白，在工会运动已分裂为五六个部分的意大利，怎么可能在共产主义的活动和宣传中坚持这样一种观点。

我们再说一遍，共产党人的活动不应当在人才荟萃的党内、"共产主义的宗派"内进行，而应当在广大的工人群众中进行。我们可以断言，而且谁也不曾在这个讲坛上证明这相反的结论，能掌握广大工人群众的唯一的方法就是以适合于具体情况的策略吸引他们。

我们在法国有着分裂的经验。我们知道分裂对革命运动的代价是什么。我们知道分裂对革命的共产主义活动是有害的。

如果说现在法国的工人赞成团结的话，那么这不仅是出于本能，同

时也是由于斗争的需要；他们体验和研究了工人们在意大利、西班牙和不久之前的德国的各种失败，懂得了那些国家的无产阶级缺少足够的团结。工人群众反对改良主义的领导人，但是赞成与改良主义派的工人群众实行团结。为了这种团结，他们可以容许与改良主义的领导人进行会谈；但目的并不是像德国同志告诉我们的那样，要结成什么"婚姻"。我们并不想与改良主义的领导人们联姻，因为我们只会成为糟糠的夫妻，而团结，不单是与改良主义的领袖们团结，而且是与工人群众团结，对于我们要重要得多。

我们的布尔日代表大会上的绝大多数人，也就是法国工人阶级，都表示赞成团结。

改良主义的领导人，茹奥、比德加雷等人都说了一些什么呢？与我们的德国左派同志说的一模一样。茹奥声称："我们反对，我们无法容忍塞马尔和蒙穆索"。而你们在这里也都说："我们受不了改良主义领导人"。

当然，我们彼此都忍受不了对方，但是这与无产阶级的团结、与团结的策略和统一战线的策略有什么关系呢？其实对于我们而言，团结就像统一战线一样，是一个策略问题，而舒马赫同志像其他一些德国同志一样，不愿意当面看见社会民主党的领导人，一直鼓吹分裂，无疑是为了不与他们碰面。

但是，同志们，你们这是在鼓吹孤立工人运动。我们要警告你们不得这样做，因为我们体验过分裂，了解它可悲的后果，从中吸取了教训。

有人向我们引用下面这个可怕的论据："在德国，十月事件之后出现了对改良主义者们的仇恨情绪。"

这完全可以理解。这种仇恨在法国1920年的罢工失败之后也曾经出现过。至今在工会内也还有一些对社会民主党领导人叛卖他们感到失望的工人。然而难道因此我们便要促使他们搞分裂？相反，我们阻止了我们的工会运动分裂。我们阻止工人们退出工会，如果不是社会民主党的领导人们将我们从那里赶了出来，如果他们不采取开除出工会的策略，那么我们至今仍然会留在老的劳动总联合会里。我们一直反对分裂我们的工会运动。

德国的情形与我国不完全相同。德国工人阶级的大多数仍然跟着社会民主党的领袖们走。无产阶级的多数人仍然置身于先前的工会联合会之中。绝大多数工人仍然追随改良主义者。既然你们的工人并没有制造分裂，他们的大多数还留在原先的工会联合会里，你们怎么可以反对团结呢？

我们不明白，既然工人们还都在阿姆斯特丹国际之中，你们怎么可以反对我们的工会与这个国际的团结呢？

同志们，毫无疑问，阿姆斯特丹国际的领导人中也有出于策略的考虑而赞成团结的左翼。但是谁也不能否认，追随这些领导人的工人阶级是真诚的拥护工会运动的团结的。谁能否认英国的工人阶级——矿工和其他各种工人希望工会运动团结起来是为了同资本主义进行斗争呢？

对我们而言，这里所说的并不是支持阿姆斯特丹派左翼的领导人，他们是出于策略的考虑才持左的立场，而是要支持追随这些领导人的工人阶级。

有人向我们提出，维也纳代表大会上的主要问题是关于如何对待全国生产联合会的问题，因为这些联合会中有一些在第二国际内采取了左的立场。

我们的职责正式要支持这些阿姆斯特丹派的生产联合会，它们事实上同我们站在一起，拥护阿姆斯特丹国际生产联合会内部的团结。

在柏林代表会议上，你们德国的同志们也是赞成生产联合会内部的团结的。

既然你们曾经赞成并且继续赞成加入工会国际所属国际宣传委员会的阿姆斯特丹生产联盟，那么你们就不能反对国际范围内的团结策略。

你们和我们一样，应该坚持你们的团结立场，并以两个国际的代表大会对其加以补充。

同志们，毫无疑问，我们已觉察到阿姆斯特丹改良主义集团内出现了裂痕。我们通过我们的国际统一战线的策略加深了这种裂痕。我们现在应当以组织上的国际团结将其进一步加深。

我们同意洛佐夫斯基同志的论点，因为我们认为，他们能够让各国共产党和共产国际增强自身在无产阶级群众中的影响力。我们感到遗憾的是，得到德国代表团的工作报告有点晚；我们没有时间对其加以研究，以便在这里对其加以批评，因为这个报告中有一些极为危险的东西。

比如，其中谈到："红色工会国际和改良主义的阿姆斯特丹国际的分歧并不是原则性的问题，而是一个效益的问题。"

我们很想知道的是，横亘在国际团结策略道路上的究竟是一些什么意思的"效益考虑"？

不过当我们在决议中读到"恢复工会国际与保卫业已夺得的阵地密切相关"的时候。我们就明白了德国同志们的想法。

但是工会国际已夺得了什么样的阵地呢？

它在国际工人运动中对两个中心是有一定的影响力：捷克斯洛伐克中心和法国中心；原来，其中的法国中心拥护国际团结，同意工会国际的看法。你们倒是应当考虑我们整个代表团的立场。

我们得知，俄国共产党认为当前的时机对于联合工会运动的各种力量最为有利。

相反，德国代表团认为，当前革命工人运动的状况不利于进行这种联合。

同志们，怎么可以断言国际工人运动中还不具备提出团结策略的基础呢？去问一问各国的无产阶级，不是社会民主党的领袖们，而是工人，无论他们是改良主义者还是革命者，都团结一致地在工厂中干活——去问问这些工人，他们是团结策略的拥护者还是反对者？我相信，所有的工人，不论倾向如何，都会表示赞成工会运动的团结。

难道我们会这么笨，竟然不去和利用广大工人群反对于团结的这种追求？难道我们会等到如此程度，竟然不肯将这种追求用于与社会民主党的领袖们进行斗争？

我认为拒绝统一战线策略是我们所能犯的最大的错误。不过在法国这一策略在分裂期间曾经宣布过，我们并未表示反对，只是推迟了将其贯彻执行，一旦我们认为有可能的时候，就开始对其加以运用。

我们向我们的德国同志、意大利同志发出呼吁，他们在运用团结的策略时可能会遇到困难，但我们呼吁他们不要不断地拒绝这一策略，而是接受洛佐夫斯基同志的论点，为了普遍运用统一战线和有组织的团结而着手一道工作。（掌声）

**库彻**（美国）：

同志们，我直接分析洛佐夫斯基同志的报告，但也顺便涉及美国形势的某些方面。

说到洛佐夫斯基同志的第一个论点——资产阶级的进攻看来已经减弱，我很怀疑它对于美国的正确性。相反，我们所看到的是，在大多数主要的工业部门，资本主义的压力增强了，而且可以预料，在危机迫近美国期间，企业主们还会利用它来降低工资和延长工作日。

在美国，在对改良主义组织的态度方面，我们的情况与欧洲略有不同。你们都知道，美国劳工联合会应该称做美国群众的组织了，但它并不与阿姆斯特丹派存在联系。它也许比阿姆斯特丹派有着一些不同的特点，与你们同欧洲的阿姆斯特丹派社会民主党人的斗争相比，这些特点多少减轻了我们对之进行斗争的任务。至于我们，即未加入美国劳工联合会的独立团体，则我不同意与阿姆斯特丹派建立组织联系的任何尝试，这首先是由于那可能会对美国的工人群众（无论是有组织的还是未加入组织的）产生影响。我本想对俄罗斯代表团提出的建议表示反对，但我听说这些建议暂时已经收回。

另一方面，我不能为舒马赫同志的立场辩护，因为我们一向坚持必须尽可能地支持工会运动的团结。换句话说，开除出工会的负担应当落到改良主义者身上。尽管我们受到指责，论我们是分裂和平行工会的拥护者，然而我们一直反对擅自退出工会。我们的看法是，最好让改良主义者代替我们去做这种事情。另一方面，我们有自己的任务。我们认为，工会运动团结的口号在某些情况下，特别是在美国，被推向了极端；正像这里有些人所指出的那样，团结被变成了盲目崇拜的对象。我们认为，无论在欧洲还是美洲，我们的政策都应当建立在更加广泛的基础之上。

经受了3年的经济压力之后，美国工人们现在倾向于组成工会。在这方面，由于以红色工会国际名义所进行的宣传，美国工人的思想趋向中曾经有一些模糊认识。只要善于接近他们，工人们是很愿意组织起来的。想要将美国的工人群众吸引到美国劳工联合会里去——这是一种徒劳无功的思想，因为第一，美国劳工联合会引不起群众的兴趣。它不肯组织那些没有受过训练的工人，不愿意让他们组织起来，因为这会破坏居于劳工联合会首位的行业工会的力量。因此我们应当研究这个问题。我们制定出了几条建议，即将提交给工会国际，所以没有必要在这里详谈。我只是将这几条建议向你们作一个概略的汇报。

我们认为，在美国不应该反对独立工会组织群众的趋势。不过，这并不意味着我们准备与美国劳工联合会决裂。没有这种必要。

第二，我们认为，既然在美国存在着大量的独立组织，就有必要尝试着将所有这些独立工会统一起来，为它们找到某种组织形式。这不应该是一种硬性的、强行组织的形式，但是至少应该建立一个共同的中心。这一点我们要特别向代表大会加以强调。

上一次代表大会上我们提出了关于在美国建立行动委员会的建议。我们也强调了将各个独立团体联合起来的必要性。代表大会先是反对，但最终同意了建立这个行动委员会。据此在美国成立了行动委员会，因此我认为，这次代表大会所采取的决定将会向我们提供既在劳工联合会内、也在独立工会内开展工作的可能性，借助于行动委员会便可以在两个方面协调一致地工作，在二者之间建立起合作关系，而工会国际执行委员会则在所有的争论中拥有决定性的发言权。因此我们认为，这个行动委员会，或者像我们对它的叫法：国际红色委员会，而不是从前的名称：工会宣传鼓动联盟，应当成为红色工会国际的代表。

代表美国各少数派工会的国际红色委员会应当成为工会国际的代表。这样就能避免两大集团之间的冲突和摩擦。其次，我们认为，美国劳工联合会内部的工作应当集中在工会宣传鼓动联盟中，联盟的活动应当主要扩大到美国劳工联合会和与之类似的行业工会内部的工作。我们认为对一个组织而言，要在两派中，亦即既在美国劳工联合会中，也在独立工会中开展宣传工作，是不可能的事情。工会组织的不同形势应当借助与一个统一的中央机构联合起来，这个机构应该就是作为工会国际的代表的国际红色委员会。

我还要谈一谈另一个问题。我们认为，工会国际代表过去的政策，特别是工会宣传鼓动联盟对待世界产业工人联合会的专横态度是错误的，它蓄意反对工会国际和美国最优秀、最革命的分子，要是我们实行另一个政策，这些人是会跟我们走的。不过还为时未晚。还可以让这些人成为工会国际原则的最坚定的捍卫者。你们给世界产业工人联合会贴上无政府工团主义的标签。他们之中的确有工团主义者,但无政府主义者在他们中间是少数,所以我认为,如果工会国际和工会宣传鼓动联盟对他们采取较为心平气和的态度,绝大多数世界产业工人联合会的成员都会跟着工会国际走。

再谈谈另外一点。在物质状况的压力下,工人们最近两年一直表现得过分消极;但是不满情绪正在增长,不能否定的一个事实是,他们欢迎将他们组织起来的真诚尝试,因为他们对作为防卫和进攻手段的组织思想怀着同感。

我认为,美国的共产党人应当将主动权掌握到自己手中,不必计较与之打交道的是加入了美国劳工联合会还是独立工会的工人。共产党应该将这些心怀不满的工人组织起来,因为如果不把主动权抓到自己手里,那么别的某个集团就会这样做,就有可能出现一个建立在联合而为一个大工会的基础上的组织,我觉得,我们作为共产党人应当是这一运动的首倡者,应当掌控它、领导它。请你们不要怀疑我的话:我们身边完全可能出现一个建立在联合会而为一个人工会的基础上的组织,而且会得到巩固。这类运动既然发生了,就会开始迅速成长。美国劳工联合会不能够面向群众。自从它的最近一次代表大会以来,它所有的工会的会员人数都大大减少了,例外的也许只有建筑工人工会。目前它的会员人数已不足150万。工业主要部门的所有工会都严重受损。相反,独立的工会则成长壮大起来。其组织基础是工厂委员会,他们也使工厂理事会得到了巩固。这也符合工会国际的纲领。

美国劳工联合会反对发展工厂委员会和工厂理事会,因为他们团结了各个专业的工人。由此我们得出了一个结论:我们应当尽可能地加强各种生产联合组织。不应当担心这会引起工会运动的分裂。分裂只能是改良主义者防御性策略的后果。如果红色国际委员会得到巩固,我们就有能力战胜各种分裂,如果出现开除出工会的事情,我们也能对付。我们在组织尚未加入组织的工人方面还有很多的工作要做。

美国劳工联合会不可能关注这种轻视，首先是因为，他并不是一个群众性的组织，所以拒绝组织中受过训练和未受过训练的工人。也许，美国劳工联合会的唯一一个产业工会是矿工工会。该联合会感兴趣的只是有高技术等级的工人组织，实质上是一个行会联盟。因此共产党人应当自己掌握组织群众的主动权。我们可以将"合并"的问题交给加入了美国劳工联合会的那些工会去解决，自己则着手最重要的任务——组织群众。

**博尔迪加**（意大利）：

同志们，我本来只想在这里作一个简短的声明，但是塞马尔同志的发言使我有责任就关于赞同国际团结的一个论据再说几句话。

首先，我想声明，以最坚决的方式声明，左派意大利共产党向来都反对退出改良主义工会的策略。在这个问题上，我们在意大利并未遇到太大的困难，而现在我们所面临的任务，即重建工会的任务，则要比抵制改良主义领导人更为重大。

不过，当出现了（诚然，并不十分严重）退出独立工会的趋势之时，我们总是大力地加以反对。在某些情况下，借助于我们所开展的运动和宣传，我们得以迫使黄色工会重新接纳被他们开除的共产党员同志，这些同志原来在这些工会中工作，目的是在其中建立支部和开展共产主义宣传。明确了这一点之后，我再和塞马尔同志进行辩论。

实质上，他所谈的那些话可以归结为论据；也许，从辩论的角度而言他很有效，但是却很空洞。

代表大会前夕面临着一个问题：关于国际团结的问题。博尔迪加反对；这就是必须让整个代表大会都相信需要国际团结的理由。

塞马尔同志在我们谈出对这个问题的想法之前即已援引了这一理

由，他似乎引用了我们关于这一话题的想法，并将其与完全是涉及别的问题的我们的意见联系在一起，不过，像通常一样，他引述得极不准确。

塞马尔说：你们在意大利支持统一战线仅限于在工会的基础之上，而不是在党的基础之上。

所以，你们就将你们的党分成了两个群体：一个群体有权采取统一战线，因为他们处在工会之内，而另一个群体不在工会里面，就应当置身于这项工作之外，置身于统一战线的运用之处。

不过塞马尔同志，未能确切地引用我们的表述。我们并不排除以政治组织为基层的统一战线，不过有一个条件，就是这个组织不是政党。如果要就策略问题进行辩论，那时候我再对此加以说明。

但是除此之外我还谈过，诸如此类的两种类别并不存在，像在任何一个真正的马克思主义政党内一样，他们不可能在意大利党内存在。我们大家都从事工会工作。我也一样，承蒙塞马尔同志允许，我常常走出自己的小天地，研究工会问题，参加工会运动，等等。

塞马尔同志的论据是在反对他自己，而且向我们表明，即便法国党内最优秀的一些同志，也仍然是这个问题上的反马克思主义偏见的受害者。他们以为，如果党内有谁不是工人，不在工厂里工作，那他就不应当介入工会问题，不应当对这些问题有任何看法，不应当参与工会生活。这对我们表明，在我们的兄弟的法国党内，旧有的偏见、否定党外参与工会运动的权利的拜物教还很厉害；他们最多也只允许党员工人参加工会运动。至于党内其他的人，那就属于纯粹政治性的组织，很不幸，这还是就该词语的社会民主党和议会的意义而言。

相反，我们说，任何一个马克思主义政党都有自己的工会政策，而且像意大利所做的那样，它的全体党员，甚至是非工人，都应当研究这一策略，不过，党的非工人、非农民比例最小的正是意大利党。这就是塞马尔同志全然什么也未能证明的原因所在。

**塞马尔**（法国）：

你所描述的与我说过的话恰恰相反。

**博尔迪加**（意大利）：

你说过，根据我们的策略党应该分化成两类人。

**塞马尔**（法国）：

我一直都说，党不应当分化。

**博尔迪加**（意大利）：

你说过，不应该分化，但在合乎逻辑地运用我的策略的时候，分化就会发生。这表明，你完全是从一个不符合实际的论断出发。

至于问题的实质，塞马尔同志说：由于你们赞成统一战线策略，赞成策略上的团结，那么你们也就应该赞成组织上的团结。

然而，这是两个完全不同的问题。

就这样，各国中心的工会团结问题的存在比共产国际着手研究统一战线要早得多。

例如在意大利，从建党的时候起，我们便开展了争取各工会中心组织上的团结的宣传工作。正是我们党一直在为某些工会联合会中存在的意大利无产阶级的分裂而斗争。我们是唯一的没有建立自己的工会中心的意大利政党，而是在其他党派的各个工会组织中进行工作，为的是将他们组建成为一个组织上统一的工会中心。

统一战线的问题具有全然另样的性质。统一战线——这是一定时期内的共同行动，是向各种不同的无产阶级组织提出的共同行动的建议。

在意大利，党成立后已经过了6个月我们才提出工会中统一战线的口号，它是同劳工联合会一道实现的。我这样说是为了两个问题区分开来，因为我没有时间着重分析各种细节，即便是很重要的细节也罢。

不能持有这样的论点：既然你们接受统一战线，那也就应该接受团结。某些同志要求各政党之间实行统一战线，也要求实现各党在组织上的团结。依他们之见，这是一回事。由此得出的结论也就十分清楚了。（叫喊声和笑声）

实际上，这两个问题截然不同。他们应当在全然不同的基础上加以讨论。因此，塞马尔同志的第二个论据也完全是空洞无物的。

（法国代表团座中："我们抗议！"）

至于工会国际与阿姆斯特丹派的融合问题，在这里我要说的仅仅限于：诸如此类的决议只有共产国际代表大会才能通过。如果这一问题在本次代表大会上不能解决，那么它既不能留给工会国际、也不能留给执行委员会的扩大全会或专门委员会去解决，因为这一问题的解决至关重要。要是它现在被提出来，那么毫无疑问，我们肯定会反对让现有的两个国际工会组织联合起来的这种想法。

我在这里就不列举所有的论据了，我只是举出其中一个：你们所提出的条件也许真的很充分，但是他们只能让我们很有把握地预见到阿姆斯特丹派会予以拒绝。

你们会说：那样更好。我们提出建议，阿姆斯特丹派拒绝，这种事已经反复发生过不止一次了。工人改良主义者们会看到，我们是拥护团结的。

但是如若我方这样的提议被阿姆斯特丹派拒绝，结果工人群众便会以为，是我们认为我们的工会组织很弱小，我们在试图取消它，而之所以未能取消，只不过是由于阿姆斯特丹派的拒绝。这必将让我们的工作遇到很大的困难。

此外，如果国际团结得以实现，我们将在成为一个国际的同时，只是在工会中拥有一个按照法国党的工会委员会类型建议的宣传局，而这些委员会从来不曾开展过真正马克思主义的工作，已经沦为文牍主义，连党直接大力介入无产阶级的经济和工会生活过程中最起码的问题他们也解决不了。

那时候，我们的国际真的会成为一个类似于宗派的政治组织，满足于进行思想性质的宣传，无力全面地直接参与解决群众物质状况引发的各种问题。

这就是我们反对诸如此类的建议的原因，无论这些建议是否注定会被否定。

不过这里还有一些事情需要指出。

大家对美国左派议论纷纷。都在说：虽然这个左派可以加以批评，虽然它总是动摇不定，但它终归是一个必须加以考虑的十分重要的因素。

在我们看来，这个工会团结的建议表明，实际上存在着一个十足的右的政治意图；它们本来应该是由本次代表大会加以实现，但也许要在代表大会之后，共产国际才付诸实施。关于统一战线策略，人们都说不可能实现共产党人和社会民主党左派之间的联合，一直在打消这种幻想，强调说，夸大和过高估计了社会民生党人左派和右派之间的差别。建立工会国际是各国共产党人在工会问题方面的主要斗争口号，而关于该国际业已存在这样的重要问题本身，他们却对我们说：因为在社会民主党中、工会官僚中、黄色组织中都存在着一个左翼，所以应该现在就抓紧它，应该努力加强共同的策略，应该强调一个基本事实：我们赞同团结的策略，左翼也赞同这一策略。

这个建议向我们显示出了这种策略的严重危险，我们觉得自己有权利大力地反对这样的策略。

在第四次代表大会上提出无产阶级各个政治和经济组织之间的关系的问题时，我们出于原则性的考虑曾反对过对于革命工团主义者所作出的让步；当时还准备修改工会国际的章程，放弃共产国际和工会国际之间的组织联系，依我之见，这从马克思主义的观点看来，是一个及其重要的原则性问题。

当初作出让步的时候，我说过：这种让步使我们可以预见到在工会问题上的种种新的让步。正如今天对政府工团主义左派所作的巨大让步一样，明天还会对左派作出让步，而采取右派或左派形式的工团主义永远都是马克思主义的障碍。至今提供了这方面最为突出的事例的恰恰是法国党。这种危险性何在呢？人们总是避免从一定的角度提出工会的问题，这会降低共产党人和革命者在工人阶级的经济组织和斗争中的影响力。

之所以塞马尔同志的发言直接触及我们，就是因为党迫使我们发表意见反对关于工会国际的建议，并再次指出，正是法国党应当在共产国际其他支部的协助下，为沿着直接、勇敢介入群众运动的马克思主义策略的道路前进提供推动力量。（掌声）

**季诺维也夫**（苏联）：

同志们，工会问题具有极其重大的意义。在这个问题上留下任何模糊不清的地方，都会意味着严重损害整个运动。

在本次代表大会上，关于党的布尔什维克化的必要性，关于忠于列宁主义，都谈的很多。我们却宁肯认为，不必过多地谈论党的布尔什维克化，倒是应该更深入地研究列宁主义的实质，尤其是关于工会的问题。（掌声）

我们要清楚了解列宁主义关于工会问题的观点，首先应从其实践开始。你们都知道，布尔什维克与孟什维克之间的首次政治上的分裂，早在1903年亦即20余年前即已发生（此前所发生事情我就不说了）。在工会问题上，布尔什维克所采取的行动则截然不同。尽管在政治组织范围内产生了各种分裂，我们却没有分裂过任何一个工会。（拉狄克："说得对。"），无论在革命之前、革命期间或者革命以后都没有。同志们，对此值得深思。已经十月革命之后了，工会在很大程度上仍然掌握在孟什维克手中，尽管如此，我们还是竭力防止分裂。后来，当孟什维克在工会中已经仅仅占有微不足道的份额的时候，我们党仍然竭尽全力从内部赢得工会，而不是将其分裂。

所以，同志们，如果你们希望理解布尔什维克主义的实际运用，你们就不应该忘记这个基本事实：25年期间政治方面所发生的历次分裂（孟什维克将我们叫做工会分裂者），没有一次分裂发生在工会工作方面——无论是我们在工会居于少数的时候，还是我们拥有多数的时候，都是如此。这是俄国革命历史和俄国布尔什维克主义历史上的基本事实之一。

一个自称列宁主义者的人，一个声称希望让党布尔什维克化的人（我似乎觉得，舒马赫也常常肯定地这样说——不过，千万别让我们搞这样的布尔什维克化），他绝不会分裂工会。相反，这倒会是对孟什维克主义的支持，尽管舒马赫自称为"左派"。这样的"左派"我们已经见得够多了。如果我没有犯错的话，舒马赫3年前曾经在莫斯科这里充当独立社会民党的代表，而现在他讲起话来却是显得似乎共产国际对它而言已经不够左了。（拉狄克："经常都是这样！"）

既然你们郑重其事地谈论党的布尔什维克化，那就请永远牢记：为工会运动的团结而斗争乃是布尔什维克主义的显著特征之一；俄国布尔什维克主义25年间的实践就是如此。我们不曾分裂过任何一个工会。为什么呢？是因为我们热爱孟什维克吗？或者是因为我们认为工会对我们而言是一种神圣不可侵犯的运动形式？不，并不是因为这样，原因只不过在于，我们认为工会是一个中心，整个工人阶级的无产阶级群众都聚集在其周围。

不久之前德国党内部都说：对工会我们已经受够了，我们希望创造一种工人运动的"新形式"。这些同志真的相信，单单有他们的善良愿望就足够了——只要有了它，新形式一定会很容易就找到。这任随说成什么都可以，但绝不是列宁主义。工会并不是格拉斯曼、达拉贡纳、莱吉恩臆想出了的，它是资本主义制度下历史赋予无产阶级群众组织的一种形式。不能凭经验虚构出一种工人运动的"新形式"。我们都知道群众性工人组织的一种新形式（除工会之外）——这就是委员会。但这并不是一种随时都能创立的形式。第二次代表大会上我们通过了一项关于建立委员会的条件的专门决议。大家可以读一读。其中你们可以找到关于何时可以建立委员会的明确的指示。具体地说就是：革命的前夕。亦即这些委员会已经被理解为无产阶级专政的工人政府的萌芽的时候。

这样一来，我们的确有了委员会这种工人运动的新形式。但是它们并不能在心血来潮的任何时候都可以建立；它们只有在革命的前夕才有可能建立。无产阶级群众运动的另一种形式是没有的。

工厂委员会正在逐渐变为工会运动内部的一种工人运动的新形式。但是请注意这一点：工会即使在无产阶级取得胜利之后、无产阶级夺得政权之后，仍将是最重要的组织。无论如何，正是这一点已经得到了暂时还是唯一的一次取得胜利的革命——俄国革命的历史的证实。

因此，这样的议论是太过轻率了：仿佛我们可以随心所欲地任意创造出一种工人运动的新形式，藐视暂时还是绝无仅有的旧形式。列宁同志教导我们说，**尽管遭到社会民主党的一再背弃，工会运动仍然是历史所赋予的将整个无产阶级联合而为一个组织的形式**。同志们，因此社会民主党的领导人们便千方百计地破坏这个运动的团结，将共产党人从中排挤出来。所以我们才在第三和第四次代表大会上说，社会民主党的领导人热衷于破坏工会的团结,而我们则热衷于维护团结。工人运动的这种形式对我们仍然有用,不仅是在夺取政权的斗争期间,而且在夺得政权之后也一样。列宁曾多次说过,如果1917年之后我们没有工会,我们的专政就无法维持一年,甚至一个月。这是一个协助我们组织生产、组建红军和安排其他许许多多事情的组织。

**工会运动中的列宁主义意味着反对分裂工会的斗争**。我们这样说并非出于针对社会民主党人的外交考虑,而是因为,这是根据列宁主义最深刻的本质所得出的结论。

因此,列宁主义首先是要领会,不妥协的马克思主义不能没有无产阶级的群众组织,因为没有群众组织的马克思主义——这已经不是马克思主义了,它也就永远不可能取得胜利。

昨天我们举行庆祝活动纪念巴黎公社。但是我们所追求的是公社的胜利,无产阶级的胜利。为此首先便需要将整个工人阶级团结起来。

在第四次代表大会上我们曾声明——至今这仍然是绝对正确的:社会民主党的领导人们越是意识到工人阶级是衷心拥护我们的、我们必然会赢得多数,越是意识到我们正在临近革命,他们便越是力图分裂工会。他们心里琢磨:既然工人阶级的组织必定会落入共产党人之手,那就让他们只是得到一些碎片,一些工会的残余,而不是工会,不是能够成为他们手中无可替代的武器那样的组织。

的确,如果看一看仍然掌握在社会民主党手中的英国、德国的工会运动,那就很难相信工会什么时候还能为无产阶级革命效力。不过,尽管如此,它们必定还是会为革命效劳的。俄罗斯的工会掌握在孟什维克手中的时候要好一些。无论纪律、组织技能或者工会中数十年来所积累的好东西——所有这些在共产党人的手中都变成了俄国革命无与伦比的武器。

因此,任何一个认真考虑无产阶级革命,考虑争取工人阶级大多数的人，都不应当轻率地对待工会运动的团结问题。党的布尔什维克化——这就是为工会运动的团结而真诚地斗争、并在它内部不懈地为共产主义而斗争的策略。

社会民主党人越是挑拨离间，我们就应当越加随机应变，我们就应当越加将自己的队伍紧密地集结在工会之中，从中采取行动。为什么呢？因为工会中有我们的阶级兄弟。

这里有人做过一个肤浅的比较：资产阶级的国家只能用暴力加以夺取，对工会也应当如此。这种比较十分蹩脚。资产阶级国家与工会的区别在于，工会是由我们的阶级弟兄组成的，亦即由工人们组成的，他们尽管犯过种种错误，甚至有时候在客观上还反对革命，然而在需要的时刻他们便会发生必要的转变。

德国党内对工会问题上的"新政策"谈论得很多。这个策略是什么呢？就是"舒马赫手法"。可惜的只是，我们的德国党内不单是只有舒马赫分子，而且还有半舒马赫分子，亦即或多或少自相矛盾地为那套不正确的策略辩护的人。如果你面前的讲台上能有一个"完整的"舒马赫，如果你能将整个问题详加阐述，那就好多了。

舒马赫说，整个世界观将我们与社会民主党人区分开来；因此，你知道吗，我们不能同他们一起留在工会里。当然，整个世界观将我们与社会民主党人分隔开来；他们是资产阶级的奴仆，而我们是共产党人。有谁不知道这一点呢？无须舒马赫来作出这一发现。或者人们这里会说：这些走狗（社会民主党的领袖们）挑拨离间我们，为的是将我们赶出工会，就是说……我们应该离开。不然我们怎么会是走狗，不然他们怎么会是资产阶级的奴仆呢，他们就是要挑拨我们和分裂工会嘛；而我们可不是什么多愁善感的幻想家，而是严肃认真的无产阶级革命家，就应该说：走狗依然是走狗，资产阶级的奴仆依然是其奴仆。我们呢，无论如何都应该表现出毅力，无论如何都要争取到工会中我们的阶级同志的大多数，工会这个组织还在由那些该死的资产阶级的奴仆们领导，但是他们总不能永远领导下去呀！我们赢得工会中的大多数工人们的时候终将到来。无论为此付出何种代价，我们都不会放弃赢得工人阶级的这个组织中心的任务。孟什维克的先生们在俄国也曾是资产阶级的奴仆，他们也曾想将我们排挤出去。我们进行了同样的一场斗争。但是我们当时就说：越是挑衅，我们便越加坚韧不拔地力争留在工会之中。千方百计地争取工人的大多数。在共产国际内，从一开始便有一些人试图促使我们走另一条道路。早在第一和第二次世界代表大会上便传出过这样的呼声；其中一部分是美国和英国的同志，他们说：我们不能留在这样的工会里。列宁像雄狮一般为反对他们而斗争。

现在这些同志说：我们大家都是列宁主义者，但是我们希望退出改良主义的工会，我们希望创造工人组织的"新形式"，整个世界观将我们与旧工会分离开来。然而我们要坚持这点，否则不行：共产国际的策略就是要在现有的工会中开展工作。列宁即曾派出我们党的首批干部、党的最初创始人进入沙皇宪兵建立的反动工会；他甚至将他们派入祖巴托夫建立的工会，为的是将工人争取到我们的影响范围之内来。我必须肯定，迪斯曼们、格拉斯曼们、达拉贡纳们和龚帕斯们就是同样的宪兵，就是反革命分子，我们了解这些匪帮；客观地说，他们并不比祖巴托夫要好。不过，既然我们加入这些工会是为了争取工人的大多数，那么我们就应当在这些祖巴托夫—格拉斯曼式的、祖巴托夫—达拉贡纳式的工会中坚守下来。要是我们不这样做，就意味着我们只是口头上愿意争取工人阶级的大多数。也许，你们都希望这样做，但是不知道如何去做。不愿意在工会中工作，就不能争取到大多数。在这种情况下你们就会给这些宪兵们帮大忙。尽管舒马赫自认为是左派，实际上他是在为格拉斯曼和迪斯曼效力。

因此，我们在这个问题上不允许有任何妥协。既然这一问题再次出现在国际代表大会上，**共产国际就应当明确的说：我们必须留在工会里面**。所有的舒马赫式的论据对真正的列宁主义者都不起作用，因为他们只不过证明了我们的策略的正确。

为什么社会民主党的领导人们要开除我们呢？就是因为他们害怕我们在工会内争取到工人的多数。如果说有什么问题需要共产国际付出代价的话，那就是工会问题。如果有什么问题足以戕害兄弟的德国党的话，那也就是工会问题。（掌声）

今天有一个同志对我说：似乎在阿尔托纳的市政选举中我们遭到了失败。当然，任何失败，哪怕是很小的失败，对我们都是不愉快的。但是我们并不是那种任何时候无论如何都要求我们的同志一定要胜利的革命者；我们知道，也可能会有失败。然而，作为共产党人我们同样知道，不管遭遇什么样的失败，我们都必须继续斗争。不过，如果列宁主义的工会问题观点在我们的德国党内不能取得牢固地位，如果这一观点不能在工会中明确地表现出来——这将会酿成我们难以承受的失败。

我必须声明，这个问题上的反对派并不是"教授式的"反对派。有一些共产主义教授竭尽他们的权利加深我们的每一个错误的步骤，而这种倾向的可怕之处在于，他们部分地也被一些优秀的工人所接受。这特别可怕。

我出自人之常情可以理解，工人们在听到格拉斯曼之流的名字时都切齿愤恨，他们自己挨着饿，却不缴纳一向落入社会党叛徒们之手的会费，而是用来给孩子们买牛奶。我凭感情对此能够理解。但是，作为阶级的一员，作为世界性政党的党员，作为阶级战友，这样的工人是不对的：它应当明白，必须交纳这份会费，必须赢得这个对任何工人都像亲人一样的组织，必须留在其中，只有置身其中我们才能将整个事情控制在我们手里。如果我们不这样做，我们的全部纲领都将绝对没有希望实现。

同志们，在德国就这个问题所进行的辩论期间，是什么最让我们感到不安呢？我们明白，十月失败之后，萨克森喜剧之后，危机绝对无可避免。这并没有那么可怕，这是可以补救的。但是如果党、如果构成我们党的基础的非常优秀的工人们都像现在这样在工会问题上没有一条明确的路线——这才是最令我们感到不安的事。党如果在这个所有问题中的问题上没有明确的路线，他就不可执行共产主义的路线。这就需要制定一条什么明确的路线，不应当留下任何含糊其辞的地方。这里的问题不在于空谈，而在于妥协，所以我们应当将这个问题彻底澄清。

我们德国共产党的法兰克福决议在理论上是正确的，它是工会问题上真正的列宁主义的基础，但是我们都知道，正如每一本书都有其遭遇一样，一项决议也会有它的遭遇，他可能始终是一纸空文。这个话题，我们曾经与我们的德国同志、与欧洲的优秀无产者们谈过多次，他们的优秀点是很多的。但是他们在某种程度上有一个缺点：对工会问题的看法，他们的内心深处仍然自相矛盾。他们还没有理清这个问题。他们担心：留在工会内是不是机会主义。同志们，这种内心的斗争需要进行到底。

舒马赫引述了一系列德国共产党过渡时期、关于工会的意见形成和犹豫时期的决议。这些决议并不能令我们信服。我们曾经在各种问题上都有过犹豫不决，我们并不是天生就是成熟的共产党人。从我们曾有过犹豫这一点是捞不到任何好处的。这是一个逐步成长的时期。不过，如果它拖延许多年，那就会成为党的不幸。舒马赫所列举的论据不能令人信服；正如我们所希望的那样，那些东西在理论上已经在法兰克福得到克服。但问题在于，在实战中也要将其克服。

我同一个柏林同志——构成党的基础的无产者之一交谈过。我得到的印象是，仿佛他面对群众感到有些羞愧：干嘛我们要留在社会民主党的工会里？他说在他干活的企业中有 30000 名工人，其中只有 2000 人参加了工会组织，其余的人对工会连听都不愿意听；所以他似乎不好意思去对他们说：你们应该参加社会民主党工会。这30000人他认为都很优秀。不，同志们，我们十分熟悉群众，我们同成千上万、千千万万的群众打交道。我们已经知道有些群众会说："别想把我引诱进工会里去，我才不想跟这帮家伙搅在一起呢。"他们有时候表面上显得很激进，但他们往往也并不愿入党，也并不想参加革命斗争。事后一有机会他们会说："我们犯错误的时候，党在哪里呢？过后它才出来纠正我们的错误！"当然，没有这30000人我们干不了革命，但是应该让他们相信，必须留在工会中。如果我们完不成这一任务，我们就不能推翻资产阶级制度。

德国党应当彻底认清这个问题。我们可以原谅任何错误，但是这个问题可能成为我们的累赘；在需要泅渡的地方，可能就因为这个累赘，亦即因为在工会问题上没有明确的观点，结果陷入灭顶之灾。

既然舒马赫硬说它在这里似乎是代表20000名同志说话，那么这就是一种基层的热爱。从已故的莱吉恩那个时候起，我们已经很熟悉这个与世隔绝的基层工会了；当时所指出的大致也是这个数目。

我们希望，在共产国际确定了明确的路线的时候，这20000人中的19000人都能跟着它走；与其余的人我们不得不暂时分手，我们不能与他们妥协。舒马赫也是一名革命的战士：党决定，他必须执行这一决议，不仅在形式上，而且在实际工作之中执行。我认为，德国党不会在长时间地容忍这种"舒马赫手法"了。

舒马赫说："实际上我们根本没有鼓吹退出工会，我们并没有说：'你们开工吧'，我们'只不过'宣传组织独立工会和'产业工会'的口号罢了。我们认为，党应当支持这个口号。"难道舒马赫同志认为我们如此天真，要是他用稍微不同的词句讲这番话，我们就不会明白问题之所在？他想让我们面对破坏党关于工会问题的路线这样的事实。

我们应当用一个口号召集退出工会的工人们:"回到工会中去"。**是的,回到反动的、反革命的、孟什维主义的、暂时还在社会民主党领导之下的工会中去!回到这个工会,为的是在其中建立一个团结我们的力量的中心!**如果我们不提出并执行这个要求,我们就会成为革命的空谈家,而不是列宁主义者,我们就永远也摧毁不了资产阶级制度,永远也无法真正争取到工人阶级的大多数。总之,这里可不是开玩笑的地方,我们也不会相信舒马赫的话:"我们并没有鼓吹退出工会"。

舒马赫对我们讲的那番话,恰恰是意味着退出,这种宣传的客观上的意思就是:退出现在这个样子的工人运动吧,它的缺点太多了。而这就意味着:退出现在这个样子的工人阶级吧。我们不应当迷恋于幻想:我们不可能在德国建立起自己的大规模的工会;即便我们建立了,我们也不可能进行胜利的经济斗争而如果我们开展斗争,我们也会以失败告终;结果那些现在急忙退出工会的工人,到时候恰恰会投奔社会民主党人。

不要沉溺于幻想!工厂委员会是一种新形式,但是正像我们从俄国革命的先烈中所看到的那样,即便在革命之后,工会也仍然会存留下来。委员会是工人运动的一种新的革命形式,但它们不可能每个星期随便哪天都可以建立;他们只能是在革命已经迫在眉睫的时候才可以建立。马克思和列宁给予肯定评价的现代工人运动的切合实际的形式就是工会,尽管它有着种种不足和缺点,尽管它暂时对社会民主党有好处。

在这个问题上绝对需要有明确的认识。如果舒马赫同志不肯服从,他就不能继续作为共产国际的成员。如果他团结20000名工人是为了将他们带领出工会,脱离统一战线的策略,那他就是夺走了我们20000名阶级战士,而不是将他们及时投入反对社会民主党的斗争。最好的情况下他也不过让他们保持中立,化整为零,将他们变作客观上与我们敌对的力量。

现在谈第二个问题——我们应当如何对待阿姆斯特丹工会国际。在我看来,这个问题只具有次要的意义。博尔迪加同志在这里断言,根据他的印象,我们预定与阿姆斯特丹派进行公开会谈,赋予了整个运动"极右的"性质。

有些人将我们与"极左"翼相比较,不止一次指责我们右倾。在第三次世界代表大会上列宁说过:"我在这里作为右派发言,反对进攻的理论。"这有什么,你们现在也叫我们右派吧,我们不怕这种事情。这并没有那么可怕。**真正的列宁主义的左翼始终都在工人们所在的地方。向社会民主党人争夺广大群众——这就是列宁主义的真正革命目标。**

这里有些人引用德国代表团的备忘录,这个备忘录我只是今天才偶然见到:我们并不确切了解它是什么时候撰写的①,我们请求代表大会不要根据这个"备忘录"来评判我们的意见。其中并未表达俄国党的意见;如果想知道我们的意见,我们同意加以陈述:备忘录是不确切的。其中说,似乎我们力求与阿姆斯特丹分子"联姻"。恐怕这正是那些的确准备在萨克森"工人"政府中缔结这类"婚姻"的同志们撰写的。他们是这样提出问题的:二者必居其一——要么与阿姆斯特丹分子结盟,要么退出工会。

不过你们瞧,问题也可以有另一种提法。你们去问问俄国的孟什维克们。我们可并没用与他们缔结婚姻。但是我们也没有退出他们在其中压迫我们的工会。我们不是在 20 个月内、而是在 20 年内才赢得了工

---

① 德国代表团嗣后解释说,"备忘录"是争论刚开始时撰写的,预定的目的只是用于介绍俄国和法国的代表团。但是,由于该文件在代表大会上被引用,季诺维也夫同志便谈到了它。

会。如果你们只需要在20个月内就能确保取得胜利的领导路线，那么这样的路线我们是无法向你们提供的；这种事情只有骗子才能干。我们知道，无论如何我们终将争取到工人的大多数。如果我们办不到这一点，就不会有无产阶级革命。也就谈不到与阿姆斯特丹分子的"婚姻"。与社会民主党人的这种婚姻去年我们在萨克森见过，但并不是在俄国革命之中；在这里我们永远也见不到这样的婚姻。

这再一次证实，德国党应当彻底考虑这个问题。如果他现在仍然反对与阿姆斯特丹分子进行某些会谈，那么我认为，这并不是出于国际的原因，而纯粹是国内的原因，也就是因为在德国，党在工会的团结问题上还在自己同自己作斗争。我和几位同志交谈过，结果我觉得，他们党中有的人认为：让俄罗斯工会自己加入阿姆斯特丹国际去吧，对此我们并不反对；只是在德国别强迫我们在社会民主党工会中工作就行。这样的观点能被视做国际主义的观点吗？无论如何也不能。如果俄罗斯工会不要工会国际，自己投向阿姆斯特丹派，这就是共产国际和工会国际真正的投降。这种事永远也不会发生。我们的俄罗斯工会是列宁主义的工会；它在这里并不是作为俄罗斯的工会说话，而是作为红色工会国际的一个组成部分说话，而且它也会执行共产国际所作出的决定。

德国的同志们看待这个问题，不应当从单纯德国的观点出发，而应当从国际的观点出发。

如果我们瞧一瞧代表大会，我们首先就会看到三个代表群体。有一些国家，共产党人已经在工会中拥有了多数，例如在法国。在这种情况下，采取决定相当容易：赞成与改良主义融合，让少数服从多数就行了。

第二个群体由那些我们还完全不是工会运动的实质性因素的国家组成。那里的同志们对我们的争论多少有一些无动于衷。进入第三个群体的是德国，一定程度上也有捷克斯洛伐克，在这些国家我们还没有稳定的多数，但已接近于这一点了，同时共产党人与社会民主党人之间还进行着尖锐的斗争。这些地方的问题最棘手。我必须承认这一点，我们也看到了这一点。但所有这些困难都无法解决。

博尔迪加同志说，"备忘录"中也反复提到，如果我们向阿姆斯特丹派的先生们公开提出建议，而他们予以拒绝，那就会招致我们道义上的毁灭。我倒要问问：这是一种什么样的奇怪观点呀？要是我们向阶级敌人提出一项什么建议，而对方加以拒绝——这就意味着我们在道义上破灭了？为什么？没有的事情！且举一个国家生活中的例子。俄罗斯的苏维埃政府曾向国际资产阶级建议裁减军备。资产阶级拒绝了这一建议。这是否意味着我们在道义上被击败了？如果我们向社会民主党人的先生们宣布：我们拥护现代国际工会运动的团结，而他们反对这点，这就是我们在道义上的毁灭？绝对不是。你们看一看，柏林黄色的《前进报》是如何疯狂地反对国际范围内工会运动任何形式的团结的吧。为什么呢？就因为他们害怕这可能成为对他们的一种打击。这无论是什么都可能，但绝不是对我们的打击。

这个"备忘录"中接着又说：德国代表团和整个德国党据说都曾表示反对建立红色工会国际，但是既然它已经建立了，就应该保留旧有的各种形式。这并不确切。你们不太了解自己党的历史。不是德国党，而是保尔·莱维反对建立工会国际。这是一个很大的差别。德国党和我们一道赞成其建立。红色工会国际是在这样的时刻建立的：当时似乎我们能够通过正面攻击突破敌人的战线，迅即夺取工会。我还清楚地记得工会国际的首次成立大会。以意大利代表团名义参加会议的是达拉贡纳，以英国代表团名义与会的是罗伯特·威廉斯，其中有些人建议对决议作一些"左"的修改。我们甚至可以指出这一事实：当时来到我们莫斯科的一位西班牙教授声称："虽然我是一个改良主义者，但是西班牙的共产党员工人们要求我加入第三国际。"我们回答他说："在您还不是共产党员的时候,你不能被解散加入共产主义国际。"这就是那个时候的情形。那时候我们还以为,在最短的时间呢我们就能争取到工人的大多数。同志们,你们都知道,此后运动趋于衰落;这5年间共产国际所有的问题、所有的实际困难,其根源就在于发展的速度比我们所预计的要慢得多。社会民主党局部地壮大起来,工会工作方面的情况也是如此。现在我们不得不以更加缓慢、困难而迂回的手段与它进行斗争。这就是你们不愿意理解的新情况。

其次,有些人问,应该有些什么新情况?所谓的"左翼"就是新的,当然,它并不是真正的左;那都是说的——只不过是错觉。

同志们,请你们想想,英国是工人运动最为发达的国家。怀恩科普断言,就这个意义而言英国的工人运动是决定性的,他无疑说得很对。在英国,我们现在正在经历工人运动新篇章的开端。我们还不能确切地知道,英国群众性的共产党会从何而来——只是通过斯图尔特、麦克马纳斯之门呢,还是还通过别的什么门。同志们,很可能,一个群众性的共产党即便再通过一道门也就可以出现了——不能忽视了这一点。

目前在英国所发生的事情,至少具有与其他欧洲国家所发生之事同等的历史意义。

我已经对德国同志们说过了:我们大家都依恋自己的党,依恋自己的组织,这是很自然的事。我依恋列宁格勒,其他一些同志则经常引用路德维希港或者汉堡的例子——这都可以理解。但是,同志们,尽管十分尊重路德维希港、汉堡、列宁格勒,我仍然要公开地说,伦敦也着某种意义,有着不少于上述城市的权利。

英国正在发生的事情具有世界性的历史意义。我们不应当闭目塞听,我们应当看清这一点。否则我们就该建立一个德国和俄罗斯的、甚或……只不过是欧洲的共产国际了。然而我们却建立了另外一个组织,我们建立了世界性的共产国际,世界性的党。因此德国同志们不应当说:"俄罗斯的或者英国的工会关我们什么事?"我们与之有关,因为那是现代工人运动极为重要的部分。

发生了什么新情况呢?阿姆斯特丹国际开始分崩离析,英国工人运动中开始了一个极为重要的进程。我不是耽于幻想。我绝对相信,英国的"左派"当然还不是革命者,他们暂时还不比德国的"左派"社会民主党人好。但是他们的出现是一个重要的事件。我们应当明白这一点,否则我们在英国就开创不了无产阶级的群众运动,更无法在那里发动无产阶级革命。

现在有人给俄罗斯工会运动提出建议。我要问:这个问题即使对于俄罗斯和英国会有什么意义吗?有的,而且很大。俄罗斯工会在这里、在莫斯科将要作出的回答,会在伦敦引起很大的后果。

我要问,需要回答些什么呢?需要按整个共产国际的观点作出回答。有些人认为,这里也许是受到了外交考虑的影响。这是胡说。麦克唐纳一伙像怕瘟疫一样害怕英国的运动与我们接近。

既然德国"备忘录"中说,这种接近似乎会妨碍我们动员群众反对"专家计划"的事,那么我就要说:这太天真了,竟然认为我对此找不到可反驳之处。完全相反,黑克尔特同志。您在萨克森积累了如此丰富的议会经验(笑声)。不宜表现出这样的天真。您真的以为,麦克唐纳或者格拉斯曼或者《前进报》都真诚地相信我们和他们的联盟?这种"联盟"只能让这些先生们丢掉自己的一大半选票。

相反,如果事情到了会谈这一步。那么我们要向这些先生们提出的第一个问题就是:先生们,专家方案怎么办?我们要与他们决一胜负,迫使他们回答,我们要告诉他们第二国际和阿姆斯丹国际在专家方案问题上的政策是什么样。他们的政策就是1914年的政策。就是社会背叛行为的继续,只是方式不同而已。就是像1914年8月1日那样,同样欺骗人民群众。总之,他们把这件事做得神不知鬼不觉。一旦我们找个地方在国际范围内提出这个问题，到时候，陷入窘境的将会是他们，而不是我们。

可见，德国"备忘录"中所列举的这些论据都很虚假。德国同志们面临着的只有一个障碍，那就是：他们自己在本党的内心深处仍然没有放弃"舒马赫手法"。

即便为了给我们提供机会再次在国际代表大会上面对德国共产党直截了当地提出这个问题，我们也应当感谢阿姆斯特丹国际。要是有谁真的相信问题在于与阿姆斯特丹派联盟，那么接下来就无话可说了。要是我希望与阿姆斯特丹分子结婚，我就应当被逐出门外。我至少也得和那些真正追求这种联盟的人一道来做这件事。

我们希望按照阶级斗争的要求运用我们的武器。而现在的要求就是，我们应当以迂回的方式争取保持工会的团结和争取其中的大多数。我们曾经希望能够通过正面的攻击取得胜利，但是未能成功。现在我们应当提出同样的问题，以较为缓慢的步伐前进。我们无论如何也必须取得胜利。谁真心地赞成在本国工会内部开展工作，谁也就会真心地赞成国际范围内的团结的策略。这是显而易见的事。只有为全国的事情操心的人，才能为整个共产国际的事操心。（笑声。赞许声）正是在这种情况下才写出了关于联姻的备忘录。我认为，这个事件应当彻底加以清算。我并不担心这会对德国党造成损害。这是幻觉。一旦我们真正在群众中普及了国际工会运动团结的这个口号之时，只要这个问题真正成为国际性的问题，社会民主党的先生们就很难像他们现在所做的那样，恬不知耻地与我们进行斗争了。

只有在一点上我可以同意我们的德国朋友们的看法，那就是：对问题还没有做好思想准备，所以这一切在数星期内都不应当猛然向群众和盘托出。在这点上他们是对的。的确，在这种情况下所需要采取的行动，就是对事情做好准备。我们不应当仅仅自上而下地开展统一战线工作（这一点我们已经讨论过了），我们应当在群众中进行为期数月的准备工作。如果德国同志们能提出这一点，我们的所有分歧都会即刻消失。现在需要决定的是，我们应当在群众中打好基础，我们要在国际范围内组织对"工会团结"这个口号的宣传，我们现在已经要着手在全世界举行这一主题的群众大会了，做好准备，然后就开始会谈。我们用不着着急。但是我们也不应当忽视，这里有着某种新的东西，我们之所以存在，我们之所以是领导人，我们之所以想成为领导人，为的就是能够洞察各种现象于它们最初的萌芽状态。再过两三年，那就连傻瓜也看得出来了。但是趋势现在已经一目了然。我们现在已经需要采取某些新的措施了。

总之，让我们打好基础，带着团结这个口号到群众中去吧。我们没有什么好怕的。让敌人开除我们好了；我们将争取在国际范围内——在英国，在德国，在全世界的团结的群众运动中对此作出回应。

"备忘录"中说：

"工人群众以明显的不信任对待不能立即产生显著效果的机动政策。"情况并非如此。工人们又不是孩子。他们都知道，阶级斗争就是战争，战争则需要战略。工人们清楚地懂得这一点。我举一个小小的例子。每一个熟悉当代俄罗斯工人心理的人都知道，我们党无论在哪个方面的政策，都不如在对外政策方面，亦即在我们机动灵活对待敌人这个问题上，享有如此之高的声誉。群众很喜欢这一点，他们对自己说：我们的党善于随机应变，它善于以巧计胜过敌人，捍卫我们的利益。我觉得，德国的情况也是如此。你们都知道，领导人的错误往往被推到群众身上。群众肯定会很好地理解我们对待德国社会民主党反革命领导人们的政策。

我们的政策现在应当是坚决清除德国党内和整个共产国际内的"舒马赫手法"。阻碍是巨大的。资产阶级还很强大。它无疑会溃灭。但是为了不制造幻想，不能夸大资产阶级的瓦解。这样做，事情不可能顺利。资产阶级暂时还比我们强大得多；它当然会灭亡，我们如果不干蠢事，就一定能打败它。然而对德国党而言，现在最大的危险是对资产阶级和社会民主党的力量估计不足。我们理解德国工人们的革命感情和心理；没有他们也就不会有共产主义国际。但是这还不够。必须成为列宁的真正的学生，准确地了解资产阶级的力量和花招，而不能对它估计不足。

所以，国内和国际范围内的"舒马赫手法"可以罢休了。我们可以讨论对待阿姆斯特丹分子的某种步骤，但我们不能说，这应当导致与他们"联姻"。我们号召你们并不是像博尔迪加同志说的那样向"极右"转变，而是向前进，反对资产阶级的那帮奴仆，不仅在国内、而且在国际范围内争取现今工会中的大多数。（经久不息的掌声）

**里恩齐**（意大利）：

博尔迪加同志就工会问题的发言要求我们明确地表述自己的观点。此外，在洛佐夫斯基同志的报告中，问题提得太具概括性；幸好，辩论过程中问题就比较具体了。这个问题令我们深感兴趣，首先是由于它的解决对于意大利党可能产生的那些后果。

博尔迪加同志有一个说法：关于团结的建议的一个可能的、甚至十分可能的结果，就是"废除"工会国际。

我认为，使用这类说法是危险的，应该防止将其运用于我们争取团结的斗争。

1920年工会国际的建立满足了两个需求。首先，当时的形势是革命很活跃；我们不仅希望将无产阶级的整个工会运动团结在一个革命中心周围，而且与共产主义政治运动中心联系紧密的组织上的少数派的存在这个事实本身，对于事件的可能进程具有重大的意义。

第二，战争和阿姆斯特丹派领导人在战争期间的所作所为，确实在各国工会运动之间的交往中造成了一道鸿沟，至少是很大的困难。

阿姆斯特丹国际通过某种方式已经变成了一个"协约国"的组织。显而易见，工会国际的倡议在一定程度上是纯粹"团结性的"，有助于克服阿姆斯特丹分子在战争期间所造成的困难。

可不可以谈论取消呢？显然不可以。每个共产党人都能在团结的手法中看出因工会国际的建立而爆发的斗争的继续。我们所使用的手法一词，指的是一种政治行动，为了争取团结的运动和国际本身能够获得对于我们的斗争最为有利的结果，这种行动是必不可少的。我们自己必须明白这一点。并且要能够将这一团结的策略作为1920年的倡议自然而然的继续向工人群众们介绍。

这个原创性的问题并没有被提出来。连博尔迪加同志也未将其视做原创性的问题。其实，季诺维也夫同志已在他的讲话中明确地肯定了这一点。有一段时间，我们的处境可以认为是很有利的。

我们当时只要能够留在那时候还团结着大多数工人的阿姆斯特丹国际里面，我们便享有团结的各种好处；就分裂而言也有着种种优点，因为我们掌握着独立的组织中心，这使我们可以不受约束。

现在我们也处于这种十分有利的地位吗？我认为不是的，我们势必会遭到改良主义者阿姆斯特丹分子的进攻；他们会千方百计剥夺我们这种处境的好处。

这是毋庸置疑的。团结的策略之所以被视做让我们能够在与改良主义者的斗争中保持主动的一种手法，原因正在于此。这个策略可以产生良好的效果——当然，是在正确运用它的情况之下。

我们认为，如果让改良主义的领导人们将我们一些国家的组织压制得喘不过气来，他们会毫不迟疑地这样做，那时候我们将不得不时不时允许某个国家的某个工会组织宣称退出莫斯科。这是解决问题的一种最糟糕的办法。

必须寻找到一个基础，基于它拟议中的争取两个国际团结的运动便能让我们享有主动。

至于意大利，我们只能说，争取团结的运动将有助于我们开展让群众返回工会的运动。争取团结的运动还有助于我们避免改良主义者一直让我们陷入的二选一的两难处境：或则要莫斯科，或则要阿姆斯特丹；也有助于我们怀着必不可少的沉着和坚定进行斗争。

我同意，在代表大会对洛佐夫斯基同志的报告进行表决并批准普遍原则的问题时，战略性的细节应当交由执行委员会扩大的全体会议进行讨论。我们所面临的任务十分复杂和困难，我们必须在更加狭小的范围内十分认真地进行讨论，以便得出确切而具体的结果。

我们相信，共产国际和工会国际一定能够用足以保证我们获得最佳效果的方式开展争取团结的斗争。这将显示出我们施展各种政治手腕的能力。已采取的策略方向是正确的。不应该谈论取消派的精神。只应当努力争取让团结的策略在运用中产生它所能达到的各种效果。（掌声）

**片山潜**（日本）：

同志们，在去年9月之前，亦即地震之前，日本的工会运动面对资产阶级的全面进攻一直坚守防御阵地。最近5年期间这种进攻十分猛烈，几乎所有的罢工都以工人们的失败告终，工会会员人数从45万减少到12万。去年9月的地震才让这种减少暂时中止。从那时以来会员人数开始增加，目前我估计已达到20万。资本家们力图通过进攻在政府的帮助下将地震的严重后果全部转嫁给工人。这在工人中激起了强烈的愤怒，他们决定拼死自卫，结果日本工会的会员人数开始增长，所开展的罢工已经不是防卫性而是进攻性的了。目前日本的工会处于比地震之前要好的状况。

日本工会坚持与朝鲜籍工人结成统一战线，在日本的朝鲜籍工人为数将近25万之多。不同于捷克斯洛伐克和其他一些不同民族的利益相互冲突的国家的是，朝鲜和日本工人的相互关系极好，朝鲜工人联盟已加入了日本劳工联合会。

在远东，特别是在日本，阿姆斯特丹国际正获得越来越大的重要性。我们应当让代表大会对此加以注意。最近之前在日本既没有第二国际的代表，也没有社会民主党人。日本共产党在工会中开展工作，工会在共产主义的影响下业已革命化。目前工团主义的思潮正在减弱。最近数年期间第二国际一直试图对日本青年和日本工人施加影响。考茨基等人纷纷在激进刊物上发表文章。同样，在欧洲几乎毫无影响力的国际劳工局（隶属于日内瓦的国际联盟），不久之前在日本设立了一个分部，力图将自己的宣传覆盖整个远东。据我们所知，西欧资本主义依靠的是东方，尤其是远东。帝国主义者们担心远东革命运动的加强会破坏西方帝国主义的阵地。因此他们试图驯服、安抚和欺骗日本和远东的工人，并为此目的而千方百计地进行宣传鼓动。比如，不久之前日内瓦劳工局的代表尤鲁和马滕斯就带着该局致日本工会领导人的一封信来到日本。这产生了很大的效果。共产党人的任务就是揭穿日内瓦"国际劳工局"和阿姆斯特丹国际的小资产阶级性质。我们的义务就是带领工会沿着红色工会国际的道路前进，保护远东的工人们，不让阿姆斯特丹国际欺骗他们的企图得逞。

**邓恩**（美国）：

同志们，洛佐夫斯基同志的报告可分为三个部分。我同意他所提出的关于资产阶级已暂时停止进攻的论点。对美国而言这是正确的。这从近两年来对劳动力需求的增加和工资的增长即可看出。他的报告的第二部分证明了仍然留在现有工会内部并与其官僚们作斗争的必要性。最后，第三部分分析了我们与阿姆斯特丹国际的关系。

关于阿姆斯特丹国际的问题对于美国的工人运动之所以重要，是因为美国共产党人目前无法与阿姆斯特丹派有效地进行斗争：美国劳工联合会和美国工会运动本来就比阿姆斯特丹派更右。我们希望，如果能和阿姆斯特丹国际达成某种协议，就可以为工会运动领域赋予明确性，使我们能够卓有成效地反对美国的工会官僚。

我要较为详细地谈一谈洛佐夫斯基同志报告的第二部分，特别是他所宣扬的留在改良主义工会内的必要性这一点。舒马赫同志并不是个别的现象，而是一种类型，是在我们美国也同样存在的工会运动干部的一种类型。库彻同志在他今天的发言中以他所代表的美国集团表示赞同舒马赫同志的观点。与舒马赫一样，库彻当然也说他反对共产党人退出工会。然而库彻集团在美国实际上都做了些什么呢？让我们来看看美国的情况。美国革命者的传统是与现有的工会作斗争，退会，力求消灭它，在它的内部制造分裂，建立新的工会。只是在美国共产党制定出了这个问题上的明确路线之后，在美国才在"回到工会中去"并与之合作的口号下开始了一场新的运动。不过，有一个小集团仍然不同意这一政策。直到在德国爆发了退出工会风潮的时候，美国党才卓有成效地与这种分裂现有工会的思潮进行了斗争。但是刚刚在德国形成了新的局面，我们再次在美国党内听到了先前的那些说法：应当退出改良主义的工会，建立自己的工会，在这样的工会中共产党人可以保持白璧无瑕的状态，严守共产主义的学说。这样的议论在党内到处都可以听到，我感到高兴的是，本次代表大会对这个问题发表了十分明确的看法；我希望，问题能够一劳永逸地彻底获得解决。

库彻同志要我们相信，美国的工会运动纯粹是由反动官僚们组成的。他肯定地说，美国工会并不是群众的组织，不是在为美国工人阶级的利益而斗争。既然如此，那么50万矿工的罢工是什么呢？40万铁路工人罢工，800人遭到逮捕，在库彻同志看来这又是什么呢？同志们，所有这一切对舒马赫之类的人都毫无意义！他们不可能舍弃自己的在阶级斗争中纯洁无瑕、清心寡欲的思想。他们害怕结成什么样的联盟，哪怕是同真正的无产者联盟，因为无产者可能并不是他们那样的高明的政治家。

第二个问题。舒马赫分子，无论美国的和德国的都说，现有的工会不可能也不愿意将未加入组织的群众组织起来。他们说，千百万未加入组织的这些工人置身于工会之外，都要求将他们组织起来，只要我们提出让他们加入生产委员会，他们便会自动地这样做，不会有丝毫的反对意见。我与美国和德国的舒马赫分子在这个问题上看法分歧。我认为，美国最有文化、最富于战斗性、最具备共产主义思想的工人阶级成员都在工会工人中间，都在那350万工人中间，他们至少懂得，集体与老板进行斗争要优于未加入组织的工人在车间和工厂里单独进行斗争。然而舒马赫分子为之辩护的这种分离主义和宗派主义的思潮将会导致什么呢？美国的工会中只有少量共产党人，但是尽管如此，我们却在美国矿工代表大会的1800名代表中获得了针对工会官僚们的多数票，这是在为矿工们的直接要求而斗争的基础上获得的。在美国劳工联合会的代表大会上，我们迫使这个官僚和被高价收买的狡猾工人的会议，为针对共产党人的猛烈攻击和开除出席大会的唯一一名共产党员，耗费了他们两星期多的全部时间。这对舒马赫分子们说明了什么没有？唉，什么也没有。他们与政治领域的改良主义者一模一样。他们考虑得更多的是捞取官位，而不是争取群众。他们看不见工会内部的这些抗议和斗争对群众产生了何种影响。在美国，共产党领导着工会中的少数派运动。尽管工会官僚们和资本主义政府结成了统一战线，共产党还是赢得了这一领导权。这里没有可以在资本主义国家和共产党之间发挥缓冲作用的社会民主党。我认为，舒马赫分子及其为数不多的一些追随者的位置不在这些力量薄弱的小工会内，而是在旧工会之中，在那里他们倒有某些成功的机会。在工会外面，他们被截断了与大部分党的工作的联系。在不久之前美国议会中反对共产党人的那项运动期间，这个集团在其中找到了他们的理论证明，他们并没有表现出团结一致的精神，只是利用这次运动作为他们的一种说法正确地证明：共产党人在反动工会中不可能取得任何成就。

我再说一遍，令人高兴的是，代表大会对这个问题表达了十分明确的意见。我希望，现在问题已经彻底解决，而在美国却暂时还不会解决，美国党永远也无法成为群众性的党。在共产国际不能解决这个问题的时候，党员退出工会的事就不会停止，在这一倾向没有获得彻底消除的时候，我们便一直无法走上世界革命的广阔道路。

**鲁特·费舍**（德国）：

同志们，首先我要讲几句有关备忘录的事；涉及它的问题，在辩论中无论塞马尔同志也好，季诺维也夫同志也好，全都提到了。我们将这个备忘录交给法国和俄罗斯代表团的时候，以为代表大会上也许会就阿姆斯特丹国际的问题采取一些具体步骤。这个文件并不是预定来作为代表大会的决议的，而是作为法国和德国的同志们会谈的结果产生的。我还有义务声明，舒马赫同志并不是以党的名义、而是以他自己的名义说话，德国共产党中央委员会违背舒马赫同志的意愿，毅然作出决定，认为舒马赫同志应当到莫斯科来，在代表大会上申述自己的观点，以便德国工人们能够在他的观点和世界代表大会的观点之间作出抉择。在工会问题上我们曾经遇到过严重的困难，要是不承认这些困难至今依然存在，我们就太愚蠢了。不过我们应当问问自己：这些困难从何而来；我们也应当寻求克服困难的途径。单凭一些空话对此是无济于事的。工会问题不仅仅是工会的问题，而且牵涉到每一个工人，必然会激发工人们采取明确的态度。

在针对库诺的罢工之后，由于工会官僚们所采取的策略，在工人阶级中的忍饥挨饿的失业者与企业中就业的工人之间掘出了一道深深的鸿沟，它与别的政党之间的鸿沟一样宽阔。工会官僚们的策略妨害、阻碍工人们的革命运动，这一策略击中了人们最敏感的部位。工人们被剥夺了8小时工作日，工资也降低了。在这方面，直接的罪魁祸首屡次都是获得授权的工会，它允许让工人们在企业中工作10—12小时。基于这种苦难的处境，不仅在共产党的某些阶层中，而且在德国无产阶级的广大群众中，都产生了一种倾向，力求与改良主义工会一刀两断，希望通过建立新的产业工会寻找到一条摆脱这种困苦状况的出路。

我指出这些因素绝不是要美化某些东西或者迁就上述倾向。但是必须明白，这里所说的并不是某个缺乏纪律性的共产党员的倾向，而是植根于阿姆斯特丹分子和社会民主党人所采取的分裂策略中的因素。我们在工会中为此进行了艰苦的斗争。不应当责备德国党没有就这个问题进行坚决的斗争。这里在座的同志们都知道，我们在异常困难的条件下提出了这个问题。如果说困难没有变得更大的话，那只是因为党一直努力将工会问题置于多少有些理智的轨道之上。我们曾有过非常痛苦的经验。我们经历过德国共产主义工人党的退党事件。这次分裂是必要的。我们之中参与此事的人谁也不会否认，我们在每一个问题上都是完全正确的：在工会问题上，在关于议会制的问题和共产党的作用问题上，都是这样。尽管如此，我们也犯了一个很大的错误，为了不致丧失千千万万的优秀的工人，未能表现出更多的耐心。德国党是这样提出问题的：如果我们没有耐心，其代价是什么呢？答案是：这让我们付出了成千上万工人的代价。现在我要问的是：失去数万工人之事我们还能弥补吗？我们将会付出何种代价？

我们虽然将舒马赫同志派来这里，但完全同意季诺维也夫同志的论据：我们应当支持世界代表大会，以便最终战胜"舒马赫流派"。不过我们希望在这里将问题呈现为它们本来的面貌，而不要因为某种原因将其染成玫瑰色彩。现在我要说：舒马赫已经转入了可怜而胆怯的退却。在德国听过他讲话的人都知道，他一直公开宣传建立新的产业工会。在柏林，他曾10次提议授权地区委员会立即着手建立产业工会。而且，这种建议提出的方式并不恰当：为什么偏偏是地区委员会应该着手建立产业工会呢？为此舒马赫被开除出了柏林—勃兰登堡地区委员会。由于这些观点，他两年之前即被解除了柏林—勃兰登堡地区的工会书记职务。他暗中进行抑制，每次都试图重新提出自己的观点。

在这种状况下，世界代表大会应该以自己的威望支持我们，这样我们就可以宣布：二者必居其一——或者柏林组织开始正确地进行工作，或者党摆脱这些因素，因为没有别的可能。

这就是我们允许舒马赫同志在这里以自己的名义发言的原因，而且我认为代表大会一定会支持我们。但是季诺维也夫同志的指责使得我们必须说，我们大家在工会问题上都有一些缺点。红色工会国际过去在不少问题上，党中央与洛佐夫斯基同志之间都存在着严重的分歧。我提请大家注意马斯洛夫同志两年前发表在柏林组织的《红旗报》附录中的一篇关于工会问题的文章——《策略与组织》；洛佐夫斯基同志为了这篇文章将他称为白痴，因为他十分尖锐地提出了关于当时还十分弱小的柏林联合工会的问题。我要指出，红色工会国际在这个问题上的表现非常宽容，其实当时更容易让工人们采取明智的立场。

洛佐夫斯基同志谈到了五月代表大会，对此我对他的回答是，他正是这个给我们造成了如此之多困难的大名鼎鼎的五月代表大会的首倡者。他提议于5月1日召开这个众所周知的工会分部的代表大会。我们当时将这种想法称为"切馅饼"：找来30个工会，在5月1日将它们分割成两半，目的是拥有更多的会员。这个主意的首倡者正是洛佐夫斯基同志。我们准备接受理所应当的斥责。但是在这种情况下我们要斗胆地说：既然像洛佐夫斯基同志这样的大人物都做错了事，那么我们也可能做错事。（拉狄克的叫喊声："舒马赫也可能做错事！"）

不，舒马赫不仅仅是做了错事，而且他多年来一直为他在这里所讲述的观点辩护。我们因此才尖锐提出问题，应当与一些同志认为自己首先是工会工作人员、然后才是共产党员的思想倾向作斗争，有一些同志不懂得首先必须执行党的命令。奉行其他的任何方针都是与共产国际相敌对的。

同志们，迫于季诺维也夫同志对此的斥责，我还应当指出下面一点：在布兰德勒的中央委员会中，讲话时透露来自皇宫般的"全德工会联合会"的最新秘密消息，已几乎成了一种时髦。例如，它打算一个半月之后进行分裂。我记得我们左翼反对派大约在1923年1月即曾反对过这些毫无意义的消息，它们只能为歪曲工会问题服务。

同志们，我们并不愿意在这里提起这些事情，但是我们也不能容许造成一种印象，似乎现今的党的领导人们并未一直有力地捍卫执行委员会的观点。

再讲几句关于德国党内目前的状况的话。法兰克福党代表大会（它是我们最大的成就之一，就工会问题通过了必须留在工会内的明确的决议。这是冬季危机之后的一个巨大的进步，只有了解我们的党员的情绪的人才能对它作出肯定的评价。法兰克福代表大会之后，我们在工会问题上取得了一些实质性的成绩。现在的全部问题就在于如何加速发展这些成绩，不让其遭受危险。俄罗斯同志作为对阿姆斯特丹分子的建议的回应所提的那项措施，无论在国际范围内抑或对德国党促进其工会工作都不适用。是否应当从原则上反对这类措施呢？不，谁也不能这样断言。但是，既然并没有发生任何实质性的新情况，我们又怎能提出这种原则性的问题并采取这一类步骤呢？

季诺维也夫同志（我不知道是否经过执行委员会的允许，无论如何是未经德共中央同意的）在《红旗报》上刊登了一篇文章，他在文章中极为尖锐地提出了这个问题。现在工厂里大家已经在问，究竟发生了什么事情？为什么突然间采取了新的方针？

季诺维也夫提到了英国的局势。德国党自己提出了英国问题，自己强调了英国事态发展的重要性。我们在这方面决不抱斤斤计较的小家子气的观点。不过，英国问题的重要性也不应当使得我们转而抱有这样的观点：似乎英国工会中的这种向左发展趋势已经自然而然成为十分重要的因素，足以影响群众，促使他们理解诸如此类的政策。部分英国人的"进步"并不意味着工人们能够理解这样的立场。现在谁也不会被一种幻想迷惑：国际工会运动可能实现联合，尽管由于工人运动的利益我们非常希望能这样。要是阿姆斯特丹派赞成与红色工会联合，那么德国社会民主党的整个政治立场也应当改变，因为实际上他们执行的是同样的政策。在个别的国家中存在着差异和细小的不同，但在国际范围内第二国际的政策就是阿姆斯特丹派的政策。为了阿姆斯特丹派和红色工会国际能真正实现联合，德国社会民主党内就需要出现十分彻底的转变。这个问题德国的群众都心知肚明。他们不相信能够迫使阿姆斯特丹分子在革命的基础上实现工会运动的联合。我们的尝试的目的在于显示，左翼反对派的表态是不严肃的，只不过是说着玩，只不过是为了做一做他们邀请俄罗斯工会的样子，因为最近3个月期间这个"阿姆斯特丹派"就会像在三个国际的代表大会上那样，提出一些实现不了的条件。在这种情况下，我们应该准备采取类似的手法，小心谨慎地体察和了解群众的情绪。因此德国党全力以赴地反对在群众看清工会运动中究竟发生了什么之前，在阿姆斯特丹"左派"清楚地表明自己的观点之前，便采取这一决定性的步骤。这个问题不应被视为与上层领导人谈判的问题，我阐述了德国共产党的观点。只有在这个基础上我们可能寻求到达成协议的基础。

我还要关注促使德国党反对寄出公开信的想法的其他某些因素。为什么我们反对这样做呢？正好在这次代表大会上我们花了好几天争论统一战线的策略并且确定它不应当是自上而下的。在各种情况下党却应当保持自己充分的独立性。代表大会本身弄清了这一点，但是德国和共产国际内的群众目睹了最近一年的各种倾向，并未彻底认清统一战线策略的实质。共产党人和社会民主党人在克虏伯工厂中共同提出候选人名单这一事例，表明目前我们的党内可能存在的混乱是何等严重。其他国家的同志们，请允许我告诉你们，只要你们实事求是地看待事情，那么你们那里无疑也有着相当数量的这样的事例。在这种情况下，在我们的党存在着这样一些缺点的时候，我们应当特别地小心谨慎，以免工人们被各种新的右倾思潮再次迷惑。我们提请大家注意这些论据，因为它们是德国党全体一致提出来的。

为了采取这种手法，运用者应当看清形势。这是首要的前提条件。德国的全体同志都反对在现有的条件下采取这一步骤，而且这并不仅仅是他们的情绪。这一事实我们应当加以注意，而且它也一定会受到注意。

在第五次代表大会上我们看到，长时间的危机不仅在策略的意义上、而且在一般政治的意义上均已结束，我们希望大会在工会问题上也能作出决定性的保证，反对宣传退出工会的各种尝试，无论是公开的还是圆滑婉转的宣传。

我们反对一种肤浅的观点，仿佛我们的敌人并不强大，仿佛我们轻而易举地便能克服各种困难。我们眼见得有动摇、眼见得和平主义的骗人把戏还在对德国和法国的无产阶级产生影响。不开展真正的工会工作，我们便会失去我们的群众，使他们处于分散状态。德国党全党都要求代表大会坚决保证反对德国党内每一个不肯按照这一路线行动的人。不过这并不与我们的一个观点相矛盾:当前在我们对待阿姆斯特丹分子的问题方面采取新步骤会对我们利大于害,无论在德国还是国际范围内都是如此。德国党的观点就是这样。我提请代表大会加以注意。

(会议休会)

图书在版编目（CIP）数据

共产国际第五次代表大会文献（2）／戴隆斌主编.
—北京：中央编译出版社，2015.1
（国际共产主义运动历史文献／王学东主编；38）
ISBN 978-7-5117-2494-6

Ⅰ．①共…
Ⅱ．①戴…
Ⅲ．①共产国际-代表会议-会议文献
Ⅳ．①D165

中国版本图书馆 CIP 数据核字（2015）第 177238 号

## 共产国际第五次代表大会文献（2）

| | |
|---|---|
| 出 版 人： | 刘明清 |
| 责任编辑： | 李媛媛 |
| 责任印制： | 尹 珺 |
| 出版发行： | 中央编译出版社 |
| 地 址： | 北京西城区车公庄大街乙 5 号鸿儒大厦 B 座（100044） |
| 电 话： | （010）52612345（总编室）　（010）52612335（编辑室） |
| | （010）52612316（发行部）　（010）52612317（网络销售） |
| | （010）52612346（馆配部）　（010）55626985（读者服务部） |
| 传 真： | （010）66515838 |
| 经 销： | 全国新华书店 |
| 印 刷： | 北京印刷一厂 |
| 开 本： | 787 毫米×1092 毫米　1/16 |
| 字 数： | 470 千字 |
| 印 张： | 36.5 |
| 版 次： | 2015 年 1 月第 1 版第 1 次印刷 |
| 定 价： | 220.00 元 |
| 网 址： | www.cctphome.com　　邮 箱：cctp@cctphome.com |
| 新浪微博： | @中央编译出版社　　微 信：中央编译出版社（ID: cctphome） |
| 淘宝店铺： | 中央编译出版社直销店（http://shop108367160.taobao.com）（010）52612349 |

凡有印装质量问题，本社负责调换，电话：（010）55626985